权威·前沿·原创

皮书系列为
"十二五""十三五"国家重点图书出版规划项目

B

BLUE BOOK

智 库 成 果 出 版 与 传 播 平 台

长三角蓝皮书

BLUE BOOK OF
YANGTZE RIVER DELTA

2019 年
迈向国家战略的长三角

THE YANGTZE RIVER DELTA TOWARDS TO
NATIONAL STRATEGY IN 2019

主　　编／俞世裕
执行主编／黄　宇
副主编／李宏利　丁　宏　陈　瑞

社会科学文献出版社
SOCIAL SCIENCES ACADEMIC PRESS (CHINA)

图书在版编目(CIP)数据

2019年迈向国家战略的长三角/俞世裕主编. -- 北京：社会科学文献出版社，2020.4
(长三角蓝皮书)
ISBN 978 - 7 - 5201 - 6309 - 5

Ⅰ.①2… Ⅱ.①俞… Ⅲ.①长江三角洲 - 区域经济发展 - 研究报告 - 2019 Ⅳ.①F127.5

中国版本图书馆 CIP 数据核字（2020）第 028856 号

长三角蓝皮书
2019 年迈向国家战略的长三角

主　　编/俞世裕
执行主编/黄　宇
副 主 编/李宏利　丁　宏　陈　瑞

出 版 人/谢寿光
组稿编辑/任文武
责任编辑/李艳芳　王玉霞
文稿编辑/刘如东

出　　版/社会科学文献出版社·城市和绿色发展分社（010）59367143
　　　　　地址：北京市北三环中路甲29号院华龙大厦　邮编：100029
　　　　　网址：www.ssap.com.cn
发　　行/市场营销中心（010）59367081　59367083
印　　装/天津千鹤文化传播有限公司

规　　格/开 本：787mm×1092mm　1/16
　　　　　印 张：29.5　字 数：442千字
版　　次/2020年4月第1版　2020年4月第1次印刷
书　　号/ISBN 978 - 7 - 5201 - 6309 - 5
定　　价/198.00元

长三角蓝皮书编委会

主　　编　俞世裕

执行主编　黄　宇

副 主 编　李宏利　丁　宏　陈　瑞

名誉主任　张道根　夏锦文　曾凡银

主　　任　俞世裕

委　　员（以姓氏笔画为序）

丁　宏　干春晖　王　振　王中美　李文峰

李宏利　杨俊龙　陈　野　陈　瑞　周　盛

黄　宇　樊和平

主要编撰者简介

俞世裕　现任浙江省社会科学院党委书记，浙江省社会科学界联合会副主席，浙江省哲学社会科学规划"十三五"学科组专家。历任浙江省司法厅党委委员、政治部主任，厅直属机关党委书记，浙江省司法厅副厅长、党委委员，浙江省法制办党组书记、主任。长期从事法治研究，专注依法行政和司法体制改革研究。

黄　宇　1967年生，现任浙江省社会科学院科研处处长，研究员，法学博士，浙江省马克思主义执政党建设研究中心首席专家，浙江省政协委员，浙江省宣传文化系统"五个一批"人才（理论类）。兼任中国科学社会主义学会理事、浙江省马克思主义学会副会长兼秘书长、浙江省科学社会主义学会副会长等。在《光明日报》《浙江社会科学》《理论与改革》《浙江学刊》等报刊发表学术论文60余篇，独著《中国共产党党内监督史论》，参与编著《中国梦与浙江实践》（党建卷）、《天下浙商》（理论卷）等多部。主持国家重大招标课题子课题1项、国家社会科学基金项目1项、浙江省哲学社会科学规划重点课题3项。荣获国家重大理论研讨会一等奖1项，浙江省哲学社会科学优秀成果一、二、三等奖等多项。

李宏利　1972年生，现任上海社会科学院科研处副处长、民俗与非遗研究中心研究员，博士。在《社会科学》、《史林》、《浙江学刊》、《山西大学学报》（哲社版）、《解放日报》、《文汇报》等报刊发表论文多篇，有关成果被人大复印报刊资料全文转载，个人专著1部，撰写专报获得中央领导、上海市领导的重要批示，获得2017年度国家社科基金后期资助项目立项，主持、参与多项课题研究工作。

丁 宏 1974 年生，现任江苏省社会科学院研究员，南京大学应用社会学博士，韩国东亚大学访问学者，南京市第六届经济社会发展咨询委员会委员，江苏省"333 高层次人才培养工程"第 2 层次，南京市有突出贡献中青年专家，江苏省青年联合会第十届、第十一届委员，中国（江苏）自由贸易试验区方案主要起草者。先后主持多项国家级、省部级课题研究；在 CSSCI 及省部级以上党刊等发表重要理论性文章 60 余篇；获得省哲学社会科学优秀成果奖二等奖 2 次、三等奖 1 次，及其他省部级奖项多次；有近 50 篇咨询报告获省部级领导的重要肯定性批示。

陈 瑞 1973 年生，现任安徽省社会科学院科研组织处处长，研究员。在《人民日报》《光明日报》《史学史研究》《中国农史》《史学月刊》《中国社会经济史研究》等报刊发表专业学术论文 70 余篇。独著《明清徽州宗族与乡村社会控制》，参与编著《皖江开发史》《徽州古书院》《安徽通史》《安徽地区城镇历史变迁研究》《安徽历史名人词典》《合肥通史》等多部。主持国家社科基金项目 2 项、中国博士后科学基金资助项目 1 项，参与省部级项目多项。

摘　要

"长三角蓝皮书"为苏浙沪皖三省一市社会科学院组织撰写的长三角区域年度发展报告,至今已是第 14 部,2019 年的主题是"迈向国家战略的长三角"。

近年来,长三角一体化发展不断提速,2018 年 6 月由三省一市共同研究制定的《长三角地区一体化发展三年行动计划(2018～2020 年)》正式出台,11 月习近平主席在出席首届中国国际进口博览会开幕式上的讲话中首次提出要"将支持长江三角洲区域一体化发展并上升为国家战略,着力落实新发展理念,构建现代化经济体系,推进更高起点的深化改革和更高层次的对外开放"。这是落实党的十九大报告"实施区域协调发展战略"的重要举措,也对长三角地区的高水平协调发展提出了更高要求。2019 年 5 月13 日,习近平总书记主持召开中央政治局会议,会议审议了《长江三角洲区域一体化发展规划纲要》。会议指出,长三角是我国经济发展最活跃、开放程度最高、创新能力最强的区域之一,在全国经济中具有举足轻重的地位。长三角一体化发展具有极大的区域带动和示范作用,要紧扣"一体化"和"高质量"两个关键,带动整个长江经济带和华东地区发展,形成高质量发展的区域集群。要树立"一体化"意识和"一盘棋"思想,深入推进重点领域一体化建设,强化创新驱动,建设现代化经济体系,提升产业链水平。上海、江苏、浙江、安徽要增强一体化意识,加强各领域互动合作,扎实推进长三角一体化发展。

本书围绕"更高质量一体化"的战略目标,深入探讨新时代长三角一体化发展战略的总体推进路径以及各领域、各地区的一体化策略。全书分总报告、分报告和专题报告三个部分。总报告系统分析了推进长三角高质量一体化的现实基础、内涵要求、战略目标与重点领域，提出要根据"一极三区一高地"的战略定位，通过制度变革、产业与空间互动、协同创新、数字化引领、金融与科技高度融合等战略举措，持续推进长三角高质量一体化发展。四个分报告对长三角地区的社会经济形势做了全面分析，并提出相应的对策建议。专题报告则分别从经济发展、科技创新、基层治理、环境生态、城乡统筹、区域文化以及体制机制等多维度进行了具体的分析。本书对决策部门全面认识长三角区域一体化发展的基本状况，把握上升为国家战略的长三角一体化发展战略的内涵及趋势，制定推进长三角一体化发展的具体政策具有一定的参考价值。

关键词： 长三角　区域一体化　国家战略

Abstract

The Blue Book of the Yangtze River Delta is an annual report of regional development edited by Social Science Academies in Jiangsu Province, Zhejiang Province, Anhui Province and Shanghai Municipality, which has lasted for 14 years. The theme for 2019 is "the Yangtze River Delta towards to National Strategy".

In recent years, the regional integration development of the Yangtze River Delta has been speeding up. In June 2018, "the Three-year Action Plan for the Regional Integration Developmen of the Yangtze River Delta (2018 - 2020)" was officially released, which was jointly researched and formulated by the three provinces (Jiangsu, Zhejiang and Anhui) and one municipality (Shanghai). At the opening ceremony of the first China International Import Expo In November 2018, President Xi Jinping delievered for the first time that "The central government will support the regional integration development of the Yangtze River Delta and raise it to the national strategy, make great effort to implement the new development concept, build a modern economic system and push forward the deepening reform at a higher starting point and the opening up at a higher level. " This is an important measure to implement the report of the 19th National Congress of the Communist Party of China on "implementing the strategy of regional coordinated development", and also puts forward higher requirements for the hi-level coordinated development of the Yangtze River Delta. On May 13, 2019, President Xi Jinping presided over a meeting of the Political Bureau of the CPC Central Committee, at which the outline of the Yangtze River Delta's regional integration development plan was reviewed. The meeting pointed out that the Yangtze River Delta is one of the regions with the most active economic development, the highest degree of openness and the strongest ability of innovation, and plays an important role in the national economy. The regional integration development of the Yangtze River Delta has a great role of regional drive and demonstration. The Yangtze River Delta should closely follow the two key points of "integration" and "high quality" to drive the development of the entire Yangtze River economic belt and East China for forming a regional cluster of hi-quality development; The Yangtze River Delta should establish the consciousness of "integration" and the thought of "one game of chess" to further promote the integration construction of key fields, strengthen the drive of innovation, build a modern economic system and improve the level of industrial chain. Shanghai, Jiangsu, Zhejiang and Anhui should strengthen the sense of integration, enhance interaction and cooperation in various fields, and solidly promote the regional integration development of the Yangtze River Delta.

Centering on the strategic goal of "higher quality integration", this book probes into the overall promotion path of the Yangtze River Delta regional integration development strategy and the integration strategies in various fields and regions in the new era. The whole book is divided into three parts: general report, sub-report and special report. The general report systematically analyzes the practical basis, connotation requirements, strategic objectives and key areas of promoting the hi-quality integration of the Yangtze River Delta, and proposes to continuously promote the development of the high-quality regional integration of the Yangtze River Delta through strategic measures such as institutional reform, industrial and spatial interaction, collaborative innovation, digital guidance, high integration of finance and science and technology, based on the strategic positioning of "one pole, three areas and one highland". The four sub-reports make a comprehensive analysis of the social and economic situation in the Yangtze River Delta and put forward corresponding countermeasures and suggestions. The special reports make detailed analysis from the perspectives of economic development, scientific and technological innovation, grass-roots governance, environmental ecology, urban-rural integration, regional culture and institutional mechanism. This book has a certain reference value for the decision-making departments to fully understand the basic situation of the development of regional integration of the Yangtze River Delta, grasp the connotation and trend of the development strategy of the integration of the Yangtze River Delta, and formulate specific policies to promote the development of the regional integration of the Yangtze River Delta.

Keywords: the Yangtze River Delta; Regional Integration; Natinal Strategy

目 录

Ⅰ 总报告

Ⅱ 分报告

Ⅲ 专题报告

皮书数据库阅读**使用指南**

CONTENTS

I General Report

II Sub–Reports

III Special Reports

总 报 告

General Report

B.1

全面推进长三角迈向高质量
一体化新征程

俞世裕　聂献忠*

摘　要： 长三角高质量一体化发展作为国家重要战略，体现出长三角在全国战略框架中的重要地位和责任担当。推进长三角高质量一体化，要根据"一极三区一高地"的战略定位，紧紧围绕"一体化"和"高质量"两大关键词，进一步强化以上海为主线提升辐射带动力和区域整合力，突出上海"排头兵"地位，以"先行区"为目标，以"示范区"为路径。要着眼于高端要素集聚一体化、都市圈空间一体化、互联网信息平台一体化、政策环境一体化、制度与法律法规一体化以及基

* 俞世裕，浙江省社会科学院党委书记，浙江省社会科学界联合会副主席；聂献忠，浙江省社会科学院产业经济研究所副所长，研究员。

于大数据平台的社会保障及医疗一体化。苏浙沪皖各省市要充分发挥各自优势，补短板加强整合，推进制度变革，加强产业与空间互动，加快协同创新，推进"数字长三角"建设，推进金融与科技高度融合，统一完善政策引导与激励机制，持续推进长三角高质量一体化发展。

关键词： 长三角　国家战略　高质量一体化

　　长三角是我国最有实力、最具潜力、最富活力的核心经济区域之一，在全国有着举足轻重的战略地位，在世界经济体系中也有着十分重要的影响。党中央和国务院一直在重大方针政策、重大战略规划和重要发展举措上，高度重视与关注长三角地区发展，一直十分关注长三角地区合作以及一体化进程中的发展趋势、发展特点及发展进程中所面临的约束和难题。2018年11月5日，习近平主席在首届中国国际进口博览会开幕式上正式宣布，支持长江三角洲区域一体化发展并上升为国家战略，通过着力落实新发展理念，构建现代化经济体系，推进更高起点的深化改革和更高层次的对外开放，加强与"一带一路"建设、京津冀协同发展、长江经济带发展、粤港澳大湾区建设相互配合，完善中国改革开放的空间布局。2019年3月5日政府工作报告明确提出，将长三角区域一体化发展上升为国家战略，编制实施发展规划纲要，以龙头带动长江经济带发展，长江经济带的发展要坚持上中下游协同，加强生态保护修复和综合交通运输体系建设，打造高质量发展经济带。

　　加快长三角区域一体化发展这一国家战略部署深刻体现出长三角经济区在全国经济战略中的重要地位和责任担当，有助于极大推进长三角要素与市场一体化迈向深入、迈向全面化，有助于极大推动一体化发展重点从要素、市场和设施层面上的"基础一体化"，更多更快地转为向公共服务、城乡规划、环境保护、产业布局等领域延伸的"中端一体化"，对于在新的一体化方向和重点上特别是为政策、体制和制度完全统一有效的"高端一体化"加快突破创造了可能和政策空间。为此，以国家战略为指导，加快破除瓶颈约束，深层次推进中高端领域的一体化整合，对于加快推进上海国际经济、金融、贸易、航运和科技创新五大中心建设，对于稳步推进苏浙沪皖基本实现现代化建设，对于推进长三角地区转型升级及带动中国经济稳步增长，都具有非常重要的战略意义。

一 国家战略助推长三角一体化进入新阶段

近年来，长三角地区坚持改革开放促转型发展，坚持五位一体统筹全面发展，在深入实施推进区域经济高质量发展与社会和谐稳定、区域间基础设施建设、区域产业结构优化升级、地区城乡统筹发展、区域生态环境保护、推进协同自主创新和科技进步及重大改革开放等方面均取得了长足进展。长三角多领域合作也进展明显，特别是在交通建设、信息互通共享和便民交通服务以及产业规划、政策法规、金融服务等方面高层次合作探讨也逐步深入。

（一）长三角一体化进程面临新发展环境、发展机遇与挑战

长三角一体化面临着难得的极佳发展机遇。从国家层面看，近年来尤其是党的十八大后长三角在国家发展战略中的地位发生重大变化，其主要标志：一是上海自贸区成为国家战略，作为国家改革试验区，明确肯定了上海的改革与发动机角色；二是对上海"五大中心与国际性城市"的明确定位；三是2010年从国家层面上编制《长三角地区区域规划》，将长三角一体化发展推进到一个全新阶段；四是长三角一体化上升为国家战略。在制度建设层面，1997年长三角经济协调会首次召开，主要包括上海、南京、苏州、无锡、常州、镇江、扬州、泰州、南通以及杭州、宁波、嘉兴、绍兴、湖州、舟山15个城市，后来一体化逐渐扩容。2007年12月1日，苏浙沪主要负责人联合在上海召开的"长江三角洲地区发展国际研讨会"上将长三角

空间区域扩展到上海、浙江、江苏两省一市，主要包括上海、南京、无锡、常州、苏州、南通、盐城、扬州、镇江、泰州及杭州、宁波、嘉兴、湖州、绍兴、金华、舟山、台州等城市。在此基础上，各地对长三角一体化达成了高度共识，省级政府之间的互访实现了制度化和常态化，长三角市长协调会议也由两年一度缩短为每年一次。尤其是制度壁垒的破解不断取得新的突破和进展推动了市场一体化的进程，如"两省一市"内部企业之间的交流和要素流动都比过去取得了更大的进展，长三角内部的互动趋势更加显著，上海与浙江、江苏之间的互动投资也日益活跃频繁。

2014年9月25日，《国务院关于依托黄金水道推动长江经济带发展的指导意见》提到沿江五个城市群的发展规划和战略定位，其中首次明确安徽作为长江三角洲城市群的一部分，参与长三角一体化发展，而以武汉、长沙、南昌为中心城市的长江中游城市群则将建设成为引领中部地区崛起的核心增长极和资源节约型、环境友好型社会示范区。自此，安徽在政策与制度环境上开始逐步融入长三角一体化进程。从地理位置看，长三角地区的确有其优势，其腹地与出海口对接，产业链完善，核心城市的带动作用也比较明显，有利于形成对内、对外双向的经济发展格局。长三角地区的发展潜力无疑是巨大的。2016年6月，由国务院制定的《长江三角洲城市群发展规划》清晰定调：到2030年，全面建成具有全球影响力的世界级城市群。2018年4月12～13日长江三角洲城市经济协调会第18次市长联席会议明确铜陵、安庆、池州和宣城加入长三角，由此长三角共覆盖26个地市。在作为长三角一体化基础的交通建设方面，受益最为明显，长三角主要城市之间的高速公路网络已经基本形成，长三角三小时经济圈逐渐成型，特别是杭州湾跨海大桥的通车加快了长三角交通一体化的步伐，长三角区域之间高铁网络建设也日益完善，通达性和通达效率逐步提高。2018年6月，为进一步推进长三角合作进程，三省一市就《长三角地区一体化发展三年行动计划（2018～2020年）》达成共识，明确到2020年，长三角地区基本形成经济充满活力、创新能力跃升、空间利用高效、高端人才汇聚、资源流动畅通和绿色美丽共享的世界级城市群框架。行动计划覆盖12个合作专题，主要聚焦共建互联互通综合交通体系建设通达便捷长三角，提升能源互济互保能力建设安全高效长三角，强化创新驱动建设协同创新长三角，共建高速泛在的信息网络建设数字智慧长三角，合力打好污染防治攻坚战建设绿色美丽长三角，共享普惠便利的公共服务建设幸福和谐长三角，共创有序透明的市场环境建设开放活力长三角7个重点领域，并梳理提炼了30多项重要合作事项清单。2019年5月22日，三省一市有关地区在安徽芜湖座谈会上进一步促成合作，三省一市共同签署了包括组建长三角研究型大学联盟协议，推进长三角地区异地就医结算，深化三省一市医疗保障领域合作发展备忘录，沪皖港口合作协议，长三角地区智能网联汽车一体化发展战略合作协议，共建长三角期现一体化尤其是交易市场战略合作协议等10项合作协议，一体化内容与领域不断深化。7月，由国家发改委牵头，会同国家有关部委和上海市、江苏省、浙江省、安徽省拟定的《长江三角洲区域一体化发展规划纲要》正式审议通过并印发。《纲要》明确长三角"一极三区一高地"的战略定位，长三角通过一体化发展，使其成为全国经济发展强劲活跃的增长极，成为全国经济高质量发展的样板区，率先基本实现现代化的引领区和区域一体化发展的示范区，成为新时代改革开放的新高地。

但从竞争环境看，国内外都市圈整体竞争日益激烈，东京都市圈、纽约和旧金山湾区科技实力和影响力不断增强，国内中西部武汉、成都、西安等都市圈凭后发优势强势崛起，长三角的竞争发展正面临珠三角、环渤海一体化地区的挑战；从增长源泉看，长三角地区科技创新力不断提升，投资拉动与消费驱动贡献成为主要动力，但投资结构与投资效益面临提升与优化；跨国资本大举向长三角转移，大公司、大总部和研发中心高度集聚，但本土化创新型跨国企业还很缺乏，科技型独角兽企业队伍还不够壮大，真正具有强大核心技术竞争力的高成长高新技术企业还不够多，上下游受制于国外技术与设备的压力还很明显；国际经济、金融、贸易、航运和科技创新五大中心建设稳步迈进，但规模有待进一步扩张，影响有待进一步扩大，区内布局结构有待进一步整合提升，全球竞争力也有待进一步增强；长三角地区民资地位和主导力量逐步增强，但面对国家去杠杆与国际贸易争端等，仍欠缺应对风险与国际环境变化的能力，在提升竞争实力和国际影响力方面还需更大努力，苏南模式和温州模式转型也还在路上，行业巨头企业还不够成熟，护城河壁垒尚未全面形成；高科技密集型产业增长明显，但大规模的传统产业尚待进一步加快转型升级。

同时也要看到，不论是主观上还是客观上的因素，制约高质量深层次一体化进程的政策与体制机制障碍仍然存在。虽然长三角一体化不断深化，空间范围不断拓展，但在部分地区，传统的以 GDP 增长为纲的政绩考核评价体制以及由此形成的地区利益主体之间的协调性障碍仍然是制约长三角一体化进程的重要因素，特别是市场机制与制度壁垒的矛盾、产业转移与地方利益的矛盾成为阻碍长三角一体化发展的主要因素。在此背景下，要素流动仍然面临着行政壁垒等非市场因素的阻碍与制约，而在社会和民生领域，包括公共交通的一体化、劳动与社会保障的一体化、医疗卫生服务的一体化以及就业市场的一体化等在内，都还未全面成网全面覆盖。因此，长三角从经济一体化走向全面一体化，实现高质量一体化还任重道远。其中，行政性制度性约束是目前实现长三角高质量一体化最大的障碍。近年来苏浙沪皖在基础设施互联互通、同城化等方面做出不断尝试，取得不断进展，但真正的一体化关键是空间上的融合和体制上的突破。从地理位置上看，在人口、资本与物流等方面的互联互通改善明显，但在关乎产业布局和环境保护、民生教育医疗问题等方面，区域间的行政分割导致市场失灵。因此，突破行政体制约束，化解地区之间利益冲突是解决问题的关键所在。

（二）长三角一体化亟须向高端高质量高效率突破与提升

受传统惯性思维和瓶颈约束影响，受行政区划、市场分割和地方利益以及非合作博弈、制度缺陷与缺位、体制异化及法律缺失等障碍束缚，有些地区仍习惯于打自己算盘，不统筹考虑周边地市问题，谋求数字型增长。

一是竞争意识多于合作意识。在产业结构调整过程中，各地"强势政府"影响下的各自为政、市场分割、地方保护等问题严重阻碍了要素资源的自由流动和合作。特别是部分地级城市，面临要素人才的外流，面临周边城市的强势扩张和辐射，加上受"GDP 挂帅"影响争夺不同生产要素，造成财力、物力和人力的浪费；各地盲目扩张和开发土地，经济开发区对项目引进没有原则或片面强调投资规模，不但加大了生态压力，也在一定程度上削弱了长三角经济发展的运行效率和质量；在开放引资上竞相出台优惠政策，在外贸出口上竞相压价，导致过度或恶性竞争，有些行业为此被外资利用而拖入衰退陷阱；甚至长三角的内部联系还要小于与国际的联系，由此损害了区域整体利益。

二是共建行为多于共享行为。长三角一体化最明显的共性障碍，在于缺乏全领域、全流程的详细规划，目前的整体规划基本上很难囊括必要领域与关键环节。突出表现在：长三角城市各自的功能定位、城市规划、大交通衔接不适应一体化发展的需要，很多城市间的接壤地带往往成为发展的"真空"或"边缘"地带，城市规划缺乏与周边城市的协调沟通，实际上严重阻碍了一体化的进展；各地在一些传统型产业和战略性新兴产业等方面还存在严重的不合理重复性建设，尤其是在电子领域基础性原材料等方面；在港口、机场等基础设施领域，缺乏通盘考虑和一体化规划，在"抢政策、抢批文"后又接着"抢人抢货抢市场"，不合理建设还体现在公共设施与医疗领域环节的合理布局分工意识不够。

三是各城市为提升各自竞争力自然具有的诸侯经济意识优先于合作经济。受传统政绩观和地方考核机制影响，长三角各地往往形成"自身发展和经济增长优先，合作经济次之"的思想，多从本地出发专注于产业规划、产业布局和转型升级，缺乏一体化的空间梯度和层次性推进的转型研究；多专注于各自区域内的制度建设与改革，缺乏一体化的制度安排和对策性思路。

四是行政干预胜于市场功能。长三角一体化面临的突出矛盾，还在于行政性的区际关系削弱了甚至是替代了市场性的区际关系，以致在长三角区域内，因地方行政主体的利益导向，而难以真正做到要素资源的优化配置、自由流动与融合。如浙江与江苏、安徽等地有的龙头企业因地方利益因素，不能把主要基地外迁或者把企业总部自由迁往上海；上海石化、港口物流和机械设备制造业等也不能自由地转移到苏浙，就是行政权力干预市场功能，影响并降低市场效率和一体化水平的重要原因。此外，从长三角发展进程看，由于安徽后续加入，安徽的产业层次及发展水平与苏浙沪相比，还存在一定的差距，推进长三角一体化尤其是高质量发展还需要极大的努力。2018年人均GDP上海为13.5万元，江苏为11.5万元，浙江为9.9万元，而安徽只有4.8万元；人均收入上海为64183元，江苏为38096元，浙江为45840元，而安徽只有23984元。

五是协议多但定期不定期的协调功能不足。长三角在产业分工、环保、基础设施、流域整治等方面虽然已经签订诸多合作协议，但由于尚无法律对这种行政协议的效力做出明确规定，因此容易使协议流于形式。而且由于各地行政权力互不隶属，运行机制各有不同，若仅靠行政手段和方式来协调，势必导致执行力不足而使协议收效甚微且不能长久。实际上，长三角一体化进程中也已暴露出各地由于法规规章冲突、执法依据不一而造成统一规划难以实施、执法合作成本高企等问题。

六是人工合作多而信息化合作不足。长三角一体化合作多是建立在区域协调沟通上，还没有形成完全信息化的互动合作平台和信息化的联动处理机制。如缺乏统一规划、分级有序的网络通信与信息交换平台，缺乏标准化且全面完整的基础公共信息资源。各地空间地理信息数据库分别采用不同的数据格式和GIS系统，数据难以统一和共享；缺乏互融的公共信息网络安全设施，特别是在交通、消防和应急领域，尚无长三角统一的全覆盖企业、个人的电子政务信息化应用系统。

（三）国家战略背景下长三角一体化迈向新阶段

随着长三角一体化上升为国家战略，长三角高质量发展进入战略机遇期。长三角一体化发展上升为国家战略，有利于提升长三角在世界经济格局中的能级和水平，进一步优化我国改革开放空间布局。目前，三省一市联合组建的长三角区域合作办公室和三省一市工作人员全部到位并开展工作。合作办公旨在加强政策层面的整合，提升联合合作的效率与完善运行机制，主要负责研究拟订长三角协同发展的战略规划以及体制机制和重大政策建议，协调推进区域合作中的重要事项和重大项目，统筹管理合作基金、长三角网站和有关宣传工作。其中，首要的是重点加强规划对接，强化功能布局互动，形成分工合理、各具特色的空间格局。同时，为加强彼此之间重大国家战略和重要改革举措的战略协同，必须在自贸试验区建设、行政审批制度改革、科技和产业创新中心建设等方面展开合作交流，形成共识。近些年来长三角已有交通、产业、科技、环保等方面的专题合作，特别是在基础设施的互联互通、公共服务便利化等方面进展明显、交流畅通，未来亟须在市场机制以及制度建设方面加强合作达成一体化，真正把一体化推向高层次、高质量阶段。

二 推进长三角高质量一体化的现实基础与内涵要求

目前，长三角区域经济一体化进程不断加深加快，长三角一体化发展成为国家战略，社会各界对这一战略的认识与理解也在进一步深化提高，区域内的民间共识与需求更是强有力的原动力。推进更加高效合理、更深层次和更广领域的产业分工与合作发展责任与意义重大，这给长三角地区加快建立形成以创新为引领的现代化产业体系，对建立形成以人为本为核心的现代化社会治理体系，对建立形成以核心城市为引领的现代化城市空间结构，对形成具有强大国际竞争力的区域新经济和民营经济等都带来机遇与挑战。在此背景下，三省一市都应着力于发挥自身优势，从产业合作融合和产业链优势角度谋划布局与分工，创造条件主动融入，以进一步发挥各自优势，提升自身产业竞争力，要更进一步聚焦补短板，聚焦优势谋划各自主动融入长三角一体化进程的战略思路、重要路径与若干举措。

（一）长三角实现更高质量一体化的现实基础

不论从国内还是国际层面看，长三角地区一体化均具有强大的历史基础与现实支撑。远到宋元时代，近到中华人民共和国建立前后，长三角地区经济发展一直位居全国前列，经济关联性明显、联动性强，在生产加工与市场贸易、创新开放上都具有鲜明的一体化分工格局。在江苏、浙江与安徽内部，以南京、杭州和合肥为代表的城市圈也已形成一定规模的一体化空间结构。从整体来看，长三角一体化实现高质量发展优势非常看好。

一是强大而较为完整的产业体系基础与产业链优势为实现更高质量一体化提供根本支撑。长三角集中了近半数的中国经济百强县，拥有众多强大的国际企业，聚集着一百多个年工业产值超过100亿元的产业园区，除传统的机械、化工、交运设备等行业外，电子、通信和医药生物、信息技术等新兴产业也发展迅速，成为经济增长的主力军。长三角作为国内产业发展高地，产业门类齐全，集聚优势明显。目前，上海汽车制造与高新技术、高端服务业，南京信息技术与智能电网、高端装备制造业，合肥家电与装备制造、信息技术产业快速发展。长三角拥有上市公司千余家，拥有包括阿里、万向、宝钢、大众汽车、吉利、恒逸、海康威视等在内的数千家龙头企业。在创新和产业发展相关要素方面，上海已进入以商贸服务经济和创新经济为主导产业的新时代，以新实体经济为特征的高端服务业发展迅速，而苏浙皖具有明显的成本优势，制造业规模大、升级动力强，支撑上海的产业转移协同。从区域间的分工看，上海作为长三角的核心城市，致力于建设国际金融中心和国际航运中心，大力发展现代服务业和先进制造业，为长三角的产业升级和功能的提升提供了更高的平台，作为长三角次区域的苏浙皖以国际分工和产业转移为契机，优化产业空间布局，致力于打造全球制造业高地。目前，长三角已基本上形成了分工细致的产业群和分布合理的产业链，尤其是产业集聚间的分工逐步成为长三角发展的新动力。从城市功能和产业布局来看，长三角已经初步形成了以上海为服务经济和创新中心、以苏杭宁合为次中心以及外围聚焦大批产业园区产业开发区的圈层型城市群功能格局，区域整体竞争优势逐渐显现。

二是密集完善的交通网络与发达的人流物流信息流以及日益增长的消费需求，更加成为推动长三角高质量一体化的强劲动力。从历史角度看，长三角地区地缘相近，人口密集，苏浙沪皖四地文化传统以及民俗趣味相似相通，较少语言与风俗障碍，人员之间往来频繁，源远流长。从经济角度看，苏浙沪皖经济联系密切，以上海为中心，已围绕资金、技术、人才等要素形成密不可分而牢固的上下游产业链，彼此人流、物流、信息流、资金流强度不断增大，流动频率和效率日益提升，整体竞争力也不断增强。从交通角度看，加快构建互联互通的综合交通运输体系，是长三角区域一体化的内在要求。《长三角地区打通省际断头路合作框架协议》以及《关于协同推进长三角港航一体化发展六大行动方案》的推动实施，均为长三角交通实现高质量一体化发展指明了方向和路径。目前，三省一市正以长三角更高质量一体化发展为契机，加快构建多层次轨道交通网，加快打通省际断头路，持续推进区域协同发展，全力推动现代化综合交通运输体系建设，为长三角高质量一体化奠定了坚实基础。

三是开放服务优势和优越的制度改革优势为实现更高质量一体化提供环境支撑。与全国相比，长三角地区普遍开放意识强，领先的开放优势与服务举措，不仅是企业在全球开拓市场的重要基础，也使长三角地区能聚集吸纳有全球吸引力的高端要素资源以提升优势产业，提升产业扩张能力与竞争力。尤其是温台地区得益于长三角地区的"敢为天下先"的创造创新精神，苏南浙北自古就是商业氛围浓郁、商业人才辈出，改革开放以来安徽的小岗村率先包产到户，江苏的苏南乡镇企业模式和浙江温州的民营经济蓬勃兴起，全面活跃了长三角地区经济，带动了长三角地区经济快速发展。目前，长三角地区各城市正聚焦优势，进一步推行若干新一轮开放举措，这更有利于长三角地区增强产业特色优势，吸纳更多优势资源集聚与交换。近年来浙江以"最多跑一次"改革为标准，推进营造统一、有序和高效的政策环境。尤其是在杭嘉湖制定与协调区域间财税政策、土地政策、产业政策等，为各类市场主体创造一体化的公平竞争环境。在招商引资、土地批租、外贸出口、人才流动、技术开发、信息共享等方面，通过区域产业发展准则、开放共同市场、促进人才交流、建立统一基础网络、统一开发利用资源、统一整治和保护环境、建立协调与管理制度等营造无差异的政策环境。

四是强大的城市群集聚优势特别是园区合作优势为实现更高质量一体化

提供联动支撑。长三角地区包括上海、江苏、浙江、安徽三省一市，常住人口 2.2 亿，占全国的 1/6，2018 年经济总量约 21.15 万亿元，占全国的 23.49%（近 1/4），不仅是全国经济增长的重要引擎，在经济社会发展方面也具有举足轻重的影响和地位。2014 年 9 月，《国务院关于依托黄金水道推动长江经济带发展的指导意见》明确提出，"长三角"是指以上海为中心，以南京、杭州、合肥为副中心的城市群。根据《长江三角洲城市群发展规划》，长江三角洲城市群 26 个城市除上海、苏州、杭州、南京、无锡和宁波万亿级 GDP 城市外，南通和合肥、常州等实力强劲的城市也向万亿迈进。一直以来上海、江苏与浙江产业发展与城市化互动力强，竞争力强，从最早的块状经济到工业园区开发、园区转型升级，在推进转型的同时都不断加快特色园区向省内欠发达地区、向安徽等中西部地区的异地扩张，上海张江高新区还在浙江嘉兴等地开展园区合作与产业转移，苏州高新区、杭州滨江高新区也积极向省内欠发达地市转移，浙江嘉兴海宁经编产业在宣城的异地园区建设效果显著。同时，着眼于国际竞争力的都市圈构建与重组，浙江、江苏与安徽也积极加快省内的一体化进程，尤其是南京与杭州、合肥通过积极构筑开放的、整体的空间系统，形成更加开放和有序的结构，依托圈层式结构，优化城市群空间结构和职能，都市圈影响力逐渐加大。

五是发达而完善的金融生态体系和强大的资本实力支撑。在当前创新创业时代，资本的引导方向和路径也是非常重要的，资本力量能有力推动产业链深度融合，推进高质量发展。长三角地区资本雄厚，各类资本全面介入创新创业生态体系，从天使到 VC、PE 再到转型升级，基金正有力地助推各类产业迈向高质量发展。2017 年 6 月 1 日，上海国方母基金正式成立，2018 年 6 月 1 日，长三角协同优势产业基金作为唯一的市场化基金项目正式意向签约。目前，长三角协同优势产业基金已经获得包括中央企业，苏浙皖沪的大型国有企业、民营企业、金融机构等各类企业主体的高度认同。长三角协同优势产业基金发起设立的总规模为 1000 亿元，首期规模超过 100 亿元，目标聚焦长三角地区转型发展和战略性新兴产业的培育提升。2018 年 5 月，长三角产业创新股权投资基金以推进长三角区域产业更高质量一体化发展的新生态为目标，由国盛集团联合发起，总规模 100 亿元，首期规模 25 亿元。立足长三角，主要聚焦龙头公司并购重组、混改与相关领域股权投资，引领各类资源尤其是创新资源的优化整合，促进长三角地区经济实现更高质量一体化发展。2019 年 3 月，上海嘉定又联合温州等地市和上汽集团共同设立 100 亿元的上海长三角产业升级股权投资基金，谋划产业整合与转型升级。在私募股权投资领域，各类金融资本聚焦新兴领域股权投资更是如火如荼。

六是领先的数字经济与数据平台优势为实现长三角更高质量一体化提供技术支撑。构建着眼于全球化的互联网信息平台高地，是稳步推进长三角现代化进程和打造现代化产业体系的重要保障，在这方面长三角完全有优势条件、有能力、有基础打造成为全国领先的信息示范基地。一体化的信息网络体系，不仅是政府层面、服务层面上的，更应是产业互联层面、数据平台层面上的。信息化应用平台建设有助于降低成本、产业联动、推进开放，有助于提升区域整体国际竞争力，促进区域一体化。要着眼于全球化，积极融入全球化，积极推进基于长三角统一信息化应用平台而开发运营的各类信息化应用系统网络。构建基于大数据平台的一体化服务，是长三角着力的重点，也为大数据产业提供广阔的发展机会与空间。长三角区内不仅要素流动频率高，而且休闲、度假、康健、旅游等活动更为频繁，这为有效整合长三角地区劳动能力委托鉴定、完善定点医疗机构、导游服务、参保人员及就医信息共享，以及社保与医疗一体化等提供基础。实行社保、医疗和养老一体化，已经在结算、财政、标准等方面有明显的推进，但在提升服务效率、壮大平台与培育机构等方面还有很大的空间。

（二）长三角实现更高质量一体化的内涵与要求

从最基本的基础设施一体化迈向高层次高质量一体化，只有全面覆盖经济一体化、科技创新一体化、社会发展与政府治理一体化、体制机制一体化、生态文明一体化和民生幸福一体化等各个领域和环节，才能形成合力，真正实现高质量发展。

一是高度融合、分工合理有序的产业一体化。加强区域产业分工与合作是长三角区域经济一体化的重要内容。当前，全球经济一体化进程日益加快，对长三角区域产业分工和合作发展提出了新的要求，推进长三角地区更加高效合理、更有深度层次和更广泛领域的产业分工与合作发展具有广泛而重要的责任与意义。近年来，长三角多领域、多角度的产业分工与合作进展明显，区域分工已开始从传统的部门间分工向部门内分工转变，不同地区企业以多种的合作模式实现联合化、网络化经营，包括进行投资、合资，建立不同的战略联盟，进行联合研究和开发等。随着经济全球化和区域一体化的加快发展，目前长三角也已经呈现按产业链不同环节、工序甚至模块分工更加合理的新态势。上海作为大都市中心区，已经把重心转向着重发展公司总部、研发设计、市场信息与技术服务、国际金融等环节，由此形成两头粗、中间细的"哑铃型"结构；外圈层郊区（工业园区）和其他大中城市侧重发展高新技术产业和先进制造业，周边其他城市和小城镇则专门发展一般制造业和零部件生产。对于长三角来说，高度融合与产业分工合理的产业结构体系，不仅有利于经济层次结构的优化提升，对整个长江经济带也有非常重要的拉动作用。与我国香港相比，香港具有金融、国际航运、商贸、高端知识服务以及生物医疗等全球影响力的产业。对于长三角来说，上海在高端产业上尚不具备如此实力与全球影响力优势，苏州、杭州、南京和合肥等的高端制造业虽然在全球产业链上已开始初具影响和地位，但距离实际影响号召力还有很大差距。因此，苏州、杭州与南京等城市如何承接提升高端制造、信息产业高地等功能，就成为空间一体化的关键。上海聚焦科技创新的引领能力，着力构建协同创新的产业体系，推进建设以现代服务业为主体、以战略新兴产业为引领、以先进制造业为支撑的现代化产业体系。

二是科技创新与协同创新一体化。近年来，长三角地区的科技创新合作取得了不少成效，特别是上海与苏州、嘉兴地区的合作成效显著，进展很快，但也存在一些体制性障碍和问题。特别是受限于行政壁垒和既有利益格局，客观上还存在条块分割、资源分散的状况，导致创新要素资源不能实现高效配置和开放共享；区域创新体系的不规范建设、重复性建设和非均衡性特征明显，人才、技术、成果、资本等要素流动渠道还不够顺畅，战略、规划、政策的制定还不够系统，客观上制约了长三角区域整体创新效率的提高和创新能力的提升。长三角区域汇集着全国近 1/3 的研发经费、1/4 的"双一流"建设高校、1/3 的重大科技基础设施、1/4 的国家重点实验室、1/4 的国家工程研究中心，不论是在基础创新研究还是在科技创新方面都实力超群，整体创新能力完全有可能在世界经济格局中大放异彩。目前，在长三角一体化进程中，由上海松江区发起的 G60 科创走廊是一条名副其实的"快车道"。短短两年时间，这个沿着 G60 高速延伸的区域合作组织已迅速扩容至长三角三省一市的松江、杭州、嘉兴、金华、苏州、湖州、宣城、芜湖、合肥 9 座城市，进而成为长三角一体化的桥头堡和先行区。G60 科创走廊的形成与完善，无论在政策引导还是在企业合作创新方面，对于协调拉动长三角地区城市发展和经济创新转型都具有极强的推动力。

三是社会治理与政府治理方式一体化。目前，长三角政府部门对推进社会与政府治理方式一体化态度积极，民间社会需求和呼吁也在逐步增大和加强，但社会治理一体化最大的困惑是传统制度上长期积累形成的行政壁垒，消除这些壁垒与障碍单靠单个部门或政府推进力度是远远不够的，部门间利益平衡及旧有职责边界的限制往往需要其他众多部门、众多领域改革逐渐取得成效后才能有效推进，寄希望于短期内就能解决也是不现实的。由此可见，促进长三角社会治理领域的一体化发展，不仅需要理念上的创新，更需要规划、制度、组织和技术等相关配套领域的协同跟进，特别是经济领域一体化和政府治理一体化的协调推进达到一定程度和水平后才能有效推进，有些方面改革推进特别是涉及财税方面和教育医疗方面的利益矛盾与冲突等，甚至需要国家层面有关部门的统筹安排与协调。

四是生态文明一体化。生态文明建设是基本实现现代化的重要内容，越是经济发达地区越应重视生态文明建设。"绿水青山就是金山银山"在浙江起步，在长三角地区得到了有效的传承与实践。苏浙沪皖在生态文明建设上也都积累形成了各自的经验与模式，在生态文明合作和一体化上也形成了一定的协调机制和实际举措。早在 2005 年，浙皖两省便启动建立对新安江流域生态补偿机制的商谈。2010 年 11 月，全国政协人口资源环境委员会组织的调研组考察浙皖交接断面及下游出库地带的水质情况后，提出从国家层面进行治理。2011年，财政部、环保部牵头启动全国首个跨省流域生态补偿机制试点，每年中央安排财政补偿资金3亿元，浙江与安徽各安排1亿元。各方约定，只要安徽出境水质达标，下游浙江每年补偿安徽1亿元；反之，如果安徽出境水质不达标，安徽每年补偿浙江1亿元。作为华东地区重要战略水源地，新安江跨流域生态补偿机制试点工作已入选全国十大改革案例，被写入中央《生态文明体制改革总体方案》。在浙江，借助杭州大湾区战略，深入实施推进《长三角地区一体化发展三年行动计划（2018～2020年)》，也为推进长三角更高质量一体化形成实际推力。

五是标准化服务质量和服务体系的一体化。近年来，长三角在推进实施旅游一体化方面进展最快，成效最为明显。长三角经济增长、社会进步及旅游业发展在国内均走在前列，特别是苏浙沪三地以往在旅游合作方面的尝试和努力，为推进区域旅游标准一体化打下了基础，也提供了经验和教训。面对经济全球化新的竞争形势，长三角旅游产业竞争力的进一步提升，在很大程度上将取决于区内资源的合理配置和区域优势的充分发挥。如果缺乏整体战略意识，不能及时推进区域一体化，构造新的竞争优势，提升区域旅游业的整体竞争力，地区旅游业就很难在更大范围、更广领域和更高层次上参与竞争、拓宽空间。从宏观产业布局和整体发展的角度来看，长三角区域旅游标准一体化的战略合作具有十分深远的意义，对长三角区域旅游业的发展乃至全国大旅游区的合作发展也具有很强的指导和借鉴意义。区域旅游标准一体化的最终目标，是希望通过政策环境、要素结构与标准一体化，通过鼓励区域内旅游业向外扩张延伸，进而建设成为国内首要的旅游要素集聚中心、国际旅游流进入中国的重要集散区域和具有强大国际竞争力的旅游示范区。同时，除旅游业外，关乎民生生活消费和生产流通领域环节的生产服务业也是重要的一体化内容，因此必须强化相关服务领域的质量标准体系认证和环境质量体系认证以及标准一体化进程，从而不断增强长三角地区服务业市场竞争力，以切实提升长三角高端服务业发展质量与水平。

六是城市空间一体化。对于长三角来说，形成以上海为龙头的更广视野和更大格局空间的一体化非常重要，全面落实长三角一体化发展国家战略，就要深刻认识推进长三角一体化是全域全方位的，就要求各省市首先着眼于推进省域内一体化，并切实加快改革开放推进省际一体化，尤其是加快建设集高速铁路、城际铁路、市域铁路于一体的现代轨道交通体系，加快公路、机场、港口等建设，大力推进基础设施等硬环境建设。在空间上，着眼于更高质量，依托城市和城市群推进创新整合，需要各地积极围绕产业集聚区、开发区、高新区和各类园区优化整合提升。对于江苏来说，需要强化苏州高端制造业的转型升级，提升南京高端智能制造产业对周边城市特别是扬州等苏中苏北城市的号召力。对于浙江来说，需要强化创新优势，大力实施数字经济"一号工程"，打造数字经济产业集群；集聚创新要素，发挥创新创业人才作用，加快之江实验室、西湖大学、清华长三角研究院等建设，加快以杭州为核心的自主创新发展和以杭州、嘉兴、绍兴、宁波为核心的杭州湾大湾区一体化发展。安徽则需要继续增强合肥城市集聚功能，围绕上下游产业链，做大做强合肥特大城市在家电和平板显示等信息产业方面的号召力，增强安庆、池州、铜陵、芜湖等沿江城市的产业集聚能力和联动发展。

三 推进长三角高质量一体化的战略目标、思路与重点领域

长三角一体化进入高质量发展阶段，更有助于带动我国长江经济带发展，其龙头地位将更加凸显，长三角地区作为我国改革开放的"发动机"，应进一步提升战略目标，明确发展思路。应着眼于未来 10 年乃至 30 年，力争成为我国经济发展的核心极和具有强大国际竞争力的全球最大都市圈、高新技术产业集聚区和世界级新兴制造业基地之一。2019 年 5 月 13 日，中共中央政治局会议审议通过《长江三角洲区域一体化发展规划纲要》，明确指出，长三角一体化发展的战略定位是"一极三区一高地"，就是要把长三角

建设成为全国发展强劲活跃增长极、高质量发展样板区、率先基本实现现代化引领区、区域一体化发展示范区和新时代改革开放新高地。

（一）推进长三角更高质量一体化的设想与目标

首先是率先基本实现现代化的引领示范区和高质量发展样板示范区，以及区域一体化发展的示范先行区。长三角作为我国现代化建设的先行区域，对其他地区有很强的引导示范效应，对国家现代化建设战略也有积极影响，尤其是苏浙沪皖在现代化进程中积累的经验与路径具有很强的带动示范效应。而且长三角一体化进程中的结构变动、功能完善及整合也将产生"新能量"和"溢出效应"，对其他地区特别是长江经济带产生强有力带动，对其他地区一体化发展具有典型的代表性和实践意义，并积极改变东亚地区经济格局，提升中国在世界经济体系中的地位，对我国参与国际竞争发挥重大支撑作用。

其次是坚持以创新驱动和现代产业为支撑，打造持续发展势头强劲的全球最大都市圈和世界级产业基地。《长江三角洲地区区域规划》提出长三角的发展目标之一，是建设具有较强国际竞争力的世界级城市群，成为世界人口最多和规模最大的大都市带。实现这一目标，需要以国际领先的全球产业基地、高度一体化的完备产业体系为支撑，并积极融入世界经济体系和产业链，成为亚太地区乃至全球极具强大发展潜力的增长极，进而奠定在全球产业链体系中的强大号召力和竞争力。

再次要加快改革，建成我国新一轮改革新高地和亚太地区最优越的制度经济区。自贸区不仅是上海的，更是苏浙的，是长三角的。相对而言，长三角一体化比粤港澳更具有制度优势，不必受制于基本制度差异、货币差异和海关税收等各方面的障碍。长三角未来的目标和定位就是打造一体化的制度环境和覆盖经济、社会、文化、生态等各方面的框架结构体系，探索不需要与其他国家地区签订自由贸易协定的模式，并积极探索司法、货币、流通等制度的改革突破，与世界高度接轨。

最后要积极打造高效现代化的区域治理体系。长三角区域一体化的最终目标是建立高效的空间管治体系，借助政府、企业与居民等多层次行为主体，结合机构、政策、体制等杠杆，实现高质量、高效率的区域管理一体化。在此基础上，真正实现以空间资源的市场化分配为核心，将资本、土地、劳动力、技术、信息、知识等要素形成区域性多样化管理模式，明确各级政府间以及政府、公司和个人间关系、相关权力分配规则和行为规范，以确保要素资源在区域层面上实现高效高质量的运转。

另外，还要加快形成全球化领先的大数据系统中心。传统网络平台是通过交通圈实现交通一体化，推进区域合作与效率提升。而新型网络平台是指基于互联网平台，依托多领域、多类型的商业模式创新，依托长三角庞大的市场体系而建立的全球性数据大系统，并广泛串联长三角各地的物流网络、市场网络和要素网络，形成覆盖全要素流的无限平台体系，未来则成为全球性数据系统集聚中心、处理中心和数据库前沿基地。在这方面，长三角不仅具有数据技术层面上的领先优势，在实体经济和需求层面上同样具有强大的产业基础优势。

（二）推进长三角更高质量一体化的总体思路

长三角作为超级国际都市区，应进一步强化以上海为主线的"龙头"地位，提升辐射带动力和区域整合力，积极探索改革与开放新路径。

一是继续突出上海"排头兵"地位。在国家层面上，要从经济与政治高度，着眼于未来中国的发展动力，深刻认识上海在国家发展战略中的重要性。首先，上海作为全国的经济中心不受怀疑，而且要发挥更大的引领作用，特别是进一步提升上海的经济、政治、文化地位。其次，有必要对上海的战略地位及长三角一体化战略进行专门研究，并对现有政策进行必要的调整与提升。近年来，特别是党的十八大后上海改革发展步伐明显加快。要进一步提高认识，五大中心更重要的是提升到中国乃至全球重要的科技创新中心。最后，还要积极提升上海在长三角经济区与长江经济带中强力带动的重要性，尤其是如何在产业链上形成高端引领的带动效应。近年来随着周边和中西部地区的崛起，上海辐射带动作用有所减弱，这就要求提升上海龙头地位必须增强自身实力。

二是以"先行区"为目标加强扶持，围绕"一带两路"整体战略，推进长三角经济区成为全球经济的战略中心。首先，长三角十年多合作成果显著，进入新的机遇期，推进一体化面临更深层次、更大尺度的瓶颈约束，需要国家层面上的支持与统筹安排。其次，要从战略高度，支持长三角成为最具竞争力的超级国际都市区，树立全球战略，力争在制造业、资本市场和出口等方面占到全球10%左右的份额，达到东京都市区的2倍，成为全球最具影响力中心。最后，要对长三角区域内现有的各类国家战略进行整合，推进城市群功能分工优化，积极推进区域内部中小层次的一体化如杭嘉湖的一体化等。

三是以"示范区"为路径，多元试点、改革开放，形成长三角在转型与现代化进程中的新动力。不论是"自下而上"的自发式改革，还是"自上而下"的行政式改革，长三角都具有很强的源动力。在国家层面上，可尝试小规模、小领域、小范围地突破政策允许，江苏、浙江与安徽中小城市或城镇积极探索以土地、户籍为内容的新型城镇化改革，并结合分税制财税体制改革、外贸体制改革及生态领域改革，探索新的改革路径与发展模式。长三角一体化上升为国家战略后，浙江与上海在2019年政府工作报告中要求合力打造长三角一体化发展示范区，具有重要的现实意义，将打破传统意义上的空间发展概念，更多地注入共享、协作及创新体制与机制要素，成为新时期推动区域高质量发展，构建现代化产业体系的重要支撑。长三角一体化示范区的方案制定与推进进程，已经成为当前三省一市落地实施一体化发展国家战略的重要考核与检测依据，长三角一体化示范区要突破地理空间的概念，转而向制度空间的共建方向进行升级，关键是形成共享机制推进创新驱动和高质量发展。

（三）推进长三角更高质量一体化的重点内容与领域

在经济全球化、新科技革命和社会信息化的国际大背景下，要在世界城市系统中占据领先地位，关键是上海、苏浙皖等地都要围绕未来关键性的重点领域探索多形式和多路径合作，推进长三角一体化。

一是要着眼于全球吸引力的高端要素集聚一体化。长三角一体化的关键，不仅是在长三角内部实现生产要素的自由流动以及产品和服务的彻底开放，还在于通过培育和构建统一、开放、规范的共同市场，吸引全球高端要素集聚，提升长三角吸引力。在要素集聚和布局上，各地要坚守自身定位和要素选择，上海重点集聚高端与生产性要素资源，不与苏浙皖抢占中低端要素资源。同时在长三角内部要真正实现要素资源的结构性自由流动，结构合理的要素分布才能为吸引全球高端要素提供基础和支撑。加快共建区域性的商品物流共同市场、产权交易市场、人力资源共同市场、科技成果及知识产权保护共同市场、基于信息网络平台的信息共享及信用征信共同市场。如整合苏浙沪皖交易所形成长三角产权交易所，实现快捷的跨地区重组、异地并购、产权交易。

二是要着眼于国际竞争力的都市圈空间一体化。实践证明，产业发展与城市化互动力强，竞争力也更强。长三角正是依托中国经济实力最强、产业规模最大的经济核心区，才成为我国最大的城市群连绵带。但目前，受到各类制度约束，城市群内部结构分工、层次网络还不是很理想，各地纷纷规划建设"国际性大城市"以抢占上海等大城市要素，上海等大城市也纷纷布局引进规模型传统制造业以抢占中小城市要素资源，造成整个都市圈的无序竞争。因此，未来长三角应构筑一个开放的、整体的空间系统，通过对各个地区规模的控制和功能的塑造实现整体布局和功能的优化，形成更加开放和有序的结构。同时要认识到上海"五大中心"是一体化的，其他城市要勇于差异化地接受"五大中心"的部分功能，要依托四大圈层式结构，优化城市群空间结构和职能。

三是要着眼于全球化的互联网信息平台一体化。没有通畅的信息一体化，就不可能有"长三角"高质量的一体化。一体化的信息网络体系，不仅是政府层面、服务层面上的，更应是产业互联层面、数据平台层面上的。信息化应用平台建设是长三角区域一体化的重要基础内容，有助于降低成本、产业联动、推进开放，有助于提升区域整体国际竞争力，促进区域一体化。目前长三角信息化设施和综合服务体系的一体化建设，与区域经济一体化进程应有的地位和作用相比还有一定的差距，与全球化水平相比也有很长的距离。为此，要着眼于全球化，积极融入全球化，积极推进基于长三角统一信息化应用平台而开发运营的各类信息化应用系统，特别是基于各类产业与民生社会领域的物联网平台建设也是重中之重。

四是要着眼于统一、有序和高效的政策环境一体化。提升长三角一体化水平和竞争力，消除低层次竞争，实现竞争性合作和竞争性共赢，需要制定与协调区域间财税政策、土地政策、产业政策等，为各类市场主体创造一体化的公平竞争环境。尤其是在招商引资、土地批租、外贸出口、人才流动、技术开发、信息共享等方面制定统一的政策，着力营造一种无差异的政策环境。近期尤其要认真梳理上海、苏浙和安徽等地市现有的地方性政策和法规，如对已获一地高新企业认定（或其他认证）的经济主体承认通行。未来一体化的关键和核心是争取国家层面的支持与推动，在户籍制度、就业制度、住房制度、教育制度、医疗制度、社会保障制度等方面不断改革，加强协调，建立统一的制度框架和实施细则，实现区域制度框架的融合。

五是要推进协调合作的制度与法律法规一体化。区域一体化的目标是凭借整体力量参与世界竞争，而不是"单打独斗"。欧盟通过制定完善的法律法规促进一体化发展，如1951年的《巴黎条约》、1958年的《欧洲经济共同体条约》、1993年的《欧盟条约》，就是各阶段一体化的基本法律基础。长三角可在全国统一的法律和政策体系下，在中央政府的支持和协调下，协调经济发展战略和地方法规，制定以全国统一的法律和政策体系为基础的、适合长三角一体化需要的统一规章（或条例）。建议由国家牵头，本着"优势互补、良性竞争、互惠互利、共同发展"的原则，组织沪苏浙与安徽共同制定该规章，内容包括区域生产力布局、区域产业发展准则、开放共同市场、促进人才交流、建立统一基础网络、统一开发利用资源、统一整治和保护环境、建立协调与管理制度等，成为促进区域经济一体化的共同行为准则。

六是要积极构建基于大数据平台的社会保障及医疗一体化。长三角区内不仅要素流动频率高，而且休闲、度假、康健、旅游等活动更为频繁，这为推进社保与医疗一体化提供了强大的市场基础。当前，区内各地在探索长三角地区劳动能力委托鉴定、完善定点医疗机构、导游服务、参保人员及就医的信息共享等方面，已经进行了有效的整合。实行社保、医疗和养老一体化，也已经在结算、财政、标准等方面有明显的推进，但在提升服务效率、壮大平台与培育机构等方面还有很大的空间。在这方面，还是要坚持依托产业基础与特色优势，强化分工协作，如上海可在数据交换平台建设，浙江在消费互联网、健康医疗平台建设上着力推进。

四 推进长三角实现高质量一体化的战略举措与对策

长三角要提升整体竞争力，谋划建设重要增长极和世界级都市圈，不仅需要国家层面统筹安排与积极扶持，更需要区域内各地加强协调对接，切实在空间、产业、创新与制度环境、社会保障以及数据平台等方面实现一体化布局。苏浙沪皖各省市要充分发挥各自优势，补短板加强整合，紧扣"一体化"和"高质量"两个关键，做好一体化发展这篇大文章，加快建设成为具有国际影响力和带动力的强劲活跃增长极。

（一）制度变革引领高质量一体化

在制度层面上，目前已经有相应的协调机构和机制，但如果借助国家层面的引导和推动，其速度与效益将更为显著。

首先，可以考虑建立一体化的公共管理机构。国家层面的引导和推动有助于破解当前约束，有效促进一体化进程。这样才能有效防止和避免苏浙沪皖内各地市只顾眼前利益和自身利益，忽略区域总体利益和长远利益的行为，加快长三角一体化的整合与发展提升。

其次，牵头制定专项一体化规划。目前国家层面和三省一市也正在加快制定长三角地区发展的专项规划，未来更需要监督协调各地区的专项规划，并将区域公共问题和一体化问题交由相关机构处理，进行跨地区、跨部门、跨领域、跨时段合作，使"推进长三角一体化"的政策得到更好的执行和落实。要通过制定一体化发展规划,包括旨在消除要素和产品流动障碍的市场一体化规划,能够发挥各自比较优势形成合理分工的产业一体化规划,以交通衔接配套和物流网络的完善为重点的基础设施一体化规划,以强化信息资源互通共享的信息一体化规划,以消除城乡二元结构形态、完善城市功能的城市布局一体化规划,以及旨在规范各地政府行为的制度一体化规划等。

最后,探索一体化政策与改革措施,积极推进一体化服务与管理。在关键性领域和环节,切实推进一体化政策制定,包括推进长三角社保、医疗的统一自由流动,过路费的减免,推进长三角通信一体化,通过增量调整推进"长三角统一高考招生"等。这些大都涉及政策层面,需要顶层设计,如资费的统一问题,这些问题单靠上海、苏浙等主管部门都不能协调解决,需要更高一级的政府部门统筹考虑,为长三角一体化提供更多的政策支持,以推动机制体制创新,进一步优化合作环境。突破行政区域一体化,要突破行政区划思维,以"长三角GDP"替代各地市考核,使各地把工作重心从区域间的要素资源竞争向服务、管理竞争转变,重点推进长三角公共服务与管理的一体化。如争取在中央的支持下,通过财政、税费、社保、医疗、教育、职称、股权等手段,以"引""疏"结合来调控城市群人口结构,同时利用市场机制调整水、土地、交通等公共产品和服务价格,以一体化服务与管理来着力推进长三角一体化进程。

(二)产业与空间互动推进一体化

长三角地区产业整体上处于较为合理的竞争格局,地区之间产业分布与关联也处于较为理想的结构层次,近年来的紧密联系合作进一步增强,企业之间的创新合作与一体化也处于有序推进中。为进一步实现高质量长三角创新共同体,必须进一步加强培育长三角科创圈,特别是依托上海建设全球创新高地,以进一步推进产业发展一体化。尤其是紧紧围绕信息技术、大数据、人工智能和生物技术、新能源等未来产业和重点领域,依托龙头企业、中介组织、研发机构、开发区等,搭建一批产业一体化组织和企业联合体,打造一批结构合理、层次分布的世界级产业集群体系。

　　首先要聚焦"短板"推进中间区一体化。长三角一体化是以众多小区域的一体化为基础，不断推进而形成的大区域一体化。上海作为长三角地区的龙头，目标是要建成世界级城市，其城市功能和地位不是其他城市所能替代的。而作为上海"左右臂"的嘉兴和苏州地理位置最近，嘉兴又是浙江省打造杭州湾产业带、接轨上海的桥头堡，苏州经济总量全国第3、长三角第2，但嘉兴经济总量只有苏州的30%，人均GDP仅是苏州的一半，发展速度也慢于苏州，很不协调，这与长三角国际化都市圈和一体化发展的要求也很不适应。还有杭宁经济带上的湖州，宁徐经济带上的宿迁、淮安等也是如此，因此，这类地区"补短板"和重点布局非常关键，也是推进长三角一体化的必然要求。

　　其次要聚焦"优势"形成合力。上海、江苏、浙江和安徽四地的优势支柱产业总体上可以互补，上海的科技创新与总部研发业、江苏的战略制造业、浙江的文创与互联网产业、安徽的家电制造业都各具优势。为此，上海应建立"哑铃型"（控制两头、甩掉中间）结构，即使发展制造业，也要选择高端。上海要有"舍"，就是把中低端制造业分散到周边地市，江苏与浙江等地要有"舍"，就是要舍得放手，让本地龙头企业把总部、研发等功能迁移到上海，而把制造功能留在当地即可。同时，围绕"五大中心"建设进行差异化定位和发展，如有别于上海的"国际金融"和全球金融的定位，浙江的定位是"科技金融"和财富金融。只有这样，才能把长三角建设成为世界级总部研发中心、世界级制造基地、世界级金融与物流中心和超大型都市圈。

　　最后要聚焦"双转"推进一体化互动。上海、苏浙都处于工业化中后期，转型和转移是关键词，空间上表现出一定的差异性、互补性和梯度性。上海、苏浙、安徽在发展水平与重点上的区域差异和梯度，为实现不同类型产业在区域范围内扩散、集聚与整合提供了现实基础、可能和根本动力。上海作为研发创新中心、市场信息与物流等服务中心，在高端产业与产业链高端上大有可为；苏浙优势在于拥有先进的制造技术和手段、完备的制造业基础，围绕建设现代化制造基地和研发转化基地，向产业链中高端提升；安徽具有明显的低成本优势、劳动力优势和基础制造业优势，除稳定资源型附加值产品外，向产业链和价值链中端提升发展。因此，"转型提升"和"转移"，要站在长三角未来发展乃至全国和全球经济的高度去研究，确定产业思路。要坚持"有所为"和"有所不为"、"少为"和"多为"，跳出行政束缚，加以协调整合，形成从研发、中试、规模生产一直到营销、管理的完整产业链和强大产业链，提升一体化利益。

（三）协同创新推进更高质量的一体化

首先要实施"全球创新中心"战略计划。实现一体化创新和建设"创新长三角"，不仅需要各地开展多层次科技交流与合作，突破原有的科技管理体制，实现柔性人才在长三角区域内的自由流动，还要通过扩大创新式开放吸纳全球高端要素资源，着力在推进四大创新（尤其是基于互联网应用的各类创新）等方面占据优势，掌握发展主动权。在空间上，共建一体化创新平台，上海应着力于前沿尖端科技的研发，江苏与浙江可在科技实验、科技成果孵化与产业化上积极探索，浙江还可在科技金融、金融创新上积极布局。而且，还要通过深化改革开放、培育第三方成果交流平台，开展成果交流与合作。对安徽来说，鼓励加强与上海、江苏、浙江合作建立科技园区，引入张江高科技园区、苏州高新区参与共建或转型，利益协同分配。

其次要大力培育具有国际竞争力的跨国龙头企业。一体化竞争力，要求长三角形成一批在行业领域内占据前沿的精英企业，足以与跨国公司相抗衡。但目前看，长三角还缺乏足够的与国际上跨国公司相匹敌的跨国龙头企业，尤其是在新兴经济领域更是屈指可数，如与苹果、腾讯相当的只有阿里巴巴，与海尔、格力等抗衡的南京熊猫、春兰和浙江华日，实力和规模已相距甚远，奥克斯与老板电器、方太还有很长的成长道路，与华为、中兴规模相当的通信企业普遍实力不强，海康威视与大华股份虽然排在全球前列，但受制于政策风险尤其是贸易战影响，在5G与物联网行业企业虽然众多，但技术上存在壁垒，竞争优势不强。为此，不仅要鼓励跨地区并购形成国际性行业龙头，更要积极突破传统的发展模式，着眼于促进具有强大关键性技术、环节和垄断技术的创新企业壮大发展，应积极支持行业并购和产业链拓展，并把重点放在培育消费型、网络型、文化型和健康型创新企业上。

最后要创新资源共享共建，推动形成完善的一体化创新链。创新资源共享在长三角地区得到一定的实践，尤其是依托企业上下游产业链形成的创新合作，其自发性更强。目前，长三角大型科学仪器协作共用网已经初步织成。2016年以来，创新券通用通兑也已经在上海，浙江湖州，江苏苏州、无锡、宿迁等地先行先试，取得了不错的探索效果。然而，由于一体化区域内创新资源共享供给能力的不平衡，共享始终面临呼声高、落实难的问题。此外，创新券的推广应用着实帮助需求侧中小企业发展，依托规模化专业测试机构的共享服务，为它们解决了不少科技支撑难题。然而，由于零散共享服务缺乏规模效益，服务者或机构缺乏意愿，更大量的分散创新资源未发挥应有作用，亟须对共享的供给侧提供更有效的政策激励。

（四）推进"数字长三角"，建设全球性的大数据系统中心

首先要构建一体化的大应用平台。建设一体化长三角信息应用平台，需要从企业、政府和居民角度出发，围绕经济、社会、民生、生态等各个领域，重点推进交通地理信息服务系统、国际国内物流信息服务系统、空间信息系统、金融合作与服务系统、经济合作与创新系统、农业农村一体化系统、教育培训服务系统、人才培养流动系统、旅游信息系统等建设。推进长三角区内各市建设"数字化城市"和数字化区域，还要完善建立企业信用信息共享机制、联合执法信息机制、维权信息联动机制和检测结果信息互认机制等，实现区域公共信息管理一体化。近期浙江应着眼于上海、江苏等地企业和居民的多层次需求，积极推进各类休闲、健康和养老等消费服务领域的应用平台建设。

其次要建立国际领先的大数据系统。不仅要求长三角各地市突破地区、部门、行业界限和体制性障碍，加大信息基础设施建设力度，更要从国家层面，借助相关部委力量，在上海规划建设全国"大数据中心"，统筹规划信息基础网络，统一信息交换标准和规范，共建共享公共信息数据库。"大数据中心"不仅要服务于长三角和全国，融合集中、处理和应用等功能，还

要努力实现各类公共信息平台系统的协调沟通，实现信息共享与交换，实现一体化服务与管理。借助上海经济、金融、贸易、航运、创新和数据中心地位，浙江要着力在民营经济、科技金融、网上贸易、休闲度假、健康养老、云数据和大数据医疗等特色数据系统平台上加强布局，江苏着力在信息产业、大产业平台、高端制造以及智能制造上加强转型升级，安徽则应以信息技术为支撑，在产业园区、信息产业和家电等制造业上加强提升。

（五）推进金融与科技高度融合，推进长三角高质量一体化

国际经验与发展实践表明，创新是推动经济增长质量与效益提升的重要动力，其中金融支持则是推动创新与转型进程的重要保证，是实现经济高质量增长的重要支撑。国际上先行国家和地区以金融支持助推创新进程，成功地完成发展方式转变，实现了以技术提升为根本的转型发展和高质量发展。在金融政策支持下，美国、原联邦德国分别于 20 世纪 50 年代、60 年代，英国、法国和日本分别于 70 年代相继实现发展方式的转变，并保持多年的快速增长。新加坡与我国香港于 20 世纪 80 年代、韩国和我国台湾于 20 世纪 90 年代，在 5%～6% 的增长环境下，着力转型与创新，也相继实现发展方式的转变。因此，要以金融扶持为引导，应对新产业革命，加快战略性新兴产业的培育，推进长三角高质量一体化。近年来，苏浙沪皖都大力推进产业结构的调整优化升级，逐步形成以高新技术产业为先导、以先进制造业为主体、以基础产业为支撑、服务业全面发展的产业格局。在迈向高质量发展的重要战略期，要从以低成本为主导的传统产业体系，转向以高附加值为主导的现代新产业体系，金融扶持和引导是至关重要的。目前，在长三角区域，以蚂蚁金服为代表的互联网金融发展迅猛，着眼于互联网技术与平台的金融创新也层出不穷，互联网金融正对传统的行业与领域包括社会民生与政府治理领域产生影响和改变，未来将在技术创新上迈向一体化的智慧金融发展。

（六）统一完善政策引导与激励，推进长三角高质量一体化

首先是完善高质量发展的激励机制。在开放环境下，长三角地区要实现

高质量发展并在国际竞争中处于有利地位，关键是资本和人才，其根本是以激励为核心的制度保障，尤其是形成资本配置的激励引导机制。

其次是建立高质量发展的评价机制。建立专家联席评估制度，吸引高质量投资，促进高质量发展，形成高效率投资、高端人才、高端项目联动的驱动机制。打造高质量外资集聚地、高端人才集聚地和高质量项目集聚地，补齐短板；由点到面，从企业到行业、从行业到地区，大力推广浙江的经验，尤其是"亩均论英雄"评价机制，推进高质量发展。高质量的评价机制包括投入产出评价机制、专利与品牌以及知识产权评价机制。投入产出评价机制不仅要考虑高端要素资源的投入、创新研发与人才等，更要考虑亩产收入与纳税、利润以及专利与品牌的推出。根据评价结果，对企业、行业和地方政府实施用地、用电等资源要素差别化政策，实施房产税、土地使用税等多项政策优惠，构建年度用地、用能、排放等资源要素分配与市、县（市、区）"亩产效益"绩效挂钩的激励约束机制。

最后，苏浙沪皖要协调推进，建立助推高质量发展的法治与治理机制。完善体制保障与法律约束，推进高质量发展。建立制度约束与法制约束机制，就是要加快质量立法研究，围绕《产品质量法》，改进产品质量立法，完善服务立法，推进物流、消费者、社会组织和质量服务机构引入质量治理体系，全面实现"质量红利"、"质量溢价"和"质量获得感"，为高质量产品和高质量发展型企业建立和营造良好的激励机制和激励政策环境。还要形成上下游联动机制和上下游约束补偿机制，共同建立环境监督督促机制，以水、废、污等突出环境问题为突破口，共同推进企业转型、改质提升，真正形成高质量发展的一体化环境。

分 报 告

Sub-Reports

B.2
当前上海经济形势运行特征、
未来趋势及对策分析

王 丹[*]

摘 要： 2019 年上半年，面对全球经济增长乏力、国际贸易保护主义
兴起、国际贸易摩擦不断发酵、我国经济加速创新转型等内
外环境的变化，上海经济运行总体平稳，并呈现四方面的高
质量运行特征，表现出良好韧性，稳中有进，稳中有好。但
与此同时，伴随全球经济增长环境依然偏紧，经济前景的不确
定性因素增加，上海 2019 年下半年经济运行仍面临着诸多挑
战，存在瓶颈问题，下行压力依然较大，上海应紧紧围绕中央
赋予的重大战略使命，加快改革开放，深化制度创新，进一步
挖掘需求侧和供给侧的增长潜力，确保经济平稳运行。

---

* 王丹，上海市人民政府发展研究中心城市处处长，博士。

关键词： 上海 经济运行 制度创新

2019 年以来，在全球经济增长势头放缓、国际经济格局变动加剧、国际贸易摩擦不断发酵、贸易保护主义不断蔓延的背景下，我国经济增长整体上运行平稳，积极应对各种风险挑战，实现了稳中有进。尽管上海经济运行环境严峻复杂，但总体上仍保持了近年来高质量发展的态势，实现了平稳增长，且稳中有进，稳中有好，表现出较强的经济增长韧性。但与此同时，面对内外环境百年未有之大变局，上海经济运行也面临着诸多挑战，存在的瓶颈问题亟待突破。

一 2019 年上半年上海经济运行的情况和特点

2019 年上半年，在全球经济增长波动加剧、外需市场疲软的背景下，上海 GDP 超过 1.64 万亿元，同比增长 5.9%，增速尽管较 2018 年底有所回落，但比第一季度提高 0.2 个百分点，总体运行平稳，且稳中有进，稳中有好，经济运行呈现四大特征。

（一）需求侧保持平稳增长态势，内需增长稳定器作用明显

2019 年上半年，投资、消费等需求侧的平稳增长有力支撑了经济的平稳运行，内需增长的稳定器和压舱石作用明显。一方面，固定资产投资增长总体平稳，上半年固定资产投资同比增长 5%，与第一季度持平，且略高于年初 4.7% 的水平，总体保持平稳。其中，随着华力集成电路、和辉光电、中芯国际和特斯拉等一批重大项目的落地建设，全市工业投资连续 15 个月保持了两位数的增长态势，增速达到 17%，比第一季度提升了 1.2 个百分点。其中，制造业投资同比增长 29.3%，增速较前 5 个月提升了 7.9 个百分点。另一方面，消费增长总体保持平稳。上半年，全社会消费品零售总额同比增长 8.4%，增速比第一季度提升了 2.1 个百分点，高于国内的北京、

天津、山东等地。其中，大型零售企业零售额同比增长7.7%，拉动全市社会消费品零售总额增长2.5个百分点。

（二）内外企业投资保持较快增长，上海发展吸引力较足

2019年上半年，在中美贸易摩擦不断发酵、全球经济增长疲软的大背景下，上海吸引外资逆势上扬，外商直接投资规模保持较快增长。上半年，上海签订外商直接投资合同项目3200多个，同比增长49.2%；其中，合同金额同比增长6.3%，实到金额同比增长13.9%。而同期，全国实到外商直接投资金额同比增长7.2%，上海的增速远远超过全国水平。从外资结构看，第三产业成为上海吸引外商直接投资的主阵地。上半年，上海第三产业签订外商直接投资同比增长49.8%，合同金额同比增长36.7%，增速均明显超过面上平均增速。尤其是租赁和商务服务业、科技服务业、信息服务业等高端服务业吸引外资的步伐加快，科技服务业签订合同金额同比增长近1.2倍。

（三）新经济发展势头良好，经济增长的新动能加速构筑

2019年上半年，上海新经济保持着稳健的发展势头。部分战略性新兴产业持续增长，前5个月新能源、生物医药等行业总产值同比分别增长5.8%和7.2%；高技术产业品产量大幅增长。新业态、新模式消费继续保持较快的增长势头，升级类消费持续旺盛。网上商店零售额比上年同期增长25.3%，拉动全市社会消费品零售总额增长3.1个百分点。服装类零售额同比增长4.2%，通信器材类零售额同比增长18.1%，化妆品类零售额同比增长24.6%，分别拉动全市社会消费品零售总额增长0.7个、0.9个和1.3个百分点。市场活力依然活跃。前5个月，全市私营企业数量累计达到191万多户，同比增长7.4%。其中，租赁和商务服务业、科技服务业、信息服务业等行业新设企业数快速增长。

（四）就业、居民收入等总体保持平稳，民生环境保持稳定

2019年上半年，就业、居民收入和物价水平总体保持平稳，为经济平

稳运行和上海经济转型升级营造了良好的民生环境。从居民收入看，伴随着新税法的实施、最低收入水平的调整等，居民人均可支配收入同比增长8.2%，若扣除价格因素影响，实际增速为6%，超过了GDP的增速。同时，居民人均可支配收入水平是全国平均水平的2.3倍，位居全国第1。从就业情况看，就业情况的稳定有力确保了上海居民收入的稳定增长。截至5月末，新增就业岗位33.61万个，较上年同期增加1.06万个；城镇登记失业人数为18.81万人，比2018年末减少0.6万人。另据调查显示，有超过八成的上海企业用工没有变化，甚至扩大了用工规模。从物价水平看，上半年上海CPI同比上升2.1%，升幅较上年同期扩大0.6个百分点，与全国相比，低于全国0.2个百分点，在全国处于中间偏后位次。

二 上海经济运行面临新形势新环境和 瓶颈问题

2008年国际金融危机以来，全球经济经历了近10年的曲折复苏、缓慢复苏的过程，正处在大变局、大调整的历史关口，全球经济形势更加复杂多变，经济前景不确定性增大。中国经济形势虽然具有较强韧性，但受外部紧环境冲击，以及内部创新转型、动力转换的影响，经济运行呈现了稳步回落的态势。新的国内外形势和环境将使得上海经济运行面临着新的挑战与风险，上海的经济增长中也面临着瓶颈问题且亟待突破。

（一）全球经济增长动力仍显不足，增长势头或将温和放缓，国际贸易摩擦将更加频繁，全球可能进入新一轮降息通道

2019年上半年，全球经济增长呈现出近年未有的疲弱态势，全球主要经济体呈现出增速集体回落的局面。5月全球制造业PMI为49.8，自2012年12月以来首次落至收缩区间，4月OECD综合领先指标继续回落至99.44，连续17个月下行。下半年仍将延续这种态势，全年全球增速最高可能仅为3%，增长态势可能是2017~2019年这三年间最差的。

1. 全球主要经济体增长动力不足，经济增长或将温和放缓

从美国看，尽管 2019 年上半年美国经济整体表现较为强势，但疲态逐渐显露。第二季度美国 GDP 同比增长 2.3%，低于第一季度的 2.7%；GDP 环比折年增长 2.1%，低于第一季度 3.1% 的水平。下半年美国经济增长或将进一步温和回落。部分先行指标已呈现出明显回落态势，并创近年来的新低。5 月 ISM 制造业 PMI 为 52.1，虽然仍处扩张区，但创 2016 年 10 月以来新低；6 月 Markit 制造业 PMI 初值为 50.1，刷新 2009 年 9 月以来的新低，距落入收缩区间仅一步之遥；6 月密歇根消费者信心指数为 98.2，低于前值 100.0。下半年，受人口结构变化或将导致的消费支出走弱，特朗普政府税改政策的效果逐渐减弱，以及美国贸易政策的变化对美国经济不利影响的逐渐暴露等因素影响，美国经济增长或将明显放缓。截至 2019 年 5 月底，10 年期美债收益率下跌至 2.14%，3 个月美债收益率下跌至 2.35%，倒挂幅度进一步拉大。历史经验表明，当二者持续出现倒挂之后，美国经济增长将出现见顶回落态势。从欧洲看，自 2018 年底以来，经济增长就持续低迷，第一季度欧元区景气度加速下行，第二季度有所企稳并呈现低位震荡态势。经济先行指标持续处于收缩期，欧元区制造业 PMI 自 2 月落入收缩区间后持续下行，5 月仅为 47.7，6 月初值为 47.8。2019 年下半年，欧洲经济增长仍处于低迷区间。一方面，出口增长放缓使得欧洲经济增长动力受到制约。在欧洲经济低位企稳的过程中，出口扮演了重要角色，但受到全球贸易冲突导致的贸易增长趋缓、中美贸易冲突和美欧贸易摩擦拖累欧元经济区出口等因素影响，欧洲出口增速有所放缓，对经济增长的支撑作用减弱。6 月，欧元区出口同比下降 4.7%，较前值增长 7.1% 大幅下滑；进口同比下降 4.2%，而前值是增长 4.3%。另一方面，欧洲经济体内部增长分化加剧，特别是南欧债务危机不断发酵，将制约欧洲整体经济增长。自 2011 年欧债危机爆发以来，南欧国家债务问题并未根治。2018 年意大利债务问题就已经引发了欧盟与意大利政府间的博弈升温。在欧洲经济增长疲弱的背景下，南欧国家债务问题或将进一步恶化，进而对欧元区整体经济增长产生拖累。从新兴经济体看，新兴经济体经济增长弱于预期，总体上走弱。第二季度新

兴经济体经济增速继续下行,新加坡 GDP 同比增长 0.1%,低于第一季度的 1.1%;泰国 GDP 同比增长 2.3%,低于第一季度的 2.8%;印尼 GDP 同比增长 5.0%,低于第一季度的 5.1%。新兴经济体的制造业、服务业 PMI 连续第 3 个月低于前值,经济增长空间收缩。6 月新兴经济体制造业 PMI 录得 49.9,低于前值 0.5;服务业 PMI 录得 51.5,低于前值 0.2;综合 PMI 录得 50.9,低于前值 0.4。主要新兴经济体的进出口双双出现了负增长,包括新加坡、马来西亚、泰国、印度、俄罗斯、巴西等国。

2. 全球贸易摩擦或将进一步加剧,贸易增长前景仍不容乐观

2019 年上半年,受民粹主义浪潮迭起、贸易保护主义抬头、地缘政治博弈加剧等因素影响,全球贸易摩擦开始蔓延并不断升级。自 2018 年以来,美国特朗普政府不断挑起美国与他国间的贸易纷争,国际贸易环境持续趋紧,国际贸易受到了一定程度的冲击,增长势头趋缓,且降至金融危机以来的最差水平。第一季度,全球贸易量环比下降 1.8%,是 2009 年 5 月以来的最大降幅;第二季度,世界贸易组织全球贸易景气指数仅为 96.3,达到 2010 年 3 月以来的最低值。与此同时,全球贸易格局变动加剧,区域化倾向更加明显。上半年,欧盟与日本的贸易协定正式生效,与越南的贸易与投资保护协定正式签署,与新加坡的贸易与投资保护协定获得了欧洲议会的批准,与南方共同市场的自由贸易协定谈判达成一致共识。贸易格局的区域化倾向将在一定程度上束缚全球自由贸易的增长潜力。为此,WTO、IMF、世界银行等国际机构纷纷下调 2019 年全球贸易增速。2019 年 4 月初,WTO 将 2019 年全球贸易增长预期自 3.7% 下调至 2.6%。IMF 预测 2019 年全球货物和服务贸易实际增长 3.4%,世界银行预测 2019 年全球贸易实际增长 2.6%。

3. 全球货币宽松政策可能再次开启,金融市场波动或将加剧

面对经济增长持续乏力,出于对经济前景的担忧,2019 年全球很多国家均开始降息,如印度央行 2 月宣布将基准利率下调 25 个基点,埃及、格鲁吉亚、尼日利亚、巴拉圭等国家央行也纷纷降息。6 月,澳大利亚联储宣布降息 25 个基点,这是澳大利亚三年来的首次降息,澳大利亚成为首个降

息的发达国家。按照历史经验，美联储利率往往是全球利率的锚，若美联储降息，全球大概率进入降息通道，将会对全球货币政策形成宽松预期。2019年6月美联储议息决议显示，尽管维持联邦基准目标利率区间不变，但开始释放降息信号。本次会议点阵图显示有8名官员已准备好年内降息，而3月会议中尚没有1人给出降息预期。受全球降息预期的影响，全球资本市场出现了明显波动，10年期美债收益率由2.87%大幅下跌至2.03%；1年期美债收益率由2.34%大幅下跌至1.94%。受国际金融市场不稳定影响，国际投资信心也势必会受到冲击，投资规模或将进一步下滑。据联合国贸易和发展会议的《2019年世界投资报告》显示，全球外国直接投资规模已连续三年下滑，降至1.3万亿美元，为金融危机以来的最低水平。

（二）我国经济增速总体平稳，略有回落，稳中有进，稳中有好，但也面临诸多挑战，经济增长面临着较大下行压力

2019年上半年，在外部环境更加复杂严峻，全球经济增长疲软的大背景下，我国经济运行总体平稳，GDP同比增长6.3%，尽管增速较上年同期回落0.5个百分点，较上年年底回落0.3个百分点，但处在预期的合理区间，经济表现出较强的韧性。其中，第二季度同比增长6.2%，增速较第一季度回落0.2个百分点，仍处于中高速增长区间。经济结构进一步优化，新动能加速培育。上半年，规上工业战略性新兴产业增加值和高技术制造业增加值同比分别增长7.7%和9.0%，分别较面上规上工业增加值增速高出1.7个和3.0个百分点；高技术服务业投资同比增长13.5%，增速高出面上服务业投资6.1个百分点；高技术服务业实际使用外资同比增长71.1%。消费潜力进一步释放，压舱石作用进一步巩固。上半年，全国网上零售额同比增长17.8%，消费对经济增长的贡献率为60.1%，拉动经济增长3.8个百分点。其中，交通通信、教育文化娱乐和医疗保健等消费升级领域的消费支出的增长速度，均明显快于平均的人均消费支出增速。创新驱动进一步增强，经济活力不断激发。随着减税降费、"放管服"等系列改革措施的深入推进，企业创新创业空间不断扩大，2018年全国经济活力指数为292.0，比

上年增长 2.7%。企业效益逐步企稳，企业预期止跌企稳。上半年，全国规上工业企业实现利润总额同比下降 2.4%，较第一季度明显回升。其中私营企业实现利润总额同比增长 6.0%。在此背景下，企业生产经营活动仍然保持在扩张区间。但与此同时，面对日趋复杂的外部环境，下半年我国经济运行仍然面临着较大的下行压力。

1. 投资增长势头依然疲弱，对经济增长的支撑力待强化

2019 年上半年，全国固定资产投资虽然实现了 5.8% 的增速，但增势明显减弱，增速较第一季度回落了 0.5 个百分点，其中工业投资仅增长 3.3%，增速比第一季度大幅回落 1.1 个百分点，比前 5 个月回落 0.2 个百分点；基础设施投资同比增长 4.1%，较第一季度回落 0.3 个百分点。民间固定资产投资同比增长 5.7%，较第一季度回落 0.7 个百分点。受市场前景不确定性增大、地方融资治理加强等因素的影响，我国工业投资、固定资产投资等方面的增长势头依然疲弱。事实上，经历过 2018 年初的一轮加库存之后，我国连续四个季度处于去库存阶段，且 2018 年第四季度和 2019 年第一季度去库存步伐不断加快。在去库存过程中，投资倾向和投资力度明显减弱。2019 年前 5 个月，全国 18 个省份投资增速同比下滑，8 个省份投资出现了负增长。在此背景下，下半年我国投资增长仍将有较大幅度的改观，仍需要加大基建投资力度。

2. 贸易进出口受中美贸易摩擦的影响将逐步显现

2019 年上半年，我国贸易进出口同比增长 3.9%（按照人民币计算），其中出口同比增长 6.1%，尽管保持着较快增速，但主要是由于出口企业提前"走单"的影响，部分出口提前释放。事实上，近两年我国进出口一般贸易额尽管持续增长，但受中美贸易摩擦影响，增长幅度降低，特别是 2018 年，增长率仅为 1%。目前，美国是我国 18 个省份的第一大贸易伙伴，6 个省份的第二大贸易伙伴。受中美贸易摩擦的影响，2019 年上半年我国外贸大省对美贸易总额持续下降，前 5 个月全国共有 8 个省的出口是负增长。下半年，中美贸易摩擦进一步发酵，贸易摩擦所带来的严峻的外部大国博弈局势，对出口部门将形成巨大挑战。世界贸易组织发布的全球贸易监测报告显示，2018 年 10 月中旬至 2019 年 5 月中旬，G20 国家实施了涉及提高关税、进口禁

令以及新的出口海关程序等内容的 20 项新的贸易限制措施。由此可见，更为严峻的外贸环境、弱势的外需均决定了下半年出口面临较大压力。

3. 地方财政收支平衡压力增大，扩张财政政策或将受到抑制

2019 年以来，我国持续加大了减税降费力度，前 5 个月全国累计新增减税降费 8900 多亿元。但减税降费在短期内并没有促进企业生产经营活动的增长，不少省市反映财政收入放缓、增长后劲不足，而重大基础设施建设、民生工程、生态环保等方面刚性支出继续增加。这使得地方财政收支的矛盾不断凸显，平衡困难。下半年，面对不断凸显的财政收支平衡困难，扩张财政政策的步伐或受到抑制。

总体来看，尽管我国经济运行总体平稳，且稳中有进、稳中有好，但面临的外部冲击和内部转型压力依然存在，再加上上半年实行财政政策和货币政策的边际效应的减弱，部分改革红利的释放还有待时日，下半年我国经济增长仍面临较大的下行压力。

（三）2019 年下半年上海经济运行面临的挑战与问题

尽管 2019 年上半年上海经济运行总体平稳，高质量发展特征更加明显，但经济下行的压力要大于全国。上海第一季度经济增速为 5.7%，低于全国 0.7 个百分点，上半年增速为 5.9%，低于全国 0.4 个百分点。与部分兄弟省市相比也存在明显差距，如第一季度北京经济增长 6.4%，江苏增长 6.7%。在此背景下，面对更趋复杂、更为趋紧的内外环境，下半年上海经济运行仍面临着部分亟待突破的挑战与问题。

1. 中美贸易摩擦对上海经济增长的影响或将纵深延伸

上海一直是对外贸易依存度较高的地区，2018 年上海外贸依存度为 104.07%，出口依存度为 41.82%，进口依存度为 62.25%，高于同期国家 38.7% 的外贸依存度、19.8% 的出口依存度、19% 的进口依存度。中美贸易摩擦是影响上海经济增长的最大外部变量。2019 年上半年，全市货物进出口总额同比下降 1.9%，低于全国 1.9 个百分点。其中，前 5 个月对美国进出口下降 11.1%，拉低全市进出口 1.6 个百分点。如果扣除对美进出口的

影响，上半年上海外贸进出口是正增长。在此背景下，如果贸易摩擦持续发酵，上海经济运行还会受到影响。特别值得关注的是，随着中美贸易摩擦从贸易领域向科技领域延伸，部分美资科技企业出现了产能外迁迹象，这或将对上海经济增长产生影响。

2. 工业经济增长动力不足，仍面临较大的市场压力

2019 年上半年，受外部环境趋紧、市场需求疲软等因素影响，上海工业经济增长面临着较大压力，汽车等重点行业出现了较大幅度下滑。前 5 个月，全市六大工业重点行业中出现 4 个负增长，35 个规上工业行业分类中，有 23 个出现负增长，增长下滑领域和覆盖面有所增加。特别是由于我国汽车保有量近些年节节攀升，2018 年进入汽车销量拐点，消费需求急剧下降，对于汽车企业销售增长产生了较大压力。前 5 个月，上海汽车制造业产值同比下降 15.8%，对于汽车制造相关产业的增长也产生了较大的拖累效应。2019 年下半年，在外部贸易摩擦持续发酵，需求市场难以有效开启的情况下，上海工业经济增长仍将面临较大的市场压力，增长动力仍不足。

3. 金融市场的稳定或面临内生性和输入性风险压力

2019 年以来，受企业经营状况下滑的波及，企业信贷风险有所增加，第一季度上海银行业的不良贷款率有所提高。与此同时，债券违约、股票质押、基金爆仓等风险有所累积与交织。据彭博社统计，2019 年前 4 个月，全国涉及的债务违约金额达到 392 亿元人民币，约为 2018 年同期的 3.4 倍。股票质押触及平仓线事件也有所增加，将对上市公司及券商产生较大冲击。7 月以来，已有 20 多家上市公司股东股票质押触及平仓线，甚至被强制平仓而被动减持。上市公司如果发生股权质押爆仓，不仅其大股东面临被强制平仓的风险，作为资金融出方的券商、银行等机构也很难独善其身。上海作为我国金融中心，金融领域的波动势必会影响上海金融市场的稳定和金融业的发展。除此之外，随着上海新一轮的金融市场开放，国际金融市场的波动也势必会对上海金融市场的稳定和金融业的发展产生冲击。

总体来看，2019 年下半年上海经济运行仍面临着部分挑战和亟待突破的问题，经济下行压力依然较大。但同时，下半年伴随着新增项目和技改项

目等投资项目的落地，消费稳增长的作用或将进一步显现，自贸区新片区建设、长三角高质量发展一体化建设等战略稳步推进，上海经济运行也存在诸多有利因素，经济增长也将获得支撑。

三　上海确保经济未来平稳运行的对策建议

2019年下半年，面对更加复杂的内外部环境和依然较大的经济下行压力，上海要坚持稳中求进的工作总基调，按照"六稳"工作要求，积极应对外部环境变化带来的风险与挑战，进一步激发微观主体活力，提振市场信心，挖掘增长潜力，增强增长动力，确保经济平稳运行。同时，不断加快经济创新转型发展步伐，加强新动能培育，不断强化经济增长韧性。为此，提出以下对策建议。

（一）进一步加大需求侧增长挖潜力度

促进需求侧平稳健康增长是确保经济平稳运行的重要支撑。2019年下半年，上海需要进一步在扩大投资、激发消费方面下功夫。一方面，进一步扩大有效投资。加快推进已确定或立项的工程项目落地建设进度，加大在建项目的资金保障力度，尤其是要创新重大投资项目的投融资政策，构建银企对接平台，加强政府与金融机构的信息交流互通，促进金融机构合规加大对基础设施项目的融资支持。强化政策创新和机制创新，吸引社会民间资本参与旧区改造、乡村基础设施建设，确定一批具有探索意义和示范意义的重大项目。另一方面，进一步促进消费升级，挖掘消费潜力，释放消费动能。进一步深化消费领域的供给侧结构性改革，促进消费品和服务的高质量发展，增加产品和服务的有效供给。大力促进消费链延伸，进一步丰富服务内容，积极发展消费新业态、新模式，创新服务方式，优化消费环境，更加优质、更加便捷地满足居民多样化、精品化的消费需求。着力破除阻碍消费升级的体制机制障碍，进一步降低服务消费市场的准入门槛，加快发展高品质养老服务、托育服务、家政服务等产业。此外，积极扩大对外出口，大力推进外贸发展，积极响应"一带一路"倡议部署，加大对"一带一路"沿线地区的出口。同时，深化自贸区建设，加快发展服务贸易，优化贸易结构。

（二）进一步深化供给侧结构性改革

按照中央对上海的使命要求，紧紧围绕率先实现高质量发展的核心要义，大力推进质量变革、效率变革和动力变革，切实提高供给体系质量和效率，推动经济高质量发展。

其一，要加快要素的集聚与配置，特别是国际化、高端化的要素。全面落实中央赋予上海的"三大任务一平台"的战略使命，抢抓改革先机，率先将部分跨境便利化、税制管理改革等新片区政策在新一轮自贸区改革中先行先试。围绕"科创版"建设，加速集聚优质的科技型企业，强化科技政策与科创版标准的融合对接；强化国际优质科技服务中介的进入，打造国内外科技型企业上市的高地。充分依托长三角一体化高质量发展上升为国家战略的契机，加快长三角地区一体化大市场、一体化基础设施、一体化要素流通等领域的建设，在用地、税收、环境标准等方面建立分享机制。

其二，深化收入分配机制改革，完善国有企业收入激励机制。进一步完善基本工资标准政策调整机制，鼓励公务员、事业单位人员停薪留职开展创业活动，完善相应的收入保障机制。加快国有企业经营管理人员的股权激励机制创新，强化股权激励政策落地，激发国有企业内生活力。积极探索实施土地经营权入股机制，大力推动农业经营的产业化。

其三，完善科技创新要素投入机制。推进现代大学制度、现代科研院所制度等建设，进一步完善科研经费管理、人才评价等制度，强化创新举措见实效；强化企业创新能力提升，围绕产业发展所面临的"卡脖子"重大关键技术、共性技术等，制定实施一批重点产业创新发展的行动计划，精准用力，着力突破。

（三）强化稳增长政策的延续性和实效性

近年来，上海出台了一系列"稳增长"政策，涉及降低融资成本、减税降费等，但相关政策的效应尚未充分显现，不少企业的获得感和感受度不高。因而，2019年下半年，应重点聚焦企业的获得感和感受度，确保政策相对稳定，防止政策多变频出而扰乱预期。确保政策条款清晰易懂，更加注重政策落实见效。一方面，建立和完善具有系统性、长效性的政策协调、监督、评估、整改机制。对于时效性较强的政策应建立常规性督察机制。大力培育市场化政策中介服务机构，强化专业化政策解读和科学政策评估，进一步提高政策执行的效率。另一方面，着力完善货币政策的传导机制，强化金融机构支持实体经济、支持重大项目的激励机制，着力突破所面临的金融机构流动性、资金成本和银行资本约束等问题，实施更加精准的信贷政策，有效化解中小微企业的融资难和融资贵问题。此外，完善针对企业的政策服务平台的构建，比如建立基层与属地存量企业的有效沟通渠道，强化政策精准推送，及时解决企业的实际困难。树立一批基层服务企业、发展经济优秀标杆，鼓励基层一线寻找服务实体经济的切入点，激发其服务企业、发展经济的干劲和热情。

（四）积极防范和应对潜在的风险冲击

面对中美贸易摩擦后续演变可能带来的潜在金融风险，提前做好情景分析和政策储备，防范外部风险冲击。一方面，密切关注股市快速上涨或大幅波动带来的市场风险，积极配合国家相关部门强化对场外配资等加杠杆行为的监管和打击力度，进一步完善逆周期、跨市场系统性金融风险的识别预警机制、事中监测控制机制和事后救助处置机制等；另一方面，积极落实国家的房地产市场调控政策，并结合上海市场特点，注重因城施策，促进市场供需平衡，防止房地产市场价格大起大落。此外，要积极跟踪企业用工变动情况，出台政策有效防止出现企业大规模减员的情况，积极制定失业人员再就业预案。

（五）积极推进高水平的对内对外开放

按照国家战略要求，加快推进"两个扇面"的对外开放，加快构建全方位开放经济新体制。一方面，加快推进自贸试验区改革突破和自贸区新片区建设。在全球经济下行压力不断加大的背景下，国际金融资本的避险需求快速提升，应加快在自贸区新片区率先试点具有国际竞争力的产业—资本联动发展策略，逐步放开中资、外资金融机构直接投资区内实体企业的限制，进一步降低企业融资成本。建立与国际接轨的金融投资保护制度，完善金融投资者保护基金使用和管理办法。另一方面，大力推进长三角一体化发展，积极推进在生态廊道、交通基础设施、水网治理等领域建设的协同推进；着力推进长三角营商环境一体化建设，促进区域大市场、大平台建设，以促进区域要素的自由流动与配置；着力推进上海与长三角地区的园区共建，探索实施产业园区的"飞地"模式；研究编制长三角高质量一体化发展指数，以指导和评估长三角一体化建设进展情况。

B.3
充分发挥浙江特色优势,加快融入长三角一体化国家战略对策研究

应焕红*

摘　要: 在推进长三角一体化发展中,浙江是重要参与者、积极推动者、直接受益者。浙江要把全面融入长三角一体化国家战略作为高质量发展的重要战略,要按照理念、产业、基础设施、政策"四个接轨"的要求全面接轨上海示范区。要深刻领会龙头带动和各扬所长的推进格局,支持上海发挥龙头作用,主动接轨融入上海,全方位参与长三角一体化发展。浙江要在推进"八八战略"再深化、改革开放再出发进程中,聚焦新发展理念,集成优势、创新优势、放大优势,坚持高起点谋划,创新一体化机制,全省域、全方位接轨上海,充分彰显浙江特色优势,全面落实长三角一体化发展国家战略。

关键词: 浙江　长三角一体化　接轨上海

　　2018年11月,国家主席习近平在首届中国国际进口博览会开幕式发表演讲时指出,将支持长江三角洲区域一体化发展并上升为国家战略。国务院总理李克强在2019年《政府工作报告》中指出,将为长三角区域一体化编制实施发展规划纲要。浙江省委经济工作会议明确要求,要着力抓好改革开

---

* 应焕红,浙江省社会科学院产业经济研究所所长,研究员。

放、三大攻坚战、长三角一体化国家战略三件大事。省委书记车俊强调，要坚持高起点谋划，创新一体化机制，全省域、全方位接轨上海，充分彰显浙江特色优势，全面落实长三角一体化发展国家战略；我们的基础、优势和信心来自"八八战略"的正确指引、转型升级的积极成效、市场化改革的持续深化、民营经济的发展活力、城乡区域的协调发展、社会大局的和谐稳定。

长三角地区包括上海、江苏、浙江、安徽三省一市，是我国经济增长的重要引擎，在我国经济社会发展建设中具有举足轻重的影响和地位。长三角地区是我国经济最具活力、开放程度最高、创新能力最强的区域之一，是"一带一路"和长江经济带的重要交汇点，以全国 1/26 的土地和 1/6 的人口，创造全国经济总量的 1/4。长三角地区也是我国重要的先进制造业基地和智慧城市建设先行区，工业增加值占全国 1/4 以上，生物医药、新能源汽车、机器人、集成电路、高端装备、民用航空以及电子商务、移动支付、智能安防等产业处于国内重要地位，信息经济、数字经济、四新经济、两化融合、工业互联网和智能制造走在全国前列。长三角地区交通便利，水系发达，无论是从历史还是现实来看，这个地区社会经济早已融合发展，有着共同的文化基础和共通的文化背景。推动长三角地区实现高质量一体化发展，无论就区域内三省一市自身而言，还是从服务全国发展大局、参与全球合作竞争的高度审视，都具有重大意义。

目前，长三角地区各地发展动能持续蓄力，创新要素加速汇聚，体制机制障碍进一步打破。随着上海国际金融中心和科技创新中心建设不断推进，长三角地区将从国家经济板块跃升至国际经济板块，也对长三角地区新一轮高水平对外开放提出更高要求。

一　浙江特色优势分析

（一）市场化程度比较高和体制机制比较活的优势

2014～2016 年，浙江市场化指数分别为 10.39 分、10.50 分和 10.71 分，

连续3年列各省份首位。2016年浙江市场化指数提升1.9%，列各省份第10位，这是近年来浙江市场化增速排名较好的一个位次。浙江市场化运行总体呈现平稳增长、质量提升的发展态势。浙江是中国市场化程度最高、民营经济最发达的省份，无论是劳动力要素还是土地等制度创新都走在全国前列。浙江最早在全国实行省管县体制，县域经济十分发达，每个县都有自己的产业集群，形成了强大的产业竞争力，城乡之间的差距也最小。

（二）民营经济优势

2019年1~5月，在浙江新设企业中，民营企业为18.5万家，同比增长4.9%，占93.9%；规上工业企业中，民营企业增加值同比增长8%，比规上工业高出1.9个百分点，占规上工业的61.1%；民间投资同比增长10.5%，占投资的64.6%；民营企业出口同比增长10.2%，占全省出口的78.7%。

（三）数字经济先发优势

浙江数字经济发展迅猛，是"数字长三角"建设的重要倡导者、推动者。在浙江，数字经济快速增长的意义是穿透性的、全局性的，随着数字经济的渗透和穿透，"云"上银行、无人超市、互联网医院等新技术新业态新模式在浙江大量涌现。2019年是5G应用元年，目前，首批32个项目已经入驻杭州5G创业园，均胜电子、新凤鸣等一批浙江行业龙头企业率先"接入"5G，乌镇打造首个5G示范小镇。

杭州作为长三角南翼的中心城市，近年来抢抓数字经济发展机遇，打造全国数字经济第一城，人才净流入率、海归人才净流入率均居全国首位，已成为一个集高端要素、高端人才、高瑞功能于一体的创新之城。从首届世界互联网大会以来，桐乡已经引进数字经济项目800多个，数字经济企业从最初的300多家增加到2019年5月的1361家。2019年7月，总投资106亿元的同济大学校友数字经济产业园·长三角未来村项目落户嘉善。该项目占地面积约780亩，按照"锁定区域、约定年限、股份合作、封闭运行、滚动开发"的开发模式，重点聚集新一代信息技术应用和健康医疗两大领域，实现人工智能、健康医疗及关联产业聚集，打造创新型城市的核心组成部分。

（四）制造业和产业集群优势

浙江"两化"深度融合国家示范区建设不断深化，2018年4月，全省共有164家企业被列入工信部"两化"融合管理体系贯标试点企业，数量位居全国第4，创建省级"两化"融合示范试点区57个，在大企业"双创"平台、网络协同制造、个性化定制等领域培育省级示范试点企业175家，"双创"示范基地3家。

浙江工业互联网平台不断涌现，形成了四种类型，即面向制造流程优化的工业互联网平台，如阿里云ET工业大脑、中控SupOS工业操作系统；面向物流供应链管理的工业互联网平台，如传化智联的智能物流供应链服务平台；面向电商的产能共享工业互联网平台，如淘工厂、网易严选；面向块状经济的专业工业互联网平台，如嘉兴的"毛衫汇"。

（五）生态经济优势

2005年8月，习近平同志在安吉余村提出"绿水青山就是金山银山"的科学论断，让浙江人民的发展思路实现了根本性转变，坚持经济生态化、生态经济化，浙江的生态环境质量大幅度改善，经济社会可持续发展水平不断提高。2017年全省森林覆盖率达61.17%。地表水水质得到显著改善，全面消除劣V类水质。浙江走上了环境、资源与经济社会发展相协调可持续的道路，可持续发展能力和生态环境质量位居全国前列。

（六）浙商创业创新能力比较强的优势

浙江人多地少，经济活动空间相对狭小，资源组织和产品销售"两头在外"。改革开放初期，浙江人千军万马闯市场，走南闯北推销产品，千方百计到外地组织能源原材料，创业活力可见一斑。

目前，浙江移动已基本实现主要城区及主要科创产业园区5G覆盖，并牵头成立了浙江省5G产业联盟，联盟成员达78家，正广泛开展智能制造、远程医疗、无人驾驶、智能仓储物流等5G创新应用，加快各行各业的数字化创新，积极构建合作共赢的5G生态圈。杭州梦想小镇是首批被纳入浙江省政府重点扶持和发展的"特色小镇"，是全国互联网创业首选地和创新资本集聚高地，为一大批涉及工业智造、智能家居、自动驾驶、云化办公、AR/VR等领域的创客团队提供了创新创业发展平台。为推进梦想小镇的智慧升级和企业智能化产业转型，在创新载体培育方面，杭州湾开发区加大高新技术企业孵化培育力度和创新体系构建。合作建成了浙江工业大学上虞研究院，与中欣化工、颖泰化工、金立源药业分别联合成立药物中间体、新型农药、药物及制剂三大联合研发中心。产业协同创新中心、绿色化工工艺创新及安全测试平台、大学生创业基地等一批创新平台项目已建成投用或加快建设，"项目孵化＋产品研发＋交流展示＋检测检验＋专业服务"创新模式加速成型，形成与现代化产业相适应的创新驱动体系；医药、新材料两大产业基金作用充分发挥，加大了对优质创新项目的扶持力度。

（七）"一带一路"核心枢纽优势和对外开放的优势

浙江省是海陆丝绸之路的重要交会点，处于"一带"和"一路"有机衔接的交汇地带。自"一带一路"倡议提出以来，浙江省把"一带一路"建设作为提升全省开放型经济水平的主抓手，加紧建设"义甬舟"开放大通道，将义乌和宁波、舟山港连接起来，向西联通丝绸之路经济带，向东连接21世纪海上丝绸之路，高水平打造"一带一路"枢纽。

目前有800多万浙商在省外，其中有600多万浙商在国内各个省份经商办企业，有200多万浙商在境外各个国家或地区投资创业，这是浙江参与"一带一路"建设的独特战略资源。浙江有中国（浙江）自贸试验区、中国—中东欧国家博览会、中国义乌进口商品博览会、世界华侨进口商品博览会等一大批高能级的对外开放平台。从义乌出发的"义新欧"铁路货物运输，2018年一年已经超过300列。2018年，全省实现跨境电商的网络零售额

840 亿元，增长了 39%，因此浙江推进海港、陆港、信息港、航空港"四港联动"，推动运输增效、物流降费。宁波舟山港现在已经是全世界的第一大港，货物吞吐量超过 10 亿吨，集装箱吞吐量 2018 年已经超过 2600 万标箱，处于全球第 3 位。2018 年正式印发了《浙江省打造"一带一路"枢纽行动计划》，该枢纽将紧紧围绕"一带一路"倡议和全省高水平建设大湾区大花园大通道大都市区总体部署，充分发挥浙江综合优势。

（八）海洋经济优势

在海域面积中，浙江拥有大陆海岸线和海岛岸线 6500 千米，占全国总长的 20.3%，居全国第一位。其中大陆海岸线居全国第三位，深水岸线 290 多千米，占全国 30% 以上；大于 500 平方米的海岛 3000 余个，占全国岛屿总数的 40%，是名副其实的海洋资源大省。

浙江不断优化海洋产业结构和空间布局，做大做强海洋经济。深入实施浙江海洋经济发展示范区、舟山群岛新区等系列国家战略，接连设立了舟山群岛新区、舟山江海联运服务中心、中国（浙江）自由贸易试验区等系列国家级试验区，进一步提升了浙江海洋经济在全国海洋强国建设中的战略地位。

二 充分发挥浙江优势，积极探索协同创新，形成高质量发展的区域集群

浙江省 2019 年政府工作报告指出，坚持全省域全方位融入长三角，充分发挥浙江体制机制、对外开放、数字经济、绿水青山、民营经济等优势，牵头抓好数字长三角、世界级港口集群、油气贸易中心建设，推动重点任务落到实处。

不同省市正在基于自身实际和优势，打造不同引擎，瞄准不同发展目标。长三角更高质量发展有赖于发挥各地比较优势。长三角更高质量发展的逻辑要义在于发挥各地优势特色，明晰分工协作机制，形成合理分工的区域

空间布局。各地要充分利用资源禀赋条件和区位优势。长三角地区各地要发挥优势，实现高质量一体化融合发展。应当以科技作为基础，以经济作为纽带，以人才作为支撑，上海是国际金融大都市，也是基础创新、技术创新的一个聚集地。江苏和浙江民营经济发达，高新技术企业众多。安徽在经济、科技方面特色明显。国家有三个科学中心：北京、上海、合肥，长三角地区占了2/3，应当在经济、科技、教育领域开展更多合作，实现互联互通。长三角更高质量发展有赖于发挥各地比较优势，明晰分工协作机制，形成合理分工的区域空间布局。

在2019年6月21日召开的浙江省推进长三角一体化发展大会上，浙江发布《推进长三角区域一体化行动方案》。提出要全省域全方位推动长三角高质量、一体化发展。方案结合浙江实际，启动实施高质量发展民营经济、高层次扩大对外开放、高普惠共享公共服务等9项重点任务。来自长三角三省一市的政府机构、科研院所和四地企业签署了22个重大合作项目，总投资达1005亿元。落户浙江平湖的中意直升机项目，是本次签约合作的项目中投资额最高的，总投资达128亿元。项目建成后，将成为意大利莱昂纳多系列直升机在亚太地区的完工交付中心及总装生产线，预计年产量将达到150架。紧扣"一体化"和"高质量"两个关键，浙江的行动方案围绕数字经济、基础设施、文化旅游等领域，启动了近200个重大项目，投资1万多亿元。我们要在推进"八八战略"再深化、改革开放再出发进程中，聚焦新发展理念，集成优势、创新优势、放大优势，提升区域整体竞争力。

（一）发挥市场化程度比较高和体制机制比较活的优势，全面激发市场活力

一是培育和创造新的发展动力有赖于继续发挥市场机制的作用。浙江市场化进程进入新常态，已不再具备高增长条件，必须培育和创造新的发展动力。持续发挥体制机制优势，不仅为经济高质量发展提供了体制保障，也为破解要素制约提供了更广阔的资源配置空间。让"无形之手"与"有形之手"共同发力，推动市场体系培育、生产要素市场化、农村市场化、政府

职能转变以及全面开放五大领域改革与发展，理顺政府和市场的关系，全面激发市场活力，使浙江市场化在结构优化中实现高质量发展。要继续充分发挥市场机制和经济杠杆的作用，有针对性地消除导致产业结构低度化的体制性根源，建立能够反映资源稀缺程度的价格形成机制。要以技术进步塑造竞争新优势，以创新和品质升级打造行业"隐形冠军"，鼓励企业积极从传统产业向智能制造升级。

二是长三角一体化应当让市场发挥决定性作用。因为只有市场才能让各类要素突破各级行政区的障碍，提高一个地区的一体化程度。三省一市应该打破省级约束，让产业、资本、人才统筹协调发展。长三角地区多点辐射广、经济活力足、区域发展包容性强，这在很大程度上得益于市场力量的驱动，有赖于市场机制的有效发挥。按照"法无禁止皆可为"的原则制定负面清单，推动生产要素充分自由流动，在用地、用水、用电、用气等方面各行业同等同权同价。

三是要再创浙江体制机制新优势。浙江发展要率先迈向现代化，关键在于再创浙江体制机制新优势。浙江要更加主动、更为自觉地把发挥体制机制优势摆在突出位置，将其作为引领新一轮发展的根本性与决定性的工作抓手。当下，浙江各级政府正致力于打造"审批事项最少、办事效率最高、政务环境最优、群众和企业获得感最强"的省份。浙江省要继续以"最多跑一次"改革的全面突破，撬动经济体制改革、公共服务体制改革、权力运行机制改革。要以发挥市场在资源配置中的决定性作用为重点，提高要素配置效率。发挥市场在资源配置中的决定性作用和更好地发挥政府作用，核心是正确处理政府与市场的关系，关键在于充分发挥市场在资源配置中的决定性作用。要以高水平建设科创产业协同发展体系和创新创业生态圈为目标，充分利用长三角区域一体化发展上升为国家战略的契机，实现创新主体高效协同、创新要素顺畅流动、创新资源优化配置，力争到 2025 年在浙江建成 10 个具有国际竞争力的高能级创新平台，新增省际合作平台 70 家以上，取得 100 项左右国际先进的标志性成果，培育 100 家左右具有核心技术竞争力的创新型企业。

（二）发挥民营经济优势，争当长三角民营经济创新发展的高地

一是要编制长三角产业地图，打造高能级现代产业体系。要结合城市功能定位，突出产业特色优势。推动资源要素向优势产业集聚，积极培育世界级现代产业集群。深化产业平台合作，加强与长三角重点产业平台协作，更好承接上海产业转移、资源外溢。

二是要培育壮大新兴动能。以产业链、创新链、价值链一体化布局为牵引，加强优势产业对接，积极承接上海辐射，用好溢出效应。深度参与长三角产业链分工，对接上海万亿级世界级产业集群培育，加快打造世界级智能电气产业、新能源智能网联汽车产业、千亿级增加值旅游产业集群。加快提升配套协作、流通服务、承载转化能力，加快融入全球经济分工。浙江以民营经济为主，而民营企业大都是中小企业，因此下一步需要提高对大型外资企业和中央企业的吸引力和服务能力。

三是发挥民营经济优势，鼓励支持民营企业深度参与杭州湾经济区建设和长三角更高质量一体化，促进长三角民营企业的健康发展。要以现代化湾区建设为战略引领，按照"港产城湾一体发展"理念，打通海港、空港、陆港、信息港四大通道，积极构筑高能级、开放型、系统化的湾区平台。

（三）发挥数字经济先发优势，打造高能级多种平台，建设数字长三角

一是发挥数字经济先发优势，凸显特色创新。着力谋划建设数字湾区，积极打造"互联网＋"科技创新高地，推动长三角数字经济融合发展。实施数字经济"一号工程"，抓住5G应用、物联网发展重大机遇，积极打造数字长三角，促进企业上云和政府数字化转型，加快推动信息化与工业化融合，努力在数字经济上发挥创新引领作用。

二是以数字经济为引领，推进传统产业智能化改造、新动能集聚和新产业集群。发挥独特产业优势，推进数字产业化和产业数字化深度发展，提升

数字科技的原始创新能力，切实打造数字科技中心、数字产业中心、数字贸易中心和数字金融中心"四位一体"的具有全球影响力的数字经济中心。数字经济要形成集聚效应，要围绕产业需求引进各类资源，注重产业链招商，实现产业协同共生。

三是加快推进新一代数字化、智能化技术向工业、金融、城市管理等领域的融合扩展。加强长三角新一代基础设施建设，加快5G网络、IPv6以及新型城域物联专网规模部署。要促进长三角工业互联网平台建设，全面推进通用型、行业级工业互联网平台建设应用；打造高能级科创平台、高能级产业平台、高能级城市平台、高能级开放平台。引导金融机构针对数字经济开发特色信贷产品，设立数字经济产业专营的政策性担保机构，有效解决数字经济企业融资难的问题。

（四）发挥生态经济优势，打造长三角高能级生态"绿心"

一是发挥浙江独特的生态优势，打造长三角大花园和全国领先的绿色发展示范区。进一步增强生态要素能量，推动绿色发展，要以环境共治为依托，加快生态互利。积极推进美丽城市、美丽城镇、美丽乡村建设，着力构筑长三角"生态绿心"。积极推动建立长三角"生态基金"和生态研究中心。积极推进绿色共保，打造长三角旅游休闲健康养生后花园。

二是进一步提高环保标准，实现生态经济主导化，促进生态资源更大程度的经济化。筑牢长三角绿色生态屏障，扎实推进生态产品价值实现机制改革，推动生态农产品引领长三角高端优质农产品消费市场。

三是要更好发挥浙江生态优势，加大生态服务和生态产品的供给力度。加大生态环境执法力度，加大绿色财税制度改革力度，加大绿色产权制度改革力度，加大领导干部环境责任追究力度等。浙江省的生态优势发挥和生态文明建设理应为长三角提供示范，例如标准示范、技术示范、制度示范等。深入实施乡村振兴战略，深化"千村示范、万村整治"工程，因地制宜推进美丽城镇建设，建设城市群都市圈美丽后花园，依托长三角大市场，合作打通绿水青山就是金山银山的转化通道。

（五）发挥制造业优势和产业集群优势，建设长三角世界级先进制造业集群

一是发挥制造业体系优势，建设世界级先进制造业集群。加快发展数字经济、先进制造、智能汽车、生物医药、航空航天等重量级未来产业，争创国家级军民融合创新示范区。宁波是重要的港口城市和制造业重镇，也是国际港口名城，要高起点建设宁波前湾新区、甬江科创大走廊等重大平台。高效率建设汽车、绿色石化、高端设备、电子信息等千亿级产业集群。二是推进传统制造业改造提升，增创浙江制造新优势。要把科技创新作为第一动力，把智能制造作为主攻方向，把品牌标准作为有力支撑，把培育优质企业作为重要目标，着力打造一流产业生态链。要努力打造浙江制造的产业新优势、企业新优势、产品新优势和创新新优势，形成一批超千亿级的传统产业集群、百亿级的龙头企业、细分市场的"隐形冠军"和国际驰名品牌。三是积极打造高能级特色平台。只有平台国际化，才能集聚更高端的外资。要围绕数字经济、高端制造业等重点行业，着力招大引强。四是要促进长三角地区共绘长三角产业地图，引导产业和区域协同发展、错位竞争；用"产业地图"的方式制定长三角一体化城市群产业发展规划，实现城市产业协同发展，增强经济发展总体竞争力。三省一市产业各有特色，要进一步摸清家底、各扬所长、补好短板，把经济密度作为高质量发展的核心指标，着力提升长三角城市群能级和核心竞争力；把产业集群作为高质量发展的关键载体，着力优化长三角地区产业、创新高端资源要素配置，共建世界级先进制造业集群；把智慧应用作为高质量发展的强大动力，共同把长三角打造成全球数字经济高地。五是要加强长三角产业创新，加强跨区域产学研联动。促进长三角产融对接，畅通产融供需对接机制；共创长三角产业集群组织，加快重点产业合作载体建设。六是要结合"大湾区""大都市区"建设以及长三角一体化发展，统筹先进制造业重大生产力布局。

（六）发挥浙商创业创新能力比较强的优势，构建长三角"双创"生态

一是要积极培育"双创"新主体。"双创"是浙江改革发展的法宝，"双创"是发展优势，是发展经验，是发展战略，也是发展机制，更是文化基因。要培育更加广泛、更加多元、更加庞大的"双创"新主体。二是要积极探索"双创"新路径。要探索城乡融合、产业融合、产城融合、科技文化融合、新模式与新产业融合的"双创"新路径。三是要加强以市场化改革为导向的制度供给，为科技创新营造良好的发展环境。深化"最多跑一次"改革，切实降低制度性交易成本，以政府权力的"减法"和"除法"，换取创新活力的"加法"和"乘法"。健全转型升级体制机制。着力推进市场取向改革，注重市场配置资源和政府积极有为有机结合，健全加快转型升级体制机制，不断加强激励科技创新的制度供给，始终以瞄准激发市场活力为靶向创新制度体系，不断强化创新作为浙江发展的主引擎作用，有力推动浙江经济社会加快转型升级。四是要打造"双创"生态系统。构建全社会创新生态，需要多方齐动、多管齐下。要将人才、科技、资本、平台等多个要素融合，进行协同式发展，以打造"双创"生态。浙江创造性地以推行"创新服务券"等购买公共服务方式、实施公众创业创新服务行动、推动科研仪器设备向社会全面开放共享等举措加以营造，创业创新蓬勃发展。要持续加大科技投入力度，发展新兴产业、推动传统产业转型升级，打造 100 个"无人车间""无人工厂""数字园区"，并强化科学技术攻坚，解决产业发展核心技术的"卡脖子"难题。

（七）发挥"一带一路"核心枢纽优势，打造"一带一路"上的"浙江驿站"，打造长三角一流对外开放新高地

一是明确浙江在"一带一路"建设中的定位。浙江在参与"一带一路"建设中的角色定位，就是全力打造"一带一路"重要枢纽，在参与和服务"一带一路"建设上努力走在前列。要把参与"一带一路"建设作为最大使

命、最大机遇和最大平台。充分发挥战略交汇、全球大港等优势，全面提升在"一带一路"国际合作中的参与度、连接度和影响力。作为全国领先的开放型经济发达省份，浙江应在参与和服务"一带一路"建设上走在前列，在投资结构上充分优化，打造国际一流的营商环境，按照大湾区、大花园、大通道、大都市区建设总体部署优化省域开放布局。舟山要做好自贸试验区的大文章，把自贸试验区作为融入长三角、服务全国开放大局、参与"一带一路"建设的主要平台。二是打造"一带一路"上的"浙江驿站"。要搭建平台、架好桥梁，推动更多的浙商更积极、更深入地参与"一带一路"建设。要让更多的浙江制造"走出去"，让更多的国外商品包括中东欧国家的商品"走进来"。要用好重要的平台，建设浙江"一带一路"大数据中心、"一带一路"网、"一带一路"综合服务中心、"一带一路"跨国服务平台、自贸区信息与咨询服务平台、浙江高质量外资集聚地服务平台、"一带一路"智库合作联盟、应对技术性贸易壁垒信息服务平台、宁波港口经济监测分析平台等综合性服务平台，提高体系化服务水平。努力把"一带一路"上的"浙江驿站"打造成一颗颗闪亮的明珠，为"一带一路"建设多作贡献。三是建设高质量商贸物流体系。发挥"一带一路"核心枢纽优势，重点建设以宁波舟山港为载体的高质量商贸物流体系。四是要提升各类平台的开放水平。以高水平建设中国（浙江）自由贸易试验区和积极探索建设自由贸易港为龙头，加快推进义甬舟开放大通道建设，提升大都市区国际化和各类平台开放水平，打造对外开放新高地。五是要加大招商引资的力度。招商引资不仅可以弥补资本不足，还通过营商环境、社会治理水平的提升，发挥示范效应，起到带动作用。虽然浙江在出口贸易、境外投资、国际经贸合作与网络建构、境外浙商经济培育发展等领域已走在全国前列，但浙江对外开放发展"大而不强"的现象仍不同程度地存在。

（八）发挥海洋经济优势，纵深推进长三角港产城湾一体化

一是要发挥海洋经济优势，合理布局沿海临港产业，发展特色海洋高新技术产业，推动港口资源合作，纵深推进港产城湾一体化。二是要充分挖掘

海洋经济潜力。宁波市要积极谋划实施一批重大项目，加快推进国际强港建设。要主动对接"一带一路"，加强与沿线国家和地区港口的沟通交流。要全力推动国际大港向现代化国际强港转变，增强港口经济圈的辐射力，促进宁波舟山港的创新转型发展，在更高层次上推动港产城融合发展。台州最大的潜力在海洋，湾区经济发展试验区建设赋予了台州海洋经济更广阔的发展空间、更丰富的发展内涵、更开放的发展平台。要结合湾区试验区建设、"一带一路"建设等内容，充分挖掘台州市海洋产业潜力，突出海洋产业作为海洋经济发展的核心引擎作用。三是必须扩大发挥生态优势的范围，要从"陆域"扩大到"海域"。

B.4

面向国家战略的长三角一体化：
江苏作为及行动逻辑

夏锦文[*]

摘　要： 长三角区域在国家战略中承担重要职责担当，有条件成为中国应对重大风险挑战的稳定之锚，中国释放新一轮改革开放红利的创富之海，中国推进国家治理现代化的首善之区。面对多重国家红利，江苏在参与长三角一体化进程中要积极作为，着力锻造大国重器，突破重大外资项目，做强核心城市，在更高层次参与世界级城市群建设，积极参与长三角分工布局，构建力量更加均衡的城市网络，导入未来产业基因，推动绿色转型，为推进长三角高质量一体化作出江苏贡献。

关键词： 国家战略　长三角一体化　江苏作为

　　2018年11月，习近平总书记亲自宣布支持长三角一体化上升为国家战略，标志着探索实践近40年的长三角一体化迎来一次质的飞跃，将推动长三角高质量一体化发展。2019年5月，《长江三角洲区域一体化发展规划纲要》正式审议通过并印发，标志着长三角一体化在国家战略层面进入规划施工期。站在新起点上，江苏谋划更高质量融入长三角一体化，必然要把准

---

* 夏锦文，江苏省社会科学院党委书记、院长，教授。

国家大势、紧扣国家定位，以更高站位、更大作为扛起国家使命，展现江苏担当。

一　长三角区域在国家战略中的使命担当

在特定区域实施国家战略意味着该区域在国家战略格局中具有不可替代的作用，该区域实施国家战略的成效不仅将影响国家发展全局，也将反过来决定本地区在国家战略格局中的地位。长三角地区在国家发展大局中占据重要位置。中央赋予长三角合力打造"一极三区一高地"的战略使命，不仅要在五个领域成为全国排头兵和示范，也要强化优势集成，在纵深推进长三角一体化的进程中扛起国家赋予的职责担当。我们认为，长三角三省一市在策应重大而紧迫的国家现实需求方面，有条件在以下三个重大领域扛起担当，为国添力、为国解忧。

（一）担当之一：中国应对重大风险挑战的稳定之锚

习近平总书记高度重视防范重大风险，在多个场合强调要坚持底线思维，防范化解重大风险。2019 年 1 月，习近平总书记在省部级主要领导干部坚持底线思维着力防范化解重大风险专题研讨班开班式上全面分析了当前我国面临的复杂形势，强调要加强对"黑天鹅"事件、"灰犀牛"事件的研判和预警，既要做足防范风险的应对方案，也要有化解风险挑战的本领和手段，坚决不打无准备之仗，牢牢掌握应对各类风险挑战的战略主动权。面对前所未有的风险挑战，我国必须加强风险管控，确保不发生颠覆性错误，确保改革开放和社会主义现代化事业稳步推进。中央实施包括长三角一体化战略在内的一系列区域战略，既是要打造支撑当下、引领未来发展的重要战略板块，也要在更高层次上夯实我国区域经济之基，增强我国经济应对复杂局面的底气和韧性。当前，我国面临重大风险挑战具有许多新的时代特点，对长三角一体化提出新的要求，也为长三角在全国发展大局中更好地发挥作用提供了契机。

第一，中美战略博弈日益成为影响我国发展全局的核心变量。改革开放与中美建交基本同步，中美关系在风浪中始终没有偏离中美合作共赢的大方向，为我国改革开放创造了有利的国际环境。我国高度重视处理中美关系。习近平总书记多次强调，宽广的太平洋足够大，容得下中美两国。针对中美关系陷入修昔底德陷阱的疑虑，2015年9月22日习近平主席在西雅图欢迎宴会上的演讲中指出，世界上本无"修昔底德陷阱"，但大国之间一再发生战略误判，就可能自己给自己造成"修昔底德陷阱"。美国特朗普政府上台之后，加强了对中国的防范，在中美经贸等领域对中国进行极限施压，让中美关系出现严峻局面。中华民族在通向民族复兴的伟大征程中，必然要高度重视处理好中美关系，确保我国现代化事业不被打断，沿着党的十九大规划的"两个十五年"目标奋力前进。如何应对中美战略博弈，绝不只是中央层面的事，长三角是中美经贸人文交往最为频繁的地区之一，必须主动作为、有所担当，争当中美矛盾化解的关键一环。

第二，中国产业成长进入传统低成本优势消退、基于创新的新竞争优势尚未确立的"失重期"，风险与不确定性倍增。中华人民共和国成立以后，我国逐步建立起相对完整的工业体系和国民经济体系。改革开放以后，我国实施基于比较优势的发展战略，潜在优势得到有效激发，中国经济释放了强大的发展势能，创造了举世瞩目的经济奇迹。随着我国经济进入新常态，生产要素成本的显著提升使得传统低成本优势逐步消退，我国经济结构调整的压力倍增。上海、江苏、浙江等先发地区推进结构性调整，中国产业正转向高质量发展轨道。在这一阶段，一系列增长动力面临结构性调整、历史性重塑。由于形成高质量发展的创新条件总体上仍处于集聚阶段，我国一些地区正在进行新旧动能转换，创新动能尚未能形成规模优势，导致部分地区、部分行业、部分企业面临结构转换过程的"失重期"，发展风险与不确定性大大增强，既包括转型风险，也包括创新本身带来的风险以及外部环境更趋复杂带来的输入型风险。如何突围中国经济的"三峡河段"，跨越中国创新的"微笑曲线"底端之谷，长三角作为我国产业重地和创新高地，有责任也有条件率先实现创新转型，勇当中国经济转型的"定盘星"和高质量发展的强力引擎。

第三，小康攻坚、改革攻坚相互交织，重大风险源和各类风险扰动因素增加，诱发各类"灰犀牛"和"黑天鹅"事件，一些领域风险层层传导放大的"蝴蝶效应"也不容忽视。习近平总书记在庆祝改革开放40周年大会上的讲话中深情回顾："改革开放之初，虽然我们国家大、人口多、底子薄，面对着重重困难和挑战，但我们对未来充满信心，设计了用70多年、分三步走基本实现社会主义现代化的宏伟蓝图，没有非凡的胆略、坚定的自信是作不出这样宏远的构想和决策的。"改革开放的伟大成就充分证明，中国人民走上了一条符合自身国情的现代化道路，中国即将全面建成小康社会，这是"中国式现代化"的巨大成就，在中国现代化进程中具有里程碑意义。习近平总书记进一步指出："我们现在所处的，是一个船到中流浪更急、人到半山路更陡的时候，是一个愈进愈难、愈进愈险而又不进则退、非进不可的时候。"小康攻坚进入决战决胜阶段，愈到扫尾阶段，决胜小康的边际成本愈高，还有一系列硬仗要打。同时，改革进入深水区，牵一发而动全身。新时代改革的推进，既需要更加科学的顶层设计，也需要鼓励基层的个性化探索，同时尊重社会发展规律，把握改革的力度、节奏和社会承受度之间的关系。在许多领域，不改革有风险，改革不当也会增加风险。面对新形势下出现的矛盾交织局面，长三角综合发展优势突出，有条件率先攻坚突破，为我国化解重大改革发展风险夯实基础、提供示范。

长三角历来在国家大局中发挥关键作用。"苏湖熟、天下足"，就生动刻画了长三角地区特别是江南地区对全国发展稳定的关键意义。长三角打造中国应对重大风险挑战稳定之锚的条件：一是区域市场巨大，是我国形成强大国内市场的主力军；二是"头部地区＋广阔腹地"联动，既拥有以上海为引领的世界级城市群，也联结长江经济带广阔腹地，形成巨大的战略纵深；三是经济发展新常态下"创新转型＋新动能渐成规模"，形成新旧动能有序衔接的示范区；四是"一带一路"深度推进与对其他市场的新突破，共同塑造富有张力的新开放优势；五是"高水平全面小康＋区域现代化先行探索"，共同构筑区域现代化引领区，向上引领现代化高度，向下筑牢现代化基底。总之，长三角联手打造中国最富竞争力、最具韧性的地区之一，将在国家大局中发挥非同寻常的独特价值，尤其对于应对当下风险挑战具有重要现实意义。

（二）担当之二：中国释放新一轮改革开放红利的创富之海

在很长一段时间，我国面临一系列重大发展红利。如由劳动力供给充裕、成本低廉、素质较高等特征构成的人口红利，由与发达国家技术水平存在巨大落差形成的技术模仿红利等。随着外部条件的变化，这些红利的价值逐步收缩，随着我国要素禀赋的逆转而发生变化。但是，改革开放所创造的巨大红利始终是驱动我国全方位发展的关键因素。

党的十一届三中全会做出了改革开放的历史性决策。在改革开放伟大实践中，长三角为全国贡献了许多个"第一""唯一"，释放出巨大的改革开放红利，成为推动长三角发展走在全国前列的强力支撑。比如，安徽凤阳小岗村农民敢为天下先，拉开了我国农村改革的序幕；苏南地区在社队工业基础上大胆探索，推进乡镇企业异军突起，迅速改变了苏南地区的发展面貌，巨大的发展成果、稳定的发展秩序、高昂的精神面貌，为邓小平同志提出小康理论提供了实践样本；上海浦东开发开放抓住新一轮对外开放机遇，在浦东地区再造一座上海，带动上海重回全球城市行列；浙江"八八战略"成为习近平新时代中国特色社会主义思想在省域范围的先行探索，推动浙江经济社会发展跃升新台阶。长三角为全国改革大局作出贡献，成为改革开放最早和最大受益者之一。在这一过程中，长三角地区成为我国经济高地，也成为创富之地。

浙江依靠发达的民营经济带动创富活动蓬勃兴起，使浙江成为我国居民收入水平最高的省份之一。江苏较早实施富民强省战略，推进全民创富、群众共富，有力推进全省共富水平。比如，注重区域协调，推动各个板块之间的有效协同，积蓄共富势能，涵养共富空间；探索具有江苏特点的新型城镇化和城乡一体化之路，发挥苏南城乡一体化全国领先的示范效应，构建城乡一体化的共富品牌；实施富民强省战略，聚焦富民，多措并举增加群众收入，缩小居民收入差距，提升群众共富水平；推进产业结构调整优化，在产业变迁中构建江苏共富的产业基础，形塑江苏共富之路的特色内涵；坚持藏富于民，发展作为共富力量源泉的大众创业，推动造富于新，发展作为共富质量源泉的万众创新，以双创释放共富效应；把握物质共富与精神共富的辩证法，鼓励各地个性化探索，以两个文明协调发展推动物质精神同步共富；积极推进改革创新，建立健全社会保障体系，稳步提升社会保障水平，兜牢共富社会保障网；深入实施脱贫攻坚奔小康工程，高标准推进脱贫攻坚，筑牢新时代共富基底；坚持党对共富实践的全面领导，从省一级的统揽全局、顶层设计到基层党组织的主动作为、锐意探索，将党的坚强领导贯穿于江苏共富探索的全过程。在新时代改革开放再出发的新征程中，一方面，长三角一体化沿着制度化、法治化、常态化向纵深推进，为全国区域合作探索示范；另一方面，长三角三省一市各展其长进行改革深化、开放升级的新探索，如上海推进自贸区建设及扩容、探索资本市场科创板试点，形成具有全国影响力的重大改革举措；江苏"不见面审批"的"放管服"改革、浙江"最多跑一次"改革形成品牌，长三角整体营商环境走在全国前列；重抓创新转型、民生幸福，释放蕴藏在社会的创新潜能，长三角创新活跃度持续提升。

如果说40年来的改革开放创造了举世瞩目的经济奇迹，实现了国民财富量的巨大增长，长三角被《长江三角洲区域一体化发展规划纲要》定性为"我国经济发展最活跃、开放程度最高、创新能力最强的区域之一"，那么，新时代的改革开放将进一步推动我国国民财富实现基于创新、共享的质的跃升。在这一阶段，长三角三省一市更要强化使命担当，在改革攻坚、开放升级中率先突破、重点突围，特别是要"全面调动人的积极性、主动性、创造性，为各行业各方面的劳动者、企业家、创新人才、各级干部创造发挥作用的舞台和环境"[①]，打造制胜未来的创新核心区、共建共享的财富汇聚地，形成一片动力强劲、生机盎然、开放包容的创富之海。

---

① 习近平：《深入理解新发展理念》，《求是》2019年第10期。

（三）担当之三：中国推进国家治理现代化的首善之区

推进国家治理现代化在我国改革稳定发展全局中具有极为重要的地位，是我国社会主义现代化建设的重要任务。在有条件的地区之间推进同城化、一体化、飞地经济等类型的区域合作，构建紧密合作、高效协同的区域共治格局，是国家治理现代化的有机组成部分，是国家和地区软实力的重要体现。长三角打造国家治理现代化首善之区的优势在于：人文底蕴深厚，社会安定有序，城市治理水平全国领先。比如，上海加强和创新特大城市社会治理，进行了许多富有前瞻性、引领性的探索。上海从 2019 年 7 月 1 日起在全国率先实施强制性垃圾分类，既是对上海城市治理的一场大考，同时也是上海城市治理水平达到较高水平的直接体现。50 多年前，浙江枫桥干部群众创造了"依靠群众就地化解矛盾"的"枫桥经验"，是基层治理创新的典型代表，习近平总书记在 2013 年 10 月明确要求要把"枫桥经验"坚持好、发展好。江苏持续打造网格化社会治理"江苏品牌"，初步形成了具有江苏特色的"网络 + 网格"基层社会治理新模式，成为全省高质量发展走在前列的有力支撑。同时，长三角一体化也在不断丰富区域治理实践，贡献出"新安江流域治理"等经典案例。总体而言，长三角地区社会成员结构多元，居民整体素质较高，拥有丰富的社会治理资源，有条件巩固提升基础优势，在更高站位上推进国家治理现代化的区域探索，携手打造治理水平领先全国的首善之区。

二　长三角一体化：国家战略中的"国家红利"与江苏机遇

国家战略体现国家意志，承载国家使命，关乎国家未来。经济发展新常态下，虽然传统使用的倾斜性、特惠性政策逐步退出，但国家战略仍具有独特价值，其所带来的政策、资源、项目、投资乃至"注意力"的集聚，有利于引导资本、技术、信息、人力资源等要素流向国家战略实施地。因此，长三角一体化上升为国家战略，既赋予长三角三省一市沉甸甸的责任，也带来高度稀缺的"国家红利"。对于江苏而言，长三角一体化"国家红利"具有丰富的时代内涵，集中体现在如下几个方面。

（一）新产业革命红利：新一轮产业革命从导入期逐步进入拓展期，将为江苏和长三角提供重大产业发展机遇

2008 年国际金融危机的爆发标志着支撑上一轮经济长波（康德拉季耶夫周期）的全球科技革命和产业革命的红利趋近消失，新产业革命在何时、以何种方式出现备受关注。近年来，以人工智能、物联网、能源互联网、生命技术等为标志的新科技、新产业破茧而出，渐成规模，但新产业革命总体上仍处于蓄势期。目前，各界对新产业革命的内涵尚未取得完全一致，但已形成若干代表性判断。2012 年 4 月，英国《经济学人》聚焦当今全球范围工业领域正在经历的第三次革命，认为其核心是数字化制造，个性化、分散式生产将成为普遍潮流。美国未来学家杰里米·里夫金认为"第三次工业革命"将结束 200 年来大量劳动力所创造的商业传奇，传统的、纵向分级的企业将让位于节点式分布的横向组织，社会趋向扁平化。达沃斯创始人施瓦布则将本轮产业革命定义为"第四次工业革命"，其核心是智能化与信息化，进而形成一个高度灵活、人性化、数字化的产品生产与服务模式。与前几次产业革命在发达国家率先爆发不同，中国等新兴经济体的群体性崛起，有可能成为本轮产业革命的参与者甚至部分领域的引领者。因此，新产业革命对我国特别是长三角等发达地区将带来深刻影响。就江苏而言，2008 年国际金融危机爆发至今，支撑上一轮经济长波的技术—经济范式步入衰退期。在上一轮经济长波的繁盛期，苏南等地抓住全球产业"漂移"的窗口机遇，一举成为中国参与国际分工的核心区，也形塑了现今江苏产业面貌和地理分布。当前，新产业革命已在多个领域破茧而出、势头迅猛，江苏各地又一次面临历史性窗口机遇。面对新产业革命这一重大变量，江苏需要把握新产业革命的规律趋势，统筹谋划、一体化布局，推动区域协调发展，构筑江苏参与新一轮国际分工的整体优势。

在新产业革命背景下，新一代信息技术和新一代基础设施网络使传统要素加速突破地理空间壁垒，在更大区域分工组织，改变传统经济地理空间，区域现代化将得以在新地理空间中谋划发展。近年来，我国综合交通运输体系快速发展，特别是世界级高铁网络的形成，深刻改变了传统区域分工格局。高铁大幅度压缩沿线地区间的时空距离，降低协作成本，使区域间经济往来更加密切。在高铁效应作用下，沿线不同等级城市的比较优势逐渐凸显，从而使得区域分工在更大范围内展开，实现区域资源共享，加快产业梯度转移，有效推动区域内产业优化分工，促进沿线地区的产业协调互补发展。在较长时间内，受制于交通瓶颈，我国许多地区在资源、生态、空间、人文等方面的潜在优势长期无法彰显；交通不便也限制了人才流动、抑制高端要素的进入和对外贸易的开展，随着包括新一代信息基础设施在内的综合交通体系的不断完善，在新的交通网络支撑下，一些地区原先处于被压制、被隐藏、被边缘化的价值将被重新发现，形成参与更大范围分工协作的现实优势，让这些地区的现代化建设获得更强动力支撑。原先处在长三角地区相对边缘的区域将获得更大的发展机遇，从而改变原有的经济地理格局，带来全新的发展机遇。

新产业革命与城市群时代互动演化，城市群分工有利于打破行政区划壁垒，锻造江苏区域协调发展的强大内驱力。长期以来，人们对区域协调发展的关注主要集中在不同区域发展水平的横向比较上，似乎只要实现各区域间的"收敛"与"均衡"就算协调发展。但如果不同区域各自为政、搞同质化竞争，彼此缺乏分工协作，即使处于相似的发展水平，也不能算真正的区域协调。区域协调的本质是相近区域在较大的空间形成有效分工，而这些区域共同构筑的大区域分工体系又成为全国乃至全球分工体系的有机组成部分，具备生生不息的生命力。省"1+3"功能布局的创新意义，正是跳出了传统行政区思维，在省域及更大空间谋划不同板块的分工定位。通过纳入区域分工网络，各板块间进行专业化分工协作，从而均衡生产力布局，缩小相邻地区的发展差距。随着我国进入城市群主导区域一体化的新阶段，城市群分工日益成为区域分工的主导形式。世界级城市群更是全球新科技革命和新产业革命策源地和全球资源配置中心，在内部则会演化出高等级、强辐射、多中心、网络化的区域分工体系。江苏既要策应长三角共建世界级城市群的战略目标，有机融入以上海为龙头、覆盖长三角全域的巨型分工网络，也要充分把握巨型城市群内部多中心演化趋势，在更高站位提升南京、苏州、徐州等中心城市能级，强化其集聚辐射力，同时要下更大气力补齐苏中苏北等地区域中心城市的功能短板，让江苏每一个较大的经济地理板块都拥有参与世界级城市群分工的可靠支点，进而为区域协调发展夯筑基于区域分工的可靠根基。

新产业革命既来自强有力的技术驱动，也来自富有人性的价值驱动。第四次工业革命的倡导者施瓦布认为，"既然技术融入社会生活，我们就要塑造其发展，有义务优先考虑社会价值观"，第四次工业革命要想在当今和未来保持颠覆意义，就需要强化治理创新。在澎湃而至的新产业革命中，一方面，新经济形态和模式不断涌现，人文对经济的融合渗透日益加深拓展，人文因子广泛渗透于物质形态的产品及生产模式当中，不断激发产品与技术创新，推动功能与审美交汇融合，促进产业附加值持续提升；另一方面，伴随社会主体日益多元，社会交往日益深化，社会矛盾日益复杂，亟待提升社会治理水平，以良治善治实现对社会各主体的有效整合，维持良好社会秩序，为区域现代化创造良好的社会环境。因此，长三角地区面向新产业革命推进高质量一体化发展，不仅要聚焦产业本身的变化，也要厚植区域人文内涵，赋予新产业更强的社会价值，强化区域治理能力，协同打造产业兴旺、创新涌流、人文繁盛、治理高效的高质量区域。

（二）城市功能升级红利：长三角共建世界级城市群，将整体拉升江苏各城市群、各城市发展站位和建设水平

世界级城市群占据全球竞争制高点，是人流、物流、资金流、技术流、信息流等各种"流"的枢纽中心，是全球经济的控制中心。锻造若干世界级城市群，是我国参与大国博弈的战略抓手。世界级城市群是全球资源配置中心，掌控全球顶级资源，而这些顶级资源具有高度稀缺性、垄断性。因

此，长三角共建世界级城市群，不仅面临来自美国东北部大西洋沿岸城市群、日本太平洋沿岸城市群等老牌世界级城市群的强力挤压，也将面临来自粤港澳大湾区、京津冀等国内城市群的激烈竞争，同时还会面临众多潜在竞争者的挑战。

经济新常态下的动力转换驱动全球和区域经济地理重塑，在城市发展层面，单一的城市发展正逐渐演变为区域性城市的一体化和网络化发展，城市群、都市圈越来越成为全球竞争与合作的基本单元，全球城市在全球资源配置中的枢纽地位更加突出。从国际经验看，世界级城市群内核心城市、次级核心城市、区域中心城市、普通城市以及乡村等不同板块之间，在协同发展中形成了紧密合作又具有不同定位的有序分工格局。同时，通过城市群内部的产业融合形成各具优势、功能互补的产业分工体系。以美国东北部大西洋沿岸城市群为例，围绕纽约的经济核心优势，费城、波士顿、巴尔的摩等城市经过多年的产业布局调整，形成了重工业、高科技产业、生产性服务业等多元化、互补化、链条化的产业分工格局（参见表1、表2）。

表1 世界级城市群空间及主要城市间距离

单位：千米

城市群	核心城市	其他主要城市	与核心城市距离
美国东北部大西洋沿岸城市群	纽约	波士顿	293.2
		费城	133.8
		巴尔的摩	275.4
		华盛顿	332.4
日本太平洋沿岸城市群	东京	名古屋	248.6
		大阪	384.8
英国伦敦城市群	伦敦	伯明翰	157.8
		诺丁汉	180.9
		谢菲尔德	231.5
		曼彻斯特	262.6
		利物浦	278.5
		利兹	275.6

表2 世界级城市群核心城市功能定位

城市群	核心城市	功能定位
美国东北部大西洋沿岸城市群	纽约	金融、商业和媒体中心，覆盖全球金融贸易、商业等生产性服务业和文化娱乐中心
	华盛顿	政治中心，同时发展旅游和高技术服务业
	波士顿	科技中心，包括高科技产业和教育
	巴尔的摩	主要发展服务业和制造业
	费城	主要发展清洁能源、制药、航空制造和交通服务
日本太平洋沿岸城市群	东京	金融管理中心、工业中心、商业中心、政治文化中心和交通中心五大功能，尤其突出全国交通中枢与国际金融中心职能
	大阪	第二大经济中心，日本的交通、工业和文化旅游中心，有"商业大阪、港口神户、文化京都"之称
	名古屋	由多个专业化的工业城市组成相互联系的集聚区，其边缘地区农林产业发达
英国伦敦城市群	伦敦	英国政治、经济、文化、金融中心和世界著名的旅游胜地
	伯明翰	世界最大的金属加工地区，同时发展机床、仪表、车厢、自行车、飞机、化学、军事等工业。其中，汽车工业规模巨大，有"英国底特律"之称
	诺丁汉	英格兰东米德兰重要工业城市，是英国仅次于伦敦的第二大贸易集散地
	谢菲尔德	综合型经济城市，同时也是体育科技之城以及欧洲著名的大学城
	曼彻斯特	英格兰主要的工业中心和商品集散中心，是英国除伦敦以外最大的金融中心城市
	利物浦	英格兰西北部港口城市，英国第四大城市，对外贸易占全国1/4，输出居全国首位，输入仅次于伦敦
	利兹	煤、铁资源丰富，后发展成为地方集市贸易中心，服装业仅次于伦敦

　　围绕世界级城市群的激烈比拼，带给长三角巨大压力，也为江苏城市功能提升打开全新空间。具体分析，一是省内城市群功能定位提升。扬子江城市群、沿江城市群等省内城市群建设，将在世界级城市群的视野、格局中谋求发展，通过对标世界一流水平，推进高端人才、全球投资、科技创新、优势产业高水平集聚。二是更高层次的城市分工。江苏各城市结合自身区位特点、资源禀赋、产业优势、基础设施和环境承载力等因素，以上海为龙头，在长三角世界级城市群的分工格局中有序协同、错位发展。三是城市定位的整体抬升。上海以建设卓越的全球城市为目标定位，势必倒逼江苏各类城市

提高建设标准、紧跟上海标杆。以南京为例，南京不仅要建成而且要高标准建成国家中心城市，才能匹配世界级城市群次中心的战略定位。与此同时，长三角区域广化与深化的同步推进，特别是安徽纳入长三角一体化，为南京城市发展拓展了新的战略空间，而战略空间的拓展，要求南京城市集聚力与"首位度"必须随之提升，形成更为强大的核心辐射源，以带动腹地经济发展，否则，新空间可能出现"漏斗效应"，南京自身的优质资源将在空间扩散中被稀释乃至流失，这将直接冲击南京城市竞争力，影响南京区域中心城市的地位。从这一意义上讲，长三角一体化带来的城市功能升级红利需要江苏各城市群、各城市应对挑战才能获得。

（三）省际毗邻区合作红利：以临沪地区为主方向，构建区域合作新型平台，形成江苏参与长三角一体化的"棋眼"

改革开放早期，苏南借助上海"工程师红利"搞活乡镇企业。20世纪90年代，以苏州等苏南地区为龙头抢抓浦东开发开放战略机遇，带动外向型经济爆发式增长，是江苏实现"内转外"的第二次经济转型的核心内容，苏州尤其是昆山等近沪地区乘势实现了地区发展的质的飞跃。近年来，近沪地区接轨上海、融合发展的态势更加显著，主要体现在以下几个方面。一是经济互补格局基本形成。临沪地区把上海作为招商引资的主平台，通过上海来引进内外资企业，或者通过上海实现企业"走出去"，在产业方面与上海紧密联结。例如，南通每年全市有40%的农副产品供给上海，50%以上的企业与上海合作，60%的货物通过上海口岸外运，紧邻上海的启东市则有80%的投资源自上海；地处黄海、东海、长江交汇处的启东圆陀角度假区360万游客中，上海游客占85%。二是合作平台建设发展迅速。2018年2月，长三角三省一市联合组建的长三角合作办公室在上海挂牌成立，为长三角区域合作提供了权威性战略平台。可以预期，临沪地区以其地缘优势必将率先获得长三角制度化合作的更强支撑。在长三角一体化上升为国家战略的新态势下，江苏既要继续打好"临沪牌"，也要用好高铁等现代交通工具的时空压缩效应，拓展"临沪"范围；同时，借鉴雄安新区、深圳前海、广州南沙等地经验，积极参与长三角区域合作新平台的筹划打造。目前的一个重点，是合力推进建设"长三角一体化发展示范区"，在其中主动协作，勇挑重担。

（四）飞地经济红利：超越传统南北共建园区模式，面向国家战略构建市场动力强劲的"新飞地经济"，形成与上海等地大规模合作的战略平台

改革开放以来，江苏率先开展飞地经济探索，取得丰硕成果。最为典型的案例，一是 1994 年建立的"新加坡苏州工业园区"，该园区遵循"坚持和维护国家主权，结合国情借鉴新加坡经验"原则，既充分借鉴新加坡成功经验，又结合中国国情和苏州本地实际，特别是注重加强与上海的对接，走出了一条富有成效的飞地经济发展之路。二是南北挂钩共建园区，成为促进南北协调发展的有力抓手。

从这些年的实践看，也面临不少来自体制、观念、利益的困扰，影响"飞地经济"发展质量和发展后劲。一些政策驱动型"飞地经济"在一定时期内取得成绩，但往往达到一定高度后就进入平台期，缺乏提升扩张的爆发力和后劲；一些市场驱动型"飞地经济"在周期性的利好因素消退后往往会陷入衰退；真正具有持续爆发力的成功案例少之又少。从新加坡苏州工业园区的经验看，成功的"飞地经济"是在理念、规划、管理、项目等各个领域向高标准看齐，在后发地区前瞻性走出一条符合未来发展趋势的合作道路。这种高水平合作是涵盖思想层面、制度层面、器物层面的深层次合作。在长三角一体化上升为国家战略的背景下，江苏探索"飞地经济"发展，必然要不囿于以承接产业转移为主要内涵的一般层面的探索，而是要形成具有引领性的"飞地经济"发展理念、发展模式、发展路径与发展成就，推动飞地经济迭代升级。

（五）高铁时代呼啸而至，区域综合枢纽网络将重构长三角经济地理格局，江苏参与长三角高质量一体发展获得强力支撑

在长三角一体化进程中，交通网络始终扮演重要角色。地缘相近、人源

相亲、文化相通、市场相融，加之便捷交通网络的连接，共同构筑起长三角区域长期合作的坚实基础。长三角地区交通网络先后经历水运为主、铁路为主、高速公路为主阶段，现阶段正进入以高速铁路为主导、以城际快速轨道为主体的高铁时代。长三角地区拥有全国最密集最完善的高铁网，高铁效应持续显现。与此同时，长三角高铁网络仍存在结构性短板，如高铁网络化程度不强、部分地区有路无网、少数地区无路无网、高铁枢纽能级偏弱、高铁与其他交通方式集成性不强等，影响高铁效应的充分释放。近几年，长三角高铁建设高位推进，2016～2018 年投资强度稳居全国首位，预计到 2020 年末，长三角高铁将超过 5300 千米，运营范围覆盖除浙江省舟山市以外的所有地级以上城市，区域内将形成干线成网、支线密布、功能集成、能力均衡的高铁网。随着长三角进入高质量一体化发展新阶段，高铁网络持续完善、高铁效应加速释放，必将对长三角经济地理格局带来深刻影响。

高铁网络带动区域基础设施更新升级，大幅压缩沿线地区间的时空距离，降低协作成本，使区域间经济往来更加密切，推动区域经济朝着分工更复杂的方向演进，起到提高要素质量、促进要素优化配置的作用。高铁网络与其他交通网络协同联动，加速各类资源要素流通与传播效率，提高区域可达性，产生资源扩散效应和核心区辐射周边的涓滴效应，促进高铁沿线的均衡发展。相邻地区特别是相邻城市的联系更加紧密，区域市场的融合、叠加共同构成更大的区域市场，带动区域分工深化、合作升级。沿线不同等级城市的比较优势逐渐彰显，区域间不同城市的功能定位更加清晰，国际上成熟的都市圈均形成差异化分工、紧密化协同的区域功能布局，代表区域一体化的潮流与趋势。原先被排斥在区域分工之外的边缘区开始纳入中心区的辐射范围，开始具备参与区域分工的条件，从而实现区域分工在空间上的广化。

江苏高铁网建设相对滞后，面临苏南有路无网、苏北无路无网的局面。这一局面正在被加速打破。随着江苏高铁网的形成和逐步编密，江苏将获得更为广泛的强力支撑，特别是江苏高铁网与长三角高铁网的高效联通，将省域高铁网效应进一步放大，成为江苏未来发展的有力支撑。在高铁时空压缩效应作用下或预期影响下，原先制约欠发达地区承接产业转移的交通瓶颈逐渐被打破，皖江、苏北等长三角欠发达地区劳动力供给、开发空间、区位等原先处于潜藏状态的比较优势被激发，正崛起为长三角地区具有战略地位的新型产业高地；基于互联网的产业分布不再遵循传统产业梯度布局规律，以往的长三角欠发达地区可以采取"反梯度"策略，与发达地区同步布局新产业、新业态，合肥家用电器制造、连云港新医药、盐城节能环保等产业的崛起就是例证；新产业革命背景下产业边界日渐模糊，产业融合成为大势所趋。长三角各地立足自身禀赋发展"农业＋""生态＋""海洋＋""枢纽＋""创意＋"等融合业态，正在打开广阔的经济成长空间；新产业革命推动新的创新组织模式和科研范式不断涌现，在高铁效应助推下，科技创新及产业化路径加速变化，长三角经济加速从"国外创新＋长三角制造"向"长三角创新＋长三角制造"、"核心区创新＋就近制造"和"创新走廊＋产业走廊"等新空间形态转变，推动形成更富活力、更加立体的生产力空间布局。

（六）绿色转型红利：绿色转型是新时代产业发展主旋律，江苏作为产业大省推进绿色转型必将释放不可估量的生态价值

伴随新一轮全球科技和产业变革，人类社会正从工业时代步入数字时代，从工业文明迈向生态文明，这种划时代的变革，正在深刻改写甚至颠覆传统经济发展运行规则。对于中国这样的发展中大国而言，不可能重走西方"先污染、后治理"的老路，走美国式的高能耗路径更是不可能获得必要的能源支撑。这就决定了中国的现代化道路必然要建立超越西方传统工业化路径的新型发展路径。人类从工业文明时代向生态文明时代的转型，为中国走新型工业化道路和生态文明发展之路提供了历史机遇。长三角地区发展水平走在全国前列，更需要在走新型发展道路上加强探索，做出示范。综观在世界经济版图中占据一席之地的城市群可以发现，只有世界级的人才集聚，才能支撑起世界级的经济发展水平，而前者在很大程度上又仰赖足够好的自然生态，形成强有力的"绿色吸引力"。在世界级城市群的版图上，每个城市群至少有一座以上生态著称的城市，并同时拥有新型工业、产业，实现生态和产业双赢。作为日本东京都市圈条件优越的海港城市，千叶市以建立生态

型城市为追求，在产业发展中按照生态原则对钢铁、电力、石油和化学等工业企业进行改造，提升循环产业的比重。现在，千叶新城已成为一座以"职、住、学、游"为特色的复合型生态城市。从洛杉矶沿美国西海岸北上500多千米的旧金山湾区，这里有世界上最大的高科技产业区——硅谷。这片地区有着绵延不绝的旷野山脉和海景，吸引着大批技术精英接踵而至，其美丽的环境又激发了他们的创新灵感。除了天赐的宜人气候外，土地开发受到严格保护，也是造就这片创新热土的重要原因。

近年来，全球各地区（城市）参与国内外竞争已逐步从成本之争、要素之争转变为生态之争、体系之争，胜出者无不率先实现绿色转型和创新引领。绿色发展与创新驱动是高质量发展的"一体两面"，其实质是在创新和绿色化之上实现城市发展的根本转型，这场全面而深刻的绿色转型，将把经济发展与环境相互冲突的关系，转变为相互兼容、相互促进的新型关系，不仅试图从根本上解决环境问题，更让环境保护成为经济发展的动力，这一转型将在很大程度上影响乃至决定江苏和长三角的未来。江苏在世界级城市群中的"生态担当"主要包括两重内涵：一是成为长三角世界级城市群的优质生态区；二是以优质生态涵养创新要素，成为长三角世界级城市群的高质量发展区。

三 长三角一体化"江苏作为"的路径选择

（一）抢抓国家战略机遇

机遇表面看起来是无形的，但用辩证法和唯物观来认识，机遇也是可捕捉的。国家战略机遇在较长时间内具有稳定性和可控性，这使得由国家战略生成的机遇更加现实，更需着力把握。20世纪90年代初，面对复杂多变的国内外形势，特别是国内仍存在不少束缚自身手脚的落后观念和体制壁垒，导致我国改革开放进程一度放缓，邓小平同志深刻指出："我就是担心丧失机会，不抓啊，看到的机会就丢掉了，时间一晃就过去了。"① 由于机遇本身具有偶然性、时效性，捕捉机遇的要求高、难度大，我们不及时抓、主动抓，就会丧失机会。而且机遇常常与困难同在，有的机遇必须经过艰苦的捕捉和实践才能转化为促进发展的有利条件。正如居里夫人所言："机遇从不光顾没有准备的头脑。弱者坐待良机，强者制造时机。"

（二）聚焦国家战略需求

国家战略体现国家意志，承载国家使命，关乎国家未来。长三角一体化上升为国家战略，既赋予长三角三省一市沉甸甸的责任，也带来具有高度稀缺性的"国家红利"。在国家战略大格局中，一个地区融入国家战略的出发点不是想获得什么，而是能为国家贡献和服务什么；贡献和服务的越多，自身价值越高，发展机会也越多。这是服务国家战略与推动自身发展的辩证法。因此，在长三角一体化进程中，江苏必然要聚焦国家需求、面向国家战略思考自身定位与作为。比如，我国建设创新型国家、推动高质量发展，是新形势下面临的战略任务，也是具有全局意义的国家战略需求。长三角地区率先进行创新驱动、高质量发展方面的先行探索，为全国贡献长三角智慧和经验，对国家发展大局具有非常重大的意义。

（三）贡献江苏优势长板

2018年4月，习近平总书记在上海市委提交的《关于推动长三角地区一体化发展有关情况的报告》上做出重要批示，明确要求苏浙皖"各扬其长"。江苏参与长三角一体化进程，既要注重补短板、强弱项，更要拉长长板，让优势更加突出，争做我国参与全球竞合的国家队成员，争当主力先锋。比如，中央赋予上海在自贸区、科创板等方面的探索，对于新时期的国家深化改革大局具有重要示范效应；上海在承办好进口博览会、整体引进特斯拉重大项目等方面，对于新时代的国家全面开放具有重要价值。作为制造业大省，江苏必然要在日益激烈甚至残酷的全球产业竞争中担当重任，主导

---

① 《邓小平文选》（第3卷），人民出版社，1993，第375页。

或参与大国重器打造，在这一方面，江苏要有舍我其谁、豁得出去的气魄和境界。江苏积极部署建设自主、可控的现代产业体系，正是江苏为国家贡献优势长板的集中体现。

（四）融入城市群分工

当前全球城市化发展的一个重要趋势，城市群特别是世界级城市群成为全球竞合的基本单元，创新型城市群尤其是世界级都市核心区越来越成为区域制胜的核心因素。在高铁效应带动下，城市群进入发展新阶段，区域内部分工将成为影响城市群质量的核心变量，而能否在城市群产业分工体系中找到合适位置成为城市发展的关键因素。在长三角一体化上升为国家战略的新形势下，江苏各地必须以更鲜明的定位融入长三角一体化进程当中，跳出同质化竞争的红海。

（五）促进新经济赋能

当前，以网络信息技术产业为重要内容的新经济快速生长，正成为改变区域竞争版图的重要抓手。长三角地区是涵养新经济成长最具潜在优势的地区之一，杭州已成为全球性的新经济策源地。江苏融入长三角一体化，要充分借助高铁集聚新经济要素的有利条件，锻造新经济应用场景，强化新技术、新业态、众创基因的选择、导入、培育，促进新经济、新要素、新空间的跨界融合，涵育经济新动能，塑造未来产业新优势。

（六）塑造更多"唯一性"优势

当前，全球分工从传统的垂直分工转向水平分工，后发地区面临产业转移和产业变革的双重机遇。特别是随着新兴技术的快速发展和应用，产业边界日益模糊，跨界融合已经成为新一轮产业升级的大趋势。在这样的大背景下，我们认为，长三角各地塑造产业特色竞争力，不仅要在特色化上下功夫，更要在"唯一性"上下功夫。未来，长三角各地需要也有条件塑造更多"唯一性"的产业、企业、产品、品牌，形成市场上不可替代、不可或缺、具有战略稀缺性的独特竞争优势，以此构成江苏参与全球和地区经济分工协作的基础，这也是长三角地区应对内外部经济风险、夯实产业根基的"底气"所在。所谓"唯一性"，就是拥有专属基因、具有不可替代性的特质。经济新常态下，消费需求迭代升级，差异化、个性化需求日益旺盛，这也为锻造专注细分市场的"唯一性"特质的供给提供了市场支撑。先成为行业中的"唯一"，有了在激烈竞争中立于不败之地的能力，再通过发展争做行业"第一"；相反，即使做到行业"第一"，如果缺乏"唯一性"，也可能在市场竞争中失掉领先地位，这就是"第一"与"唯一"的辩证法。

四 长三角一体化"江苏作为"的突破点

（一）锻造大国重器，为我国参与大国博弈贡献力量

当前，全球进入更趋激烈的大国竞争与博弈阶段，我国成为大国博弈的重要参与者。为应对严峻复杂的压力挑战，按照习近平总书记的要求，我国要集中力量发展一批"非对称科技撒手锏"，锻造一批"大国重器"。长三角地区科技、产业综合水平全国领先，是我国打造"大国重器"的核心区。江苏是全国制造业第一强省，已经打造出"蛟龙号"载人深潜器、神威·太湖之光超级计算机、"天鲲"号绞吸挖泥船等一批大国重器。

在长三角一体化进程中，江苏要积极推动长三角共同打造"大国重器"。一是积极参与上海全球科技创新中心建设并更主动迎接其服务辐射，推动"上海创新＋江苏创新""上海创新＋江苏制造"向"大国重器"聚焦。二是深度参与长三角在手的"大国重器"研发制造，在C919客机燃油系统、液压系统南京"江宁造"，C919复合材料"镇江造"等基础上，力争在"大国重器"长三角造中融入更多江苏元素。三是面向江苏世界级先进制造业集群建设新造一批"大国重器"，组织力量梳理13个重点集群和4个世界一流集群的成长路线图，瞄准有潜力的领域重点突破，打造一批富有江苏特色的"大国重器"，拓展国家"大国重器"谱系。

（二）突破重大外资项目，做强新时代中美经贸"压舱石"

当前，我们正在经历中美关系的历史转折期，中美关系越来越成为影响我国发展全局的一个至关重要的战略变量。长期以来，经贸关系被视为中美关系的"压舱石"，但这一地位正在受到冲击。在中美经贸摩擦频发、加剧的背景下，经贸关系是中美关系的"压舱石"还是"风险源"，是我们必须思考的问题。必须看到，处理好中美关系，做强共同利益始终是一个重要推动力；美国从来不是铁板一块，在当前中美经贸面临"脱钩风险"的新形势下，这一逻辑并未改变，反而更加彰显其独特价值，既是我国新时代开放升级的内在要求，也是中美矛盾化解的战略抓手。因此，中美经贸"压舱石"的价值依然有效，当然具体实现方式需要与时俱进。

江苏在中美战略博弈中有所担当，一是着力推进重大外资项目特别是美资项目突破，延续上海整体引进特斯拉的态势，强化江苏吸引外资基础好、配套能力强、发展空间大等优势，塑造江苏开放新优势。其中，苏南重在开放升级，南通、盐城等地则更要提高站位，以舍我其谁的自信和勇气成为上海承接国际重大项目的合作地，这也是在上海空间有限的情况下为上海服务国家战略作出的独特贡献；南通、盐城等地锚定这一顶层定位，将形成占据未来发展制高点的引领性战略，一旦取得突破继而获享"滚雪球效应"，必然成为后发追赶的制胜之选。当然，根据形势需要，可灵活选择正面突破、侧翼突破、联动突破、连锁突破等方式，关键看实际效果。二是为增进中美战略互信作出江苏贡献。加强交往，特别是加强人文交流是增进中美战略互信的重要途径。江苏人文底蕴深厚，文化资源丰富，特别是拥有一大批国际知名的高等院校和科研院所。江苏积极加强与美国在科技、教育、人文等领域的交流，有利于增进相互了解，增进彼此互信。三是为中美理性竞合探索路径。在市场经济条件下，围绕经济发展进行的良性竞争不仅是必然的，也是有益的，是市场经济促进经济社会发展的重要途径。江苏与美国保持高频度、高水平经贸交往，并在企业层面进行理性竞争、深度合作，在这一过程中加强探索、积累经验，这将有利于未来中美经贸交往的正常开展。

（三）做强核心城市，在更高层次参与世界级城市群建设

世界级城市群占据全球竞争制高点，是人流、物流、资金流、技术流、信息流等各种"流"的枢纽中心，是全球经济的控制中心。综观全球，世界级城市群牢牢占据全球资源要素枢纽中心、控制中心的核心地位，是大国博弈的主战场。我国要走向世界舞台中央，必然要打造若干具有高度竞争力的世界级城市群。长三角城市群的人口、经济体量超过粤港澳大湾区、京津冀城市群，在我国打造世界级城市群中扮演重要角色。

新形势下，江苏做强核心城市的重点路径，一是在更高站位推进苏锡常一体化，推动苏锡常城市连绵带向更有内聚力的巨型城市转变，以此打造长三角一体化的新极核。2018 年，苏锡常三市 GDP 总量达 3.69 万亿元，超过上海（3.27 万亿元）。在区域一体化进程中，只有提高核心城市能级，才能在更高层次参与区域合作，才能在更高站位上提高服务区域一体化的能力。二是面向世界级城市群提升南京"首位度"，按照世界级城市群副中心的功能定位来提升南京创新、产业、枢纽、服务、国际化等综合功能。三是以宁镇扬同城化为引领，进一步加快苏南苏中跨江实质性融合步伐，加快扬子江城市群一体化发展步伐。四是面向世界级城市群探索"飞地经济"新模式，重点推动与上海的飞地经济合作，不仅要在产业对接、利益分成等方面进行合作，而且要注重在观念、制度等层面全方位对标学习上海，从根本上超越地理空间的限制，锻造独特竞争优势。五是面向世界级城市群构筑多样化特色空间，强化江苏城市体系完整的特色优势，高起点培育大中小城市、特色乡镇、田园乡村等生产、生活、生态、人文、创新等各类空间，锻造基于城市群的高质量发展、高品质生活、高颜值生态、高水平人文的城乡空间格局。

（四）树立全域一体化思维，"一盘棋"谋划江苏参与长三角分工布局

在长三角地区树立"全域一体化"思维的关键，是跳出传统将长三角地区限定在特定加盟城市的做法，将三省一市全域视作一个整体，统筹谋划

世界级城市群建设，调动每一个区域的积极性，携手推进全域一体化。一方面，在长三角一体化布局中，各城市以及各板块扮演何种角色分工最终需要经受市场考验，在区域一体化的实践进程中加以确定；另一方面，推进长三角全域一体化，不但不排斥省域一体化或更小尺度一体化，而且恰恰要求省域内部率先一体化。从区域一体化的演进逻辑看，一方面，受到行政区划的客观限制，在省域内部推进一体化遇到的阻力更小，更容易取得成效、积累经验；另一方面，省域内部空间的充分整合，可形成多个具有内聚力和差异化的空间单元，将为长三角区域有序分工协作创造有利条件。

（五）把握集聚辐射平衡点，构建力量更加均衡的城市网络

长三角拥有体系完整的城市群，高铁网络的建设应强化这一优势而非削弱该优势。在长三角高质量一体化进程中，一方面，既要高度关注核心城市建设，在更高站位推进以上海为龙头的核心城市建设，并推动苏锡常城市群、南京都市圈、环杭州湾城市群、淮海经济区、皖江城市群等次级城市群朝着更有内聚力的巨型城市转变；另一方面，为防止高铁虹吸效应、极化效应带来的负面影响，长三角非核心区既要加强与上海等核心城市的精准化对接，避免"一哄而上"带来的风险，特别是避免中低端产业转移带来的产能过剩，避免同质化竞争造成的重复建设和投资过剩，避免违背经济规律的高投入低产出以及环境污染。长三角非核心城市有必要着力提升产业特色和能级，形成相对于城市群核心城市的"反磁力中心"，防止出现区域塌陷，避免反噬长三角高质量一体化的建设成果。

在基础设施建设方面，要注重硬软并重强化基础设施网络，提升区域枢纽网络功能及韧性。传统枢纽发展侧重于基础设施、设备更新等硬件建设，这固然是发展枢纽经济的前提，但由于对服务功能拓展、供应链延伸等缺乏系统谋划，枢纽组织策源地功能缺失，枢纽型产业难以发展。新型枢纽超越了以往对"实体枢纽"的依赖，更加注重发挥平台型、流量型组织（虚拟）枢纽的作用，在供应链配置、市场服务半径上远远超越传统实体经济的辐射范围，在更大范围内为不同层级的上下游相关企业提供平台服务，产生巨大

势能。江苏和长三角发展枢纽经济，既要加强以高铁为引领的交通网络体系建设，加快构建普惠高效的信息网络体系，强化枢纽节点的综合集成功能，也要面向更大市场搭建供应链平台，促进枢纽节点与供应链平台的相互赋能；同时，要更加注重提升区域枢纽的开放性。传统枢纽多是典型的区域性枢纽，仅在较窄的区域范围内发挥作用，新型枢纽则更加注重开放性、国际性，更加注重从全球供应链中获得资源。江苏和长三角地区提升枢纽国际化水平的要义，不是简单提升国际化占比，关键是要增强全球供应链话语权、配置力，增强国际枢纽与全球供应链的功能叠加，提升包括枢纽型产业在内的现代产业竞争力。

（六）把握新产业革命前沿趋势，导入未来产业基因

所谓未来产业基因，就是前瞻性布局未来具有广阔发展前景的新兴产业、新型业态，有了这些基因，假以时日，就可以萌芽壮大，在未来产业格局中挑大梁。深圳明确提出要培育十大未来产业，规划在卫星制造与应用、航空电子设备、机器人、可穿戴设备、新型健康技术等未来产业领域建设10个集聚区，培育若干千亿级产业集群。无锡市早在2009年11月就被国务院批准建设国家传感网创新示范区（国家传感信息中心），无锡物联网正式起步，经过近10年发展，目前，无锡市已集聚2000余家物联网企业，物联网产业项目在医疗、交通、环保、农业、养老、安防等方面的新技术新应用，年营业收入已超2000亿元，从业人员超15万人。无锡也和杭州、福州并肩，成为全国物联网发展最快的三个城市之一。

对于江苏而言，既需要发展已经具有比较优势的战略性新兴产业，同时也要敏锐捕捉未来科技发展前沿，把握未来产业起势阶段窗口期机遇，强化新技术、新经济、众创基因的选择、导入、培育，促进新要素、新经济、新空间的跨界融合，涵育经济新动能，塑造未来产业新优势。第一，导入新技术，就是适当导入人工智能、生命科技、新材料、新能源等未来技术，作为未来发展储备。第二，导入新经济，就是运用互联网思维、云计算架构、大数据支撑等途径，推进不同产业间的跨界融合、交叉渗透，在跨界融合中寻

找未来产业基因，重点围绕智能、健康、环境这三个在产业融合上最具优势、最具需求、最有可能突破的三大领域，大力发展平台经济、分享经济、创意经济、互联网经济、健康经济，积蓄未来发展优势。第三，导入众创基因，结合本地特色产业的发展，积极引入新的创业人群、新的创业模式，特别是注重发展新民营经济。传统民营经济的商业模式主要是"市场＋"，靠积极弘扬"四千四万"精神。改革初期，伴随经济管制的逐步放松、对外开放的渐进启动以及城乡经济流动的持续增加，一个个前所未有的发展机遇呈现在人们面前，为普通民众改变自身命运提供了可能。苏南早期创业者们既靠自身苦干，也靠贴近市场巧干；既善用集体合作之力，也善用"星期六工程师"等助力，踏遍千山万水找市场，吃尽千辛万苦办企业，说尽千言万语拉客户，历经千难万险谋发展，书写了江苏发展史上的辉煌篇章，也留下了影响深远的精神财富。当前，面对新的机遇与挑战，新一代江苏创业者更要继承发扬"四千四万"精神中"闯"字当头的宝贵品质，敢"闯"善"闯"，敢于迎难而上，在风云激荡的市场环境中勇拓新局，制胜未来。

（七）引领绿色转型，打造全国贯彻新发展理念引领示范区

近年来，全球各地区（城市）参与国内外竞争已逐步从成本之争、要素之争转变为生态之争、体系之争，胜出者无不率先实现绿色转型和创新引领。绿色发展与创新驱动是高质量发展的"一体两面"，其实质是在创新和绿色化之上实现城市发展的根本转型，这场全面而深刻的绿色转型，不仅试图从根本上解决环境问题，更让环境保护成为经济发展的动力，这一转型将在很大程度上影响乃至决定江苏的未来。江苏在世界级城市群中的"生态担当"，不仅体现在成为长三角世界级城市群的优质生态区，也要以优质生态涵养创新要素，成为长三角世界级城市群的高质量发展区。

在长三角高质量一体化的大背景下，江苏推动绿色转型有必要同步在三个层次发力。一是打造生态1.0版：好生态。采取切实举措弥补部分地区较为严重的生态赤字，强化江苏产业的生态底色。二是打造生态2.0版：丰富的"生态＋"。江苏要把生态作为本底和撬动因素，大力发展"生态＋"，

形成丰富的生态型产业和业态。三是打造生态 3.0 版：富有活力的区域生态系统。通过构建"物种"丰富、竞争充分、共生进化、新奇涌现的创新生态系统，促进创新经济的充分涌流，真正成为贯彻新发展理念的标杆区。《长江三角洲区域一体化发展规划纲要》提出建设长三角生态绿色一体化示范区，这也是长三角一体化发展国家战略的先手棋、突破口。上海市青浦区提出要把示范区建设成为"改革开放新高地、生态价值新高地、创新经济新高地、人居品质新高地"。江苏在长三角生态绿色一体化发展示范区建设中要提高站位，采取强有力举措，构筑生态绿色一体化的引领性优势，为全省推动绿色转型、创新升级提供示范引领。

B.5
2018~2019年安徽经济形势分析及对策研究

吕连生*

摘　要：2018年安徽经济总量首次突破3万亿元，同时经济结构在优化调整，发展新动能在加快增强，为未来高质量发展打下了雄厚的基础。2019年上半年，安徽经济平稳发展，稳中有进，主要经济指标增速仍保持快于全国、位次靠前的格局。当前安徽经济面临外部环境变化带来的压力，需要在全面贯彻"六稳"中寻找安徽发展的新机遇，高质量地融入长三角地区一体化发展，着力深化供给侧与需求侧的结构性改革，瞄准世界前沿建设合肥滨湖科学城，以合肥都市圈同城化引领区域联动发展。

关键词：安徽经济　长三角一体化　合肥都市圈

一　2018年安徽省经济运行分析

2018年，安徽全省上下深入贯彻落实习近平总书记视察安徽重要讲话精神，认真落实党中央、国务院各项决策部署，对标高质量发展要求，扎实推进供给侧结构性改革，全面实施五大发展行动计划，推动经济迈向高质量

* 吕连生，安徽省社会科学院经济研究所原所长，研究员。

发展，经济运行保持了总体平稳、稳中有进、结构向好的态势。安徽经济总量首次突破3万亿元，为未来高质量发展打下了雄厚的基础。

（一）经济成果与新变化

1. 国民经济保持稳定增长的态势

安徽经济运行平稳、好于预期，高质量发展取得积极进展。安徽省统计部门公布的数据表明，安徽省2018年生产总值（GDP）为30006.82亿元，按可比价格计算，比上年增长8.0%（见表1）。

表1　2018年安徽省各指标绝对数及增速

单位：亿元，%

指　标	绝对数	比上年增长
地区生产总值	30006.8	8.0
其中：第一产业	2638.01	3.2
第二产业	13842.09	8.5
第三产业	13526.72	8.6
其中：农林牧渔业	2775.41	3.4
工业	11663.94	9.2
建筑业	2201.22	4.4
批发和零售业	2006.86	5.7
交通运输、仓储和邮政业	985.77	3.2
住宿和餐饮业	543.73	5.8
金融业	2064.55	5.0
房地产业	1897.52	5.9
其他营利性服务业	3199.03	22.6
其他非营利性服务业	2668.79	2.4

资料来源：安徽省统计局。

安徽省经济总量从2013年的不足2万亿元，发展到2018年突破3万亿元的新水平（见图1）。

2. 产业结构在优化调整

安徽2018年规模以上工业增加值比上年增长近10%，增速居全国第4

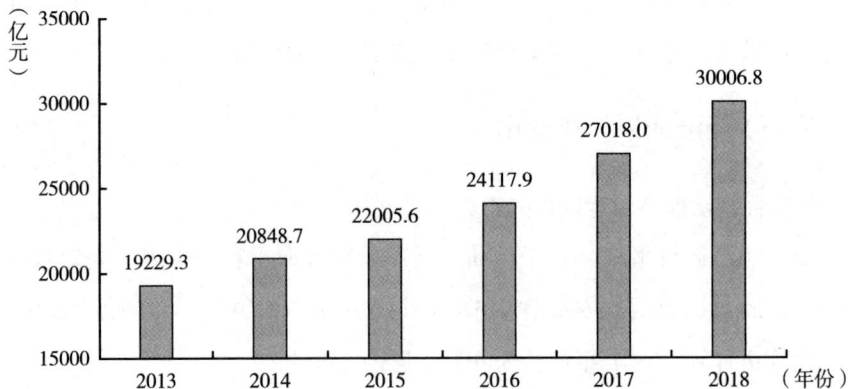

图 1 2013～2018 年安徽省生产总值

资料来源：安徽省统计局。

位、中部第 1 位，创近 4 年新高。GDP 中，服务业增加值比重由上年同期的
42.9%提高到 45.1%（见图 2）。规模以上工业中，装备制造业增加值增长
12%，比全部工业增加值增幅高 2.9 个百分点；战略性新兴产业产值增长
18.2%，比全部工业产值增幅高 4.7 个百分点，产值占比由 24.8%提高到
29.1%；24 个战略性新兴产业集聚发展基地工业总产值增长 16.7%，比全部
工业产值增幅高 3.2 个百分点。固定资产投资中，工业战略性新兴产业投资增
长和高技术制造业投资增长较快，六大高耗能行业投资下降 5.1%。能耗水平
继续下降，单位工业增加值能耗在上年同期下降 4.6%的基础上再下降 5.4%。

3. 发展的新动能在增强

区域创新能力在加快提升。安徽的区域创新能力连续五年居全国第一方
阵、中部地区前列，已经形成由点到面、由中心到全局的省域创新网络。原
始创新成果不断涌现，新纪录液晶显示全球最高世代线已经建成投产，世界
最薄 0.15 毫米信息显示触控玻璃在蚌埠实现量产等。

战略性新兴产业产值增长较快。2018 年安徽省战略性新兴产业集聚发
展基地建设加快推进，已经成为重要的增长极。高新技术产业增加值、战略
性新兴产业产值增速比全省规模以上工业分别高出 4.6 个和 4.0 个百分点。

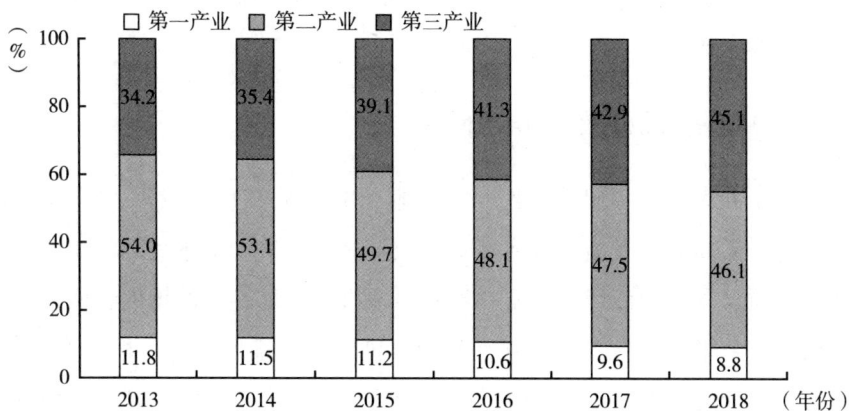

图 2　2013 ~ 2018 年安徽省三次产业增加值占 GDP 比重

资料来源：安徽省统计局。

2018 年，战略性新兴产业产值占规模以上工业比重达 29.4% ，高新技术企业总数达 5403 家，较上年净增加 1093 家，高新技术企业实现产值 10947 亿元，首次突破 1 万亿元大关。一大批新产业、新业态、新模式加速成长。包括节能环保产业、新能源汽车等在内的战略性新兴产业的发展，成为关注的热点。合肥智能语音、马鞍山轨道交通、蚌埠硅基新材料等战略性新兴产业发展迅速。

4. 供给侧结构性改革取得新进展

2018 年"三去一降一补"取得新进展，继续淘汰煤炭、钢铁落后产能，优质供给持续增加。去库存成效突出。坚持"房住不炒"、因城施策，房地产市场总体稳定。出台降成本新"20 条"，全年减税 1103.2 亿元，增长 19.9% 。继续加强短板领域投资。全年农业、居民服务业、生态保护和环境治理业投资分别增长 33% 、31.9% 和 42.1% ，增速均快于全部投资。

5. 对外贸易水平较快提升

2018 年，安徽省外贸进出口快速增长，份额不断扩大，实现进出口总额 629.7 亿美元，同比增长 16.6% 。外贸结构在优化，市场更加多元化，开放平台支撑力在增强。安徽省 2018 年深入实施主体培育壮大工程，新增进出口实绩企业 1889 家。

（二）经济发展中的深层次问题

党的十九大报告提出我国经济由高速增长转向高质量发展，2018 年也因此成为安徽高质量发展的开启之年，经济高质量发展呈现良好势头。在新时代，高质量发展内涵极其丰富，涉及诸多维度，如经济的维度，增长、效率、结构、公平等；生态的维度，节能减排、可持续发展等；社会的维度，社会发展、社会和谐等。经济高质量发展应体现产业产品的创新性，城乡地区以及经济与其他领域的协调性，环境资源利用的可持续性，经济发展的对外开放性和发展成果的可共享性。因此说，经济高质量发展与创新、协调、绿色、开放、共享的五大发展理念的贯彻执行是辩证统一的。尽管 2018 年安徽经济高质量发展已经开始取得成绩，但全省经济中仍然存在诸多发展不平衡不充分的重大问题，影响经济转型升级，值得高度重视。

1. 创新发展不平衡不充分问题

过去安徽资源型产业长期居于主导地位。近年来战略性新兴产业、高新技术产业发展虽然取得了成绩，但资源型产业的占比仍然过大，战略性新兴产业要成为国民经济的支柱产业仍显不足。2018 年全省工业投资增长 24.8%。从门类看，采矿业投资增长 42.9%，提高 13 个百分点；制造业投资增长 18%，提高 0.4 个百分点；工业战略性新兴产业投资增长 19.1%，提高 0.9 个百分点，但仍仅占工业投资的比重为 48.8%。同时，高质量可转化的科技成果相对不足，促进科技成果转化的平台建设相对滞后，科技服务业发展相对不充分，高校、科研院所产生的科技成果离市场应用还比较远，科技工作者参与创新创业的积极性偏低、技术革新型创新创业相对偏少。总之，科技创新推动生产力发展仍不够充分。

2. 协调发展不平衡不充分问题

从区域层面看，合肥都市圈扩容升级的质量亟待提高。合肥市已发展成为 420 万人口的都市，人口还有增加之势，在合肥经济圈阶段，虽然基础设施建设等一体化已有很大进展，但一体化的程度不高，领域也不广。2017年芜湖、马鞍山沿江两市扩容进合肥都市圈后，合肥都市圈一体化程度没有大的进展。合肥都市圈作为安徽发展极的功能没有充分发挥。从城乡层面看，实施乡村振兴战略补短板的治理尚缺创新性思路。促进小农户和现代农业发展有机衔接仍需模式创新。

3. 绿色发展不平衡不充分问题

尽管近年来安徽绿色发展进展较快，但沿江地区与省委书记李锦斌提出的着力构建水清、岸绿、产业优美丽长江（安徽）经济带的思路目标仍有较大差距。当前第一段线是沿江1千米以内，要做到长江干流及主要支流入河排污口国考断面监测达标率全面实现，长江干流40个水功能区全部稳定达标，沿江5市PM2.5指标全面达标，应绿尽绿全面达标，不符合环保要求的重化工、重污染企业实现搬迁全部达标；第二段线是5千米以内，要做到畜禽养殖企业和网箱水产养殖一律整改到位，25度以上坡耕地一律退耕还林还草，在建的重化工业项目一律整改达标，现有的重化工企业一律实施提标改造或转型，"散乱污"企业一律依法关闭搬迁；第三段线是15千米范围内，要做到现有污水处理厂出水水质全面合规，城市黑臭水体治理全面合规，畜禽养殖场粪污处理设施装配排放合规，新建项目全部合规，工业园区优化整合全面合规。皖北淮河流域和巢湖的生态治理更是任重而道远。

4. 开放发展不平衡不充分问题

安徽地处内陆，新一轮高水平对外开放的格局尚未真正形成，进出口贸易额及其增长率、利用外商投资、境外世界500强企业入驻数等重要指标与长江经济带沿线苏、鄂、川、渝等相比有很大差距，对国内国际两个市场、两种资源的利用很不充分，引致在"一带一路"和长江经济带开放格局中现时未有较高的战略位次。安徽的企业包括国有企业和民营企业，在推动优势产业的技术和标准国际化方面，在高效利用全球创新资源方面以及在如何加快产业链、创新链、价值链的全球配置方面，尚未完全破题，与沪苏浙三省市企业存在较大差距。

5.共享发展不平衡不充分问题

大别山片区一直是安徽脱贫攻坚的主战场之一，但各县脱贫任务依然繁重。安徽大别山区贫困县财力有限，缺项目、等资金现象不同程度地存在，主要涉及共享发展的收入、医疗、教育、就业、卫生、基础设施等方面城乡之间、地区之间仍存在较明显的差距。

二 2019年安徽省经济展望

（一）2019年经济发展的新成就和新变化

安徽2019年上半年经济保持平稳发展，稳中有进。在全国主要经济指标增速放慢的大背景下，安徽省主要指标增速仍保持快于全国、位次靠前的格局，全省生产总值15664亿元，比上年同期增长8%，居全国第6位，高于全国6.3%的平均水平。安徽出现了新的成就和变化，特别体现出了高质量发展。如科技引领及战略性新兴产业发展势头强劲，部分传统优势产业及优势企业发展后劲十足，新一轮对外开放力度保持良好势头，沪苏浙来皖投资保持高位增长，市场主体增长迅速等。

1.科技引领及战略性新兴产业发展势头强劲

2019年以来，安徽省着力提升创新能力，用好科技创新支持政策，建好各类创业平台，大力招才引智，建设创新高地、产业高地，战略性新兴产业保持较快发展，大步走上经济发展"主战场"，继续在稳增长、调结构、促改革、惠民生等方面发挥重要作用。全省战略性新兴产业产值比上年同期增长16.3%，占规模以上工业产值比重35.1%，同比提高5.4个百分点。24个省重大新型产业基地工业产值增长12.3%。高技术产业增加值增长13.8%，快于规模以上工业产值5.5个百分点。创新能力也有提升，全省创新发展总指数比上年同期增长7.8%。安徽创新馆开馆及安徽科技创新成果转化交易会、2019世界制造业大会成功举办，合肥综合性国家科学中心的能源研究院、人工智能研究院等相继挂牌组建。近期，世界知识产权组织发布了 2019 年全球创新指数报告，在世界区域创新集群百强中，中国共有 19 个创新集群上榜。其中，合肥排名第 90 位，居中国 19 个上榜创新集群第 18 位，成绩比上年的世界排名上升 7 位。

2. 部分优势产业及优势企业发展后劲十足

安徽省统计部门公布的数据显示，2019 年上半年，全省 40 个大类行业中有 32 个行业增加值保持同比增长。其中，电子信息业增长 32.9%，烟草业增长 13.4%，有色业增长 13.1%，化工业增长 12.2%，电力业增长 11.5%，集成电路制造业增长 26.2%。工业机器人产量 8000 台，同比增长 45%。合肥京东方公司 10.5 代线实现满产，蚌埠中建材公司首条自主研发 8.5 代玻璃基板生产线点火，填补我国"卡脖子"关键生产技术。多年来，安徽着力做好"无中生有、有中生新"文章，大力培育以京东方、科大讯飞为代表的电子信息产业，增加值年均增长 20% 以上，产值突破 4000 亿元，主营业务收入进入全国前 10。目前，安徽已成为全国规模最大、技术水平最高的新型显示产业集聚基地，贡献了全球 20% 的智能手机液晶屏、30% 的平板电脑显示屏，工业机器人产量位居全国前列，笔记本电脑产量占全球的 1/10。安徽正在抢抓数字经济发展机遇，大力培育人工智能＋芯片产业，加快抢占产业发展制高点，安徽工业加快进入高质量发展新阶段。

3. 新一轮对外开放力度保持良好势头

据合肥海关统计，2019 年 1～8 月，安徽货物贸易进出口总值 3087.1 亿元人民币，已超过 2014 年安徽省全年外贸总值，比上年同期增长 15.3%，其中，出口 1802.6 亿元，增长 18.9%。其中，对新加坡、菲律宾、俄罗斯、波兰和缅甸进出口增幅超过 20%。进口 1284.5 亿元，增长 10.6%。2019 年前 8 月，安徽进出口增速快于全国 11.7 个百分点，排名保持全国第 7 位，进出口总值保持中部第一。2019 年以来，安徽省中欧班列积极响应"一带一路"号召，开行速度不断提升，辐射范围双向扩大，货源品类也在不断丰富。安徽省中欧班列实现"8 天 12 列连发""单日 4 列连发"，仅用 101 天就突破年发送 100 列，开行频率从开行时每周发送 1 列提升至每周发送 7～14 列。开行线路在原有合肥至汉堡常态化线路的基础上，先后开行合肥至赫尔辛基、合肥至塔什干、合肥至阿拉木图、合肥至杜伊斯堡以及合肥至杜塞尔多夫等新线路，货源辐射范围也逐步覆盖合肥、淮南、蚌埠等城市。

4. 沪苏浙来皖投资保持高位增长

安徽省商务厅数据显示，2019年上半年，安徽实际使用外资99.3亿美元，同比增长6.1%。其中，制造业实际吸收外资53.8亿美元，同比增长14.8%。从国内投资情况来看，2019年上半年，安徽利用省外资金保持平稳增长。其中2019年1~5月，来安徽投资资金排名前十的省份分别为江苏、浙江、广东、上海、北京、福建、山东、湖北、河南、湖南，实际到位资金4150.6亿元，同比增长5.7%，占全省比重的90.5%。沪苏浙来皖投资在建亿元以上项目1603个，实际到位资金2222.6亿元，2019年以来一直保持两位数增长。这种情况说明，长三角一体化发展自2018年上升为国家战略以来，长三角内部要素流动正在加速，有利于提升整体区域发展水平和竞争能力。

5. 农业综合效益逐步在提升

近年来，安徽省农业部门积极推进稻渔综合种养。截至2019年5月底，安徽稻渔综合种养面积达314万亩，较上年底增加154万亩。全省建设稻渔综合种养万亩乡镇38个、3000亩以上国家级稻渔综合种养示范区7个，稻渔综合种养不仅丰富了鱼鲜产品供应，还提高了农业综合效益。2019年第一季度，全省农村居民人均可支配收入4726元，同比增长9.9%，增速居全国第二位、中部第一位。

6. 居民生活持续改善

2019年上半年，安徽就业形势总体稳定，城镇新增就业38.1万人，完成年目标任务的60.5%，高校毕业生就业率85.2%，城镇登记失业率2.75%。城镇常住居民人均可支配收入增速比全国高1.4个百分点；收入绝对量居全国第14位。农村常住居民人均可支配收入增速比全国高1.2个百分点，增速居全国第4位，中部第1位；收入绝对量居全国第11位，中部第1位。精准脱贫深入推进，第二批18个贫困县正式摘帽。棚改新开工

14.37 万套、开工率 67%，基本建成 8.13 万套，完成率 80.7%。物价水平涨势温和，居民消费价格上涨 2.1%。

（二）对2019年安徽经济全年走势的基本判断

1. 2019年经济发展保持稳中求进所具有的有利条件

2019 年以来，尽管在国际经贸环境复杂多变，国际贸易摩擦对国内经济产生一定影响的情况下，安徽经济发展仍保持了稳中求进的良好态势，五大发展行动计划得到全面实施，工业经济继续保持较快发展，科技创新引领取得突破和较大进展，对外贸易水平在逆境中取得较大进步，转型发展成效显著，在中部地区各省中起到了率先增长的局面。

当然，就目前国内外经济趋势来看，安徽虽然面临的发展困难依然较大，但是安徽经济回稳动力正在集聚，新的后发优势正在不断形成，新兴增长极正在孕育，完全有能力实现省第十次党代会和安徽省"十三五"规划提出的奋斗目标。2019 年全省全年 GDP 增长可达到 8%，预计高于全国平均水平 2 个百分点左右。这样的增长目标可确保安徽人均收入水平稳步提高，缩小与全国平均水平的差距，缩小与沪苏浙的经济差距。

2019 年安徽经济增长中包含五个有利条件。一是长三角一体化发展国家战略规划的出台与全面实施，为安徽全域发展带来了强劲动力。二是全省两批战略性新兴产业 24 个集聚发展基地已经产生带动性和裂变性。三是安徽传统优势产业升级改造产生的积极效应，对安徽 2019 年经济增长会产生有利因素。四是我国"一带一路"行动计划的全面实施，为安徽外经外贸较大幅度增长提供了难得的有利时机。五是几年来安徽大力推进"三重一创"建设，实施重大新兴产业基地、重大新兴产业工程、重大新兴产业专项行动，从 2019 年开始产生积极效应。

2. 2019年上半年经济发展的成就可预示下半年经济可持续发展

2019 年上半年安徽三次产业延续平稳增长态势。

一产总体保持稳定。2019 年安徽农业生产稳定，夏粮总产达到 1657 万吨（331.4 亿斤），总产和单产增幅均高于全国平均水平。小麦品质为近 10

年最好水平。全年粮食产量有望与往年持平。若不发生较大自然灾害，粮食产量仍将增加。随着乡村振兴战略的实施，一系列工程和项目建设加码，将进一步夯实农业生产的基础。

二产稳步增长。安徽省统计部门公布的数据显示，2019年上半年，全省规模以上工业增加值增长8.3%，增速比全国快2.3个百分点，居全国第6位，比上年同期前移1位。全省16个省辖市中有8市规模以上工业增速同比加快。其中，安庆、淮南和池州分别增长10.6%、6.1%和10.4%，增幅分别比上年同期加快5.9个、4.9个和2.5个百分点。统计的440种主要工业产品中，有237种产量保持增长，增长面为53.9%。其中产量增速超30%的有46种，超50%的有31种，有14种成倍增长。重点产品中，十种有色金属产量增长29%，新能源汽车增长37.4%，房间空气调节器增长10.9%，微型计算机设备增长17%。

三产实现相对较快发展。2019年上半年安徽服务业景气指数持续向好，服务业商务活动指数始终高于52%。服务业占比创历史同期新高，增加值占全省生产总值比重为48.2%，同比提高0.4个百分点。经济结构进一步优化，新业态新模式快速发展，消费对服务业增长的拉动作用将继续提高。《支持数字经济发展若干政策》《关于促进全省跨境电商发展的指导意见》等新经济政策效应将不断释放，支持服务业加快发展。

从2019年以来三次产业增长趋势看，安徽省产业发展仍然具有较强的韧性和可持续性。预计安徽2019年下半年三次产业仍将延续上半年平稳运行态势。

3. 对安徽经济中长期发展形势的判断

对安徽中长期发展形势的判断，实质上是对安徽省情的全面认识。全面认识安徽省情的关键是要客观、准确地判断省情省力的基本特征，把握安徽发展的关键是要从所处的历史方位出发，只有这样才能清醒地分析中长期经济发展趋势。省情省力的特征可从经济发展条件、经济总量和经济发展水平三个层面加以判断。衡量我国一个省区省情省力的状况，不只是看某项指标的绝对数，更重要的看某项指标的相对数，其中最直观的相对数，是某项指标在全国的位次。按照这样的方法对安徽省情省力的基本特征做出总体判断，可以概括为三个基本特征：一是安徽的经济发展条件在全国居中偏上，二是经济总量在全国居中，三是经济发展水平在全国居中偏下，是我国正加快崛起的经济欠发达省份。第一，安徽的经济发展条件在全国居中偏上，但经济发展水平却在全国居中偏下，条件与水平不对称，说明安徽仍然是我国的欠发达省份，在经济发展方面还有很多弱项和问题。第二，经济发展水平与发展条件的不对称，又恰恰说明安徽经济还有很大的发展潜力，积蓄着相当的后发优势，目前已进入后发优势释放期，安徽中长期发展有可能把发展水平提高到与发展条件相同的位次，逐年缩小人均收入与全国平均水平的差距，走在全国省区方阵的前列。

安徽省"十四五"期间经济社会发展会有十大阶段性特征。一是工业化进入中后期，越来越多的产业深度融入新一轮科技与产业革命，产业结构处于全面升级期。二是城镇化进入中后期，全省已处于以城市为主导、城乡融合发展的新时期。三是参与长三角一体化发展进入深化期，全省经济处于高质量发展期。四是信息化进入普及期，特别是5G的商业化应用会推动智能产业进入加快发展期。五是依据法律和规则的市场体系建设持续推进，营商环境进入完善期。六是创新发展进入活跃期，越来越多的创新成果处于收获期。七是绿色发展进入升级期，生态环境处于保护修复期。八是社会发展进入新的转型期，社会治理现代化建设处于关键期。九是开放进入扩展期，企业"走出去"进入上升期。十是改革处于攻坚期，改革红利进入持续释放期。认识和把握这些特征，有利于促进安徽省"十四五"期间的社会和谐和经济高质量发展。

三　发展对策建议

2019年以来，安徽省强化创新驱动，保持实体经济平稳健康发展，着力建设现代化经济体系。安徽经济当前面临宏观环境的"五大压力"，即外部环境变化带来的压力，部分行业企业经营困难带来的压力，投资后劲不足带来的压力，消费增长预期放缓带来的压力，金融风险隐患带来的压力。就目前安徽的省情省力，从战略和策略上，建议重视实施如下对策。

（一）在全面贯彻"六稳"中寻找安徽发展的新机遇

中央提出"稳就业、稳金融、稳外贸、稳外资、稳投资、稳预期"是2019年要抓的重点工作。安徽抓"六稳"需要稳中求进、稳中求变、稳中寻找发展的新机遇。"稳就业"是"六稳"工作之首。安徽"稳就业"需要突出创业带动就业优先，运用创新与创业的结合，加大动能转化的力度。"稳金融"需要突出实体经济发展优先，压缩虚拟经济泡沫。"稳外贸"需要突出发展"一带一路"地区贸易优先，加速打造安徽内陆开放新高地。"稳外资"需要突出重点支持研发中心项目、总部项目、新一代信息技术、人工智能、生物医药和新能源新材料项目以及新设重大外资企业，对当年稳定外资工作作出贡献的地市给予激励。推动和指导地市围绕企业用地、人才引进、投资环境优化等出台更具针对性的外资政策，提高投资吸引力。同时，关键是要稳定在皖外资企业的信心，这就需要不断优化投资环境，持续推进外资领域"放管服"改革，有效解决外资企业关切，努力让投资者在皖投资便利更多、效率更高、劲头更足。需要突出引进制造业投资优先，加快引进台资和沪苏浙资本。"稳投资"需要突出基础设施和新兴产业投资优先，保持在工业化中期所需的增长后劲。"稳预期"就是稳发展信心，关键是有提振信心的举措。对于安徽来说，建设科技强省是大事。稳预期需要突出原始创新发展优先，加速打造合肥滨湖科学城（国家级滨湖新区）国际创新高地。

（二）高质量融入长三角地区一体化发展

长三角高质量一体化发展已成为国家战略，是促进安徽高质量发展、冲刺省区第一方阵的历史性重大机遇，安徽省应从三个方面转变发展姿态，深度参与长三角高质量一体化发展。一是转变身份，以主角身份深度参与长三角高质量一体化发展，而不像过去的"泛长三角"时代，以长三角之外省份的身份"融入"长三角。二是转变心态，以主体心态深度参与长三角高质量一体化发展，而不能忽视安徽省的比较优势，以客体心态处处"跟跑"。三是转变行动，主动学习沪苏浙在改革、开放、发展方面的先进经验，以主动行为深度参与长三角高质量一体化发展，而不是事事等待，被动地参与长三角的分工合作。通过转变身份、转变心态、转变行动，贯彻好中共中央、国务院颁发的《长江三角洲区域一体化发展规划纲要》，落实好安徽省委省政府制定的《实施长江三角洲区域一体化发展规划纲要安徽行动计划》，切实当好长三角一体化发展的重要方面军，加快打造长三角西翼强劲发展的区域板块，闯出现代化美好安徽建设的新路、快路，响应与落实国家战略部署，在把长三角建成中东协调发展的典范上作出安徽的贡献，提升安徽在全国的战略地位和服务国家发展大局的能力。安徽需要作为"东中一体"发展先行区，实现与沪苏浙接轨的更高水平的协调发展。安徽要聚焦优势领域，与沪苏浙高水平搭建制造业联盟，积极承接沪苏浙高端制造环节，建设具有国际影响力的先进制造业基地。在此基础上，进一步加快合肥都市圈和皖江城市带的一体化、同城化、国际化的战略升级。皖北地区和大别山区构建生态经济区，皖南地区构建国际化的文化旅游度假体验区。依托高速交通网，促进省内三大城市群、带的融合发展。适当调整行政区划，在全省范围形成区域互动、城乡统筹的协调发展新格局。

（三）着力深化供给侧与需求侧的结构性改革

面对当前国内外宏观环境的变化，安徽省经济上行的压力加大，不确定性也在增多。为确保全省经济处于合理的增长区间，必须突出深化供给侧与需求侧结构性改革，创造结构性发展机会，从供给和需求两个方面稳增长、稳投资、稳外贸、稳外资、稳预期、稳就业，确保主要经济和社会发展目标得以实现，为冲刺省区第一方阵筑牢基础。在深化供给侧结构性改革方面，主要应通过实施智能化战略，在增量上重点发展数字经济和智能产业，在存量上重点以人工智能改造对传统产业赋能，以产业转型升级创造结构性发展机会。从需求侧方面看，主要是适应最终消费拉动经济增长贡献加大的趋向，着眼于居民消费的个性化、多样化、高级化升级，围绕人民日益增长的美好生活需要做大国内市场，以推进服务业的转型创造结构性发展机会。安徽经济正处于后发优势释放期，又深度参与长三角高质量一体化发展，每个地区、每个行业乃至每个企业，都会有很多结构性发展机会，应坚持以市场为导向，发挥各自优势，通过深化供给侧与需求侧结构性改革，多方面地创造发展机会，既能实现"六稳"，又可开拓增长，全省形成合力，确保"十四五"期间全省经济处于合理增长区间。从安徽发展的阶段性要求出发，需要把改革和创新发展落实到现代产业体系建设上。要以合肥综合性国家大科学中心为基础，在一些先进技术领域形成世界高地和标准中心。以合芜蚌国家自主创新示范区为依托，构建以企业为主体、以科研机构为支撑的中高端产业技术创新体系，更广泛地带动全省产业的转型升级。运用好合肥滨湖科学城这块阵地，不断夯实原始创新基础，激活创新要素，突破关键核心技术，壮大新兴产业，争取在培育新动能方面取得更大成效。

（四）瞄准世界前沿建设合肥滨湖科学城

合肥滨湖科学城有条件至少可以对接国家全局发展中的三项战略需求。一是科教兴国与人才强国的战略需求，合肥市有条件成为我国基础研究和原始创新的重要载体和策源地，并能吸引海内外相关专业的顶级人才集聚，培育一批高级专业人才。二是创新驱动发展的战略需求，合肥市是国家创新型试点城市、全国"双创"示范城市，又是合芜蚌自主创新综合试验区核心城市，已形成一批产学研相结合的创新型企业，涌现一批战略性新兴产业，有条件成为我国的产业创新中心，以创新驱动我国现代化经济体系发展。三是区域协调发展的战略需求，合肥市拥有承东启西、南北交汇的区位优势，有条件成为我国区域协调发展的链接基地，对化解我国区域发展不平衡不充分问题发挥重要作用。合肥丰厚而高端的科研基础、有竞争力的战略性新兴产业基础和滨湖地区优良的生态环境，为建设滨湖科学城提供了三大可行性支撑。合肥滨湖科学城需要面向世界前沿，在科学研究、技术发明、高端产业发展上有所突破，分类建设智创中心、技创中心和产业创新"三大中心",形成从原始创新到技术创新再到产业创新三个层次的创新中心架构。每个中心肩负着不同的使命,又以高端产业关联相互融通,形成有中国特色、合肥风格的新时代科创体系。为确保上述"三大中心"建设,滨湖科学城还需要以综合性国家科学中心为龙头,以强化前瞻性科学研究为基础,以引领性原创成果重大突破为切入点,以研发机构和企业为主体,构建科学城科创中心整体框架,形成依托大型科学装置的原创性研究及其产业化服务创新生态圈,依托大学和科研院所的成果转化创新创业生态圈,依托核心骨干企业的开放式创新创业生态圈,依托孵化器或众创空间的创新创业生态圈,形成"四圈联动",将合肥滨湖科学城(国家级滨湖新区)建设成为国内一流的国际创新高地。2019年下半年,安徽要大力推进5G应用及产业发展,进一步加强科技创新能力建设,聚力推进长三角科技创新共同体建设,出台大力推进"高新基"全产业链项目体系建设实施意见等,布局建设新的省实验室和省技术创新中心,举办"创响中国"安徽省创新创业大赛。

(五)坚持把创新驱动发展的重点放在企业上

民营企业已是安徽经济发展的主力军,民营经济在全省经济社会发展中的地位逐渐上升。如到2018年,全省私营企业已达112.8万户、注册资本7.2万亿元,个体工商户311.54万户、注册资金总额874.65亿元;全省上市公司103家,民营企业57家,占比55%;全省高新技术企业5402家,民营企业5024家,占比93%;实现增加值17365.8亿元,占全省GDP的比重为57.8%,对全省经济增长的贡献率达61.9%;实现税收2896亿元,占全省的68.8%,对全省税收增长的贡献率达65%;民间投资增长18.5%,占全部投资比重达63.8%,对全部投资增长的贡献率达94.2%。虽然安徽民营经济出现整体规模稳步扩张、社会贡献稳步上升、质量效益持续优化的可喜现象,但与沪苏浙相比,差距仍较大,最为突出的是规模偏小、竞争力偏弱。如在2018年全国民营企业500强中,安徽上榜的仅5家,而浙江86家、江苏63家、上海54家;安徽上榜最大的企业是房地产业的文一投资集团，仅居第 247 位，而江苏上榜最大的企业是零售业的苏宁，居第 2 位；浙江上榜最大的企业是汽车制造业的吉利，居第 11 位；江西上榜的最大企业是经营农业的正帮集团，居第 86 位，2018 年经营收入 663 亿元，是安徽文一投资集团的 2.2 倍。因此，安徽省要更加重视民营经济发展，除了切实解决民营企业面临的融资难、用地难、用人难、税费重等老问题外，更应重点支持民营企业的技术创新、产业创新，发挥民营企业的体制机制优势，把创新驱动发展重点放在民营企业和混合所有制企业上，优化创新生态环境，以鼓励创新激活和释放民间发展动力，提升民营企业的核心竞争力。此外，安徽国有企业更要深化体制机制改革，继续发挥技术创新、产业创新的骨干作用，以企业为主力军，进一步提升安徽省的区域创新能力。

（六）借力"一带一路"迈向国际化

外贸出口是拉动经济增长的"三驾马车"之一。在当前国际环境不稳定性不确定性增加、国际需求乏力的形势下，安徽需要深度融入国家对外开放布局，特别是面对美国挑起的对华贸易摩擦的新情况、新问题，重点研究近两年如何稳外贸、稳外资，引导企业向"一带一路"沿线国家和地区走出去，提升企业"走出去"的能力。进一步开拓进入发达国家市场，提高优势企业和优势产品在世界细分市场的竞争力和占有率。全面放开外商投资领域，分类取消外资股比限制，提高外商投资安徽的积极性。加强各类对外开放平台建设，提升各类对外开放平台的功能，在局部领域形成内陆对外开放高地，努力实现高质量的对外开放。借力"一带一路"迈向国际化，安徽实施"双向开放"战略，重点应从四个方面着手，高质量推进开放发展。一是优化提升各类对外开放平台，主要是进一步办好出口加工区、保税区、保税物流中心（B 型）等各类海关特殊监管区，在复制上海自贸区成功经验的基础上，争取建设安徽自贸区。二是借助长三角国际影响力，积极开拓国际市场，主要是支持安徽企业"走出去"，着力推进国家级开发区的国际化经营转型，在企业集团和开发区两个层面打造若干国际化的"航空母舰"，并注重加强风险防控。三是加快推进国际合作，主要是发挥安徽优势，融入全球产业链，在高端制造业、现代服务业、现代农业等重点领域放宽市场准入，扩大对外合作，提高对外合作项目的实际利用外资水平，加强中欧班列协作，加强国际人才引进，积极支持海外皖籍人士回乡投资创业。四是进一步优化法治化、便利化、国际化的营商环境，主要是对标国际标准、市场准则，营造国际一流的市场环境、便利的口岸服务、规范的知识产权保护等，高质量建设内陆对外开放新高地。

尽管2019年上半年安徽外贸出口出现较好的局面，但仍需加大力度进一步拓展新方式新方法。第一，境外展会是拓展国际市场、扩大外贸规模的重要方式。安徽要聚焦"一带一路"倡议，重点办好境外展会，并积极在境外主办自办展，鼓励外贸皖企有针对性地选择境外展会参展，开拓更广阔的国际市场，推动安徽外贸转型发展，重点深度拓展中东欧乃至整个欧盟市场。第二，外贸要实现稳增长，离不开外贸经营主体的不断壮大，需要进一步引导民营企业向海外拓展。目前，安徽有进出口实绩的企业近8000家，其中绝大部分是民营企业。2019年1~5月，民营企业进出口876.9亿元，同比增长32%，高于整体18.9个百分点，占全省进出口总额的比重为47.4%，较上年同期提升6.8个百分点，对全省外贸增长的贡献率达99.5%，为外贸韧性的增强提供了强大支撑。第三，安徽贸易结构仍需进一步优化。安徽产业结构在加快优化升级的同时，也为外贸进出口结构优化注入新活力。第四，进一步推动跨境电子商务发展。近年来，以跨境电商为代表的新型贸易方式蓬勃兴起，日益成为内陆地区参与经济全球化的重要途径、皖货卖全球的一个重要渠道。2019年1~5月，安徽跨境电商交易额3.6亿美元，同比增长56.2%。推动跨境电子商务发展是顺应新一轮国际贸易和消费变革，推动外贸稳定发展和转型升级的重要举措。安徽要继续大力发展跨境电商，要进一步减少贸易流程，降低贸易成本，积极开拓跨境电商业务。第五，推动外贸新业态新模式健康发展，安徽需要进一步营造良好的发展环境。安徽省日前出台的跨境贸易提升行动方案，明确将进一步压缩整体通关时间、降低进出口环节合规成本、简化进出口环节监管证件，大幅降低企业跨境贸易制度性交易成本。其中，集装箱进出口环节合规成本低于中西部地区，整体通关时间低于全国平均水平。要利用落实国家跨境电商零售出口货物"无票免税"政策，利用好国家跨境电商保税进口过渡期监管政策，充分发挥现有省级跨境电商产业园作用，促进企业更加便捷地"买全球、卖全球"。

（七）以合肥都市圈同城化引领区域联动发展

合肥都市圈是由 2005 年成立的合肥经济圈经过三次扩容演变而来的，范围包括合肥、六安、淮南、滁州、芜湖、马鞍山 6 个地级市和县级市桐城。2018 年国土面积 5.74 万平方千米，常住人口 2729.6 万人，地区生产总值 17543 亿元，分别占全省的 40.8%、43.2% 和 58.5%，人均地区生产总值 64269 元（折合 9713 美元），是全省平均水平的 1.35 倍。合肥都市圈是安徽经济技术最发达的地区，也是长三角城市群的五大都市圈之一。2019 年 2 月 21 日国家发展改革委颁发了《关于培育发展现代化都市圈的指导意见》，明确指出同城化是我国都市圈现阶段培育发展的方向，并从空间联系、产业协同、统一市场、公共服务、环境保护、城乡融合、发展机制 7 个方面提出了指导意见，为合肥都市圈以同城化引领区域联动发展提供了新机遇。特别是中共中央、国务院于 2019 年 5 月 30 日颁发的《长江三角洲区域一体化发展纲要》，从国家战略高度对长三角更高质量的一体化发展做出规划，更为合肥都市圈以同城化引领区域联动发展带来了历史性的机遇。因为都市圈是长三角更高质量一体化发展的先行区，五个都市圈在同城化上先行，才有可能有效地保障长三角更高质量区域一体化的发展。更为重要的是，长三角更高质量一体化发展，又会带动长三角城市群的中心城市上海和杭州、南京、合肥三个副中心城市的功能分工、传递和衔接，在这种趋向下，合肥市的城市功能会进一步增强，又会带动合肥都市圈的同城化。显然，这又从外部为合肥都市圈以同城化引领区域联动发展创造更大的机遇。

以合肥都市圈同城化引领区域联动发展，第一，要以提升同城化水平为导向，引领合肥都市圈全域的联动发展。这是合肥都市圈同城化引领圈区域联动发展的必要基础，起核心作用的是都市圈中心城市合肥，引领联动发展的区域范围是在合肥都市圈之内。第二，以提升合肥都市圈的整体能力为基础，引领全省区域联动发展。这是合肥都市圈同城化引领圈内区域联动发展的必然提升，起核心作用的是都市圈整体，引领联动发展的区域范围已在合肥都市圈之外，是安徽全省。第三，以提升合肥都市区的基础功能和区域功能为重点，推进与其他成员城市的其建共享。这是合肥都市圈同城化引领圈区域联动发展领域的阶段提升，即从一体化阶段的要素领域上升到功能领域，引领圈内、圈外区域联动发展的动能会更强，作用会更深远。第四，为长三角引领长江经济带乃至更大范围的区域联动发展，发挥合肥都市圈的独特作用。当前，合肥都市圈需要开拓产业分工与协同发展的新路径，围绕构建省级、国家级、世界级产业集群的培育与发展，推进都市圈的产业分工与协同发展，从产业方面提升合肥都市圈的影响力与辐射力。理论和实践都表明，产业集群的发展要深入产业链层面，合肥都市圈应通过聚焦产业链的生长力、控制力而提升产业的核心竞争力，培育与发展有可能成为省级、国家级或世界级的产业集群，这就更需要开拓产业分工与协同发展的新路径。理论和实践也表明，都市圈产业分工与协同发展表现在空间上，是中心城市产业发展趋向高端化、多元化，次中心城市产业发展趋向专业化、特色化，合肥都市圈成员城市间应按照这样的发展趋向，在深度加入长三角更高质量一体化发展中，推进城市间的产业功能互补，深化产业分工与协同发展，引领区域联动发展。这是合肥都市圈同城化引领区域联动发展战略作用的显现，因为合肥都市圈以同城化引领区域联动发展，会加快安徽深度融入长三角，提升安徽发展水平，这样，合肥都市圈不仅是引领安徽区域联动发展的"火车头"，而且会成为全国活跃增长板块之一，从而能助力长三角引领长江经济带乃至更大范围的区域联动发展，在实施长三角一体化国家战略中体现安徽担当。

（八）突出安徽生态文明建设的战略谋划

以绿色发展为导向，在全省落实主体功能区制度前提下，优化生产、生活、生态空间，建设好山青水秀气净的美丽安徽。在产业发展上，突出发展循环经济、低碳经济、数字经济，推进产业生态化，构建绿色产业体系。积极抢抓长江经济带发展机遇，加快构建绿色创新体系和绿色产业体系，力争实现绿水青山和金山银山的有机统一。在区域发展上，突出黄山、巢湖等生态文明示范区建设，提升大别山区、皖南山区、江淮丘陵区森林生态安全屏障功能。在资源合理利用上，健全和完善自然资源产权制度、有偿使用和生态补偿制度，实行领导干部自然资产离职审计和责任追究制度。在社会发展上，从省市县到城乡社区，普及推进生态文明创建，建立城乡一体、覆盖全省的生态文明制度等，从乡风、民俗到管理、法治，为绿色发展提供长久保障。

（九）稳步推进基本公共服务均等化

从普遍增加安徽城乡居民的获得感的角度，以共享发展为导向，研究如何进一步发展公平性基础教育、泛在性社会保障、普惠性医疗卫生、系统性社会救助，实现充分就业，促进人口均衡发展。努力实现全省基本公共服务均等化、基础设施通达程度比较均衡、人民基本生活保障水平大体相当的目标。尤其要研判进入老龄化、少子化"两化"社会，以及"机器换人"大面积推行所带来的新问题，加快推进城市老旧小区适老化改造，打造20分钟居家养老服务圈，支持社会力量举办幼托机构等积极应对对策，在全面实现小康水平的基础上，每年都能一定幅度地提升全省人民的福祉水平。

参考文献

1. 《长江三角洲区域一体化发展规划纲要》，2019年6月。
2. 国家发展改革委、外交部、商务部（经国务院授权发布）：《推动共建丝绸之路经济带和21世纪海上丝绸之路的愿景与行动》，2015年3月。
3. 刘延东：《实施创新驱动发展战略　为建设世界科技强国而努力奋斗》，《求是》2017年第2期。
4. 李金华：《新工业革命行动计划下中国先进制造业的发展现实与路径》，《吉林大学社会科学学报》2017年第3期。

5. 佟家栋等：《逆全球化与实体经济转型升级笔谈》，《中国工业经济》2017年第6期。

6. 江小娟：《高度联通社会中的资源重组与服务业增长》，《新华文摘》2017年第14期。

7. 李扬：《金融经济周期的要义》，《新华文摘》2017年第14期。

8. 巴曙松、王月香：《金融去杠杆的缘起与去向》，《上海证券报》2017年4月19日。

9. 刘伟：《我国经济增长及失衡的新变化和新特征》，《经济学动态》2014年第3期。

10. 王毅：《金砖合作扬帆未来　中国外交阔步前行》，《求是》2017年第18期。

11. 《国家创新驱动发展战略纲要》，2015。

12. 苗圩：《坚持走质量为先的制造业发展道路》，《求是》2017年第8期。

13. 吕连生：《五大发展理念下安徽后发赶超研究》，安徽人民出版社，2016。

14. 陈文玲：《未来十年经济形势研判（中国篇）》，《理论动态》2013年第12期。

15. 刘乃全、吴友：《长三角扩容能促进区域经济共同增长吗?》，《中国工业经济》2017年第6期。

16. 吕连生：《安徽战略性新兴产业发展的两个战略性问题研究》，《战略研究》2018年第1期。

17. 吕连生：《以创新驱动产业集群向中高端升级》，《安徽日报》2017年8月8日。

18. 吕连生：《新常态下安徽如何发挥后发优势》，《江淮论坛》2016年第1期。

19. 吕连生：《新常态下厚植安徽的创新驱动优势》，《江淮》2016年第3期。

专题报告

Special Reports

B.6
打造创新开放升级版，推进长三角高质量发展

章寿荣*

摘　要：《长江三角洲区域一体化发展规划纲要》明确要求长三角要紧扣"一体化"和"高质量"两个关键，带动整个长江经济带和华东地区发展，形成高质量发展的区域集群。长三角共创高质量发展样板区，必然是要打造高质量发展核心引擎，关键是要以"创新升级"激活长三角高质量发展内源动力，以"开放升级"厚植长三角高质量发展外源动力，构建长三角高质量发展的强劲动能。

关键词：创新升级　开放升级　长三角

---

* 章寿荣，江苏省社会科学院党委委员、副院长，研究员，江苏区域现代化研究院院长。

《长江三角洲区域一体化发展规划纲要》明确要求长三角要紧扣"一体化"和"高质量"两个关键，带动整个长江经济带和华东地区发展，形成高质量发展的区域集群。国家赋予长三角"一极三区一高地"的新定位，就是要把长三角建设成为全国发展强劲活跃增长极、高质量发展样板区、率先基本实现现代化引领区、区域一体化发展示范区、新时代改革开放新高地。其中，打造高质量发展样板区是关键一环，重中之重在打造高质量发展的核心动能，而创新和开放正是两大核心引擎，打造"创新开放升级版"是两个关键路径。

一 长三角一体化与一体化长三角：长三角高质量发展的双重逻辑

长三角一体化有着独特的发展基础、演进脉络与国家定位，这些特殊性赋予长三角高质量发展以特色特质。对此，可以从两个逻辑加以理解。

（一）长三角一体化：时空纵深中的历史性逻辑，赋予长三角高质量发展以深厚底蕴、坚实底气

习近平总书记历来重视长三角一体化发展，早在主政浙江时就以战略家的眼光洞悉长三角一体化的巨大价值，做出"推动长江三角洲地区联动发展，长江三角洲地区一体化发展是一个必然的趋势"的科学论断。① 因此，我们要带着历史感来理解习近平总书记推动长三角一体化上升为国家战略的深刻考量。这份厚重的历史感，一是源自长三角地区数千年文明史上的交融、数百年行政区划交汇（如明代南直隶、清代江南省）以及共同文化（如江南文化）浸润，源自近 40 年长三角一体化的生动实践。这份历史厚重感，赋予长三角一体化更强的人文认同、更近的心理距离、更深的市场相

---

① 参见浙江省中国特色社会主义理论体系研究中心《习近平新时代中国特色社会主义思想在浙江的萌发与实践——区域协同发展篇》，浙江新闻网，2018 年 7 月 21 日。

通和更通畅的制度相融，这种软性价值具有穿透时空、直击人心的力量，是历史赋予长三角的宝贵财富，让长三角共同打造高质量发展样板区有了深层、澎湃的内生动力。

（二）一体化长三角：承载国家使命的当下性逻辑，赋予长三角高质量发展以时代风口、职责担当

正因为长三角有着深厚的历史积淀，所以与京津冀协同发展、粤港澳大湾区的成长阶段不同，长三角一体化更加悠久、更为成熟、更具一体化行动的现实能力。当前，社会各界包括学界对长三角的探讨，主要放在如何推进一体化上。这是做好长三角一体化这篇文章的题中应有之义。同时，也要看到，作为全国一体化基础最好、一体化进展最为深入的地区之一，"一体化的长三角"已经在场。这意味着长三角联手承载国家战略具有当下性；在策应重大而紧迫的国家现实需求方面，长三角三省一市在一些重点领域有能力为国添力、为国解忧，并在未来扛起更重责任、更大担当。当前，长三角打造高质量发展样板区，不仅指高质量的一体化，而且指作为"一体化的长三角"实现整体的高质量，并带动更大区域实现高质量发展；当前长三角各地既要注重补短板、筑牢基底，更紧迫的则是各展其长、强强联手，在若干有优势的领域协同突破，形成"一体化长三角"的整体优势，尽快在改革、创新、开放等高质量发展重大领域形成代表国家参与全球竞争的排头兵、主力军、生力军。

二 创新与开放：长三角区域率先发展的核心动力

长三角共创高质量发展样板区，必然是要打造高质量发展核心引擎，关键是要以创新、开放为双核引擎，打造长三角高质量发展的强劲动能。

创新与开放在推动长三角地区发展中扮演何种角色，可以从历史发展脉络中加以考察。中华人民共和国成立之后，受重工业优先发展战略等复杂因素影响，东北地区成为我国国家资源倾斜的重点地区，上海、北京等少数城

市则集中了全国优质资源，特别是上海依托雄厚的发展基础，在国家经济格局中占据重要位置。江苏、浙江、安徽等地在较长时间内很少获得国家重大工程倾斜，发展主要依靠自主积累。改革开放以后，我国实施非均衡发展战略，上海在全国经济版图中的地位更加凸显，特别是 1990 年 4 月，党中央、国务院宣布开发开放浦东以来，上海开始从国家领军城市向全球城市迈进；与此同时，江苏、浙江等省率先发展，跃升为全国经济先行区，成为全国区域"锦标赛"中的优等生。江苏在乡镇企业、开放区经济、县域经济，浙江在民营经济、信息网络经济等领域表现尤为突出。安徽则发挥后发优势，通过做强合肥区域中心城市地位，实施东向发展战略，从长三角外围区逐步成为长三角一体化的正式成员，经过较长时期的力量积蓄，逐步步入发展的快车道。

1956 年即"大跃进"前辽宁高居全国各省份首位，十年后即"文化大革命"开始前辽宁仍高居第二。改革开放后，从 20 世纪 90 年代起，上海、江苏、浙江等长三角区域省份后来居上，成为率先发展的先行区；而辽宁 1995 年落到了第 7 位，到 2017 年底，辽宁经济总量的排名进一步落到了第 14 位。

这种区域经济排名的变化，其内在原因是什么？为此，本文测算了长三角三省一市与辽宁的创新指数与开放指数，以期在比较中找到答案。

（一）创新指数

我们采用 R&D 经费支出占 GDP 比重、授权专利数、科技活动人员、技术市场成交额 4 个指标，先分别进行无量纲化处理，再进行等值加权后乘以 100，最后计算出 1998 年以来长三角三省一市以及辽宁的创新指数，取值 0～100，结果如图 1 所示。

测算结果表明，1998～2018 年，江苏、上海和浙江创新指数显著上升。其中，上海的创新指数从 12.60 上升至 67.68，江苏从 5.28 上升至 87.89，浙江则从 4.33 上升至 63.44。作为长三角区域的新军，安徽的创新能力也逐渐增强，创新指数从 0.05 上升至 31.72，上升势头良好，其整体发展水平显然低于长三角的三个核心区，具有较大的增长空间。

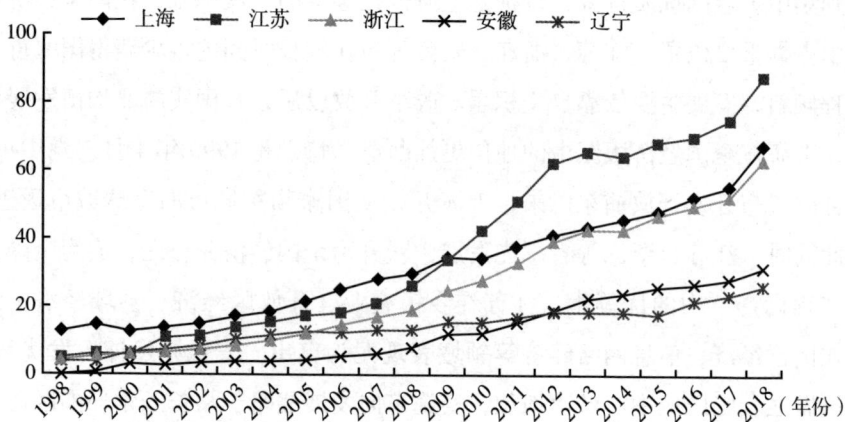

图1　1998～2018年长三角地区三省一市与辽宁的创新指数

从区域差异来看，上海的创新指数在2009年以前高于长三角其他省份，但从2010年开始，江苏的创新指数反超上海，并在此后一直处于长三角地区首位，浙江的创新指数与上海的差距也明显缩小。作为长三角外围区的安徽，其创新指数一直处于长三角地区的末位，甚至低于东北地区的辽宁。但是从2008年开始，安徽的创新指数显著上升，并在2012年反超辽宁。后者则因为东北地区经济持续萧条不振，创新环境不佳，创新指数一直以来呈波动性缓慢增长，从2015年开始才有了较为明显的增长。

（二）开放指数

与创新指数的计算方法类似，我们采用出口额、实际使用外资金额、对外承包工程营业额、国际旅游（外汇）收入这4个指标，进行无量纲化处理和等值加权后，计算出1998～2017年长三角三省一市以及辽宁的开放指数，结果如图2所示。

测算结果表明，1998～2017年，长三角核心区的江苏、上海和浙江，其开放指数显著上升。其中，上海的开放指数从7.74上升至70.62，江苏从7.76上升至79.13，浙江则从3.04上升至75.53。作为长三角区域的新军，安徽的开放程度也逐渐扩大，开放指数从0.09上升至30.28，但是其

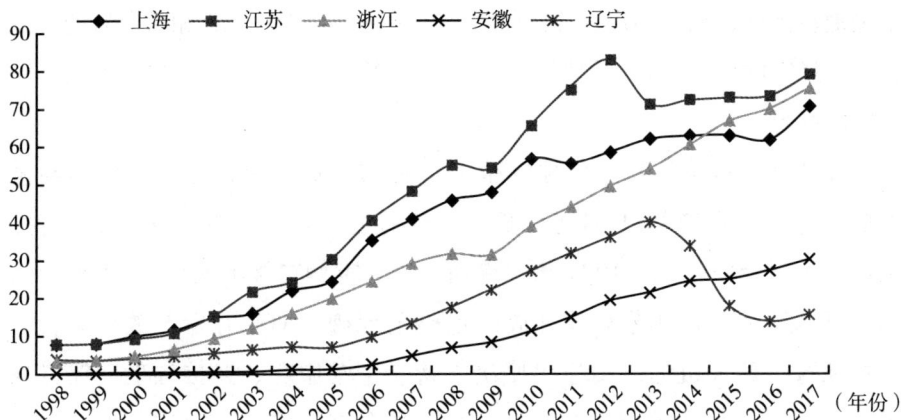

图2　1998~2017年长三角地区三省一市与辽宁的开放指数

增速显然低于长三角的三个核心区。

　　从区域差异来看，江苏的开放指数总体上高于长三角其他省市，2012年达到最高值，为82.85，2013年下降至71.22，此后又恢复增长，长期居于长三角地区首位，充分体现了江苏作为外向型经济大省的地位和角色。从1998年至2014年，上海的开放指数位居长三角第二，但从2015年开始浙江的开放指数超过上海，成为长三角地区开放程度第二的省份。作为长三角外围区的安徽，由于其并非属于东部沿海地区，多年来一直未能充分享受对外开放的红利，因此开放指数一直不高，是长三角地区开放程度最低的省份。2014年之前，其开放指数甚至低于东北地区的辽宁。近四年来，随着长三角区域的扩容，安徽逐渐被纳入长三角区域一体化范围中，开放程度得以显著提升，开放指数超过了辽宁。后者则因为东北地区经济持续萧条不振，2015年以来开放指数骤然下降，已降到2008年全球金融危机之前的水平；2017年开放指数仅有15.72，与长三角地区的开放程度差距越来越大。

（三）初步结论

　　以上通过长三角三省一市与辽宁省的比较可以发现，改革开放以来，长三角地区创新指数、开放指数相对辽宁增速较快，其中2014~2015年是一个关键转折期，在全国进入经济新常态前后，创新指数一直相对滞后的安徽实现对辽宁的后发赶超，同期辽宁开放指数断崖式下跌，安徽借势实现了对辽宁的赶超。

改革开放以来，长三角地区抢占创新与开放先机，创造了中国经济发展的"东部奇迹"。以江苏为例，江苏通过大力发展外向型经济，有力带动了全省经济发展。1984年，南通、连云港两市被纳入全国14个沿海港口开放城市，是江苏对外开放的重要里程碑。浦东开发开放以后，江苏抢抓这一重大机遇，实施"坚决支持、主动服务、迎接辐射、促进发展"的方针，主动呼应浦东开发，苏南外向型经济突飞猛进，推动江苏经济深度融入全球分工体系。从改革开放之初到2018年，江苏对外贸易额由4.3亿美元跃升至6700多亿美元，累计使用外资4500多亿美元，外资每年为全省贡献了1/4的固定资产投资和税收、超过六成的对外贸易额、超过七成的高新技术产品进出口和三成以上的就业岗位，对外投资累计近700亿美元。在推进区域创新方面，江苏省委省政府在全国率先提出实施"科技兴省"重大战略和创新驱动发展战略，区域创新能力位居全国第一方阵。可以说，长三角地区的发展，在很大程度上得益于开放与创新的双引擎。

因此，我们可以得出基本结论：中国区域经济格局之变，从深层次看则来自创新、开放两大动能的集中释放。其中，创新是内源动力或内生动力，开放是外源动力或外生动力。获得两大动力强劲支撑的地区发展态势良好，而创新动能与开放动能不足的地区则面临较大增长压力，缺乏发展后劲。进入经济新常态以来，我国部分地区新旧动能接续不畅，甚至出现了经济增速的断崖式下跌；相比较而言，长三角地区以上海为龙头，率先进行经济结构调整，培育以战略性新兴产业为代表的新动能，经济总体保持稳健增长。更为重要的是，长三角地区始终走在全国开放前沿，在更深程度上参与国际分工协作中获得新的动力支撑，同时更大力度培育创新引擎，以上海建设全球科技创新中心为引领，提升区域创新能力，为高质量发展夯实创新基础。

三 再创新、再开放：长三角高质量发展的战略抓手

（一）长三角推进再创新、再开放的紧迫性

传统发展以数量扩张为显著特点，在发展基础薄弱、劳动力供给充沛且价格低廉的条件下，不失为一种发展的优选策略。在这一历史进程中，上海的浦东开放开发，江苏的乡镇企业、园区经济，浙江的板块经济，既充分发挥了自身比较优势，推动了经济在量上的迅速扩张，而乡镇企业、园区经济、板块经济等模式均是在特定历史条件下的创新，是长三角创新实践的典型代表，是我国在传统发展模式下的制度创新、发展创新。这些创新不仅推动了区域经济的迅猛发展，也为长三角经济发展转向创新轨道积累了必要资源。新形势下，长三角地区既面临传统数量扩张型增长方式难以为继的挑战，也拥有了前所未有的创新资源和创新环境，已具备在更高层次上推进再创新的基础条件。可以说，长三角推进再创新既刻不容缓也水到渠成，是区域发展演进的必然结果。

长三角地区是我国开放先行区，在全国上一轮开放大局中扮演重要角色。其中，浦东开放开发掀开了我国全方位开放的新篇章，不仅带动上海自身的再度崛起，也为周边地区特别是苏南地区的崛起创造了历史契机。20世纪90年代以后，江苏外向型经济迅猛发展，就是得益于对开放机遇的充分挖掘。但这一轮开放存在明显的局限性，就是以单向开放为主，以承接发达经济体产业转移为主，以出口导向型经济为主要形态，整体附加值不高，并付出了巨大的环境和资源成本，不具可持续性。随着要素禀赋升级以及大国效应显现，加之经济全球化面临新态势，我国推进"再开放"、打造对外开放升级版势在必行。长三角地区在新一轮开放中更要走在前列，以高质量开放打开区域高质量发展新空间。

（二）再创新、再开放的经济内涵

基于实证结论与当前的这三个现实挑战，我们可以得出如下推论。

第一，从经济高速增长转向高质量发展，创新与开放起着格外重要的作用。纵观改革开放历史，创新和开放始终是促进经济发展进而推动社会全面进步的战略引擎。在新形势下，我国推进创新与开放的内涵正在发生历史性变化，就是要从"对标总量扩张的创新与开放"转向"对标结构优化的创新与开放"，这也是新时代"再创新、再开放"的经济含义。

第二，以"再创新、再开放"形成全面创新格局，一方面以打造"创新升级版"形成创新驱动型经济新路径，重塑经济高质量发展的内源动力，推动从横向扩张型"量"的增长转向纵向提升型"质"的跃升；另一方面以"开放升级版"形成全方位开放新格局，重塑经济高质量发展的外源动力，推动实现在全球产业价值分工体系中从中低端向中高端的迈进。

第三，把握再创新、再开放所对标的结构优化的着力点。一是动力结构转换，从外需带动型向内需拉动型转化，以扩大内需作为中长期经济增长的压舱石。二是产业结构升级，强化原始创新形成自主可控的产业体系。长三角要建设有全球影响力的科技创新高地，就是要敢于在基础创新、原始创新上正面突破，从原有的跟踪、模仿到与世界先进平行甚至在某些领域领先的水平。三是区域协调发展与城乡融合优化空间结构，强化乡村振兴战略，以新型城镇化推进城乡一体化，注重城市化与逆城市化的相向发展。四是消费结构升级，改善民生，大力发展教育、医疗卫生、文化娱乐、市政建设、环境保护。五是注重经济与社会、文化、生态的均衡发展。分好蛋糕、促进社会公平正义，建立诚信、法治的社会，天人合一的社会。

四 打造"创新开放升级版"：长三角高质量发展的双重路径

长三角共同打造高质量发展样板区，至少要在高质量一体化、区域自身高质量发展、带动全国其他地区高质量发展三个方面形成典型示范。当前，全国各地竞相转向高质量发展，长三角地区要形成三重示范，必须立足更高标准，创出更大业绩，尤其是要在核心动力引擎锻造上走在全国前列。建议长三角以打造"创新开放升级版"为战略抓手，加强多层次、多领域的共商共建、共管共享，共同探索区域高质量发展的长三角路径。

（一）"创新升级"激活长三角高质量发展内源动力

进入新时代，面对国内外更趋激烈的创新竞合态势，长三角地区要矢志不渝推动"创新升级"，致力于打造世界级创新策源地和产业创新区。

1. 推动原创性基础上的再创新

2019 年 5 月，根据上海市科学学研究所发布的《2019 长三角一体化区域协同创新指数》报告，长三角区域科研协同极化效应显著，技术溢出多点爆发。协同创新指数总体得分从 2010 年的 100.00 分（基期）增长到 2017 年的 178.91 分，年均增长 8.67%，反映出多年来长三角区域协同创新呈现稳健成长态势。在区域协同创新进程中，长三角地区注重发挥自身优势，协同互补大于同质竞争，在细分领域实现了差异化错位发展。例如上海在生物医药，江苏在新材料、智能装备制造，浙江在信息服务，安徽在装备制造、新能源等领域各自具有比较优势。在长三角高质量一体化的进程中，创新系统将扮演更加重要的角色。面向未来，既要鼓励长三角各地围绕现有主导产业开展协同创新，也要在更高站位开展基础创新、原始创新领域的协同创新。我国与发达国家的差距在很大程度上体现在创新能力的差距上，其中基础创新、原始创新更具有决定性意义。在创新活动中，从无到有的原始创新具有特殊重要的价值，许多现象级经济与产业的发展源于从无到有的原始创新。对于长三角地区而言，不能满足于模仿创新和一般意义上的创新，而应积极探索具有引领性、独创性的原始创新，这也是国家在上海布局综合性国家科学中心的要义所在。目前，江苏、浙江也积极谋划建设综合性国家科学中心，这体现出长三角地区集体共担国家使命的高度自觉，特别是要在事关国家发展、未来发展大局的重大创新探索上勇担使命。这种舍我其谁、勇攀高峰的行动自觉，是新时期长三角一体化在重大领域要走在全国前列，为全国提供发展示范的重要动力。为此，长三角各地区要加强协同创新，在推动基础创新、原始创新以及创新成果战略转化等领域开展深度合作。

2. 推动面向自主可控产业体系的再创新

当前，我国推进创新探索，既要摒弃短期主义、功利主义，为涵养基础创新、原始创新创造稳定的发展环境，同时又要聚焦产业发展的现实需要，为现实经济发展服务。对于长三角地区而言，推进创新驱动发展，就是要强化创新动能与产业发展的联系，让创新为产业插上腾飞的翅膀。自主创新是构建自主可控制现代产业体系的基础条件。自主创新的本质是以我为主整合创新资源，开展创新活动，形成自主可控的创新成果，进而为产业提供自主性科技支撑。自主创新的本质是形成不可替代的独特竞争优势，这是形成自主可控现代产业体系的关键因素。改革开放以来，我国主要依托低成本竞争优势，深度嵌入国际分工体系，形成完整的国民经济体系和产业配套体系，在全球产业链中占据一定位置。但总体而言，我国企业在全球产业链中缺乏控制力，西方跨国公司牢牢掌握对产业链的控制权，这不仅导致我国参与国际分工比较利益较低，而且还形成了产业中低端发展的路径依赖，面临严峻的产业低端锁定问题，这就大大增加了产业转型升级的难度。长三角地区首当其冲面临新形势的发展挑战，就是传统产业面临低成本竞争优势消失的挑战，转型升级则面临原有路径依赖和沿价值链向上攀升阻力重重的现实问题。对此，长三角地区更加需要加快自主可控现代产业体系的建设步伐。自主可控现代产业体系的本质是创新驱动型产业体系，是建立在自主创新强力支撑下的新型产业体系。党的十九大报告提出，要建设若干世界级先进制造业集群。这就要求，不仅要达到世界级的产业规模，更要具有引领性和竞争力，必然要在关键核心技术上实现自主可控。自主创新能力和重点产业集群的结合，必将极大地带动长三角产业层次和产业竞争力的提升。

3. 推动面向世界的品牌再创新

品牌经济是高质量发展的重要体现，也是经济达到高质量的显性标志。一方面，在较长时期内，面对西方跨国公司对产业链控制权和价值链分配权的支配局面，我国企业经营的重心在于如何获得低成本竞争优势，做大企业规模是企业的主要追求；另一方面，在近乎红海的激烈竞争中，能否生存是许多企业关注的焦点，对于生存之后的长远问题关注不多，品牌建设处于被忽略的状态。在短期经济时期，长三角地区涌现了一大批知名品牌，但大多数品牌其后在开放竞争中走向衰败。究其根源在于这些产品缺乏国际竞争力，在市场分割以及短期经济时代，可以获得一定的发展空间，但一旦面对更具竞争力的国际产品，就重蹈近代中国手工制造的棉纺织产品被英国机器大工业生产的棉纺织产品打败的覆辙。在高质量发展的新形势下，品牌是高质量供给的直接体现，发展品牌经济成为企业赢得当下、制胜未来的必然选择。2019 年 BrandZ 全球最具价值品牌 100 强中，亚马逊、苹果、谷歌、微软等科技巨头企业位居前列，中国上榜品牌 15 家，浙江仅有阿里巴巴 1 家，以 1312.46 亿美元的品牌价值位居第 7。制造业大省江苏省没有一家上榜。从比较优势上看，长三角地区具有制造业竞争优势，但是大量制造业企业的优势在于细分领域，是行业的隐形冠军，但缺乏终端产品上的品牌竞争力。终端产品直接面向消费者，具有更大的市场空间。华为、格力、海尔等知名企业能赢得市场，在终端产品中的良好表现是其中一个关键原因。因此，长三角在创新发展进程中，应重点围绕优势产品，锻造一批具有国际竞争力的终端产品，打造世界级品牌，以此带动长三角品牌经济的全面提升。

4. 推动创新文化、创新生态上的再创新

创新生态系统作为国家和地区创新体系的"升级版"和创新体系高阶进化的新形态，是指一个区间内各类创新主体，通过物质流、能量流、信息流实现创新资源的联结传导，构建完整的创新价值链，形成共生竞合、动态演化的开放的复杂系统。国际经验表明，良好的创新生态是创新持续、大量涌现的核心密码。创新不仅需要创新要素投入，也需要有利于创新的创新文化与创新生态。长三角地区综合创新生产水平较高，且各具优势。上海对标世界一流水平，营造高品质创新生态；浙江依托旺盛的民营经济和在信息经济领域的领先优势，打造高度市场化的创新生态；江苏围绕实体经济这一主线，构建有利于制造业发展壮大的创新生态；安徽依托综合性国家科学中心、合芜蚌自主创新示范区整合全省优质创新资源，营造独具特色的创新生态。面对推动长三角高质量一体化和高质量发展的要求，长三角各地要深入探索将区域文化向更有利于涵养和激发创新文化方向转变的新思路，培育具有更高品质的创新生态，打造世界一流的创新高地。

（二）"开放升级"厚植长三角高质量发展外源动力

进入新时代，全球化与逆全球化相互交织，对外开放与对内开放深度互嵌，我国对外开放大环境发生历史性深刻变革。在这一背景下，长三角地区要持续推进"开放升级"，继续成为我国对外开放战略前沿、战略高地。

1. 为集聚全球高级要素再开放

高级要素是高质量发展的重要支撑。我国要实现从传统发展路径向高质量发展路径转变，必然要大量培育和集聚高级要素特别是创新要素，以创新引领赋能高质量发展。在经济全球化时代，任何国家都不可能靠自我封闭赢得未来。我国资源丰富，各类创新资源处在快速培育进程之中，但我国不可能拥有高质量发展所需的全部条件，必然要在开放发展中获得高质量发展的新能量。长三角作为我国参与国际竞争的核心区，要致力于强化对全球高级要素的充分整合，这就必然要提高对国际资源要素的整合力。在企业处于代工地位的情况下，企业是被配置的一方，只要利用的是国际市场，很难谈得上对国际要素的整合。在新形势下，长三角要积极谋划培育一大批在全球具有影响力的本土跨国公司，以此作为整合全球高级要素的关键主体。尤其要看到，跨国公司是组织配置全球资源、推动经济全球化的核心主体之一。这次美国特朗普政府悍然运用国家机器，不遗余力打击、扼杀华为，就是忌惮华为作为一家世界级、科技型中国本土跨国公司的威力，必欲除之而后快。这反而更加证明华为这样的科技型本土跨国公司的可贵。就长三角而言，以江苏为典型，长三角三省一市的产业和企业均普遍面临有高原无高峰的问题。因此，长三角一体化的一个重点，就是在培养、锻造世界顶级本土跨国公司上勠力同心、共同拼搏，特别是在实体经济领域锻造一些世界顶级本土跨国公司上重点发力。这将在很大程度上决定长三角未来高质量发展的成色，也是检验长三角能否建成名副其实的高质量发展样板区的核心指标之一。

2. 为产业迈向中高端再开放

我国第一轮开放重在发挥劳动力、土地等要素成本低廉的比较优势，通过大规模承接国际产业转移实现潜在优势的释放，推动我国从国际经济体系的边缘者转型为全球规模最大的制造业基地，但由于核心竞争力不足，在全球产业价值链分工体系中面临陷入中低端结构性锁定的风险。长三角高质量一体化的重点任务，就是要发挥区域创新力和产业竞争力的综合优势，聚焦产业迈向中高端的现实需要，各扬其长，协同发力，积极探索更高水平对外开放的新路径，让更高层次的开放为产业转型提供支撑，通过推动长三角创造、长三角设计、长三角品牌，提升长三角在全球城市群格局中的整体地位。

3. 为中国企业走出去再开放

国内市场广阔且处于加速升级迭代进程之中，是我国作为大国经济体的重要优势。长期以来，一方面受到居民消费力有限的制约，另一方面受到区域市场分割、物流成本高企以及综合交通网络不畅等多重因素影响，我国国内统一大市场的综合优势尚未充分显现。经过长期努力，这一局面已经发生重大变化。居民庞大的消费能力已经开始显现，国内市场优势吸引众多国内外投资者。国际经验表明，国内市场的充分发育，为本土企业提供最佳练兵场；在大国经济体中，本土市场的广阔空间，加上同样激烈的市场竞争，脱颖而出的企业往往已经开始具备参与国际竞争的条件。因此，长三角地区企业要充分利用区域市场、全国市场来构筑"主场优势"。与此同时，经过国内市场的历练，企业具备"走出去"的基本条件。"一带一路"倡议实施，为长三角企业"走出去"提供了重要的战略机遇，不仅要推进生产型企业"走出去"，与沿线国家和地区开展产能合作，而且还要鼓励各类服务型企业"走出去"，特别是加强金融、会计、法律等生产性服务业支撑，有力支撑制造业企业"走出去"。

4. 向制度型开放转变而再开放

新形势下，对外开放已进入制度型开放新阶段，保障开放朝着更加规范、更符合国际准则的方向发展，这也是保障我国开放活动应对各类外部风险的必然要求。长三角地区是全国开放型经济的领先地区，在转向制度型开放的过程中，要加强先行探索，为全国开放型经济发展探索新路。一方面，长三角地区通过在制度型开放上先行先试，例如结合自贸区建设先行探索，加快相关制度、规则与国际接轨；另一方面，长三角地区率先探索，代表国家在参与制定、完善国际通行规则的过程中发挥积极作用。通过向制度型开放转变，形成更加稳定、更具可预期性的开放秩序、开放环境，为全国新一轮开放深化与升级做出长三角探索与贡献，这也是长三角引领全国高质量发展的生动体现。

B.7
俱乐部效应与苏浙皖邻界区域
一体化示范区建设

徐剑锋*

摘　要：　苏浙皖邻界地区俱乐部效应不明显，部分邻界地区因"边
界"障碍出现了"凹陷"地带，区间经济差距仍大。苏浙皖
邻界地区建立起包括宜兴、溧阳、广德、郎溪、长兴、安吉
在内的邻界一体化示范区，围绕"区域合作与均衡发展、创
新发展、新型城镇化"三个示范功能，推进区域合作机制创
新，强化区域内的贸易与产业分工协作，提升区域俱乐部效
应，推进长三角地区经济一体化与区域融合发展、均衡发展，
为全国的区域经济合作发展提供示范借鉴。

关键词：　俱乐部效应　苏浙皖邻界区域　长三角一体化

　　长三角是我国经济发达区域。苏浙皖部分邻界地区因"边界"障碍出
现了"凹陷"地带，区间经济差距仍大，未能形成增长趋同俱乐部。通过
创建苏浙皖邻界区域一体化示范区，率先推进邻界地区经济合作与发展，提
升俱乐部效应，促进区域产业融合与经济增长，可以为长三角邻界地区以及
全国的邻界区域经济合作提供借鉴。

---

* 徐剑锋，浙江省社会科学院区域经济研究所所长，研究员。

一　邻界区域俱乐部效应的产生机制

俱乐部效应是指多个毗邻地区因经济的相互联系，经济发展水平（主要为人均 GDP 与产业结构等指标）趋同的一种效应。

（一）俱乐部效应产生机制

俱乐部效应产生机制是指多个毗邻地区（交通距离相对短、交通成本低）根据相对比较优势而产生贸易与产业分工，促进了各自经济发展，而经济发展又促进区域间的产业分工与贸易联系；当经济发展到一定程度（一般为工业化后期），地区间的土地、劳动等生产要素与经营环境的差异，会促进资本区际流通，跨区域的相互投资得到发展，从而进一步细化区域间的产业分工协作，推进产业内部贸易的增长，最终导致区域间的收入差距不断缩小。

（二）俱乐部效应的前提条件

俱乐部效应的产生首先要以市场经济为基础。只有通过市场的自发引导，企业才能自主根据比较优势原则进行专业化分工与贸易，并在经济发展基础上，开展直接投资。如果在计划经济体制下，双方以国有企业为主体，受到双方政府的行政干预，就不会产生市场机制下的产业分工与贸易往来，俱乐部效应就难以产生。

其次是较为便利的交通。如果是险峻的山区或海岛，虽然双方邻近，但交通不便、成本高，区际交通反而封闭，相互的贸易往来就难以开展，更别论产业的分工与协作。

最后是经济发展需要一定的基础。如果都处于自然经济或农业社会阶段，相互贸易与分工协作就会停留在极低的水平上，只有极少量的互通有无型贸易。初始的区域间的经济水平（人均 GDP）对俱乐部效应有着很大影响。

河南大学的赵威、李政旸等根据 1990～2016 年我国 329 个地级市的经济收入水平将其分为 HH（高高）、HL（高低）、LH（低高）、LL（低低）四个组，实证表明 HH 组形成了京津冀、长三角、珠三角等九个俱乐部；LL 组有 18 个空间趋同俱乐部（具有很强的不稳定性），而 HL、LH 的俱乐部效应不明显。我国不少老少边贫地区难以产生经济发展的俱乐部效应，反而由贫困落后、交通不便导致相互封闭，经济发展更难以启动，因而呈现贫困连片地区的"穷人俱乐部"效应（张欣的研究①表明东部地区与中部、西部地区出现了比较明显的俱乐部趋同，在中国地区经济内部出现了东部地区的"富人俱乐部"和中部、西部地区的"穷人俱乐部"）。

（三）俱乐部效应的主要影响因素

从现有的国内外研究文献看，影响俱乐部效应的主要因素有：毗邻区域间的时空距离，中心城市到区域的时空距离，俱乐部成员的市场机制、产业结构、对外开放程度以及区域发展战略与政策等。

1. 时空距离

时空距离是指俱乐部成员之间的空间距离。张浩然、衣保中②利用 2003～2008 年全国 268 个城市的数据，应用面板模型研究地理距离因素对城市间溢出效应的影响，表明城市间溢出效应随距离的增加呈现"倒 U"形，距离过近溢出效应不显著，最优的溢出距离在 50 千米左右，180 千米内溢出效应极为显著，200 千米以上溢出效应逐渐减弱。南京信息工程大学的葛和平、朱卉雯③对 2002～2013 年泛长三角 30 个城市近邻效应和空间俱乐部收敛进行测算，并通过 Panel Data 进行实证分析，得出结论：上海与杭州的区域空间关系较为紧密，上海对杭州的溢出效应较为显著，而上海与南京、

①　张欣：《收入增长的俱乐部效应》，《经济与管理研究》2016 年第 5 期。
②　张浩然、衣保中：《地理距离与城市间溢出效应——基于空间面板模型的经验研究》，《当代经济科学》2011 年第 3 期。
③　葛和平、朱卉雯：《基于近邻效应的泛长三角城市群俱乐部收敛研究》，《扬州大学学报》2017 年第 5 期。

合肥的区域空间关系不够紧密，上海对南京及合肥的溢出效应很弱。空间距离越短，增长的局部地理溢出也就越强。

2. 经济增长极的空间距离

国内的不少文献对区域增长俱乐部的研究主要基于众多相邻的城市（设区市），在"富人俱乐部"中均存在中心城市（区域增长极）的圈层影响，发现长江三角洲区域、珠江三角洲区域和中原城市群区域均表现为显著的核心—外围空间结构，空间外溢效应强度显著高于非增长极的空间外溢效应，其中武汉城市群表现为略高，从而证明异质性区域内部同样可以发生空间俱乐部趋同，其动力来自增长极的强空间外溢效应。[①]

3. 产业结构

一个地区的产业结构与区域俱乐部成员间的产业经济联系有着密切关系。产业内部分工与贸易理论验证了两个地区间的产业结构越接近，越能产生产业内部贸易与生产专业化分工，从而促进双方的贸易发展与经济增长，并容易走向市场融合与经济一体化。国内相关研究也表明，产业结构（三次产业增加值结构与工业内部的附加值结构、行业的就业结构等）是影响俱乐部效应的重大因素。河南大学的赵威等的研究结果[②]表明，国内高收入组（HH）的空间趋同俱乐部的重要影响因子是产业结构、投资水平、区域发展政策和市场化水平。赵威等的研究结果[③]表明，历史因素（初始人均收入）、结构因素及地理因素等是影响时间俱乐部趋同形成的三大因素，而人均收入与产业结构高度相关。

4. 市场机制

市场机制是影响区域俱乐部效应的一个重要因素。正如前说，在计划经济体制下，不可能产生跨区域的增长俱乐部。在市场经济机制下，同样因机

① 刘迎霞：《基于空间外溢效应的区域经济增长空间俱乐部趋同研究》，博士学位论文，河南大学，2010。

② 赵威、李政旸、杨慧等：《区域经济增长空间俱乐部趋同检验及影响因子分析》，《河南大学学报》2018年第9期。

③ 赵威、张伟丽：《珠三角与长三角空间俱乐部影响因子比较研究》，中国地理学会学术年会论文，2011。

制的差异而影响俱乐部效应。多年来，浙江民营经济占主导，市场化水平相对较高，企业跨省投资一直高居全国首位，浙江省内的俱乐部效应相对明显。而长三角沪苏浙边界仍存在明显的市场分割现象，在很大程度上就来自不同的市场化程度干预。根据黄新飞等[①]的实证分析，长三角跨边界的同种商品价差大于边界内价差，说明省际行政边界扩大了一价定律偏差程度。浙江、江苏与上海接邻的边界地区（100 千米内）的农产品价格要比上海边界地区分别高出45%与42%。分析认为行政区经济存在的排外性、地方政府追求辖内区域利益的最大化动机，加剧了区间贸易壁垒和市场分割，上海市政府对农产品的保护性补贴，被认为是造成上海农产品价格远低于浙江、江苏边界地区的重要原因。

5. 开放程度

开放程度与市场化水平有着很大的关联，同时对区域俱乐部的效应又有着独立的影响作用。从国内相关研究文献看，由于数据的可得性，开放程度的测量基本上采用出口贸易、吸收外资在当地生产总值中的比重来衡量。国内的众多研究表明两个地区的经济越开放（出口与吸引外资占 GDP 比重越高），区域的俱乐部效应就越高。相关的研究结果均表明俱乐部成员的内部投资对俱乐部效应有着正向促进作用，其同开放度，尤其是吸收外资与GDP 之比的作用机制极为相似，也是投资空间溢出的表现。

从其影响的路径看，对外开放并不直接参与作用于区际的经济增长趋同，而需要借助经济增长—产业结构趋同等媒介才能产生作用。对区域俱乐部效应产生直接影响的，在于区际的投资与贸易。从浙江的开放特点看，自改革开放后浙江产品瞄准国内市场，大量的浙江产品输出到省外市场，国内省外市场成为浙江商品的主要市场。20 世纪 90 年代中期以后，浙江产品开始大规模由内转外，出口贸易高速发展，同时从省外市场大量输入原材料产品与半成品，经过加工后再出口。从 20 世纪 90 年代末开始，大量浙江民营企业通过对省外投资实现产业转移，以突破土地、劳动力与资源成本不断上

---

① 黄新飞、陈珊珊、李腾：《价格差异、市场分割与边界效应》，《经济研究》2014 年第 12 期。

涨的压力。而与浙江邻界地区，如江西的上饶、鹰潭，安徽的宣城、黄山等地，率先承接了浙江的产业转移，区间的产业结构与经济收入水平差距逐步缩小，出现了区域俱乐部效应；2008年以后，浙江民营企业对省外投资大量增加，成为我国大陆最大的区际投资源地，安徽等邻近区域成为浙商投资热土，对邻界地区的增长俱乐部形成起到了重要作用。

此外，国内相关研究表明资源禀赋、地理因素、区域发展战略与政策、教育科研等与区域俱乐部效应有着关联。

（四）县域邻界俱乐部的特殊性

由于受到统计数据等客观的限制，我国区域俱乐部的研究基本上是以地区市为基本单位进行的，鲜见对于县域的增长俱乐部效应研究。县域因空间距离近，地理环境、资源禀赋与历史文化更为接近，有可能更有利于区域俱乐部的形成。但县域区域俱乐部也有一个非常大的制约因素，即增长极的缺乏，县域经济在工业化初期往往需要较大的增长极辐射带动，而邻界的县域往往处于边界边缘，到其所处的中心城市距离较远，工业化的启动相较其他县域反而不利。两个相对落后的邻界县域往往产生封闭的恶性循环的"穷人俱乐部"。

邻界县域区域的俱乐部效应受到初始经济水平的影响。当经济仍处于工业化前期，县域邻界区域很难产生俱乐部效应。改革开放之初到20世纪90年代中期，东部不少县域率先通过市场化改革，大力发展乡镇企业与民营经济，县域经济得以发挥制度优势、劳动力资源优势，不断拓展市场，经济得到迅速发展。当进入工业化中期阶段后，经济水平相近的县域邻界区域经济贸易与产业分工不断增强，俱乐部效应得以体现，中心城市的作用反而弱化，如20世纪90年代的浙江金华、绍兴、嘉兴等县域经济。此时，县域经济邻界区域开始进入"增长—分工—融合—增长"的良性循环。但对于中西部广大县域经济而言，由于错过了改革开放初期的发展机遇，当东部民营经济崛起，县域经济的工业化难以启动，不少县域成为劳动力输出的主要源地。而劳动力要素的流动，虽然能增加居民收入，但对县域经济的发展有着不利影响，劳动力大量输出使县域原有的劳动力资源优势消失，县域经济的工业化启动更为艰难，很容易陷入恶性循环。这种状况往往需要等到发达地区的产业转移与中心城市辐射加强，县域经济才能打破僵局，进入起飞阶段。

二　长三角邻界地区的经济与合作发展

苏浙皖邻界地区即江苏、浙江与安徽的边界地区，以宜兴、溧阳、广德、郎溪、长兴、安吉6县（区、市）为典型（见表1）。

表1　苏浙皖邻界区域县市区

江苏省	无锡市	宜兴		常州市	溧阳
安徽省	宣城市	广德	郎溪		
浙江省	湖州市	长兴	安吉		

该地区资源禀赋相似、生态资源丰富、历史文化相同，均属典型的江南文化区域。这一地区的山地较多，属于山地丘陵到平原的过渡带，尤其是安吉更是典型的山区。一方面，多年来这一区域经济增长呈现较好的趋同态势，经济差距趋于缩小，经济贸易合作不断加强，为区域经济一体化提供了较好的基础；另一方面，由于基础、制度、政策等因素的制约，该邻界区域内部的经济差距仍比较大，对照长三角经济的一体化与高质量发展要求，仍存在很大的差距。当前以经济发达县市为代表的沪苏浙邻界"长三角区域一体化发展示范区"呼之欲出，苏浙皖三省邻界地区也通过区域一体化示范区创建，形成俱乐部效应，对推进区域经济均衡发展、长三角地区经济一体化与全国不同类型的区域经济合作发展有着更为普遍的借鉴意义。

（一）苏浙皖邻界地区是全国较为典型的跨界地区

本文所指的长三角苏浙皖邻界地区包含江苏、浙江与安徽三省交界区域的四市六县（市），即无锡的宜兴，常州的溧阳，湖州的长兴、安吉，宣城的广德、郎溪。

该区域面积为 10118.5 平方千米，占苏浙皖三省土地总面积（35.23 万平方千米）的 2.87%；2017 年，该区域常住人口为 403.61 万人（广德与郎溪两县为户籍人口），占当年苏浙皖三省常住人口（19941.1 万人）的 2.02%；人口密度为 399 人/km²，是全国人口密度（142 人/km²）的 2.8 倍，但六县人口密度均低于所在省的人口密度，六县人口平均密度是苏浙皖人口密度（566 人/km²）的 70%；六县经济总量（GDP）为 3698.54 亿元，占三省经济总量 164655 亿元的 2.2%；人均 GDP 达 9.16 万元，是三省平均水平（8.26 万元）的 1.11 倍（见表 2）。

表 2 2017 年苏浙皖区域合作示范区基本情况

	常住人口 （万人）	面积 （平方千米）	人口密度 （人/km²）	GDP （亿元）	人均 GDP （万元）	居民收入 （元）	产业结构
宜兴市	125.47	1996.6	628	1558.25	12.42	40526	3.2:51.8:45.0
溧阳市	76.25	1535.9	496	858.04	11.26	34817	5.9:48.6:45.5
长兴县	66.31	1430.5	464	554.13	8.43	43031	6.1:49.7:44.2
安吉县	48.49	1885.7	257	363.52	7.60	40307	7.2:44.2:48.5
广德县	52.13	2165.0	241	230.20	4.42	26102	9.7:49.9:40.4
郎溪县	34.96	1104.8	316	134.40	3.84	21278	11.6:56.7:31.7
总计	403.61	10118.5	399	3698.54	9.16		

注：广德与郎溪两县人口为户籍人口数，人均 GDP 也按户籍人口计算。

资料来源：作者根据相关各地 2018 年《统计年鉴》与 2017 年统计公告编制。

（二）经济水平有差异，趋同明显

从经济水平看，六个县市的人均 GDP 宜兴、溧阳超过 10 万元，而长兴、安吉略低居中，广德、郎溪在 4 万元左右。宜兴与溧阳的人均 GDP 均超过江苏全省平均水平，长兴与安吉则低于浙江全省平均水平，而广德高于安徽全省平均水平，郎溪低于安徽全省平均水平。从城乡居民收入水平看，长兴最高（略高于浙江平均水平），宜兴与安吉次之，三地均超过 4 万元，溧阳为 3.5 万元居第四，广德与郎溪分别为 2.6 万元与 2.1 万元（安徽全省平均为 21863 元）。可以说，按经济水平六县市大致可分为两组：苏浙为第一组，安徽两县为第二组。苏浙第一组基本上已经进入发达经济门槛阶段，安徽两县则处于工业化后期阶段的初期。但从发展速度看，近年来安徽两县的经济增速与人均 GDP、居民收入、外商投资等主要指标增速保持快速增长，六县市的经济水平差距逐步缩小。

（三）产业结构多层级

六县市的产业结构有着较大的相似性，第一产业比重除郎溪县，其他五县市均降到 10% 以下，而第二产业比重均保持较高水平，最低的安吉县也高于 44%，而郎溪县更是高达 57%。食品、家居、轻工机械等行业都是传统重要行业。

从细分看，六个县市产业结构也有不小差异，基本上可分为三个层次。第一层次是宜兴市，第一产业比重已经降到 3% 左右，制造业实力较强、结构优。电气机械和器材制造业（电线电缆）、有色金属冶炼和压延加工业（铜加工）、化学原料和化学制品制造业（化工）、非金属矿物制品业（陶瓷、水泥）、专用设备制造业（环保、机械）、金属制品业（钢构、消防）是支柱工业。

第二层次是溧阳、长兴与安吉。三地的第一产业比重在 6% 左右，农业产品具有地方特色，制造业也颇具实力，溧阳的机械、冶金、建材、纺织轻工有较好基础，而智能电网、汽车及零部件、农牧与饲料机械、动力电池四大产业正崛起成为新兴特色产业；长兴县的电气机械和器材制造业、纺织业、非金属矿物制品业与化学纤维制造业是其四大支柱行业；安吉县则以具有山区特色的绿色家居（特色椅业、竹业、家纺）、装备制造、健康休闲（绿色食品与健康医药）为支柱产业。

第三层次为广德和郎溪。广德与郎溪两县第一产业在 10% 左右，第二产业比重高，第三产业比重为 30%～40%，表明其正处于工业化中后期迈向后期的阶段，第二产业正处于结构优化期，第三产业的发展潜力巨大。广德的制造业也颇有特色，由 PCB、新材料、智能化成套装备和汽车零部件产业构成四大板块，发展势头迅猛；郎溪县第一产业仍超过 11%，工业中则以食品、酒、茶、家居、医药（中成药）、钢材、化纤与仪器仪表为主体。

可见，三地目前处于相同的工业化阶段，而且居民收入水平与产业结构相近，这为三地开始产业内部贸易与专业化分工提供了良好的基础。

（四）区域经济合作有基础

六县市地域相邻，自 21 世纪初以来，经济联系不断加强，尤其是区际投资有了较大增长。广德县自 21 世纪初以来，积极承接产业转移，奋力打造千亿园区。广德县决定向东借力，在招商引资中后发崛起。多年被浙江《浙商》杂志评为"浙商（省外）投资潜力城市"之一，引进的外来企业中，浙商企业就占 70% 以上。2009 年以后广德县推进专业招商模式变革，从数量型招商向数量、质量并重的招商转变。2010 年国务院批复《皖江城市带承接产业转移示范区规划》，广德成为皖江城市带承接长三角产业转移的金南翼，来自浙江的企业快速增长，江苏与上海企业也成为投资的主力军。与此同时，溧阳、郎溪、宜兴、长兴之间的经济贸易联系不断加强，尤其是近年来，企业的跨县投资迅速增长，成为促进区域产业融合的重要路径。

（五）飞地成为经济融合的重要平台

自 21 世纪初以来，宣城等地就开展与上海、浙江、江苏等地共建"飞地"的尝试。湖州长兴市早在广德就建有长广煤矿广德基地。浙江台州市、玉环市汽摩配行业协会与广德共建了广德开发区汽摩配产业园。由开发区负责提供土地，完善基础与配套设施，行业协会负责引进项目；温州市印制线路板行业协会与广德开发区共建了 PCB 产业园，此后与中国印制电路行业协会（CPCA）也达成战略合作协议，还与苏州市相城区进行新的合作；上海也在郎溪、广德两县交界的白毛岭建设合作产业园区，面积 150 多平方千米，使其成为上海市的产业转移接受基地。

郎溪等地也与长三角地区开展了共建飞地的尝试。这些一般产业飞地建在经济开发区中，由合作双方政府或协会商会确定产业发展方向、经营管理期限、权利义务等，由安徽方将"净地"交给合作方，由其组织开展建设与管理，独立经营，封闭运作。园区的经营期限为 10 ~ 15 年，在此期间，经营方可在园区设立工商、税务等派出机构，行使经济管理权限，享有园区开发经营收益。飞地内的社会事务由安徽方管理，其地区生产总值可统计在产业输出方。园区占用的土地指标可用土地复垦、村庄整理土地指标优先解决。这种方式提高了"飞地"输出方的积极性，促进了长三角发达地区到宣城等地的投资，促进当地体制改革、资本扩展、技术与产业溢出，带动就业增加与居民收入拉高，为广德、郎溪的经济跨越式发展提供了重要支撑。

（六）"边界桎梏"仍存，需借力政府打破

改革开放以来，以民营经济为主体的浙江等地，在市场机制的强大作用下，很容易打破行政区划割裂，形成区域一体化的发展。如 20 世纪 80 年代以来浙江与江苏就先后出现了多个区域增长俱乐部。沪苏浙边界的苏州、嘉兴借助上海的辐射，经济也得到了较快增长。目前苏浙皖邻界俱乐部正在形成，但"边界桎梏"犹存，制约着经济社会的跨界融合。

苏浙皖邻界地区的边界分割，首先体现在政策的差异上。地方的财税优惠政策、土地供给政策、金融政策与外贸政策等不同，统一市场难以形成，极易造成市场机制扭曲，误导企业行为，造成重复投资、过度竞争现象，而政出多门、朝令夕改也制约了区际的资本流动。比如 2010 年广德政府换届的政策变化，一度造成外来投资企业的生产经营波动。其次是要素市场的分割。受不同行政管辖主体制度、政策与法规的影响，区域间的资金、人才、劳动力、土地等要素跨界流动受到一定限制。最后是各自管辖区域的利益差异，造成道路交通、通信、电力等基础设施规划与建设的难以接轨，断头路成为普遍现象。

直到目前苏浙皖邻界区域仍存在明显的因行政区划而导致的市场分割现象，亟待从深化市场机制改革、创新政策协调机制等方面推进，而邻界示范区的设立将为此提供有益的探索。

三 "苏浙皖一体化示范区"的定位与机制创新

2018年11月,《苏皖合作示范区发展规划》获得国家发改委批准,这是省际县域邻界地区一体化发展的新探索。在此基础上,如果将区域扩大到苏浙皖三省邻界地区,建立起包括宜兴、溧阳、广德、郎溪、长兴、安吉三省多市县在内的邻界一体化示范区,强化区域增长极效应,加强邻界区域的贸易与产业分工协作,对推进长三角地区更高质量一体化与区域均衡发展将起到更大的作用。

(一)苏浙皖邻界"一体化示范区"的功能定位

苏浙皖邻界"一体化示范区"的功能定位应体现在三个"示范"上。

1. 区域合作与均衡发展示范区

通过邻界区域间的"一体化"机制创新,打破在不同行政区域尤其是省级行政区域间的体制机制障碍,强化区际贸易往来与产业分工协作,扩大整个区域的对外开放,减小地区间的经济社会发展水平差异,从而放大区域俱乐部效应,推进区际经济合作与区域均衡发展,为长三角以及全国不同经济层级、不同行政区域的邻界区域间的经济融合提供战略、路径、体制等方面的示范。

2. 创新发展示范区

2008年以来,浙江、江苏相继步入工业化最后阶段,目前正在跨入发达经济行列。浙江与江苏的要素供给与环境制约的压力不断加重,经济增速明显下滑,产业向外转移的速度加快,产业结构优化压力增加。多年来,全球科技革命与新工业革命兴起,数字经济与新能源、新材料等产业迅速崛起,生产方式、流通方式、生活方式与管理模式正迎来革命性变革,创新成为高质量发展的关键。长三角核心区是中国经济发达地区,是迎接全球新工业浪潮的"近水楼台",又是引领中国产业革命的创新示范地,苏浙皖邻界区域"一体化示范区"通过加快创新要素与企业、人才的集聚,推进区域协同创新，强化科技创新基础，完全可以在业态创新、模式创新、生产方式创新与产业创新方面起到示范作用。

3. 新型城镇化示范区

苏浙皖邻界边缘地带的城市化水平低于周边地区，处于相对较低的水平，也明显滞后于工业化进程。示范区需要创新跨行政区域的经济社会融合机制，大力推进以人为主体的要素自由流动，促进企业跨区投资转移，从而能以人为中心，更快、更好地促进邻界区域的新型城镇化，构筑较为合理的城镇体系，统筹城乡发展，为我国区域新型城镇化提供更好的示范。

（二）苏浙皖邻界区域一体化示范区的机制创新

邻界区域一体化示范区的机制创新可以从以下几方面推进。

1. 创新协调示范区联动发展的组织机制

示范区组织主要是通过完善示范区内部协调机制和合作机制，尽快形成示范区统一的市场体系。同时，也要做好示范区与长三角其他地区的机制协调。示范区组织要以建立示范区协同机制与共生机制为目标，建立起示范区三个层级的组织机制。第一层级为江苏、浙江与安徽的省级协调层面，主要负责省级之间的沟通协调，指导、协调第二、第三层级的合作，以及沟通协调示范区与国家层级的工作。第二层级为六县市所在的中心城市无锡、常州、湖州、宣城，还宜加上三个省级中心城市南京、杭州与合肥，主要协调地区间的合作，增强中心城市对示范区的辐射效应。第三层级为邻界的六县市，是示范区的主体，是示范区的各项法律、政策、措施、机制创新的落脚地。

2. 增强中心城市的辐射功能

区域俱乐部研究成果表明，中心城市的带动作用对邻界区域俱乐部效应有着重大的影响。如果以县级为单位，成员的俱乐部因缺乏中心城市的空间溢出，其俱乐部效应会明显减弱。邻界地区俱乐部效应难以产生就在于因行政分割，邻界地区处于各自所在地区的边缘，受中心城市的辐射力度弱。苏浙皖邻界区域多山区，到大中城市距离相对较远，区间经济社会发展水平参差不齐,更需要中心城市的辐射与带动。而安徽的宣城市、浙江的湖州市,其中心城市的功能较弱,难以带动所在邻界区域发展,完善示范区第二层级就尤为重要。

首先,需要加快中心城市与区域增长极的培育,增强无锡、常州、湖州与宣城的城市辐射功能。一方面,要加快基础设施、信息网络等建设,创新一体化机制,促进城市与示范区的联系;另一方面,要持续不断促进城市社会经济发展,增强其对所在区域与周边区域的经济辐射力。

其次,引入南京、杭州与合肥三大中心城市,增强其对这一区域的辐射与带动效应。目前,南京、杭州与合肥的中心城市功能不断增强,南京都市圈已经扩展到溧阳,而杭州都市圈也已将湖州全市域纳入其中。合肥都市圈也在不断扩展。示范区应积极主动将南京、杭州与合肥纳入组织,从而提高示范区的增长动能,并强化区际的协调发展功能。

3. 探索示范区的各项创新

围绕高质量一体化的发展目标,以科技创新为发展主动力。示范区要在教育体制、科技体制、技术引进与人才流动管理体制、高新技术产业发展政策、共建研究院、G60 科技长廊建设、科技园区建设、数字经济发展等方面,进行全面的一体化尝试。推进科技创新的全面合作,使一体化示范区成为全国科技创新与产业创新的示范区。

在制度创新方面,以建立统一的市场体系为核心,寻求在土地开发机制、农村宅基地制度、区间生态保护与补偿机制、户籍与人口制度、劳动人事制度、金融监管制度等方面进行深度的改革创新,让市场机制充分发挥主导作用。同时示范区要在公共管理机制与提高政府效能方面一致行动,联合推进"最多跑一次"改革,共建全球领先的长三角营商环境。同时,要制定相关区域政策、产业政策、投资政策等"控制参量",促进邻界区域经济合作与协同系统"自组织"的形成。寻求在发展战略、发展规划、产业政策、产业组织政策、投资政策、农产品生产与流通政策,以及基础设施建设等方面,加强协同创新,建立起以市场为基础、多方共赢的协调机制。

在开放创新方面,加强与上海都市区的合作,建立起全面的开放协调机制。一方面，要加大示范区对内开放与对外开放力度，加大力度引进长三角地区与国内外投资，通过内源与外源相结合，促进经济发展与区域融合；另一方面，加强与上海的经济贸易联系，提高示范区对外开放水平。以上海、宁波等重要国际航运中心，杭州跨境电子商务试验区平台为重要支点，促进对外贸易发展；以上海为重要窗口，加大引进境外投资与新兴产业力度；推进商业业态与商业模式变革，更多地接受杭州数字经济的辐射与对新产业的带动。

4. 促进示范区的产业转移与融合

在沪苏浙邻界地区全面进入工业化后期后，企业投资应成为区域俱乐部效应增强的主要手段，这也是区域经济一体化的主要途径。在强化区域内快捷交通建设与信息网络建设，促进区域内部贸易合作的基础上，加快"飞地"模式创新，创新发展"双向飞地"、多方共建创新园区平台，促进区域内企业的相互投资、要素流动与企业互动，引导产业转移，加快区域产业融合，推进区域经济一体化。

B.8
长三角外资外贸发展态势分析

李 丹 赵蓓文*

摘 要: 引进安徽省数据以后,长三角地区引进外资的趋势仍然体现出以下特点:外资来源地高度集中,产业分布以第二、第三产业为主,第三产业比重持续升高,投资方式以外商独资经营企业为主。2018年长江三角洲城市群实际利用外资增长可观。在外贸方面,长三角贸易投资不断实现联动发展,但长江三角洲城市群出口增长出现差距;外资企业出口贡献度近半,民营企业比重不断上升。2019年中国(上海)自由贸易试验区临港新片区的增设,将引领长三角进一步对外开放。

关键词: 长三角 外资 外贸

2016年6月,国家发展改革委、住房和城乡建设部联合发布《关于印发长江三角洲城市群发展规划的通知》。该通知指出,"长三角城市群在上海市、江苏省、浙江省、安徽省范围内,……主要分布于国家'两横三纵'城市化格局的优化开发和重点开发区域。规划范围包括:上海市,江苏省的南京、无锡、常州、苏州、南通、盐城、扬州、镇江、泰州,浙江省的杭州、宁波、嘉兴、湖州、绍兴、金华、舟山、台州,安徽省的合肥、芜湖、马鞍山、铜陵、安庆、滁州、池州、宣城等26市……"。三年来,安徽省

---

* 李丹,上海社会科学院世界经济研究所博士研究生;赵蓓文,上海社会科学院世界经济研究所副所长,研究员,博士生导师。

的经济发展已经逐步融入长江三角洲，成为长三角经济发展的新亮点；长三角经济发展一体化趋势日益明显。

一 长三角地区引进外资的发展趋势与特点

自 1978 年中国实行改革开放政策以来，中国利用外资的发展取得了举世瞩目的成就。长三角地区作为中国对外开放的前沿阵地之一，吸收外资的份额一直稳中有升，在全国独占鳌头。

（一）改革开放以来长三角地区利用外资的发展趋势

如图 1 数据所示，自 1981 年以来，中国累计实际利用外商直接投资（Foreign Direct Investment，FDI）总额增长态势平稳，以上海为龙头的长三角地区累计实际利用 FDI 额占全国比重逐年递增，逐步成为外商资本在中国内地的主要集聚地。截至 2018 年底，长三角地区累计实际利用 FDI 额达 10251.07 亿美元，占全国累计实际利用 FDI 总额的一半以上，达 50.46%（安徽省融入长三角经济圈的发展为长三角地区吸收外资超过全国总额的 50% 作出了重要贡献）。

（二）2013~2018年长三角地区引进外资分布总体趋势

如图 2 数据所示，从 2013~2018 年长三角地区内部三省一市引进 FDI 规模来看，沪苏浙皖大致相当，平分秋色。从产业结构来看，江苏省第一产业和第二产业引进 FDI 在长三角地区内部所占份额均为最高，而上海市第一产业和第二产业所占份额均为最低，但第三产业占据了长三角地区内部引进 FDI 的绝大份额，位列长三角地区所有城市之首。可以看出，上海市在第三产业引进 FDI 方面具有优势。

如图 3 数据所示，在 2007~2018 年的 12 年间，长三角地区每年新设立外商投资项目数及项目金额的变化趋势有一定波动，但实际利用 FDI 金额增长趋势总体平稳。

图 1　1981~2018 年长三角地区累计实际利用 FDI 及占全国比重趋势

注：长三角地区数据按照上海市、江苏省、浙江省、安徽省数据总和计算。

资料来源：中国国家统计局官方网站、中国商务部官方网站、历年《中国统计年鉴》及国民经济和社会发展统计公报、上海统计年鉴、江苏统计年鉴、浙江统计年鉴、安徽统计年鉴。

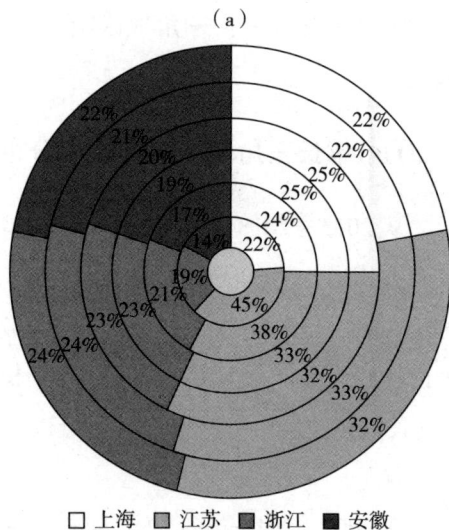

（a）

（b）

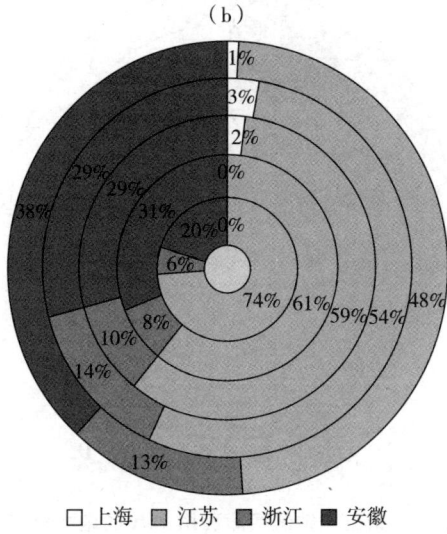

□ 上海　■ 江苏　■ 浙江　■ 安徽

（c）

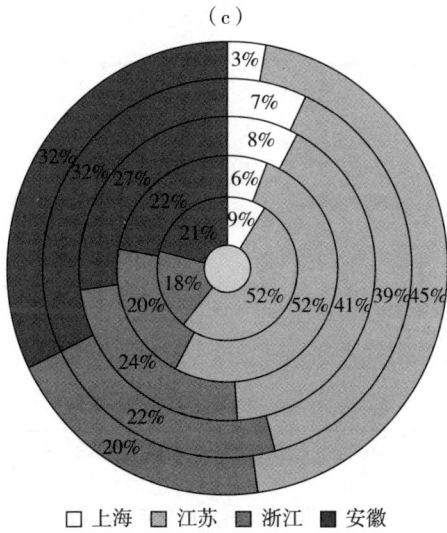

□ 上海　■ 江苏　■ 浙江　■ 安徽

（d）

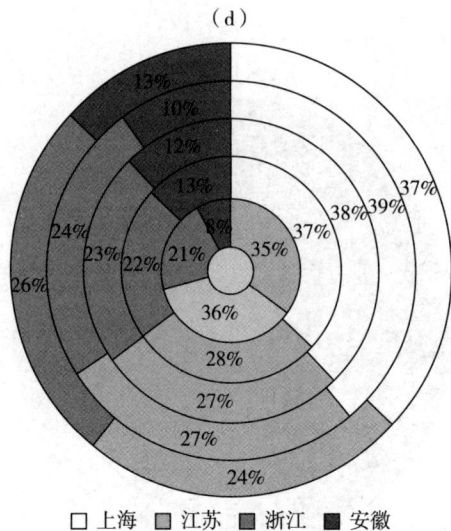

□ 上海　▨ 江苏　▨ 浙江　■ 安徽

图 2　长三角地区实际利用 FDI 的地区分布

注：图（a）从内至外分别为 2013～2018 年长三角地区总体 FDI 的地区分布，图（b）、（c）、（d）从内至外分别为 2013～2017 年第一、二、三产业的 FDI。

资料来源：上海市、江苏省、浙江省、安徽省统计年鉴。

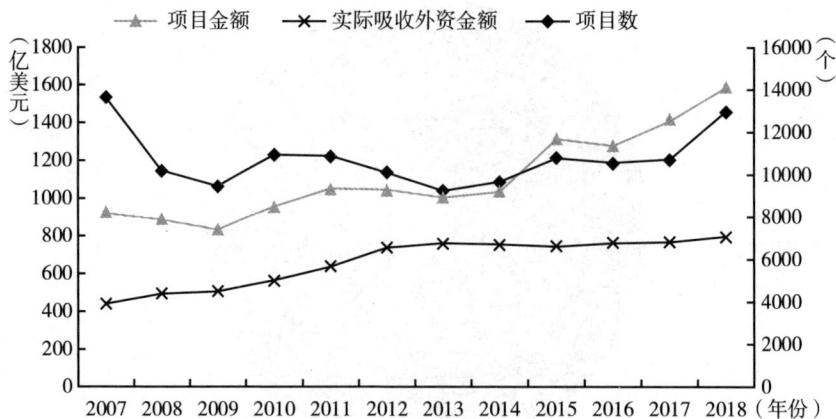

图 3　2007～2018 年长三角实际利用 FDI 的变化趋势

资料来源：历年上海市、江苏省、浙江省、安徽省统计局统计数据。

（三）长三角地区实际利用外资的主要特点

总体来看，长三角地区实际利用外资呈现以下三大特点：外资来源地高度集中；以第二、第三产业为主，第三产业比重持续升高，以外商独资经营企业为主。

1. 投资来源：外资来源地高度集中

2007～2017 年长三角地区外资来源地主要集中在中国香港、新加坡、日本、美国、中国台湾、韩国、维尔京群岛、法国、德国、英国等国家和地区。其中，中国香港是长三角地区最主要的外资来源地，其份额也在不断增加，由 2007 年的 32.96% 增至 2017 年的 60.61%（见表 1、图 4）。

表 1　2007～2017 年长三角 FDI 来源地变化（按实际利用 FDI 金额百分比计）

单位：%

年份	2007	2008	2009	2010	2011	2012	2013	2014	2015	2016	2017
中国香港	32.96	39.34	44.34	50.78	53.23	51.48	56.62	63.60	59.92	60.55	60.61
新加坡	5.02	5.35	4.69	5.40	6.47	5.38	6.29	3.87	5.15	4.62	3.79
日本	5.67	5.57	5.63	4.78	7.09	7.62	6.77	4.30	3.28	3.29	3.62
美国	5.04	4.32	3.76	3.65	2.68	3.35	3.90	3.30	3.74	3.26	2.32
中国台湾	3.30	2.59	3.12	3.45	2.36	3.62	2.20	3.15	1.75	2.56	2.30
韩国	4.28	2.06	2.44	2.43	1.97	2.03	1.58	1.50	1.41	1.84	2.14
维尔京群岛	5.81	4.82	2.69	2.13	2.10	1.98	1.57	1.86	2.10	2.72	1.67
法国	1.08	0.92	0.89	1.26	0.94	0.81	1.27	0.52	1.43	0.93	1.32
德国	1.98	1.41	2.35	1.40	1.48	1.68	1.86	1.53	2.66	2.01	1.29
英国	1.36	0.98	0.71	1.08	0.70	0.40	0.52	0.77	1.11	0.64	1.04
加拿大	0.74	0.85	1.16	0.99	0.39	0.57	0.48	0.30	0.19	0.32	0.34
意大利	0.82	0.91	0.67	0.59	0.43	0.45	0.45	0.43	0.49	0.34	0.29
澳大利亚	0.54	0.53	0.51	0.44	0.31	0.51	0.44	0.43	0.68	0.31	0.21

资料来源：根据上海市、江苏省、浙江省、安徽省统计年鉴相关数据计算。

2. 产业分布：以第二、第三产业为主，第三产业比重持续升高

如表 2、表 3 数据所示，2012 年长三角地区第二产业实际利用外资所占份额为 52.48%，大于第三产业实际利用外资所占份额；而随后 5 年，长三角地区第三产业实际利用外资所占份额比重上升，均高于第二产业份额。整体来看，长三角利用外资的产业分布在调整中优化，长三角地区第一产业实

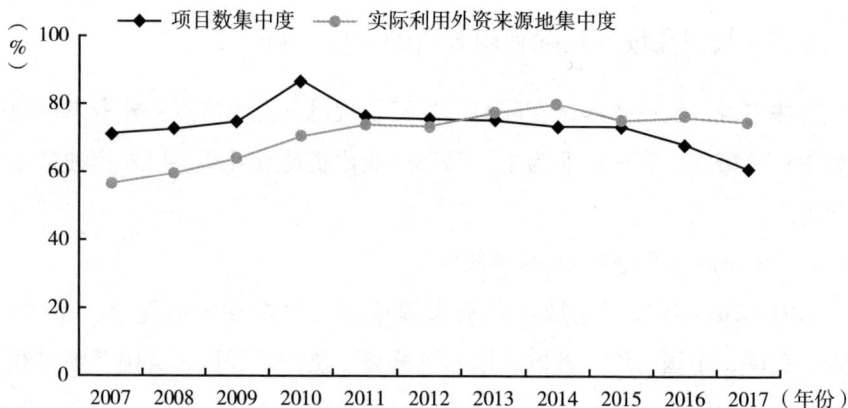

图4　2007～2017年长三角地区外资来源地集中度

资料来源：根据上海市、江苏省、浙江省、安徽省统计年鉴相关数据计算，外资来源地集中度包括中国香港、新加坡、日本、美国、中国台湾、韩国。

际利用外资所占份额极小且比重在持续下降，第三产业比重持续提高并逐渐超越了第二产业的占比。

表2　2012～2017年长三角地区FDI产业分布（按实到金额计）

单位：亿美元

年份		2012	2013	2014	2015	2016	2017
长江三角洲	总计	726.52	748.86	744.77	733.13	754.01	759.47
	第一产业	17.59	13.46	9.62	8.53	9.01	6.38
	第二产业	381.28	351.08	293.95	301.88	320.36	309.07
	第三产业	327.65	384.32	441.19	422.72	424.66	443.97

资料来源：上海市、江苏省、浙江省、安徽省统计年鉴。

表3　2012～2017年长三角地区FDI产业分布（按实到金额占比计）

单位：%

年份		2012	2013	2014	2015	2016	2017
长江三角洲	总计	100	100	100	100	100	100
	第一产业	2.42	1.80	1.29	1.16	1.20	0.84
	第二产业	52.48	46.88	39.47	41.18	42.49	40.70
	第三产业	45.10	51.32	59.24	57.66	56.32	58.46

资料来源：上海市、江苏省、浙江省、安徽省统计年鉴。

如表4、表5数据所示，上海市与浙江省引进外资主要流向第三产业，江苏省与安徽省引进外资主要流向第二产业。

表4 2012~2017年上海市、江苏省、浙江省、安徽省 FDI 产业分布（按实到金额计）

单位：亿美元，%

年份		2012	2013	2014	2015	2016	2017	年均增长率
上海市	总计	151.85	167.80	181.66	184.59	185.14	170.08	2.29
	第一产业	0.17	0.03	0.03	0.21	0.25	0.06	-18.80
	第二产业	24.89	32.10	17.78	25.00	21.54	8.49	-19.36
	第三产业	126.79	135.67	163.85	159.38	163.35	161.53	4.96
江苏省	总计	357.60	332.59	281.74	242.75	245.43	251.40	-6.80
	第一产业	14.84	9.87	5.73	4.80	4.80	3.04	-27.15
	第二产业	230.99	183.09	153.36	124.79	126.00	140.38	-9.48
	第三产业	111.77	139.63	122.65	113.16	114.63	107.93	-0.70
浙江省	总计	130.69	141.59	157.97	169.60	175.77	179.02	6.50
	第一产业	0.83	0.81	0.81	0.90	1.29	0.81	-0.45
	第二产业	65.22	62.01	59.24	71.93	71.56	61.40	-1.20
	第三产业	64.64	78.77	97.92	96.77	102.93	116.81	12.56
安徽省	总计	86.38	106.88	123.40	136.19	147.67	158.97	12.97
	第一产业	1.76	2.75	3.05	2.62	2.67	2.47	7.02
	第二产业	60.17	73.88	63.57	80.17	101.25	98.80	10.42
	第三产业	24.45	30.25	56.77	53.41	43.75	57.70	18.74

资料来源：上海市、江苏省、浙江省、安徽省统计年鉴。

表5 2012~2017年上海市、江苏省、浙江省、安徽省 FDI 产业分布
（按实到金额占比计）

单位：%

年份		2012	2013	2014	2015	2016	2017
上海市	总计	100	100	100	100	100	100
	第一产业	0.11	0.02	0.02	0.11	0.14	0.04
	第二产业	16.39	19.13	9.79	13.54	11.63	4.99
	第三产业	83.50	80.85	90.20	86.34	88.23	94.97
江苏省	总计	100	100	100	100	100	100
	第一产业	4.15	2.97	2.03	1.98	1.96	1.21
	第二产业	64.60	55.05	54.43	51.41	51.34	55.84
	第三产业	31.26	41.98	43.53	46.62	46.71	42.93

年份		2012	2013	2014	2015	2016	2017
浙江省	总计	100	100	100	100	100	100
	第一产业	0.64	0.57	0.51	0.53	0.73	0.45
	第二产业	49.90	43.80	37.50	42.41	40.71	34.30
	第三产业	49.46	55.63	61.99	57.06	58.56	65.25
安徽省	总计	100	100	100	100	100	100
	第一产业	2.03	2.57	2.47	1.92	1.81	1.55
	第二产业	69.66	69.12	51.52	58.86	68.57	62.15
	第三产业	28.31	28.30	46.01	39.21	29.62	36.30

资料来源：上海市、江苏省、浙江省、安徽省统计年鉴。

3. 投资方式：以外商独资经营企业为主

如表6、表7数据所示，2007～2017年，从项目数份额及实际利用金额份额上看，外商独资经营企业一直是FDI进入长三角地区的主要方式，其次是中外合资经营企业，中外合作经营及股份制方式的份额极少。

表6　2007～2017年长三角FDI投资方式（按项目数百分比计）

单位：%

年份	合资经营	合作经营	独资经营	股份制
2007	22.64	0.87	76.45	0.04
2008	17.07	0.9	81.96	0.07
2009	18.27	0.79	80.9	0.04
2010	18.65	0.53	80.68	0.14
2011	18.51	0.48	80.9	0.11
2012	18.22	0.31	81.28	0.19
2013	20.08	0.31	78.38	1.23
2014	22.29	0.17	77.34	0.2
2015	24.01	0.2	75.46	0.34
2016	22.88	0.27	76.56	0.29
2017	27.88	0.28	71.39	0.45

资料来源：上海市、江苏省、浙江省、安徽省统计年鉴。

表 7　2007～2017 年长三角 FDI 投资方式（按实际利用金额百分比计）

单位：%

年份	合资经营	合作经营	独资经营	股份制
2007	21.99	1.06	76.39	0.56
2008	20.83	1.16	77.59	0.42
2009	19.71	1.20	77.25	1.83
2010	20.20	0.94	77.01	1.86
2011	20.86	0.92	76.98	1.25
2012	20.06	1.36	76.06	2.52
2013	20.54	1.45	76.49	1.51
2014	18.67	1.61	78.03	1.69
2015	23.60	1.28	71.50	3.61
2016	22.33	0.71	73.62	3.34
2017	26.30	0.56	69.52	3.62

资料来源：上海市、江苏省、浙江省、安徽省统计年鉴。

如表 8、表 9 数据所示，从长三角地区内部数据来看，2012～2017 年，上海市、江苏省、浙江省、安徽省外商独资经营企业实际利用 FDI 份额均在 60% 以上。江苏省中外合资经营企业实际利用 FDI 份额呈现小幅上升趋势，外商独资经营企业实际利用 FDI 份额则呈现小幅下降趋势。

表 8　2012～2017 年上海市、江苏省、浙江省、安徽省 FDI 投资方式
（按实际利用金额计）

单位：亿美元

年份		2012	2013	2014	2015	2016	2017
上海市	总计	151.85	167.80	181.66	184.59	185.14	170.08
	合资经营	27.18	26.64	21.92	39.27	29.48	29.65
	合作经营	5.76	5.96	8.29	5.37	0.28	1.58
	独资经营	118.29	133.08	151.15	138.34	152.32	129.77
	股份制	0.62	2.12	0.30	1.61	3.06	9.08
江苏省	总计	357.60	332.59	281.74	242.75	245.43	251.35
	合资经营	57.72	59.01	42.93	46.04	54.50	79.11
	合作经营	1.91	2.01	0.95	1.44	2.28	1.34
	独资经营	288.71	269.21	232.27	185.62	182.54	165.93
	股份制	9.25	2.36	5.59	9.65	6.10	4.96

续表

年份		2012	2013	2014	2015	2016	2017
浙江省	总计	130.69	141.59	157.97	169.60	175.77	179.02
	合资经营	33.87	35.42	31.39	44.42	35.20	40.00
	合作经营	1.99	2.47	2.30	1.86	2.25	0.62
	独资经营	88.60	99.68	120.56	113.79	123.15	130.29
	股份制	6.23	4.02	3.73	9.54	15.18	8.10
安徽省	总计	86.38	106.88	123.40	136.19	147.67	158.94
	合资经营	26.99	32.77	42.83	43.32	49.21	50.96
	合作经营	0.20	0.44	0.44	0.72	0.52	0.71
	独资经营	56.98	70.86	77.18	86.47	97.07	101.93
	股份制	2.21	2.80	2.95	5.69	0.87	5.34

资料来源：上海市、江苏省、浙江省、安徽省统计年鉴。

表 9　2012～2017 年上海市、江苏省、浙江省、安徽省 FDI 投资方式
（按实际利用金额百分比计）

单位：%

年份		2012	2013	2014	2015	2016	2017
上海市	总计	100	100	100	100	100	100
	合资经营	17.90	15.88	12.07	21.27	15.92	17.43
	合作经营	3.79	3.55	4.56	2.91	0.15	0.93
	独资经营	77.90	79.31	83.20	74.94	82.27	76.30
	股份制	0.41	1.26	0.17	0.87	1.65	5.34
江苏省	总计	100	100	100	100	100	100
	合资经营	16.14	17.74	15.24	18.97	22.21	31.48
	合作经营	0.53	0.60	0.34	0.59	0.93	0.54
	独资经营	80.74	80.94	82.44	76.47	74.38	66.01
	股份制	2.59	0.71	1.98	3.98	2.48	1.97
浙江省	总计	100	100	100	100	100	100
	合资经营	25.91	25.01	19.87	26.19	20.02	22.35
	合作经营	1.52	1.75	1.45	1.10	1.28	0.35
	独资经营	67.79	70.40	76.32	67.09	70.06	72.78
	股份制	4.77	2.84	2.36	5.62	8.64	4.52
安徽省	总计	100	100	100	100	100	100
	合资经营	31.24	30.66	34.71	31.81	33.32	32.06
	合作经营	0.23	0.41	0.36	0.53	0.35	0.45
	独资经营	65.97	66.30	62.54	63.49	65.73	64.13
	股份制	2.56	2.62	2.39	4.18	0.59	3.36

资料来源：上海市、江苏省、浙江省、安徽省统计年鉴。

从上海市的情况来看，2017 年，由于受到全球外商直接投资普遍低迷的影响，上海市实到外资有所下降，但 2018 年则有所回暖。如表 10 数据所示，2018 年，上海市第二产业外商直接投资合同金额增速显著，第二产业累计签订外商直接投资合同项目 167 个，合同金额 75.22 亿美元，同比增长 3.3 倍。其中，工业行业签订合同项目 137 个，吸收合同金额 74.33 亿美元，同比增长 3.4 倍（见表 10）。江苏省、浙江省、安徽省 2018 年利用外资情况详见表 11、表 12 及表 13。

表 10　2018 年 1~12 月上海市利用外资情况

指标名称	12 月	同比 ±%	1~12 月	同比 ±%
外商直接投资合同项目(个)	827	321.9	5597	41.7
中外合资	125	166.0	1014	19.7
中外合作	1		5	-28.6
外商独资	700	373.0	4566	48.1
第二产业	32	255.6	167	68.7
工业	29	314.3	137	95.7
第三产业	794	324.6	5422	40.9
外商直接投资合同金额(亿美元)	68.64	142.0	469.37	16.8
中外合资	5.42	-20.7	91.87	44.3
中外合作	0.02		-2.51	
外商独资	61.64	162.4	377.19	13.2
第二产业	41.9	276.6	75.22	328.4
工业	4.16	334.6	74.33	339.0
第三产业	64.36	136.2	393.76	2.6
外商直接投资实际到位金额(亿美元)	12.10	-12.1	173.00	1.7

资料来源：上海市统计局。

表 11　2018 年 1~12 月江苏省利用外资情况

指标名称	1~12 月	同比 ±%
新批外商投资项目个数(个)	3348	2.9
新批协议注册外资(亿美元)	605.2	9.2
实际到账注册外资(亿美元)	255.9	1.8

资料来源：江苏省统计局。

表 12　2018 年 1～12 月浙江省利用外资情况

指标名称	12 月	同比 ± %	1～12 月	同比 ± %
外商直接投资企业(个)	401	10. 16	3529	16. 5
合资企业	89	2. 3	1035	28. 4
合作企业	0	− 100	3	− 50
外资企业	308	13. 65	2473	12. 4
合同外资金额(万美元)				
外商直接投资	568355	5. 51	4305661	24. 1
合资企业	66962	65. 98	837180	− 12. 1
合作企业	0	− 100	− 853	− 101
外资企业	484038	43. 74	3368143	43. 6
实际利用外资(万美元)				
外商直接投资	210058	0. 48	1863874	4. 1
合资企业	36888	− 23. 51	412847	3. 2
合作企业	0	0	7633	22. 1
外资企业	170195	6. 93	1331149	2. 2

资料来源:浙江省统计局。

表 13　2018 年 1～12 月安徽省利用外资情况

指标名称	12 月	同比 ± %	1～12 月	同比 ± %
合同项目数(个)	51. 0	− 20. 3	379	12. 1
协议外资金额(亿美元)	21. 8	186. 8	60. 8	− 3. 3
实际利用外资(亿美元)	11. 2	6. 7	170	7

资料来源:安徽省统计局。

(四)2018 年长江三角洲城市群利用外资的总体情况与特点

1. 实际利用 FDI 增长可观

长江三角洲城市群①是长江三角洲地区的核心区域。如表 14 和图 5 数

---

①　2016 年,《长江三角洲城市群发展规划》发布,在 2 省 1 市 25 个城市的基础上去掉了苏浙的一些城市,同时将安徽省的 8 个城市纳入长江三角洲城市群。最终的范围包括上海市、江苏省的南京、苏州、无锡、南通、泰州、扬州、盐城、镇江、常州,浙江省的杭州、湖州、嘉兴、宁波、舟山、绍兴、金华、台州,安徽省的合肥、芜湖、马鞍山、铜陵、安庆、池州、滁州、宣城,总数为 26 个城市。

据所示，长江三角洲城市群实际利用 FDI 金额由 2007 年的 407.4 亿美元增至 2018 年的 691.3 亿美元，增长总量可观。如表 15 数据所示，2007 年以来，长江三角洲城市群实际利用 FDI 规模占据了长三角地区实际利用 FDI 规模的 80% 以上，长三角地区实际利用 FDI 规模占据了全国实际利用 FDI 规模的 50% 以上。

表 14 2007～2018 年长三角 26 城市利用 FDI（绝对数）的总体情况

单位：个，亿美元

年份	长三角城市群			长三角地区（三省一市）			全国	
	项目数	合同金额	实际利用FDI金额	项目数	合同金额	实际利用FDI金额	项目数	实际利用FDI金额
2007	12630	858.2	407.4	13473	910.5	431.7	37871	747.7
2008	9411	824.1	454.8	10098	877.1	487.7	27514	924.0
2009	8686	788.2	462.7	9350	823.9	496.8	23435	900.3
2010	9999	876.9	510.1	10792	943.5	556.4	27406	1057.4
2011	9909	955.7	571.0	10779	1036.8	630.3	27712	1160.1
2012	9156	942.2	645.1	9990	1030.9	726.5	24925	1117.2
2013	8572	901.4	673.4	9113	992.8	748.9	22773	1175.9
2014	8788	929.5	665.1	9534	1023.2	744.7	23778	1195.6
2015	10109	1223.2	655.6	10654	1300.6	733.1	26575	1262.7
2016	9704	1146.5	670.6	10424	1263.1	754.0	27900	1260.0
2017	9891	1215.4	665.7	10572	1393.7	759.5	35652	1310.0
2018	12187	1429.5	691.3	12853	1565.9	785.3	60533	1350.0

资料来源：历年中国统计年鉴、上海统计年鉴、江苏统计年鉴、浙江统计年鉴、安徽统计年鉴，上海市统计局、江苏省统计局、浙江省统计局、安徽省统计局相关统计数据。

表 15 2007～2018 年长江三角洲城市群利用 FDI（相对数）的总体情况

单位：%

年份	长三角城市群项目数占长三角份额	长三角城市群合同金额占长三角份额	长三角城市群实际利用FDI占长三角份额	长三角城市群实际利用FDI占全国份额	长三角实际利用FDI占全国份额
2007	93.7	94.3	94.4	54.5	57.7
2008	93.2	94.0	93.3	49.2	52.8
2009	92.9	95.7	93.1	51.4	55.2
2010	92.7	92.9	91.7	48.2	52.6
2011	91.9	92.2	90.6	49.2	54.3

年份	长三角城市群项目数占长三角份额	长三角城市群合同金额占长三角份额	长三角城市群实际利用FDI占长三角份额	长三角城市群实际利用FDI占全国份额	长三角实际利用FDI占全国份额
2012	91.7	91.4	88.8	57.7	65.0
2013	94.1	90.8	89.9	57.3	63.7
2014	92.2	90.8	89.3	55.6	62.3
2015	94.9	94.0	89.4	51.9	58.1
2016	93.1	90.8	88.9	53.2	59.8
2017	93.6	87.2	87.7	50.8	58.0
2018	94.8	91.3	88.0	60.1	58.2

资料来源：根据表14数据计算而得。

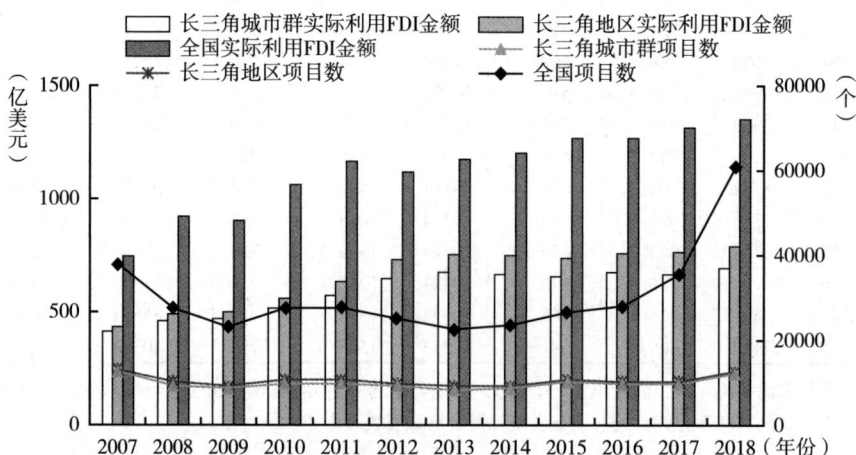

图5　2007~2018年长江三角洲城市群实际利用FDI情况

资料来源：国家统计年鉴，上海市、江苏省、浙江省、安徽省统计局相关统计数据。

从图6可以看出，长江三角洲地区及长江三角洲城市群实际利用FDI的年增速同全国实际利用FDI年增速趋势大体一致，都呈现下降趋势。

2. 长三角国家级新区引进外资的趋势

国家级新区承担着促进经济发展和扩大对外开放的战略任务，这要求各个功能区要在吸引外资上协调并进。截至2019年10月，全国范围共有19个国家级新区，其中，天津滨海新区、上海浦东新区在吸收外资方面处于领

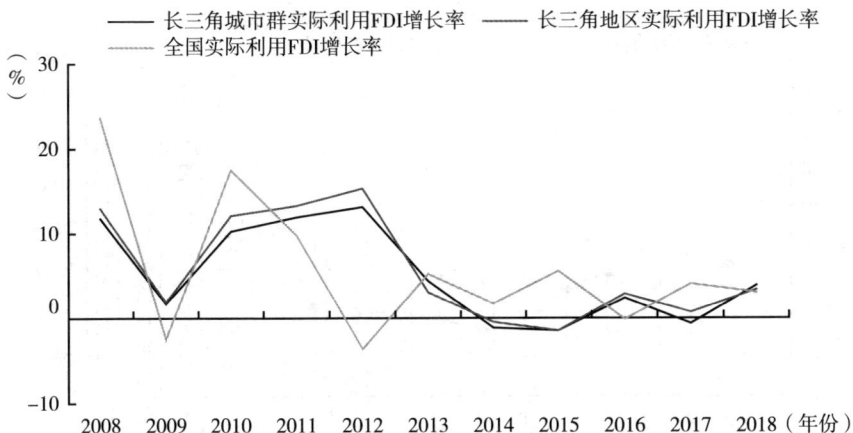

图6　2008～2018年长三角地区及全国实际利用 FDI 年增长率情况

资料来源：国家统计年鉴，上海市、江苏省、浙江省、安徽省以及各城市统计年鉴。

先位置。长三角地区规模体量最大的两个国家级新区是上海浦东新区和浙江舟山群岛新区。如图7数据所示，上海浦东新区、天津滨海新区吸引外资的规模远远超过浙江舟山群岛新区。如图8数据所示，2013年9月中国（上海）自由贸易试验区挂牌成立，上海浦东新区成为外商投资热土的趋势日益显著，进一步奠定了上海在长三角对外开放新格局中的龙头地位。

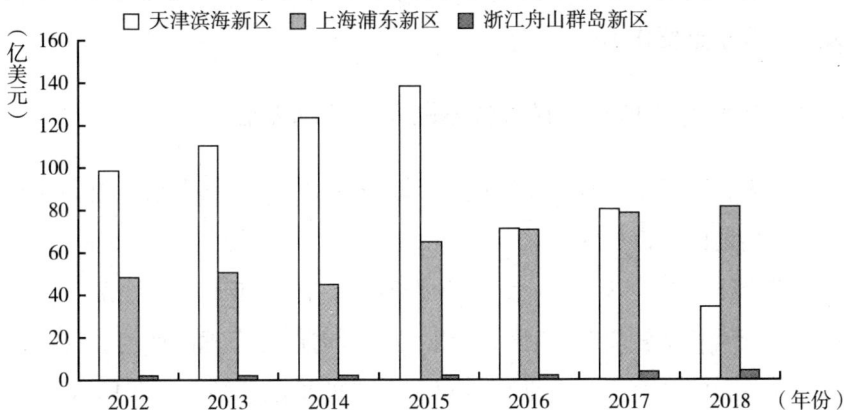

图7　2012～2018年主要功能区实际利用 FDI 趋势

资料来源：各新区政府网站及商务委网站、滨海新区统计年鉴、浦东新区年鉴。

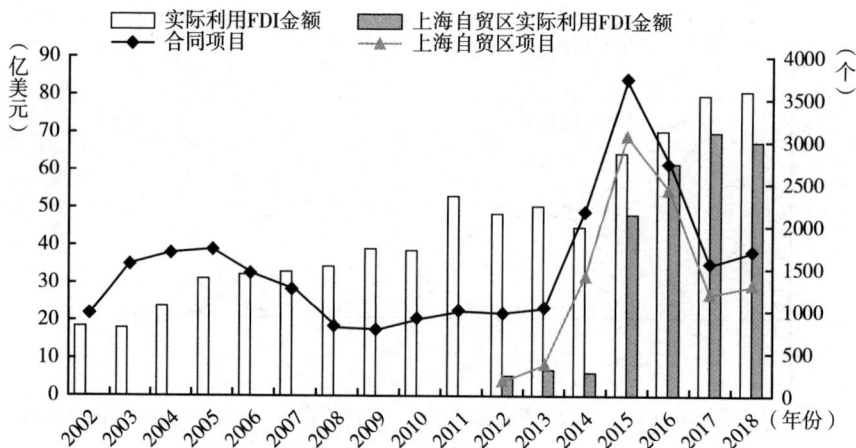

图8 2002~2018年上海浦东新区招商引资情况

资料来源：历年浦东新区年鉴。

二 长三角外贸发展的趋势与特点

经济全球化时代背景下，贸易与投资之间的联系日益紧密。长三角地区的外贸发展模式是外资主导型出口增长模式，外商投资对促进对外贸易的高速发展起到了重要作用。

（一）增速合理：贸易投资不断实现联动发展

近年来，贸易投资联动发展成为国际投资的主要发展趋势，这一联动趋势在长三角地区也有所体现。

如表16、表17、表18、表19数据所示，2018年长三角地区三省一市进出口总额增长率较2017年虽有所下降，但仍保持合理的增速。其中，上海市和江苏省的外商投资企业对进口和出口的贡献度最大。2018年三省一市的外商投资企业的出口增长率均出现了不同程度的下滑，但从绝对量来看，外商投资企业带动的出口仍占据长三角地区外贸发展的重要地位。

表16　2017年、2018年上海市进出口情况

单位：亿元，%

指标名称	2017 年	同比增长	2018 年	同比增长
进出口总额	32237.82	12.5	34009.93	5.5
进口总额	19117.51	15.4	20343.08	6.4
国有企业	3059.50	8.4	3594.03	17.5
外商投资企业	12725.57	15.4	13070.95	2.7
民营企业	3220.07	1.2	3527.52	9.5
一般贸易	10554.56	18.4	11308.70	7.1
加工贸易	2143.30	23.0	2261.97	5.5
机电产品	9275.07	19.0	9539.76	2.9
高新技术产品	5715.01	5.4	5820.95	1.9
出口总额	13120.31	13.9	13666.85	4.2
国有企业	1548.37	11.3	1532.84	-1.0
外商投资企业	8755.24	8.4	8870.67	1.3
民营企业	2717.55	4.7	3156.50	16.2
一般贸易	5776.44	7.3	6336.06	9.7
加工贸易	5360.26	15.5	5241.73	-2.2
机电产品	9289.44	9.9	9481.19	2.1
高新技术产品	5696.83	10.6	5742.22	0.8

资料来源：上海市统计局。

表17　2017年、2018年江苏省进出口情况

单位：亿元，%

指标名称	2017 年	同比增长	2018 年	同比增长
进出口总额	40022.1	16.0	43802.37	9.4
国有企业	3626.4	29.8	4325.72	19.3
一般贸易	19248.7	16.5	21342.55	10.9
机电产品	25361.6	16.3	27829.34	9.7
高新技术产品	15763.8	19.2	17414.25	10.5
进口总额	15414.9	19.7	17144.68	11.2
国有企业	1087.3	27.9	1336.49	22.9
一般贸易	7348.1	22.7	7941.77	8.2

指标名称	2017 年	同比增长	2018 年	同比增长
机电产品	9161.1	18.5	10204.92	11.4
高新技术产品	6426.1	20.7	7288.03	13.4
出口总额	24607.2	13.8	26657.68	8.3
国有企业	2539.1	30.6	2989.22	17.7
外商投资企业	14318.5	13.3	14810.20	3.4
民营企业	7345.4	10.5	8456.00	15.1
一般贸易	11900.6	13.0	13400.78	12.6
机电产品	16200.5	15.1	17624.42	8.8
高新技术产品	9337.7	18.2	10126.23	8.5

资料来源：江苏省统计局。

表 18 2017 年、2018 年浙江省进出口情况

单位：亿元，%

指标名称	2017 年	同比增长	2018 年	同比增长
进出口总额	25604.18	15.3	28519.2	11.4
出口总额	19445.95	10.1	21182.1	8.9
国有企业	1053.26	9.2	1142.5	8.5
外商直接投资企业	3435.86	3.4	3508.0	2.1
集体企业	511.64	3.1	532.5	4.1
民营企业	14409.06	12.2	15961.1	10.8
机电产品	8411.99	12.3	9214.1	9.6
纺织纱线、织物及制品	2461.55	7.3	2686.6	9.1
服装及衣着附件	1962.46	0	2040.9	4.0
高新技术产品	1260.48	13.6	1408.4	11.7
进口总额	6158.23	35.6	7337.2	19.1

资料来源：浙江省统计局。

表 19 2017 年、2018 年安徽省进出口情况

单位：亿美元，%

指标名称	2017 年	同比增长	2018 年	同比增长
进出口总额	536.4	20.8	629.7	17.4
进口总额	231.5	45.0	267.7	15.6
出口总额	304.8	7.2	362.1	18.8
机电产品	169.4	10.1	209.7	23.8

指标名称	2017 年	同比增长	2018 年	同比增长
高新技术产品	75.4	27.1	100.4	31.2
一般贸易	213.7	4.9	249.3	16.7
加工贸易	83.9	16.7	96.6	15.1
来料加工	4.1	180.0	3.5	-14.6
进料加工	79.9	13.4	93.2	16.6
其他贸易	7.1	-18.1	16.2	128.2
国有企业	63.0	15.0	60.9	-3.3
外商投资企业	91.7	19.2	107.2	16.9
民营企业	150.1	-1.7	194.0	29.2

资料来源：安徽省统计局。

（二）增长分化：长江三角洲城市群出口增长出现差距

2018 年，在长江三角洲城市群 26 个城市中，除铜陵市、杭州市、南通市的出口总额出现了不同程度的下降外，其余 23 个城市均实现了出口增长。其中合肥市、马鞍山市、滁州市、宣城市 4 市出口年增长率超过 20%，出口增长率在 10% ~20% 的城市有 10 个，出口增长率在个位数水平的城市有 9 个。可见，长江三角洲城市群 26 个城市的外贸发展出现一定分化（见表 20）。

表 20　2018 年长三角 26 个城市进出口总额和利用外资情况

	进出口总额（亿元）	同比增长（%）	出口总额（亿元）	同比增长（%）	实际利用外资额（亿美元）	同比增长（%）	生产总值（亿元）	同比增长（%）
上 海 市	34009.9	5.5	13666.9	4.2	173.0	1.7	32679.9	6.6
南 京 市	4317.2	4.7	2500.7	7.9	38.5	4.9	12820.4	8.0
苏 州 市	23375.6	9.3	13656.9	7.8	45.2	0.5	18600.0	6.8
无 锡 市	6161.8	12.0	3743.7	11.6	37.2	1.1	11438.6	7.4
南 通 市	2542.9	7.7	1676.9	-0.9	25.8	6.6	8427.0	7.2
泰 州 市	968.8	10.5	627.4	12.7	15.1	-6.8	5107.6	6.7
扬 州 市	789.4	7.9	562.1	5.4	12.2	12.3	5466.2	6.7
盐 城 市	629.8	7.5	398.3	0.8	9.1	15.8	5487.1	5.5

续表

	进出口 总额 （亿元）	同比 增长 （％）	出口 总额 （亿元）	同比 增长 （％）	实际利用 外资额 （亿美元）	同比 增长 （％）	生产 总值 （亿元）	同比 增长 （％）
镇江市	779.1	9.1	525.6	11.0	8.7	−35.8	4050.0	3.1
常州市	2266.4	7.0	1652.9	6.3	26.1	2.4	7050.3	7.0
杭州市	5245.3	3.1	3417.1	−1.0	68.3	3.3	13509.0	6.7
湖州市	855.1	14.6	771.0	13.1	12.7	20.7	2719.0	8.1
嘉兴市	2821.2	14.2	2017.3	13.6	31.4	4.9	4872.0	7.6
宁波市	8576.3	12.9	5550.6	11.4	43.2	7.2	10746.0	7.0
舟山市	1135.5	44.9	424.8	10.6	4.2	3.1	1316.7	6.7
绍兴市	2240.3	12.2	2046.1	10.5	13.5	5.0	5417.0	7.1
金华市	3769.0	10.7	3658.3	10.5	3.2	−26.0	4100.2	5.5
台州市	1743.0	10.4	1537.6	11.5	2.9	−34.8	4874.7	7.6
	进出口 总额 （亿美元）	同比 增长 （％）	出口 总额 （亿美元）	同比 增长 （％）	实际利用 外资额 （亿美元）	同比 增长 （％）	生产 总值 （亿元）	同比 增长 （％）
合肥市	308.1	23.5	182.5	25.3	32.3	6.9	7822.9	8.5
芜湖市	68.8	3.6	44.2	3.6	29.2	8.5	3278.5	8.4
马鞍山市	44.8	18.2	19.5	22.9	24.9	9.2	1918.1	8.2
铜陵市	62.4	9.4	4.6	−19.6	3.3	21.4	1222.4	3.9
安庆市	14.5	4.1	10.6	0.7	2.5	31.8	1917.6	7.8
池州市	7.6	−0.8	2.1	4.0	4.0	1.5	684.9	5.7
滁州市	31.0	11.8	23.1	22.0	13.9	13.8	1801.7	9.1
宣城市	18.5	21.1	17.0	21.6	11.2	21.7	1317.2	8.3

资料来源：上海市统计年鉴、江苏省、浙江省、安徽省各市统计年鉴。

（三）外资企业出口贡献度近半，民营企业比重不断上升

如表21、表22和图9数据所示，整体来看，在长三角地区外商投资企业出口贡献度近半，且民营企业出口贡献度呈现不断上升的趋势。从近5年的数据来看，上海市出口贸易中外商投资企业贡献度在64%以上，江苏省为55%以上，而浙江省和安徽省外商投资企业出口贡献度不足1/3。得益于长三角地区整体营商环境的提升，民营企业的活力正在不断被激发出来。

表21 2014～2018 年长三角地区出口额（按企业性质分类）

单位：亿美元

年份		2014	2015	2016	2017	2018
长江三角洲	出口总额	8570	8455	7973	8803	9686
	国有企业	838	799	711	822	920
	外商投资企业	4114	3905	3678	4008	4228
	民营企业	3618	3752	3584	3973	4538
上海市	出口总额	2103	1970	1835	1937	2072
	国有企业	279	254	224	228	232
	外商投资企业	1416	1321	1236	1293	1345
	民营企业	408	395	375	416	495
江苏省	出口总额	3419	3387	3193	3633	4040
	国有企业	306	307	287	375	453
	外商投资企业	1988	1939	1865	2114	2245
	民营企业	1125	1141	1041	1144	1343
浙江省	出口总额	2733	2767	2660	2928	3212
	国有企业	195	174	145	156	173
	外商投资企业	626	564	500	509	532
	民营企业	1912	2029	2015	2263	2506
安徽省	出口总额	315	331	285	305	362
	国有企业	58	64	55	63	61
	外商投资企业	84	81	77	92	107
	民营企业	173	187	153	150	194

资料来源：上海市、江苏省、浙江省、安徽省统计局。

表22 2014～2018 年长三角地区各类企业出口额占比

单位：%

年份		2014	2015	2016	2017	2018
长江三角洲	出口总额	100	100	100	100	100
	国有企业	9.78	9.44	8.91	9.34	9.49
	外商投资企业	48.00	46.19	46.13	45.53	43.66
	民营企业	42.22	44.37	44.95	45.13	46.85
上海市	出口总额	100	100	100	100	100
	国有企业	13.27	12.89	12.21	11.78	11.22
	外商投资企业	67.33	67.06	67.36	66.75	64.91
	民营企业	19.40	20.05	20.44	21.48	23.88

年份		2014	2015	2016	2017	2018
江苏省	出口总额	100	100	100	100	100
	国有企业	8.95	9.06	8.99	10.32	11.21
	外商投资企业	58.15	57.25	58.41	58.19	55.56
	民营企业	32.90	33.69	32.60	31.49	33.23
浙江省	出口总额	100	100	100	100	100
	国有企业	7.14	6.29	5.45	5.33	5.39
	外商投资企业	22.91	20.38	18.80	17.38	16.56
	民营企业	69.96	73.33	75.75	77.29	78.05
安徽省	出口总额	100	100	100	100	100
	国有企业	18.44	19.18	19.21	20.66	16.82
	外商投资企业	26.56	24.46	27.04	30.16	29.61
	民营企业	55.00	56.36	53.76	49.18	53.58

资料来源：由表21计算得到。

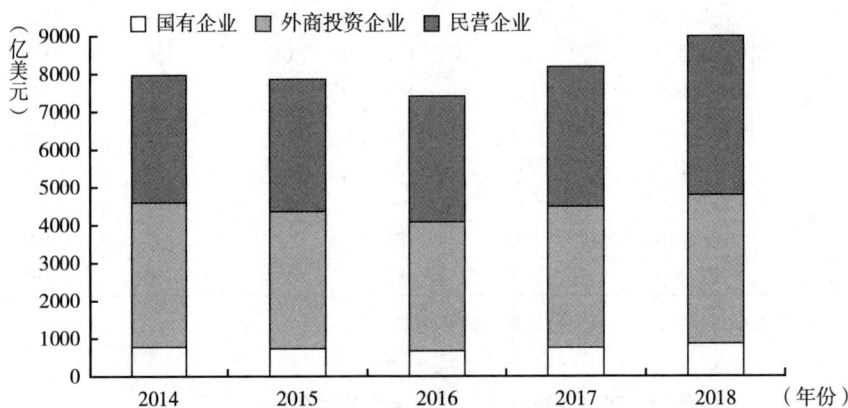

图9 2014～2018年长江三角洲按企业性质分类的总出口额

资料来源：上海市、江苏省、浙江省、安徽省统计局。

三 新动能：上海自贸区新片区引领长三角进一步对外开放

2019年7月27日，国务院印发《中国（上海）自由贸易试验区临港新片区总体方案》；8 月 20 日，中国（上海）自由贸易试验区临港新片区正式挂牌；8 月 30 日，《关于促进中国（上海）自由贸易试验区临港新片区高质量发展实施特殊支持政策的若干意见》出台。中国（上海）自由贸易试验区临港新片区的增设，将为中国进一步提高自身国际竞争力提供条件，通过制度创新为中国对外开放的深化提供新动能。

（一）对标国际：改革开放向纵深发展

2018 年 11 月 5 日，习近平主席在首届中国国际进口博览会开幕式上发表主旨演讲，提出"增设中国上海自由贸易试验区的新片区"。短短 9 个月时间，中国（上海）自由贸易试验区新片区就正式挂牌，这不仅是中国承诺、中国速度，而且是中国表达"共建创新包容的开放型世界经济"这一立场的最佳表现。对标国际上公认的竞争力最强的自由贸易园区，这不是一句空话套话，中国和上海正以自己的努力向国际社会表达我们的能力和决心，表达我们积极践行国际承诺、遵守国际规则的诚意。

（二）引领带动：长三角一体化新举措

上海是长三角一体化的龙头，国家和上海在规划布局新片区的时候，没有忘记上海必须辐射长三角、服务全国的功能。加大开放力度，放大辐射效应，上海自贸区新片区将在对内对外的共同开放中，在长三角一体化的发展中，进一步汇聚人流、物流、资金流，促进贸易和投资的双向开放和发展，逐步打造成为更具国际市场影响力和竞争力的特殊经济功能区。

（三）制度创新：临港50条顺利出台

特殊区域，特殊政策。"建立以投资贸易自由化为核心的制度体系"，以"投资自由、贸易自由、资金自由、运输自由、人员从业自由等为重点，推进投资贸易自由化便利化"，"借鉴国际上自由贸易园区的通行做法，实施外商投资安全审查制度"，等等，无不彰显出这一新片区的特殊性。2019

年 8 月 30 日出台的《关于促进中国（上海）自由贸易试验区临港新片区高质量发展实施特殊支持政策的若干意见》，被称为"临港 50 条"，从聚焦管理权限、专业人才、财税金融、规划土地、产业发展、住房保障、基础设施等方面，赋予新片区更大的改革自主权，增大了各方面、各领域的支持力度。制度创新为长三角对外开放新发展提供了新的助力。

B.9
长三角区域一体化需要构筑
高层次科技创新集聚区

胡国良*

摘　要：　区域一体化在实质上是区域间多元利益主体的逐渐消融，资
源要素分配不断走向统一。多元利益主体难以实现产业自觉
分工和科技协同发展，长三角科技创新一体化必须有一个包
容性的发展机制。其中，创新集聚区理应成为长三角区域提
高科技创新能力的全新组织平台。长三角区域科技创新成果
与产业脱节，区域创新合作多以项目合作为主，缺乏高端化
的技术研发基地。长三角区域一体化需要构筑高层次科技创
新集聚区，包括以产业优势为基础，构建特色化科技创新集
聚区；深化现有园区之间的合作，提高科技合作的质量；组
建"飞地式"高端技术创新区，有效整合区域重大创新平
台；优化高层次科技创新集聚区的制度与环境。

关键词：　长三角一体化　科技创新集聚区　基础设施建设

一　长三角区域科技创新需要走协同发展的道路

区域一体化在实质上是区域间多元利益主体的逐渐消融，资源要素分配

---

* 胡国良，江苏省社会科学院经济研究所所长，研究员。

不断走向统一。长三角区域一体化发展，就是要基于紧密的命运共同体、利益共同体和责任共同体的原则，在平等互利的基础上，通过制定各种机制化的条约、法规，建设相应的执行机构，减少各种生产要素流动的壁垒，实现所有合作成员的共同繁荣，提升区域的综合实力和综合竞争力。

（一）多元利益主体难以实现产业自觉分工和科技协同发展

1. 长三角一体化迫切需要自上而下的顶层设计

长三角一体化作为一项国家重大区域发展战略，党中央、国务院筹划已久。2005 年，首次长三角区域行业协作会议在浙江召开，长三角一体化正式被纳入两省一市（安徽尚未进入长三角区域）高层领导的决策范畴。此后，长三角两省一市经济协作会议变为三省一市主要领导座谈会，每年轮流在四地召开。接下来近长三角一体化进入实质性顶层设计阶段：2008 年国务院出台了长三角区域一体化发展的指导意见，2010 年出台了《长江三角洲地区区域规划》，2016 年出台了《长江三角洲城市群发展规划》。2018 年 11 月习近平主席在出席首届进口博览会期间明确指出，支持长三角一体化发展上升为国家战略。从此，长三角区域从最早期的经济协作会议发展到后来的区域领导层座谈会，再后来到 2017 年成立了长三角区域合作办公室，进而合署办公。

2. 长三角一体化更多来自行政力量推动

长三角区域一体化的顶层设计沿着两条路径展开：一是中央层面，在宏观规划上给予长三角区域政策支持；二是在地区合作层面，主要是三省一市各对口职能部门就长三角区域在发展过程中出现的问题加以协调，对长远发展做出一体性规划。在这期间共同制定并出台了《长三角一体化发展三年行动计划》。长三角一体化首先从经济发展领域引起，然而经过 30 多年的一体化探索，人们在产业一体化领域并无多大突破，于是人们开始把长三角一体化转向更容易实施的交通、卫生、营商环境、科技协作等容易达成一体化协议的领域。不仅如此，目前，长三角区域一体化的科学视野已经把三省一市区域协调与"一带一路"、长江经济带发展等国家重大战略相衔接。这样，长三角区域一体化的视野更远大，协作空间更广阔。

3. 传统行政体制成为约束长三角一体化的最主要障碍

第一，产业空间规划很难协调。经过 30 多年一体化发展，三省一市依旧是按照各自的经济社会发展需要，制定各自的发展规划。由于三省一市各自的发展基础不同、自然禀赋不一样，在长三角区域一体化中的功能定位就大不相同。然而这种功能定位上的区别并没有体现在三省一市的统一规划当中，各地市产业发展自成体系，各自的经济社会规划也是各自一张图。在最有可能合作的交通、卫生、环境、科技等领域依然按照各自的发展目标制定规划，这就难免为日后的经济社会发展带来协调上的难度。

第二，产业方向同质化竞争，缺乏分工协作。三省一市经济区位不同、产业发展基础不一样。江苏以外向型制造业为主，上海明确为四大发展中心，浙江以民营经济见长。但在现实产业发展布局和空间规划上，三省一市产业同质化率达到 85% 以上。产业的同质化带来对生产要素的无序竞争，导致优质产业资源竞争加剧的状况。

（二）行政分割阻碍要素资源的自由流动

第一，现行的三省一市行政区划边界的"硬"约束，具体体现在各自对财政收入的追求和经济增长指标的考核上，导致三省一市在经济发展中必然追求自身经济利益最大化而忽视周边区域的协作。甚至对企业投资进行不合理的干预，传统的行政体制阻隔了经济一体化的进程，构成了阻碍长三角区域经济一体化的壁垒，也成为阻碍长三角城市经济区形成与快速发展的巨大障碍。

第二，产业趋同造成索取资源要素相近，区域间产业无法形成分工协作，产生恶性竞争。目前，长三角地区产业竞争主要还是遵循传统的低成本的路径依赖，通过对生产要素的过度竞争，压低生产要素价格，走低成本扩张的道路，客观上形成了长三角区域产业竞争手段单一、产业结构雷同的产业同构现象。除了产业同构现象严重，长三角都市圈的发展定位和发展模式也极其相似，造成城市功能相似、城市外形雷同，结果是长三角区域间各自索取资源要素相近，产生恶性竞争。

（三）长三角科技创新一体化必须有一个包容性的发展机制

推动长三角区域一体化发展，需要在尊重长三角经济区各自利益主体的前提下，构建一种兼顾各方利益、按照各地产业优势、发挥各地自然禀赋的包容性发展机制，其内容包括协商一致的政策体制环境、红利共享的营商环境、分工协作的产业体系和合作高效的科技研发创新体系。也就是要在紧密的命运共同体、利益共同体和责任共同体的基础上，通过制定各种制度化的区域规划、产业要素分工协议、法规，以及建设相应的监督执行机构，撤销阻碍一体化发展的各类行政机构，促进生产要素的自由流动。

1. 试点跨区域经济合作区，寻求跨行政区的结合点

一是按照市场经济规律，通过股权合作模式，实现产能的高效利用。例如，太仓港与上海港将合资成立码头公司，共同经营管理太仓港集装箱三期下游两个 5 万吨级泊位。同时，双方将在码头操作平台、物流运输体系、通关一体化、信息共享等方面开展对接合作。二是完善目前已经比较成熟的分税制模式，让产业转移方和产业承接方通过事先协议约定，分享合作期间的税收，达到合作双赢的效果。三是合作地双方政府通过协商，将"飞地"未来一段时间的收益固定化，定期交给所在地的政府财政。此外，在人员就业、环境保护、产业发展方向协调上取得一致，在上述基础上，实现跨区域经济合作区建设试点。

2. 借助5G与大数据技术，推进大项目产业合作平台建设

长三角区域产业合作之所以长期停滞不前，一个重要因素是各方在利益分割面前难以达成协议。随着5G与大数据技术的发展，大数据的快速传输、人工智能的广泛应用，使得在产业的融合发展过程中，借助大数据和人工智能来计算实现利益分配成为非常容易的事。例如，长三角区域各省份边界收费站的取消，不是各方利益的消失，而是借助大数据和人工智能技术，可以很清楚地知道车辆在长三角区域行驶的数量和区域布局，从而可以借此进行高速公路一站式收费后的利益分配。当前形势下，要深化长三角区域借助5G与大数据技术，推进大项目产业合作平台的发展，关键要做好两个方

面的工作。一是体制转换,取消阻碍长三角一体化的各自过时的行政机构和收费平台。二是建立大数据共享平台。

3. 苏浙皖沪联合,打造我国科技创新中心区

长三角区域不仅是我国经济最发达的地区,也是科研力量最强,高等院校、科研院所数量最多的集中区,其中以张江科技城和合肥综合性国家科学中心最为典型。此外,长三角区域还是我国高科技园区数量最多、园区质量最高、高科技成果最为显著的地区。不仅如此,长三角区域还是我国制造业最发达、产业基础最雄厚的地区。所以,借助雄厚的制造业基础,发挥苏南、杭州国家自主创新示范区带动作用,构建区域创新共同体,研究规划建设长三角地区科技创新圈,打造长三角区域科技生态圈。苏浙皖沪联合,共同推进国家赋予的各项重大试点任务,相互借鉴共享改革成果。在长三角一体化的进程中,能否利用好上述科学技术资源,能否将科技资源转化为创新成果和先进生产力,关乎长三角经济区的长远发展前景。为此,苏浙沪三地亟待整合资源,打造地区科技创新中心。

4. 以交通、信息等基础设施一体化为突破口

长三角地区更高质量一体化,有赖于交通、基础设施高质量一体化发展。但长三角区域枢纽经济没有形成,和立体化的交通体系相配套的交通梗阻仍然存在。长江南北高速铁路网尚在推进过程中,以上海为中心的枢纽经济还在建设过程中,三省一市区域性快速便捷的交通网络有待进一步提升。所以,从发展枢纽经济的视野出发,大力提升长三角区域交通、信息等基础设施建设水平对于长三角区域经济社会高质量发展尤为必要。打破地区、部门、层级的信息壁垒,利用物联网、云计算、大数据等新技术促进数据信息与交通等基础设施产业的融合和共享,率先实现长三角地区交通、信息、政府服务的互联互通,是长三角区域一体化的突破口。

5. 依托"一带一路"建设,实现跨区域的国际产能合作

长三角一体化高质量发展,其发展视野、发展空间不应该局限于长三角区域,"一带一路"为长三角区域一体化发展提供了广阔的地域空间和政策空间。一方面,把长三角一体化战略叠加于"一带一路"倡议,实现跨区

域的国际产能合作。跨区域合作的主体是企业，重点是产能释放和技术引进。长三角区域是全球制造业基地，部分行业产能严重过剩，而这些过剩产能行业相对于"一带一路"沿线国家却有着巨大的市场空间。另一方面，"一带一路"沿线许多国家有着和中国的高端制造业相配套的先进技术，通过引进项目，在合作生产的同时引进我国欠缺的技术和资源。推动传统的外向型经济从规模、速度向更高质量、更好效益转变，实现从引进外资、输出商品到输出资本、输出商品模式的产业升级。尤其是江苏、浙江依托自身良好的产业基础和外向型的经济模式，依托完善的综合交通体系，嵌入"一带一路"倡议，是长三角企业通过融入"一带一路"进而带动全流域一体化的一条重要路径。

二 构筑高层次科技创新集聚区的战略思路及路径

（一）构筑高层次科技创新集聚区的战略思路

1. 以创新人才自由流动催生科技创新资源

一是要营造尊重人才、保护人才的环境。人才的创新创意能力是创新活动的重要源泉，而适宜的体制机制与环境是激发人才活力的关键因素。长三角地区要广泛吸收借鉴国内外先进的人才政策，为创新人才创造最优环境，形成让人才近悦远来的吸引力。例如，税收政策是影响人才特别是高端人才的一个重要变量。长三角地区在吸引高端人才特别是国际化人才方面，要对标国际标准，积极探索有利于吸引人才的特殊政策支持；同时，营造有利于各类人才充分发挥聪明才智的区域发展环境，让各类人才在长三角地区各展其才、大显身手。

二是推动人才与产业的深度协同。目前长三角地区产业与人才结合的紧密度还不足，究其根源，一方面，在于许多产业源自国际产业转型，真正的创新中心来自发达国家，产业的高级化过程业已开始，但尚未取得根本突破，相关产业人才的培育、引进同样处于发展过程之中，总体水平相对滞后；另一方面，在于长三角地区存在科技创新与主导产业脱节的问题，虽然本地人力资本数量较多，但与产业紧密结合的人才供给不足，即便是处于国内领先地区的产业集聚区，也面临高水平人才特别是产业化人才供给不足的问题。与此同时，创新人才的支撑力不强，也延缓了主导产业的转型升级力度，加之西方跨国公司对产业链控制权的牢牢把握，导致一些产业在事实上陷入了产业分工地位结构性锁定的被动局面。

三是构建富有引领性的人才培育机制。对于长三角地区而言，既要继续积极吸引人才，构建具有巨大吸引力的人才机制，激发高层次人才的创新活力，也要坚持自己培养的主渠道作用，把现有的和潜在的人才资源开发利用好。长三角地区要发挥好基础教育、高等教育的作用，持续培养高层次、高素质创新人才，同时积极破除制约人才资源流动和人才发挥作用的阻碍因素，营造开放包容的发展环境，鼓励不同文化的交流、思想的碰撞，促进人才的集聚和创新创意的涌流，打造世界人才高地。

2. 以全方位的技术应用实现大通量创新

一要提升产学研联合创新水平。在政策层面，既要落实好国家关于企业增加研发投入等方面的优惠政策，同时也要积极探索更贴近企业需求、本土产业成长需求的优惠政策，引领具有现实优势或潜在优势的产业成长；对于科研院所、企业科技创新成果给予支持，重点支持产业化的创新成果；以科技产业应用为导向，强化产学研联动，重点推动科研院所科技创新活动与企业需求、市场需求相衔接，形成科技创新产业化的便捷通道；为科研院所、企业等各类主体创新提供富有针对性的知识产权、税收政策、法律等全方位服务；鼓励和引导企业利用专利工具提升产业化水平，增强产品附加值和竞争力。

二是切实提高科技创新活动的国际化水平。一方面，要积极引进国际知名的研发机构、技术中介机构等创新机构，利用这些机构加强对国际创新资源的吸收利用；另一方面，要鼓励外资研发机构与本地研发机构的深度合作，不仅进行高频次的学术交流，更要围绕产业发展进行深层次的科研合作，借助技术链的垂直传递效应和水平扩散效应，带动地区整体科技创新活力的增强，拉近与国际先进水平的距离。

3. 以现代化经济体系推动现代化创新治理

要发挥市场机制在构建现代化经济体系和现代化创新治理体系中的基础性作用，充分发挥市场在资源配置中的决定性作用，充分激发企业作为市场活动微观主体的作用，以推动科技创新及产业化为导向，推动企业成为在长三角协同创新中创新决策、科研组织、成果转化、研发投入、产业布局的主体。进一步夯实政府间科技创新合作平台，形成标准统一、交流便捷、知识产权得到保护和互认共享的区域性科技创新公共平台。发挥各类市场化中介创新机构的作用，推动科技创新资源在长三角地区的高效配置，强化区域共同市场的特殊功能，促进长三角地区科技创新资源的充分利用；同时，强化一体化社会政策探索，构建强有力的社会保障网络，对各类创新活动进行"托底"，解除创新者的后顾之忧。推动政府作用更富效能、市场机制更富效率、社会组织更具活力，构建由多层级政府部门、多元化创新主体、多类型社会组织共同参与、深度协同的区域性科技创新治理体系，为长三角地区科技创新及产业化创造现代化的治理环境。

（二）长三角区域构筑高层次科技创新集聚区的路径

1. 联合大院大所，加强科学基础研究

长三角区域拥有发达的科技创新资源，特别是大院大所云集，为提升基础创新能力创造了必要条件。未来，要瞄准国际基础研究的先进水平，积极推进体制机制创新和创新生态营造，加强深度国际合作，鼓励多出具有国际领先水平的基础型、前沿性科技创新成果，不仅体现长三角地区的创新水平，也代表国家前沿水平，参与全球科技创新竞争，为长三角地区产业创新转型提供富有前瞻性、引领性的基础支撑。长三角区域重点依托上海、合肥综合性国家科学中心，聚焦能源、信息、生命、材料、环境等交叉前沿领域，开展高水平研究，推动实现基础型、原创性突破，为未来产业发展提供源头性创新支持。南京等区域创新中心城市积极申请建设综合性国家科学中心，加强对自身创新资源的整合，推动在重点领域的基础创新突破，为长三

角基础创新能力的提升提供更多支持。

2. 组建产业技术联盟，联合攻关产业关键技术

组建产业技术联盟是提升产业创新能力的有效方法，不仅具有区域性技术创新联盟的一般优势，而且具有更强的针对性，可以围绕特定产业的需求，深度嵌入产业链各环节、各领域，聚焦产业链不同环节的特色化需求，进行精准化协同技术攻关，不仅更容易取得技术突破，而且技术突破与产业需求紧密结合，可以迅速发挥实际效果。

当前，技术创新跨国转移和合作已成为时代潮流。任何一个地区都很难完全依靠区域内部的力量解决自身需求的技术创新。长三角区域构建高层次科技创新集聚区，必然要打造面向世界前沿水平的产业技术联盟。在具体实施路径上，既可以探索聚焦区域重点产业，开展国际研发交流合作，利用国际研发网络对接本地产业化需求，也可以培育提升本土跨国公司的全球资源配置力，通过构建高水平的全球供应链体系，与全球各类研发设计机构及企业进行创新合作，实施创新外包，以降低成本、控制风险，聚焦核心竞争力的培养与提升。

3. 自贸区和国家级新区等应成为科技创新集聚区重要载体

上海市是全国开展自贸区探索的地区，在自贸区建设上积累了丰富的经验。长三角拥有全国数量最多的国家级开发区和高新区，江苏成为最新一轮自贸区扩容的省份。长三角地区构建高层次科技创新集聚区不可能也不需要另起炉灶，而要发挥自贸区、国家级开发区、国家级高新区、国家级新区、国家级自主创新示范区等各类"国字号"战略平台的作用，积极开展前沿性制度创新、科技创新，推动科技创新资源在特定战略平台的高度集聚。李克强总理在 2019 年政府工作报告中提出，赋予自贸试验区更大改革创新自主权，增设上海自贸试验区新片区。支持国家级经开区、高新区、新区开展自贸试验区相关改革试点，增强辐射带动作用，打造改革开放新高地。这意味着，各类国家级战略平台不仅要学习复制自贸区经验，而且可以自主开展自贸区相关改革试点。这种制度性松绑具有巨大的创新激励功能，有望为长三角区域构筑高层次科技创新集聚区注入强大制度活力。

三 构筑高层次科技创新集聚区的对策措施

（一）以产业优势为基础，构建特色化科技创新集聚区

上海打造全球科技创新中心，既要为上海产业转型升级提供引领性支撑，也要带动长三角地区乃至长江经济带产业转型升级，这是上海作为世界级创新策源地的题中应有之义。江苏、浙江、安徽等区域创新水平均处于全国较高水平，其中，江苏处于全国第一方阵前列，安徽则处于快速上升阶段，在国家科学中心建设上更是走在了江苏、浙江前面。可见，长三角三省一市均具有在自身优势领域成为世界级创新策源地的可能，上海在其中发挥龙头引领作用。长三角共同打造世界级创新策源地，同时与区域性优势产业相结合，形成以上海为核心，以扬子江城市群、杭州湾城市群、皖江城市群为重点的科技创新集聚区。

目前，长三角区域虽然科技研发能力位居全国前列，但是科技研发主体与企业脱离，成果转化率低，既面临科技研发能力不强的问题，也面临科技对产业支撑不足的问题，科技成果产业化仍面临深层次矛盾问题。特别是江苏这样的产业大省，面临科技创新及产业化发展有高原无高峰的问题，虽然科技创新资源丰富、产业竞争力较强，但缺乏世界领先的重大科技创新成果和处于行业产业链顶端的优势产业和链主型企业。此外，长三角地区科技创新资源虽然丰富，但空间分布不均衡，较少像张江这样的高端集聚区，缺少高端效应和集群效应。原因之一是产业资本和金融资本分离，技术创新得不到金融资本的支持。因此，构建一体化技术创新投融资平台，推动产业资本和金融资本融合，是建设高层次创新集聚区的一项重要工作。

（二）深化现有园区之间的合作，提高科技合作的质量

第一，提升现有科技园区合作质量。重点推进张江、苏南、杭州、合芜蚌四个国际级自主创新示范区的合作。积极创新合作方式，拓展创新领域，

提升合作效果，并寻求建立长三角区域的综合性自主创新示范区，不断促进科技合作的深度和广度。范围更广一些的平台就是各省市的高新产业园区。在长三角高质量一体化进程中，要持续加强深层次合作探索，提升高新园区的合作层次和水平。例如，长三角各省市各类孵化器、众创空间等科创平台数量多、种类多，但跨地区合作不多，加强区域协同、提高利用效率，有很大的提升空间。

第二，推动毗邻区跨界创新合作。近年来，在苏州、南通、嘉兴等临沪地区已经开展了多种类型的跨界创新合作，取得了积极成效。张江平湖科技园、浙江临沪产业合作园区、江苏和安徽的苏皖合作示范区、浙江和安徽的皖浙泗海工业园以及 G60 科技创新走廊均已成为区域合作创新的典型示范。在上海、江苏、浙江交界处进行的长三角一体化示范区，也着眼于提升区域创新合作水平，促进区域产业发展。在各省市毗邻区开展创新合作，可采取灵活的方式，因地制宜、规范建设，在基础设施、创新载体、机构合作、融资服务等方面实现探索合作，逐步扩展范围，实现"由点到线再到面"的科技合作扩展。

第三，提升产学研联盟与中介联盟在创新生态中的作用。发挥产学研联盟和中介联盟在构建区域生态系统中的主力军作用、黏合剂功能，促进区域内产业、高校、研究机构的合作联盟建设，整合各地区学术科研力量。在产业层面，重点加强产业内外的科技信息交流与沟通，促进产业内科技创新合作。在高校方面，探索组建长三角高等院校联盟，鼓励高校间开展联合攻关。在研究机构方面，鼓励研究机构的域内异地研发中心建设。从产学研三个方面来看，加强企业与高校、企业与研究机构的合作，促进企业与高校和研究机构共建科技园，推动高校和科研机构的科研力量与产业企业发展实际相结合，同时支持高校与科研机构共建研发中心，提高科技创新的集成度和成果现实度，推进科技创新成果产业化。

（三）组建"飞地式"高端技术创新区，有效整合区域重大创新平台

目前，长三角区域技术研发基地主要集中在核心城区，离产业集聚区太

远。研发力量主要集中在城市核心区，深受传统体制和世俗风气的影响，对世界前沿技术的敏感性钝化，研发目标对企业的技术需求信息不对称。科技研发以项目合作为主，缺乏高端化的技术研发基地。长三角地区技术研发力量雄厚，三省一市在一些重大项目上进行过卓有成效的合作。例如，上海和江苏就深海探测进行过合作，上海与安徽就量子通信也进行过合作。但长三角区域缺少跨地区、长久性、高端化的技术研发基地。

建议长三角地区加强重大创新平台的有效整合。一是推动国家级高新区等园区平台的协同整合。长三角地区拥有全国数量最大的国家级高新区，是科技创新产业化的主战场，推动区域、产业相近的高新区等高端园区之间进行创新协同，重点围绕主导产业链进行深度协同，提升产业创新的高度与厚度。二是强化自贸区的带动作用，促进区域创新平台的高效整合。发挥上海自贸区的引领作用，推动上海自贸区新片区、江苏自贸区等新一轮自贸区建设，与周边区域发展联动，在高水平开放、高水平产业创新等方向协同发力，推动长三角产业基础高级化、产业链现代化。三是加强区域创新机制的协同创新，探索构建覆盖长三角全域的统一化的市场标准体系，形成充满生机活力的区域大市场，为自贸区、高新区、开发区等各类战略创新平台的协同整合创造有利条件。充分利用长三角现有优势，形成具有完整产业链和国际竞争力的产业集群，成为长三角世界级城市群发展的重要支撑。

（四）优化高层次科技创新集聚区的制度与环境

一是设立统一的知识产权保护制度。构筑高层次科技创新集聚区需要优良的制度环境做支撑，这些制度环境中核心的一项是知识产权保护制度。科研成果是最典型的知识产权形态之一。设立严苛的知识产权保护制度对保护科研单位的创新动力尤为重要。

二是构筑科技创新资源共享制度。要结合长三角一体化规划的实施，探索出台谋划指导科技创新资源共享的一揽子制度安排，提供具有普遍指导性的制度框架；同时，结合上海、合肥国家科学中心建设，以及G60科创走廊等重大创新平台建设，深度探索科技创新资源共享机制具体化的现实举措。破解内部网络连通性不强、共享资源分割、利益分享机制不健全等具体问题，大胆探索，尽快在实践中取得一批有益成果，并加以提炼和推广。

三是建立科技研发风险预警和防范制度。要充分发挥中介性评估机构等市场化主体的作用，对长三角科技研发合作过程中的风险进行专业性预警与评判，同时提出防范建议，为政府提供决策参考。长三角地区在科技研发风险预警与防治制度建设上的先行探索，不仅有利于区域科技创新及产业化的健康发展，也将为全国其他地区提供有益示范。

四是构建科技创新一体化的投融资制度。建议以上海为龙头，构建不同城市间科技金融服务的差异化协同机制，有效分工，深度合作，在更广阔区域内进行金融创新试点。设立长三角一体化发展基金，设立长三角"一带一路"金融服务中心，构建长三角离岸金融市场、直投基金及财富管理平台，促进长三角区域跨境交易与跨境并购发展。

参考文献

1. 王振：《长三角协同发展战略研究》，上海社会科学院出版社，2018。
2. 胡国良：《国际分工中的长三角制造业——优势、集聚、转移》，江苏人民出版社，2010。
3. 张玉臣：《长三角区域协同创新研究》，化学工业出版社，2009。
4. 金朝萍：《长三角一体化中的政府定位与作用研究》，硕士学位论文，浙江大学，2004。

B.10
长三角一体化与上海科创中心建设

王素云　沈桂龙*

摘　要： 上海科创中心建设是一项综合性的建设任务，其不仅关系上
海如何实现高质量的发展，更关系长三角在区域竞争中的地
位和发展潜力。当前长三角处于经济转型升级的关键时期，
加速推进长三角一体化与上海科创中心的协同共建具有重要
的意义。经过多年发展和积累，长三角已形成自己独特的优
势，但是仍面临着生态环境与资源的约束、产业发展同质
化、自主创新能力和区域合作能力有待进一步提升的问题。
本文认为上海科创中心的建设离不开长三角的支撑，而上海
已有的创新基础和创新条件为长三角一体化的新阶段提供了
重要的突破口。结合长三角一体化加速推进的大背景，本文
认为上海科创中心建设需重视以下三个方面：一是坚持开放
与改革并举，优化上海科创中心建设的软环境；二是坚持与
长三角的合作与联动，推动上海科创中心的协同创新；三是
坚持中心与点轴协作分工，强化上海科创中心的龙头带动
作用。

关键词： 长三角一体化　上海科创中心　协同发展

---

* 王素云，上海社会科学院世界中国学研究所助理研究员，经济学博士；沈桂龙，上海社会科
学院世界中国学研究所所长，教授，博士生导师。

随着城市群的兴起和繁荣，城市群的持续协调发展已经成为世界乃至我国经济社会可持续发展的主导力量。[①] 当前，长江三角洲城市群已跻身国际六大世界级城市群，是我国"一带一路"与长江经济带的重要交汇地带，在国家现代化建设大局和全方位开放格局中具有举足轻重的战略地位。[②] 自从 2018 年习近平总书记提出"支持长江三角洲区域一体化发展并上升为国家战略"的要求后，促成长三角一体化协同创新发展已经成为基本共识，上海、江苏、浙江和安徽将进一步加深合作。

一　长三角一体化与上海科创中心建设的背景分析

长三角在我国经济社会发展建设中具有举足轻重的影响力，是我国经济增长的重要引擎。根据各省市统计年鉴计算，长三角 26 市总面积为 21.1 万平方千米，占全国总面积的 2.2%。常住人口 1.5 亿，占全国总人口的 10.97%，2017 年国内生产总值 16.5 万亿元，占全国国内生产总值的 19.97%。长三角用约全国 11% 的人口总量在我国 2% 左右的土地面积上生产出我国近 20% 的 GDP 总量。具有区位优势、经济优势、人口优势和对外开放优势的长三角是我国经济增长的重要支撑。

（一）长三角一体化体现区域发展战略的新高度

2016 年 5 月国务院通过的《长江三角洲城市群发展规划》中确定了长三角城市群在上海市、江苏省、浙江省、安徽省范围内，由以上海为核心、联系紧密的 26 个城市组成。其中包括上海市、江苏省 9 个市、浙江省 8 个市和安徽省 8 个市。长三角具有完备的城镇体系和空间布局，按照我国城市规模等级划分标准，长三角城市群大中小城市齐全，拥有 1 座超大城市、1 座特大城市、13 座大城市、9 座中等城市和 42 座小城市（见表 1）。从地理

---

① 苗长虹：《城市群作为国家战略：效率与公平的双赢》，《人文地理》2005 年第 5 期，第 13～19 页。

② 陈恒等：《长三角：世界级城市群从这里兴起》，《光明日报》2016 年 7 月 14 日。

位置上来看，长三角是"一带一路"和长江经济带的重要交汇点，具有区位优势突出、产业体系完备、经济腹地广阔的特点。

表1 长三角城市规模等级分类

规模等级		划分标准 （城区常住人口）	城市
超大城市		1000万人以上	上海市
特大城市		500万～1000万人	南京市
大城市	Ⅰ型大城市	300万～500万人	杭州市、合肥市、苏州市
	Ⅱ型大城市	100万～300万人	无锡市、宁波市、南通市、常州市、绍兴市、芜湖市、盐城市、扬州市、泰州市、台州市
中等城市		50万～100万人	镇江市、湖州市、嘉兴市、马鞍山市、安庆市、金华市、舟山市、义乌市、慈溪市
小城市	Ⅰ型小城市	20万～50万人	铜陵市、滁州市、宣城市、池州市、宜兴市、余姚市、常熟市、昆山市、东阳市、张家港市、江阴市、丹阳市、诸暨市、奉化市、巢湖市、如皋市、东台市、临海市、海门市、嵊州市、温岭市、临安市、泰兴市、兰溪市、桐乡市、太仓市、靖江市、永康市、高邮市、海宁市、启东市、仪征市、兴化市、溧阳市
	Ⅱ型小城市	20万人以下	天长市、宁国市、桐城市、平湖市、扬中市、句容市、明光市、建德市

资料来源：《长江三角洲城市群发展规划》。

自2018年以来，上海、江苏、浙江和安徽三省一市一体化发展不断加速。2018年2月，为了解决省际合作重大问题推动协同发展，三省一市联合推动组建了长三角区域合作办公室。2018年6月，长三角一体化的纲领性文件《长三角地区一体化发展三年行动计划（2018～2020年）》明确提出，长三角地区要建设成为全国贯彻新发展理念的引领示范区，到2020年基本形成经济充满活力、创新能力跃升、空间利用高效、高端人才汇聚、资源流动畅通、绿色美丽共享的世界级城市群框架。2018年11月5日，习近平主席在首届中国国际进口博览会开幕式上的主旨演讲中提到将支持长江三角洲区域一体化发展并上升为国家战略。2019年5月13日，中共中央政治局召开会议，审议了《长江三角洲区域一体化发展规划纲要》。会议强调，把长三角一体化发展上升为国家战略是党中央做出的重大决策部署，深入推进重点领域一体化建设，强化创新驱动。长三角一体化发展上升为国家战略，是习近平新时代中国特色社会主义经济思想的重要实践。上升为国家战略的长三角将呈现更加协同一体化的治理新阶段。

（二）城市群协同发展成为城市功能演进新方向

城市空间结构的演化是人类经济活动在空间地理上的反映。传统的城市空间发展理念是基于城市的形成和扩展的现实脉络而建立的，城市的主要职能体现为生产空间和生活空间的结合、扩展。工业经济时代，城市的发展体现在对自然资源的依赖上，传统城市更多地体现在物理实体性的概念上。此时城市发展思路表现为大量的物质财富、大规模的存量积累以及城市规模和边界扩展，片面地追求城市规模和人口总量，大规模投资城市基础设施建设，大兴土木，兴建城市副中心，甚至不顾城市区位条件和产业结构盲目地招商引资，以集聚各种要素资源，增加物质财富。进入信息和知识经济时代，上述城市经济资源积累模式发生转变。一方面，信息化的发展赋予了大城市特有的知识和信息资源比较优势，这为城市的发展注入了新的资源依赖；另一方面，自然资源成为城市经济发展的必要条件，而城市经济的发展则需要依靠知识和信息来推动，知识的创造、科技的创新成为城市群的核心竞争力。

以 Taylor 为代表的世界城市网络研究学者在 Castells 的理论基础上提出了中心流动理论。[①] 中心流动理论提出在网络化的空间中研究城市，全球城市的研究自此从等级视角转向网络视角，城市之间的关系由传统的等级关系，转向网络化关系。等级关系体现的是竞争关系，城市之间是"命令—服从"关系。网络化关系体现的是合作关系，城市之间是基于联系基础上的合作和发展。

采用网络的视角观察城市意味着积极寻求城市间的协同性和互动关系，并不意味着城市地理位置的终结。网络关系意味着城市之间平等、共享、合

---

① 马学广、李贵才：《全球流动空间中的当代世界城市网络理论研究》，《经济地理》2011 年第 10 期，第 1630～1637 页。

作，并形成一个网络化的过程。这种理念为区域发展带来了新的机遇，区域之间的竞争关系转向以城市群为经济增长极的合作关系，网络化带来的合作关系强调城市群内部各城市依据自身的优势和条件进行专业分工和交易，在流动空间中进行要素资源的集聚，在流动中实现资源的收益递增。此外，城市群内的水平分工占据主导地位，大城市龙头带动作用不断增强，发挥对周边中小城市和边缘区的"溢出"效应，地区间经济发展差距将逐步缩小，处于区位和发展劣势的边缘区得到了发展机遇。

（三）科技创新已经成为城市群发展的必然趋势

以城市群为单位衡量其在全球经济中的影响力和竞争力越来越重要。从国际城市群发展情况分析，目前世界主要的城市群有美国东北部城市群、北美五大湖城市群、欧洲西北部城市群、英国以伦敦为核心的城市群、日本太平洋沿岸城市群，长三角城市群被称为第六大城市群。[①] 当前，科技创新城市群已经成为城市群发展的必然趋势。在美国，斯坦福大学（Stanford University）、加州大学洛杉矶分校（University of California，Los Angeles）等全球顶级高校为旧金山科技湾区提供了人才支持，促使湾区成为全球最重要的科技创新中心。创新不仅是湾区经济发展的核心驱动力，更是美国发展的核心驱动力。美国东北部城市群的纽约、波士顿和华盛顿提供的技术成为其竞争力的重要来源；在日本，东京和筑波的科学城成为城市群科技创新的重要载体，并推动城市群掌握新一代信息发展的核心技术，迈向智能化发展；在英国，世界级名校提供的人才吸引全球领先的半导体知识产权（IP）提供商 ARM 公司、前沿人工智能企业 DeepMind 公司等智能科技公司在以伦敦为核心的城市群集聚。与波士顿、纽约、伦敦、巴黎、东京等国际城市群的核心城市相比，作为长三角城市群的核心城市上海在 PTC 的专利累计申请量还存在一定的差距，创新能力有待进一步提升（见表2）。

---

① 叶南客、黄南：《长三角城市群的国际竞争力及其未来方略》，《改革》2017 年第 3 期，第 55～66 页。

表2　2004年1月~2015年8月全球主要城市PCT专利申请量比较

单位：个，%

排名	城　市	PCT专利累计申请量	专利授权率
1	东　京	189822	0.55
2	深　圳	50816	0.38
3	巴　黎	34255	0.57
4	北　京	19968	0.39
5	伦　敦	18661	0.46
6	纽　约	15891	0.45
7	上　海	11665	0.39
8	波士顿	11624	0.44

资料来源：叶南客、黄南：《长三角城市群的国际竞争力及其未来方略》，《改革》2017年第3期，第53~64页。

改革开放40多年来，中国经济蓬勃发展，区域经济大放异彩，在沿海形成了京津冀、长三角、珠三角、长江中游和成渝等城市群。和我国京津冀城市群、珠三角城市群相比，长三角城市群是我国经济规模和人口规模最大的城市群，经济总量在全国城市群中居于首位。以2016的数据为例，长三角城市群常住人口相当于全国的10.97%，国内生产总值占全国的19.99%，人均GDP是全国人均GDP的1.82倍；珠三角地区2016年常住人口总数为5998.49万人，相当于全国的4.34%，创造的GDP占全国的8.73%；2016年京津冀城市群国内生产总值合计75624亿元，占全国的10.17%，人均GDP为67492元，是全国人均GDP的1.25倍。基于2017年的数据对比京津冀和珠三角地区，长三角三省一市在城市化率、人口数量、土地面积方面都具有优势，在GDP总量和人均GDP总量上也是三个区域中最高的。长三角得天独厚的地理优势造就了其发达的交通运输网络，为区域高效协同发展打下了坚实的基础。但是面对要素资源的约束和产业升级的现实压力，长三角城市群作为国家战略的密集区肩负国家进一步对外开放、转变经济增长驱动的重要使命，提升科技创新竞争力迫在眉睫。

二 长三角一体化战略下上海科创中心建设的重要性分析

如今，长三角作为我国参与国际竞争的重要城市群，将与京津冀协同发展、粤港澳大湾区建设相互配合完善我国进一步改革再开放的空间布局。长三角城市群应向具有全球竞争力的世界级城市群看齐，进一步发挥上海作为中心城市的辐射作用，进一步强化上海科创中心建设的龙头作用。

（一）长三角一体化进入强化创新升级的新阶段

长三角特殊的区位条件以及上升为国家战略的部署意味着长三角一体化的发展具有很强的带动性和示范性，关系我国经济的转型升级路径和国家高质量的发展。长三角协同发展的进度不仅影响沪苏浙皖地区的发展，也影响国家整体的区域布局。作为我国经济发展水平较发达的区域，长三角已逐渐形成自己独特的优势，但是在当前长三角一体化过程中，还存在以下几个突出的问题和短板。

一是生态环境与资源的约束。长三角人口众多、产业密集，能源原材料紧张、土地资源紧缺，资源和环境约束瓶颈十分突出。随着土地、资源和环境等要素成本的上升，长三角高度依赖资源与环境的产业以及劳动力密集型产业面临生存困境，产业转型升级迫在眉睫。此外，2015 年，上海建设用地达到了 3514 平方千米，占全市陆域面积的 46%，远高于很多国际大都市 20%～30% 的水平，按照这个速度发展下去，上海市很快就会出现无地可用的状况。① 江苏和浙江也因为污染等原因土地储备有限，情况不容乐观。

二是产业发展同质化严重。长三角城市群一脉相承，地理位置上高度集聚，相互依存。这不可避免地在资源上存在竞争性，而由此带来的产业同构和经济同质化现象普遍存在于长三角各城市中。有学者对长三角城市的产业

① 《上海市城市总体规划（2016～2040）（送审稿）》。

结构相似系数进行统计,结果表明上海与江苏的产业结构相似系数为0.82,上海与浙江的相似系数为0.76,而苏浙两省的产业结构相似系数则高至0.97。① 目前长三角城市群产业同构和过度竞争现象突出,产业规划与布局的合理性有待进一步提升。例如,在新一轮的"十三五"规划中,三省一市在先进制造业的产业发展定位、发展方向与功能定位上依然非常接近(见表3)。

表3 "十三五"时期长三角重点发展产业

省市	重点产业	先进制造业发展导向
上海市	以现代服务业为主,以战略性新兴产业为引领,以先进制造业为支撑的新型产业体系	着重在半导体装备材料、工业机器人、深远海洋装备等领域填补国内空白,发展壮大新一代信息技术、生物、高端装备等产业,做强汽车、船舶等传统优势产业集群,推动钢铁、石化产业向新材料领域延伸产业链
江苏省	以新技术产业为主导,以服务经济为主体,以先进制造业为支撑,以现代农业为基础的现代产业体系	重点发展新一代信息技术、高端装备、海洋工程、航空航天、新材料、节能环保、生物医药和新型医疗器械、新能源和智能电网、新能源汽车、数字创意等产业
浙江省	信息经济、节能环保、健康、旅游时尚、金融、高端装备制造与新能源产业	发展节能环保产业、生物医药、医疗器械、高端装备制造产业,突出机器人与智能制造装备、新能源汽车及电池产业、航空和高端船舶与海工装备等
安徽省	以战略性新兴产业为先导,以先进制造业为主导,以现代服务业为支撑的现代产业体系	培育新一代信息技术、智能装备、先进轨道交通装备、海洋工程和高端船舶、航天航空装备、节能环保和新能源汽车、新材料、节能环保、生物医药和高端医疗器械

资料来源:根据各省市"十三五"规划整理。

三是自主创新能力不足。相比于京津冀和珠三角地区,长三角城市群基础人才具有一定的优势。但是在创新企业数量方面,2018年全球创新力企业(机构)百强显示,相比于珠三角地区的华为、腾讯,京津冀的小米、

① 郁鸿胜:《建立与世界级城市群相匹配的上海市域城市群》,《上海商业》2009年第11期,第28~31页。

京东等全球知名企业来说，长三角地区除了阿里巴巴之外，全球知名的科技创新企业相对较少。目前长三角一体化过程中依然存在自主创新能力不足的问题，关键技术对外依存度较高，缺乏拥有自主品牌和自主知识产权的龙头企业，区域创新合作机制尚需进一步深化。赵明亮和臧旭恒指出，面对国际垂直专业分工发展，我国企业面临着"代工自我丧失"和"创新主体缺位"，这严重影响了我国对外贸易的竞争力。[①] 长三角地区制造业较为集中，但长三角的制造业多集中于产品加工等价值链低端环节，利润率较低，彼此间还很容易形成恶性竞争的困境，这种现状亟须通过创新升级来实现突破。

四是区域合作有待进一步深化。当前，我国经济发展已经进入"新常态"，正处于由高速增长阶段向高质量转型发展的关键时期。长三角地区正处于经济转型升级的关键时期，2017 年长三角产业结构在转型中取得一定进展，三次产业结构调整为 4.5∶42.9∶52.6。长三角第一产业比重比全国平均水平低 3.4 个百分点，而第二、第三产业比重比全国平均水平分别高 2.4 个和 1.0 个百分点。如今长三角地区三省一市不约而同地开始思考经济增长方式的转变，把创新作为转换增长动力的重要支撑和驱动力。长三角虽已在政府层面形成多层次区域合作机制，例如长三角区域合作办公室、G60 科创走廊联席会议办公室的相继成立，但是对一些跨区域、仅靠三省一市自身协调难以解决的重大事项，目前尚缺乏国家层面的机制加以协调推进。

（二）上海在长三角一体化新阶段中的基础和地位

作为改革开放的先行者和排头兵的上海在国家战略中的定位是率先创新，上海在过去的 40 多年中也承担了多项国家创新战略实践，是我国对外开放的桥头堡。上海"创新驱动、转型发展"战略更启迪了创新驱动发展战略的实施。作为长三角的核心城市，上海已有的创新基础和条件为长三角

---

① 赵明亮、臧旭恒：《国际贸易新动能塑造与全球价值链重构》，《改革》2018 年第 7 期，第 150 ~ 160 页。

一体化的新阶段提供了重要的突破口。

一方面，上海作为直辖市，在资源配置和要素集聚中具有先天优势。从人均GDP角度分析，上海的人均GDP一直居于首位，2017年上海人均GDP是全国人均GDP的2.1倍，江苏和浙江的人均GDP分别为全国的1.8倍和1.54倍，上海的经济发展水平不仅远高于全国的平均水平，也高于江苏、浙江和安徽。从产业结构层面分析，上海市的产业结构为"三二一"，第三产业比重较高，已进入信息化阶段。江苏、浙江和安徽的产业结构为"二三一"，但是近些年苏浙两省第二产业的比重不断下降，第三产业比重不断上升，且在2015年第三产业比重首次超过第二产业，实现产业结构"三二一"的标志性转变，这表明苏浙两省处于工业化向信息化转变的阶段。而安徽省的第二产业比重较高，第二产业在GDP总量中的比重超过50%，第二产业和第三产业的差距较大表明安徽还处于工业化阶段，产业结构需优化升级。从政策层面分析，作为我国改革开放的排头兵和领头羊，上海"五个中心"的定位和到2035年基本建成卓越的全球城市和具有世界影响力的社会主义现代化国际大都市的目标，表明国家从全局和战略的高度对上海经济发展、金融改革开放、航运发展、贸易发展以及科创建设做出的重大部署。"科创中心"的提出意味着上海开始从高速增长转向高质量发展的新阶段，注重建设具有国际影响力的科创中心。

另一方面，上海具有科技创新的基础优势。《上海市2018年国民经济和社会发展统计公报》显示，截止到2018年，全市共有普通高等学校64所，全市共有49家机构培养研究生，这为上海科创中心建设奠定了基础人才优势。高新技术企业的集聚为科创中心的建设和创新成果的转化提供了微观基础。一方面，2018年上海市全年用于研究与试验发展经费支出相当于上海市生产总值的比例为4.00%左右。全市科技小巨人和科技小巨人培育企业共1798家，技术先进型服务企业305家。年内共认定高新技术企业3653家，全市2016~2018年有效期内高新技术企业总数达到9206家。另一方面，上海科技成果的转化能力不断提升：2018年上海市全年共认定高新技术成果转化项目656项，比上年增长33.1%，认定数量创5年新高。其中，电子信息、生物医药、新材料等重点领域项目占 86.3%。至 2018 年末，共认定高新技术成果转化项目 12118 项。此外，跨国公司总部和研发中心的集聚是上海特有的突出优势，2018 年在上海投资的国家和地区达 182个，在上海落户的跨国公司地区总部累计达 670 家，其中，亚太区总部88 家；投资性公司 360 家，外资研发中心 441 家，年内新增跨国公司地区总部 45 家。[①]

（三）长三角一体化需发挥上海科创中心的龙头作用

从国家战略高度看，上海建设具有全球影响力的科技创新中心，依靠创新发展是上海转型发展的必由之路，也是国家实行创新发展战略的需要，更是长三角地区率先转型发展并带动长江经济带发展的国家区域发展战略布局的关键。科技创新中心的建设是上海迈向全球性城市，提升全球影响力的重要支撑。基于国家战略的考量，上海必须在推进科技创新、实施创新驱动发展战略方面走在长三角前面、走在全国前面，把上海建成具有全球影响力的科技创新中心。

从区域角度看，长三角区域经济发展存在客观差距，这在很大程度上影响了要素资源在区域内的布局。长三角一体化不是无差异的一体化，而是各司所长的高效率一体化。上海作为直辖市在资源配置和要素集聚中具有先天优势，经济发展水平在长三角地区最高，产业结构调整和转型升级已率先展开并取得快速进展。江苏和浙江工业化开展较早，20 世纪 90 年代就已进入高速发展期，经济总量和人均水平也处于较高水平。安徽工业化和城市化进程相对落后，在吸引资源集聚中具有后发优势。进入工业化后期阶段的上海是国际经济中心、金融中心、贸易中心、航运中心和科创中心。上海作为长三角的核心城市，具有服务区内外和国内外的辐射能级，推动长三角成为全国最具影响力和带动力的高质量增长极，离不开上海科创中心的引领带头

---

① 《2018 年上海市国民经济和社会发展统计公报》，《统计科学与实践》2019 年第 3 期，第11 ~ 21 页。

作用。

从上海自身角度看，完善的工业基础、先进的服务业配套，吸引全国各地人才的大学和研究中心，管理有序的城市营商环境为科创中心建设提供了基础和条件。2018年上海市第三产业增加值占上海市生产总值的比重为69.9%，已经进入服务经济时代。战略性新兴产业增加值占上海市生产总值的比重为16.7%，而快速增长的电子信息产品制造业对其他部门产生了巨大的"溢出效应"。在工业制造、零售商贸、金融、医疗等一些垂直领域，上海大数据发展水平已领先全国。上海产业数字化水平在全国处于领先地位，信息化和工业化"两化"融合程度较高。从产业链来看，上海处于制造业的研发和制造的结合部，是我国服务业和制造业的结合部；从价值链来看，上海处在"微笑曲线"的中段，即研发、营销和加工制造之间的分工地位。上海作为长三角城市群的中心城市，具备建设全球科创中心引领长三角一体化发展的实力。

三 长三角一体化战略下上海科创中心建设的关联性分析

经过改革开放40多年的发展，作为综合经济实力最强、发展活力和开放度最高的地区之一，长三角已经实现从劳动力驱动增长的1.0阶段到投资成为经济最重要的驱动要素的2.0阶段，目前正向创新成为最重要的驱动因素的3.0阶段转变。上海建设具有全球影响力的科技创新中心是一项国家战略。国家之所以选择上海承担此项战略任务，一方面是基于上海拥有科技创新的基础优势，另一方面是基于长三角地区可以为上海提供科技研发创新支撑和产业科技创新需求，有助于实现"产学研"的高效结合。

（一）长三角一体化建设需发挥上海科创中心的重要作用

面对日益复杂严峻的国际环境和经济迫切需要转型升级的国内现状，从中长期发展趋势看，长三角城市发展面临以下两大根本性转变。一是发展目标的转变，从单纯追求经济增长向追求经济、社会和生态的全面发展；不再单纯地追求 GDP 增长速度，摒弃城市间的竞争对立关系，从更高的层面树立长三角城市群"一体化"和"一盘棋"的协同发展思想。二是把发展要素从土地和资本等传统生产要素拉动转向创新、创意等现代要素的驱动，把创新作为引领发展的第一动力，并将其作为长三角一体化实现高质量发展的关键支撑。

长三角一体化是以创新为重要支撑的一体化。与国内的珠三角、京津冀以及粤港澳城市群相比，长三角城市群的经济实力在我国区域中居首位。但是与国际主要五大城市群相比，长三角城市群在经济发展水平、产业发展水平、人均 GDP 水平、全球化程度以及城市群发展质量层面依然存在差距，稍显逊色。① 当前上海已经成为长三角城市群的生产服务中心、资源配置中心、对外开放的门户和外资进入中国的桥头堡。作为核心的龙头城市，上海在长三角一体化中的地位非常重要，是长三角一体化的节点城市，也是连接世界面向国际市场的重要门户，类似于纽约在美国东北部大西洋沿岸城市群的地位，具有不可替代的作用。上海科创中心建设不仅对上海经济结构的调整和产业结构升级起到重要的作用，而且是我国转变经济增长和经济发展方式的重要手段。目前我们正处在新的历史条件下，全球化和信息化的交互作用下，创新发挥越来越重要的作用。长三角一体化已经进入快速发展的窗口期，上海、江苏、浙江和安徽加强创新合作，强化创新驱动，全面推动各领域的合作发展已经形成高度共识。

长三角一体化需要依托上海科创中心服务功能。上海作为长三角区域唯一的超大城市，其服务和辐射的功能具有"不可替代"性，长三角一体化需要依托上海科创中心服务功能。一是功能性上，上海已有区域以上或全球性的交易中心、商贸中心和电子商务中心、大数据中心、金融交易中心和技术交易中心。这些功能性平台不仅是服务先进性的体现，更是全球双边、多

① 嵇尚洲：《发挥上海中心城市作用，建设长三角世界级城市群》，《科学发展》2018 年第 7 期，第 50～59 页。

边交易的重要载体。① 这些具辐射和影响力的平台为长三角一体化提供了相应的信息流、货物流、资金流、人才流和技术流的吸引和凝聚力，为长三角一体化发展提供重要的功能性支撑。二是长三角过去的发展依靠创新在国内城市群竞争中脱颖而出，而长三角迈向具有全球竞争力和影响力的世界级城市群的新阶段，更需要把区域创新能力放在重要位置。上海科创中心的提出意味着我们开始从高速增长转向高质量发展的新阶段，要培育和创造新的比较优势，不仅"引进来"，还要"走出去"。作为节点城市的上海，也为长三角提供便利的全方位的金融服务、投融资服务、信息服务、法律服务等。

（二）上海科创中心建设离不开长三角城市群的合力支持

上海与长三角的关系绝不仅仅是单向的辐射和带动。长三角一体化协同发展离不开上海的龙头带动作用，而如果没有长三角腹地经济的支撑，上海的发展空间则相当有限。尤其是上海科创中心的建设，需要发挥长三角各地的协同创新力量深化区域合作。

一是长三角城市群内部优势互补，并形成了相应的科创产业基础。长三角城市群拥有丰富的创新资源。长三角有 25 所原 211 大学，8 所原 985 高校，这些高校成为长三角的人才孵化器，是推动高技术产业链形成并促进传统制造业转型升级的核心力量。在长三角地区国家高新技术开发区中上海占据 2 个，江苏占据 18 个，浙江占据 8 个，安徽也有 6 个。此外杭州高新区和上海张江高新区更是国家排名前列的高新区。

在研发支出强度上，江苏和浙江的研发支出都是名列前茅，具有一定的产业创新基础，上海科创中心的建设需要借助这些力量（见图 1）。2019 年长三角一体化加速推进，三省一市的"两会"政府工作报告对长三角一体化的推进都有相关的表述（见表 4）。

---

① 吕康娟：《上海全球城市网络节点枢纽功能、主要战略通道和平台经济体系建设》，《科学发展》2016 年第 4 期，第 107~113 页。

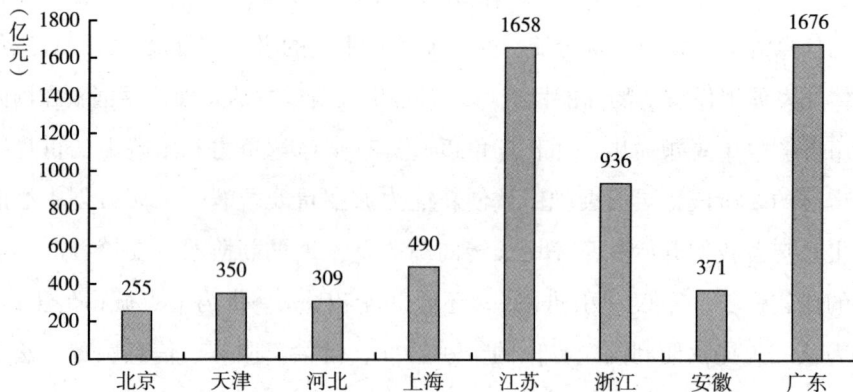

图1　2016年部分省份规模以上工业企业R&D经费

表4　2019年三省一市"两会"政府工作报告中对长三角一体化的相关描述

上海市	长三角一体化发展全面提速。创新区域协作机制,跨省市合作机制实体化运作。全力实施长江三角洲区域一体化发展国家战略,合力推进长三角一体化发展示范区建设
浙江省	加快落实长三角一体化发展国家战略。制定浙江推进长三角一体化发展行动纲要,共同打造长三角一体化发展示范区。共建G60科创走廊,牵头抓好数字长三角、世界级港口集群、油气贸易中心建设
江苏省	积极融入长三角区域一体化发展。主动与国家层面对接,加强谋划,做好规划,大力实施《三年行动计划》
安徽省	加快长三角更高质量一体化发展。深度参与长江三角洲区域一体化发展国家战略规划纲要编制,制定安徽实施方案。推进长三角科技创新共同体和产业合作示范基地建设

资料来源:长三角各省市2019年"两会"政府工作报告。

当前,长三角三省一市四地经济各有侧重和特色,互补优势明显。具体而言,上海是经济中心、金融中心、贸易中心、航运中心和科创中心,也是跨国公司的总部和研究中心的所在地,具有良好的教育资源和科研院所,集聚优秀的人才。江苏具有良好的产业基础,伴随产业的梯度转移,江苏是全球高科技产业制造业环链的重要集聚区。浙江民营企业众多,经济充满活力,当前伴随着数字经济的发展,杭州在数字经济、创新平台、知识产权、科技金融等方面表现出色,围绕阿里巴巴涌现了一批优秀的科技互联网企业。安徽省的后发优势和产业的承接，依托中国科技大学，打造了合肥综合性国家科学中心。长三角地区各自创新要素的比较优势，为上海科创中心建设提供了丰富的产业基础、成果转化的平台和梯度有序的区域创新体系。

二是 G60 科创走廊的发展为其协同创新提供了基础。近年来，长三角三省一市在区域协同创新方面进行了许多探索。2016 年《沪苏浙皖关于共同推进长三角区域协同创新网络建设合作框架协议》成为长三角地区协同创新的突破。长三角支持科创的重要举措是依托上海开辟 G60 科创走廊。2018 年 6 月，上海、苏州、杭州、湖州、嘉兴、金华、合肥、芜湖、宣城 9 市签署共建共享"G60 科创走廊"战略合作协议，明确了大量科技企业布局在 G60 沿线 7.62 万平方千米的地区。2018 年 12 月总规模为 1000 亿元的长三角协同优势产业基金成立，重点投放生物技术、物联网、人工智能、细胞治疗、抗体药、机器视觉、微机电系统、人工智能诊断、智能驾驶、机器人等硬科技行业。2019 年 6 月 24 日，长三角 G60 科创走廊联席会议启动了长三角 G60 科创云平台，促进产学研用一体化并发布《长三角 G60 科创走廊产业集群高质量一体化发展行动纲要》，提出以科技协同创新、产业一体化发展为目标，将长三角 G60 科创走廊建设成为国际一流的先进制造业高质量一体化发展的重要集聚区。

四 长三角一体化战略下上海科创中心建设的政策建议

科创中心建设是一项综合性的建设任务，其不仅关系上海如何实现高质量的发展，更关系长三角在区域竞争中的地位和发展潜力。世界主要城市圈的发展经验尤其是 Google、Apple 所在地的旧金山科技湾区发展历程表明，科技创新和知识经济的发展是区域经济转型发展的推动力，也是区域经济竞争力乃至国家竞争力的重要组成部分。而区域经济在产业集聚助力下对创新技术的催化和孵化作用值得期待。当下，长三角各地已迈向创新驱动发展的新阶段，在长三角一体化加速推进背景下上海科创中心建设还需要把握以下几个方面。

（一）坚持开放与改革并举，优化上海科创中心建设的软环境

具备有利于吸引功能性机构集聚，实现尖端人才、尖端公司和尖端科技集聚，实现信息流、货物流、资金流、人才流和技术流集聚和辐射的营商环境，是成为具有全球影响力的科创中心的重要条件。扩大开放与深化改革是形成开放性和包容性的营商环境的重要基础条件。扩大开放与深化改革也是提升营商环境的重要抓手，扩大开放本身就是优化营商环境的一个重要表现，同时也对营商环境提出了更高要求。

扩大开放是上海推进科技创新的重要优势。2018年11月，习近平主席在首届国际进口博览会上再次强调，"中国开放的大门不会关闭，只会越开越大"，并宣布进一步提升投资自由化水平、营造国际一流营商环境、打造对外开放新高地，提出为了进一步推进投资和贸易自由化便利化试点增设上海自贸试验区新片区。扩大开放有助于吸引全球功能性机构、高尖人才和科技型企业集聚上海，共建上海科创中心。和一般生产性企业相比，高精尖的企业和人才以及相关要素自由化的流动对营商环境的要求更高。他们对营商环境的要求不仅体现在对市场（行业）准入的难易程度、办事环节的便利度和规范性、政务审批的工作效率等方面，市场规范性、知识产权的保护以及市场主体权益保护、融资的难易程度和便利度、对创新范围的认可度乃至国际化人才的生活条件（含就业、子女教育）和医疗资源的丰富程度也同样重要。高端人才和国际化人才对营商的"软环境"越来越重视，营商环境是一个贯穿全程的不断优化提升的过程。促使人才、资本、信息、技术、管理等生产要素的充分自由流动，破除机制障碍，优化营商环境是上海建设科创中心的重要突破口。上海科创中心建设还需要营造包容性的社会环境。鼓励创新不仅体现在吸引高端人才和企业集聚的过程中，还需要形成鼓励创新、容许失败的包容性理念和宽松的社会环境，促使人们敢于尝试、敢于创新，形成不怕失败、追求创新的精神，从而真正激发上海科创中心的活力。

（二）坚持与长三角的合作与联动，推动上海科创中心的协同创新

面对长三角一体化进入强化创新的新阶段，长三角地区对上海的服务需求也进入转型升级的阶段，这也是上海从"四个中心"向"五个中心"功能定位转变，强化全球性的科创中心的现实背景。科创中心的建设仅仅依靠上海略显"独木难支"，加快推动长三角地区的协同创新是长三角一体化的重要抓手。虽然2018年长三角区域合作办公室在上海挂牌成立，但当前长三角一体化协同创新还存在科技创新体系条块分割、创新要素碎片化、创新协调机制缺乏以及创新要素区域流动不畅等现实问题。上海科创中心的建设离不开长三角协同创新的推进。

一是长三角区域协同创新需要避免"一亩三分地"决策思维，树立"一体化"意识和"一盘棋"思想。上海科创中心建设不仅事关上海的经济转型升级，也关系整个长三角地区率先实现高质量发展。当前江苏是制造大省，浙江是数字经济的高地，安徽合肥更是拥有3所国家实验室和一批科研院校。因此，建设上海科创中心要依托南京都市圈、杭州都市圈、合肥都市圈、苏锡常都市圈和宁波都市圈的同城化发展，以点带面、分工合作、突出特色。推进江苏沿江和皖江地区的产业联动，发挥南京都市圈在创新和商业资源领域的优势；浙江省重点承担了互联网的发展，依托杭州在互联网经济和数字领域的优势，发挥人工智能、虚拟现实等高新技术产业链在杭州都市圈的发展，弥补上海近年来在互联网浪潮中的劣势；依托合肥综合性国家科学中心，发挥合肥都市圈的产业承接和科创优势。上海作为核心城市应起到引领作用，充分强化其金融服务和创新功能。

二是协同推进上海建立一体化和共享型的科技创新公共服务平台。长三角区域三省一市的科技创新可以依托现有的科技创新平台，加强浙江省的长三角研究院、嘉善科技城、杭州城西科创产业集聚区，江苏省的省产业技术研究院、苏州科技城、昆山市科技创新公共服务平台，安徽省的科学技术研究院、中国创新经营研究院安徽分院等创新平台，与上海的高科技产业园区

加强合作。[①] 推动建设一体化技术交易和科技成果转化网络，促进技术性的资源共享平台建设。

三是深化长三角区域科研联盟建设，强化内在合作机制。创新是一个从技术发明到商业应用扩散的"全过程"，因此技术需要与相应产业领域的结合、转化并实现商业化的扩散，推动各个产业领域的要素重新配置和价值创造是真正体现出创新的价值。推进长三角区域范围内产学研资源的互动还需要进一步加强长三角区域科研联盟建设，依托长三角地区的产业优势和大学及科研研究所优势，推动生物医药、大型科学仪器、大数据、高校重点实验室、创新创业孵化器等联盟的建设，共建长三角科研创新平台。

（三）坚持中心与点轴协作分工，强化上海科创中心的龙头带动作用

上海的发展需要强化在国家发展格局中的战略支点作用，发挥面向国际与服务国内"两个扇面"的重要作用。[②] 上海科创中心的建设对内可以带动经济发展方式的转型和产业升级，对外则可以代表国家参与更高水平的国际分工和产业竞争，提升国际核心竞争力。上海科创中心的发展需要基于上海已有的经济优势、人才优势、金融支撑优势和服务支撑优势，结合上海自贸试验区建设先行先试的政策优势、对外开放排头兵和先行者的开放优势和长三角的腹地优势，促进人才流、货物流、资金流、信息流和技术流等要素畅通流动和集聚，打造科技创新高地。上海作为全球城市和节点城市应发挥其"试验田"的辐射和带动作用，进而带动整个长三角地区的经济发展和竞争力的提升。以上海为中心，辐射带动江苏、浙江以及安徽周边区域，借助上海对国内外经济要素的吸引力和辐射力，对标最高标准，发挥科创中心的带动力。

---

① 徐伟金、张旭亮：《长三角协同共建全球科技创新中心的思考》，《宏观经济管理》2016 年第 3 期，第 51 ~ 54 页。

② 上海市政协经济委员会、上海社会科学院经济研究所：《流量思维：聚集"上海 2040"发展新动能》，《联合时报》2016 年 12 月 16 日，第 3 版。

发挥上海科创中心的龙头作用，关键还需要推动高端创新资源在上海进一步集聚。在当前科学技术是第一生产力已经成为全球共识的背景下，尖端人才和尖端的公司是最为核心的创新资源，也是最为稀缺的创新资源。上海科创中心建设不仅需要借助自己已有的基础优势，还需要吸引国内外先进水平的高端创新资源及其平台，兼收并蓄，博采众长，借助上海科创板的设立以及资本市场的改革创新，借助自贸试验区实现政策先行先试，以更加积极的态度吸引国内外顶级科研机构集聚上海。

B.11
科创时代的产业集群党建：
范式、形态与路向

陈安杰　黄　宇*

摘　要： 科学技术在重构全球创新版图的同时，也影响着世界产业集群的蝶变升级。中国紧握科创的时代脉搏，发挥"两新"组织党建引领的作用，在全国形成了浙江海宁"三维"、成都高新区"梯度孵化"以及 G60 科创走廊"双服双创"的党建范式，充分让党组织催生产业集群效应。在产业集群党建运行上，强化党建引领创新组织设置，依托龙头带动打响党建品牌，突出条块联动激发集群活力。产业集群党建作为"两新"组织党建的新探索，要充分发挥产业集群党委的领导力，打破行政壁垒，推动要素自由流动；疏通集群阻力，加强组织有效覆盖；精准服务人才，涵养集群智力生态。

关键词： 科创时代　产业集群党建　党建范式　产业创新

　　在以人工智能、虚拟现实、量子通信、大数据、物联网等为代表的信息技术的推动下，人类迎来了科技创新的新时代。新一轮的科技革命和产业革命在重构全球创新版图的同时，也影响着世界产业集群的蝶变升级，科技创

---

　　* 陈安杰，上海市松江行政学院副教授，浙江省马克思主义执政党建设研究中心研究员，法学博士；黄宇，浙江省社会科学院科研处处长，浙江省马克思主义执政党建设研究中心首席专家，研究员，法学博士。

新日益成为国家发展的新引擎。我国要在全球创新版图中占有一席之地，必须充分发挥自身优势，实现赶超。对此，习近平总书记指出，要坚持党对科技事业的领导，发挥党的领导政治优势，优先培育和大力发展一批战略性新兴产业集群。① 这意味着我国科创产业将迈向全球价值链的中高端，在全国将会培育出若干世界级产业集群。那么，在科创时代的背景下，能否把党建嵌入产业集群当中发挥引领作用；怎样在产业集群上建立党组织，形成党建生态群；如何在党建引领下，落实服务创新链与产业链，实现科技创新和产业创新，正是本文所关注的重点。

一 科创驱动下的产业集群党建范式

20 世纪 90 年代，美国哈佛大学商学院教授迈克尔·波特在《国家竞争优势》一书中明确提出了产业集群的概念，并论述了产业集群是提升区域竞争力与科技创新的决定因素，其核心是在一定区域内产业的高集中度，有利于降低企业的成本，提高经济效益。随后产业集群被发达经济体广泛重视，成为工业化进程中的普遍现象。我国产业集群建设起步较晚，要实现对发达国家的赶超，一方面要借鉴世界产业集群建设的成功经验，另一方面要转变观念，发挥中国特色社会主义的制度优势和先进政党的引领作用，在"两新"组织中加强党的领导，明确党组织是党在非公有制企业中的战斗堡垒，企业党组织要在企业员工中发挥政治核心作用和引领作用，从而彰显党建引领在科技创新推动综合国力竞争中的新理念。

产业集群要在科技创新的竞争中取得优势，不仅"需要健全的法人治理结构，还需要具有内聚力的团队、精神动力的支撑以及和谐的内外环境"②，而党组织由于自身的优势和特质，恰好能够满足产业集群的这些要求。于是，在产业集群的基础上衍生了产业集群党建。所谓产业集群党建，

---

① 《习近平：在中国科学院第十九次院士大会、中国工程院第十四次院士大会上的讲话》，《人民日报》2018 年 5 月 28 日。

② 冯小敏：《增强"两新"组织党建工作的有效性》，《党政论坛》2009 年第 10 期。

就是通过整合产业集群内的有效资源，通过组织覆盖、要素对接、人才支持、阵地支撑，充分发挥产业集群党组织的战斗堡垒作用，促进企业生产经营、产业转型升级、产学研转化，实现集聚发展效应。产业集群党建是在新一轮科技革命和产业革命的强力推动下应运而生的新事物，也是对"两新"组织党建的新探索。从全国产业集群建设情况来看，三种产业集群党建范式较为典型。

（一）浙江海宁"三维"党建范式

浙江海宁经编产业园区是全球最大的经编生产加工销售基地和全国最具竞争力的经编产业集群地。从 2012 年开始，探索把园区党建和企业党建融合发展，注重科学化运作，通过区域共建、星级管理的方式，搭建组织平台，借鉴"针织法""编织法""机织法"等纺织工艺，开展有针对性的组织活动，建立机制式组织架构，形成企业、片区、园区共同参与的党建联合体，构建起"科学＋工艺＋人文"的园区三维党建体系。[①]

通过"科学化引领，工艺化推进，人文化服务"，推动产业集群党建凝聚起向上的力量，增强发展的质量，释放先锋的能量。以标准化管理理念引导党建工作，按园区党委、企业党组织、党员等层级制定党建标准，并立足园区党委牵头、党建分片统筹、企业党组织引领、党员个体发挥作用功能定位，分类指导、星级评定开展党建标准化建设。结合产业集群特色和园区特点，以"针织法"串线，组织开展有针对性的创意组织生活，实现企业党建和企业工作紧密结合；以"编织法"扩面，搭建整编型智慧集成组织平台，强化党建信息化建设；以"机织法"统筹，建立机制式和谐组织架构。落实首问责任制和全程代办制，通过"党员干部领衔＋项目服务团队"，实现企业服务、党员服务、志愿服务、公共服务、社会服务，率先建立党员干部五（吾）带头"保姆式"全程代办服务机制。[②]

[①] 张玉洁：《浙江海宁市探索产业集群地党建模式》，《组织人事报》2013 年 11 月 25 日。

[②] 《浙江海宁经编产业园区"三维"党建的实践和探索》，人民网党建频道，http：//www. dangjian. people. com. cn/n1/2016/0918/c406978 - 28721815. html。

（二）成都高新区"梯度孵化"党建范式

成都高新区是经国务院批准成立的高新技术产业开发区，园区不仅入驻了英特尔、富士康等世界 500 强大型企业，众多智力密集型小微企业也同时并存，呈现"产业集群多样、规模梯度分布、中小企业云集"的特点。高新区以"强化基础、服务大局、加强引领"为理念，从基层覆盖抓起，分层次分梯度孵化企业、加强组织顶层设计、深入探索制度体系建设，全力抓好党的组织和工作覆盖，提高产业集群党建水平。①

产业集群党建工作分为"重大企业——产业园区——中小企业"三个梯度展开。"点对点"抓好第一梯度，集中孵化重点企业党组织。按照"孵化一个企业，孵化一个企业党组织"的思路，集中力量孵化主导产业中的重大企业党组织，开展重大产业项目党建行动。"连点成片"抓好第二梯度，抱团组建产业园区党委。按照地域相邻、行业相近的原则，采取区域联建的办法，以规模化、集约化的形式组建产业园区党组织，确保园区非公企业"入驻即覆盖"。"连片成面"抓好第三梯度，分辖区孵化中小企业党组织。以社区活动中心"阳光家园"为平台，深化对辖区中小企业的服务和组织覆盖，提升产业集群党组织组建率。②

（三）G60 科创走廊"双服双创"党建范式

早在 2003 年上海就在全国率先成立了社会工作党委，成为全国第一家省级层面专门从事"两新"组织党建的工作机构。基于丰富的"两新"组织党建工作经验，上海在科创时代的背景下精准定位，探索开展产业集群党建，增进非公有制企业对党建工作的认同，巩固党在"两新"组织中的社会基础。上海市松江区按照"党建引领、对标一流、双轮驱动、开放共享"

① 舒小铃：《"梯度孵化"使党组织苗壮成长》，《四川党的建设》（农村版）2013 年第 5 期。
② 成都高新区工委组织部：《创新梯度孵化模式 夯实非公党建基础——成都高新区开启党建工作新局面》，《中国高新区》2014 年第 3 期。

的要求，把党组织建在产业集群上①，通过充分发挥龙头企业党组织的引领、示范、带动和帮扶作用，以组织联网、阵地联建、人才联育、发展联谋、党群联动、活动联办形成党建生态群，不断探索创新党建引领 G60 科创走廊建设新机制，更好地服务创新链、服务产业链，推动科技创新和党建创新。

松江区是上海打造科创中心的重要承载区，也是张江高科产业集群的西南门户。G60 科创走廊着力打造具有世界影响力的先进制造业产业集群，已有"初创时期的 1.0 版的高速公路时代升级为覆盖沪苏浙皖 9 个地市 3.0 版的高铁时代，从松江的城市战略迈向长三角一体化的国家战略"。② 松江已初步形成以百亿级产业项目为龙头，众多成长型、创新型企业深度融合的产业集群。促进人工智能、集成电路、新能源汽车、生物医药等产业链上下游合作、供应链整体协同，加快形成先进制造业产业集群一体化发展格局。2018 年工信部赛迪研究院发布"中国先进制造业发展指数"，G60 科创走廊综合排名位列先进制造业十大代表集群第 1。③ 截至 2019 年 11 月，已组建松江区人工智能产业集群党委、上海正泰启迪智慧能源产业集群党委等 12 个覆盖"一廊九区"各功能板块的产业集群党组织。

产业集群党建坚持党建带动、集群联动、服务推动的工作理念，以通盘思维赋予党建新活力，释放新动能，形成"双服双创"党建共同体。充分发挥党组织的引领作用，注重从共同利益、共同需求入手，以共建互补为纽带，组建产业集群党建联盟。以重大项目带动和龙头企业引领相结合，大力开展产业集群党建工作。积极引导大企业加强与中小企业协作，发挥产业集群党建优势，形成集群产业价值链。在服务产业链、服务创新链中以"项目融合"和"人才服务"为抓手，实现集群企业科技创新和党建创新，全方位推动党建项目化。引导集群内企业党组织重点围绕创新创业、科技攻

---

① 《松江：党组织建在产业集群上 非公企业党组织覆盖率超 81%》，《解放日报》2018 年 7 月 2 日。

② 中共上海市松江区委党史研究室编《口述松江改革开放》，学林出版社，2018，第 9 页。

③ 顾春：《G60 科创走廊一体化样板间》，《人民日报》2019 年 1 月 4 日。

关、专利突破、转型升级、工匠培育、品牌塑造等方面推进党建项目和科创项目深度融合。

从全国来看，尽管三种党建范式表现形式各有不同，但都具有共同的特征。一是凸显党的组织力建设，这是新时代基层组织设置和活动方式的有益创新，为开创党建工作新格局提供经验。二是以区域化党建为平台，重视资源整合、要素对接，促进信息、技术、人才等要素的流动，实现特定范围内资源配置效率的最优化。三是创新党建工作新机制，用党建新成效促进经济高质量发展和产业的转型升级。

相较于浙江海宁和成都高新区党建范式，G60科创走廊党建范式又显现出其独特的差异性。一方面，与成都高新区党建范式相比，G60科创走廊党建范式是在一个区域和相同行业建立产业联盟，将党组织建在产业集群上，不同于成都高新区党建范式跨行业的做法，有利于最大限度地集聚产业优势、政策优势、专业优势、技术优势以及创新优势，形成产业内高度集聚的联盟集合效应；另一方面，与浙江海宁党建范式相比，G60科创走廊党建范式突破了行政区域的限制，实现了多种高新技术产业联盟的建立，打通了行业之间的产业链，推动产业集群党建的实体化运作，如对于企业规模大、创新能力强、经济质量高、党建基础好的龙头企业，成立产业集群党委。对于党支部和党员数量较少的产业集群，先成立产业集群党总支，待条件成熟后再成立产业集群党委。对于党员人数不足三人的企业，在集群内部组建联合党组织，纳入产业集群党组织管理。

进而言之，正确认识产业集群党建范式，对于准确把握"两新"组织在党的领导下的创新实践具有重要意义。当然，这种意义并非仅限于此，同时也体现在对产业集群党建的运行上，因为正确认识和把握产业集群党建的运行是正确研究"两新"组织党建在科创时代创新的逻辑前提。

二 科创时代的产业集群党建运行

面对产业革命和技术创新掀起的信息化浪潮，作为马克思主义政党的中国共产党十分注重挖掘其潜在政治优势，将其用于"两新"组织建设中，加强党的影响力和引领作用，继而扩大党组织在产业集群中的覆盖面，确保产业集群能在党建引领下运行。越来越多的地方社会工作党委把党组织建在产业集群上，通过强化思想引领、组织引领、价值引领，以党组织全面进步、全面过硬带动各项工作，增强党员的党性观念和服务意识，搭建平台、整合资源、对接供需，使党组织优势不断转化为科技创新的强大动能。

（一）强化党建引领创新组织设置

党建引领不是抽象的、单一的，而是一种具体的、全方位的引领，着眼于党组织领导力的塑造，体现为党组织的社会动员能力、组织凝聚能力、工作推动能力与服务群众能力。党建引领要求把党组织嵌入产业集群的治理体系，寻求产业集群中的党建引领主线，实现社会公共资源与产业集群党建的有序对接。

G60 科创走廊从一开始就把"党建引领"摆在顶层制度设计的首要位置，发挥其独特的政治优势。着力在上下游企业相对集聚的产业探索成立产业集群党组织；在企业分布相对分散的产业，成立"党建＋产业"促进会，有效整合产业集群资源，服务企业发展。① 产业集群党组织通过整合产业集群内的企业、科研机构、行业协会等资源，发挥龙头企业党组织的示范、带动和帮扶作用，推动产业集群党建工作与企业生产经营、产业转型升级、产学研转化等深度融合，提高科创要素自由流动和资源配置的效率，从而服务创新链和产业链，引领产业集群高质量发展，在集群企业员工中发挥政治核心作用，在集群企业发展中发挥政治引领作用。着力抓实产业集群党组织运转，落实好产业集群班子成员、专职党务干部、委局街镇联系领导的人选、办公场所以及党建阵地等，定期召开班子会并策划开展相关活动。②

---

① 《上海优秀基层党建工作项目巡礼之——松江区党建引领 G60 科创走廊》，《上海党史与党建》2018 年第 2 期。

② 《把党组织建在产业集群上——上海市松江区推进产业集群党组织引领 G60 科创走廊建设案例》，人民网党建频道，http://www.dangjian.people.com.cn，2018－11－02。

（二）依托龙头带动打响党建品牌

在入驻科创园区的企业中，精选企业规模大、科技含量高、党建基础好的龙头企业，充分发挥这些企业的示范、带动作用，由龙头企业党组织书记担任集群党委书记，并配备专职党务工作者，以集群党组织全面过硬、全面引领，带动产业集群发展壮大。如上海市松江区于 2018 年在全国率先成立产业集群党组织——上海市正泰启迪智慧能源产业集群党委和松江区人工智能产业集群促进会。集群党委采取"1 + 7"的组织结构，即由龙头企业正泰电气公司党委（下设 15 家党支部）与 7 家企业的党支部组成，推动龙头企业党建和产业的优势、资源与经验输送到集群内上下游企业。党建促进会在区级层面，通过搭建平台，将隶属于不同区域的人工智能相关企业、科研机构以及政府部门联结成有机整体，真正做到"产业在哪里集聚，党的工作就在哪里覆盖"。[①]

推动党建项目与科创项目深度融合是产业集群党建的又一重要抓手。G60 科创走廊针对非公企业党组织作用发挥难、引领发展程度不够等问题，进一步打响党建项目化品牌，推动党建项目与科创项目深度融合。各产业集群企业围绕转型发展中心任务，在科技攻关、工匠培育等方面建设项目 500 余个，涌现出江河幕墙党支部"双强六好"、启迪科技园党支部"党建引领、科创驱动新'四化'"等一批优秀项目，实现关键岗位有党员、创新创业有党员，推动企业科创能力进一步提升。[②] 浙江海宁构建起以"红之源、绿之行、橙之光、蓝之韵、紫之律"为内容的五彩党建项目，探索成立"青年党建俱乐部"，灵活组建"青春支部"，培育了一大批产业集群党建示范典型。

（三）突出条块联动激发集群活力

产业集群党组织通过党建搭建平台，整合资源，加强产业集群企业与行

---

① 《上海松江成立产业集群党组织》，《人民日报》（海外版）2018 年 6 月 30 日。
② 《党建引领助推 G60 科创走廊建设——松江区打造"两新"党建"一轴两翼多点"工作链》，《解放日报》2017 年 7 月 25 日。

业部门的沟通，帮助企业争取政策、资金等扶持，为企业间合作牵线搭桥，延长和服务产业链，进一步发挥党组织在产业链上的串联资源优势。如G60科创走廊各产业集群党组织积极开展正泰"双服双创"要素对接会，"同心众创"主题沙龙，人工智能政策解读和企业交流会等要素对接会，上下游企业合作项目对接会及政策推介、发布、宣传会等活动，区层面启动"百场法治宣讲进产业集群"，帮助解决企业和员工的难点、痛点和堵点问题。全区各基层市场监管所、税务所近50名书记在担任"两新"党建指导员的同时，同步建立起与产业集群党组织的对接机制，加强对企业的党建、业务等方面的指导。①

聚焦岗位建功，加强在产业集群企业先进分子中发展党员，把党员培养成推动集群发展、引领企业创新的先锋力量。如松江区在2018年圆满完成G60科创走廊"两新"领域"万名党员、千名党组织书记、百名党员业主"轮训。举办产业集群党组织书记暨非公经济代表人士研修班，不断提高"两新"组织党员的党性修养，增强他们"双服双创"的业务水平和工作能力。2018年，成都高新区辖区内有104家企业单独建立起党组织，45家非公企业着手筹建党组织，20余家企业的多名高管积极向党组织靠拢，实现了党建、产业"同频共振"。②

三 科创时代产业集群党建的推进路向

"两新"组织作为推动科创时代我国经济社会发展的一支重要力量，是"党的建设的重要领域和重要阵地"。③ 产业集群作为"两新"组织在科技创新推动下出现的新业态，构成了"两新"组织中"新经济组织"的重要

---

① 《把党组织建在产业集群上——上海市松江区推进产业集群党组织引领G60科创走廊建设案例》，人民网党建频道，http://www.dangjian.people.com.cn，2018 - 11 - 02。
② 李晓东、周洪双：《党建"一颗子"激活治理"一盘棋"》，《光明日报》2019年2月14日。
③ 杜玉华：《加强新时代"两新"组织党建工作》，《红旗文稿》2018年第5期。

组成部分，对于推动我国经济社会发展发挥了重要作用。然而，把党组织建在产业集群上，通过产业集群党委引领产业集群建设是"两新"组织党建的新探索，这种探索尚处在完善之中。甚而言之，产业集群党建承载了中国共产党对非公领域经济组织进行"政治团结、组织凝聚和方向引领的政治使命"。[①] 这种使命要求产业集群党建必须提升组织力，了解企业的实际需求，关注员工的思想动态，倾听企业管理人员所关心的问题以及对产业集群发展的建议。

（一）打破行政壁垒，推动要素自由流动

产业集群党建要以区域一体化发展为战略、产业集群发展为需求、科技创新为动能，公司和社会组织的资源为供给，实现要素双向对接，寻求最佳结合点，设计实效性强的党建化项目，让更多的要素资源可以在更大的区域内流动。充分发挥党组织的引领作用，破除市场藩篱、体制机制障碍，超越行政区划，在规划对接、战略协同、专题合作、市场统一、机制完善等方面开展广泛合作，按照市场化要求共同建立区域大市场，打造成为公共服务便捷、产能分工协作、资源优化配置、基础设施一流的高质量协调发展的共同体。在明确集群党建管理范式的基础上，赋予产业集群中龙头企业所在地党委政府更大责任与担当，吸收机关党建的"稳"、社区党建的"活"，结合企业党建的"新"，有针对性地开展集群党建工作。

积极为区域主体搭建平台。探索建立联席会议平台、工作参与平台以及供需对接平台，包括各企业、所在地高校、社会组织在内的区域主体，定期通报研究党建工作，所在地高校、社会组织党支部书记在集群党委中兼职，参与集群党建工作，对企业发展的重点难点事务共商共议，建立供需对接平台，企业发展中的问题和需求在平台中得到政府、社区单位的认领和支持。构建大党建新体系，建立健全片区党建负责人制度，深化各片区联动，充分

---

① 薛小荣：《对新时代提升"两新"组织党建组织力的新思考》，《毛泽东邓小平理论研究》2017 年第 12 期。

依托资源、交通、人才等基础条件，推动产业集群党建发展。

产业集群党建工作尚处在探索阶段，开展工作上存在上级党组织条块重叠、工作重复的现象。为此，构建"条块结合、共建共享"的产业集群党建工作，要突出实效性和联动性。要有问题意识，在党组织的设置管理上贴近实际，不拘一格，不搞"一刀切"，可以采取"条块结合""属业管理""属资管理"等，要以解决党建工作推进中的突出问题为主，创新集群党建工作范式。同时，在集群党建的运行上呈现联动性，可以将楼宇党建、社区党建与园区党建相结合，促进条块之间、区域之间的互联互通。在党建资源上搭建资源支撑体系共享平台，实现党建资源的共享共用。

（二）疏通集群阻力，加强组织有效覆盖

产业集群党建工作要聚焦和服务于经济中心工作，使党建引领成为科技创新的强大动力。让企业看到党支部、党员在企业发展中起到引领作用，看到党建的力量与价值，才能真正将党建工作抓实、抓好。通过强化组织领导，有效发挥集群党委在企业内的政治核心作用和对经济建设的促进作用，通过党委决策、资源统筹，切实解决产业集群中出现的阻力问题。

集群党委要转变观念，紧贴企业发展实际，凝聚对做好企业党建工作的共识，引导企业主和党员形成抓党建工作就是抓科创驱动力的观念，这样才能在产业集群党建的大格局中谋求更大发展。党建工作要不断创新，产业集群党建联盟就是党建工作创新的成果，但还需通过更多的创新举措理顺党建管理体系，更好地发挥集群党委的"集聚"和"延伸"功能。

为此，要通过集群党委打开集群产业链上的企业党建工作，扩大党建覆盖面。集群党委要根据产业链的特点、企业的实际情况，分类指导、贴心服务，在制度上进行创新，深度融合企业科技创新的需要，最大限度地发挥党员的先锋模范作用，鼓励产业集群党员争做创新专利技术排头兵、勇做转型发展带头人，增强党建凝聚力。党支部要注重发挥"思想引领、组织引领、示范引领"作用，建立"双培养"机制，增强党组织在群众中的号召力。

（三）精准服务人才，涵养集群智力生态

要坚持党管人才原则，强化人才联动，进一步吸引人才、凝聚人才、服务人才，激发人才创新活力，突出人才与产业项目的联动，鼓励企业综合利用合同管理、议价薪酬、异地工作等国际通行举措，汇集世界级、国家级高端人才，构建国际间开放共享平台，推动人才要素在产业集群中自由流动。

产业集群党委要以造就创新人才和开发紧缺急需人才为重点，以优化人才发展环境为保障，大力加强人才队伍建设。通过企业经营管理人才团队、领军人才团队、创新创业人才团队、专精特新人才队伍建设，努力提高重点区域的自主创新能力，建设人才发展新高地。同时，以适应经济新常态为核心，加强企业经营管理人才队伍建设，进一步实现队伍竞争力大幅提升，形成与产业集群新高地建设相匹配的企业经营管理人才服务支撑体系。党建工作要作为激励核心人才创新创业的有效抓手，建立健全将党员培养为科研创新骨干、把技术骨干培养为党员的"双培养"机制，加大在企业管理人员、技术人员、生产一线优秀员工特别是高端人才、精英人才中发展党员的力度，增强党组织在产业集群中的号召力。

此外，要以促进服务人才精准化为核心，通过区域化党建，以党组织结对共建为载体，打造高校、科研院所、园区、企业等创新主体"人才共享、资源共用，发展共赢"的人才工作机制。加强高层次人才的政治引领，发挥高层次人才的智库作用，组织专家围绕重大规划、重大决策、重大工程和经济社会发展问题进行建言献策，进一步扩容人才专窗受理事项，做实"一网通办"，搭建灵活畅通的人才交流平台，有效发挥高层次人才在产业集群间的交流合作。

总体而言，科技革命和产业革命的浪潮对"两新"组织党建，尤其是以新业态形式呈现的产业集群党建带来了机遇和挑战的双重影响。在党建引领下，建立覆盖不同类型企业的产业集群党组织，把党组织直接建在产业集群上，优化组建同类企业的产业集群联盟，构建产业集群党建"生态链"，服务企业的创新链和产业链，实现科技创新和党建创新的同步共创，成为产

业集群党建发展的最新趋势，也是科创时代背景下对产业集群党建的新要求。然而，不可否认的是，科技创新也为产业集群党建带来了诸多影响，当我们仍然用传统的方式方法在产业集群开展党建工作时，所产生的效果可能要小，甚至难以推行。随着科技革命和产业革命的来临，产业集群党建要与时俱进，切实提升科创时代产业集群党建的联动性和实效性。

B.12
江苏对接上海国际金融中心
建设的思考与建议

骆祖春*

摘　要： 作为落实习近平总书记要求的重要举措，2019 年 1 月国家出台《上海国际金融中心建设行动计划（2018～2020 年)》，规定了上海国际金融中心的建设目标与发展路径，明确了发展战略重点和推进举措。上海市千方百计抓落实，上海国际金融中心建设进入快车道。加快建设上海国际金融中心对江苏近期有一些吸纳效应的影响，但从长远看，它的辐射与服务效应更大。江苏自觉对接上海国际金融中心建设主要在于以下方面：江苏区域金融中心与上海国际金融中心细分市场的对接与再定位，江苏地方资产管理机构与上海全球资产管理中心对接，江苏"走出去"投融资与上海跨境投融资服务中心对接，江苏金融科技产业与上海金融科技中心对接，江苏四板市场与上海科创板对接，江苏保险产业与上海国际保险中心对接，使用好与加快培育现代金融人才，做好上海国际金融中心建设的配套工作。

关键词： 上海金融中心　吸纳效应　辐射与服务效应　江苏金融市场

---

* 骆祖春，江苏省社会科学院研究员、江苏省金融研究院副院长。

2019 年 1 月，经国务院同意，中国人民银行等八部门联合印发《上海国际金融中心建设行动计划（2018～2020 年）》（以下简称《行动计划》）。上海市及相关主管部门正在紧锣密鼓地推动该计划落地，上海国际金融中心建设进入快车道。本文就上海国际金融中心建设对江苏的影响与苏沪两地金融市场对接的可能渠道与空间做了思考，并相应提出一些可能的举措建议。

一 加快建设上海国际金融中心的最新进展

上海是全国的金融中心，金融行业的发展水平处于全国前列。目前，上海已建成股票、货币、外汇、债券、票据、期货、黄金、保险等全国性金融要素市场。截至 2018 年底，上海的持牌金融机构达到 1605 家，上海金融市场成交总额达到 1645.8 万亿元，同比增长 15.2%。2019 年 9 月，英国智库 Z/Yen 集团发布的第 26 期"全球金融中心指数（GFCI26）"排名中，上海连续第三次保持第 5 位，显示出国际社会对上海国际金融中心的总体认可度持续提升。上海的股票、债券、期货、黄金等金融市场在国际排名中的位次显著上升，多个重要品种的交易量位居全球前列。

2018 年 11 月，习近平总书记视察上海，交给上海"增设上海自贸试验区新片区、在上交所设立科创板并试点注册制、实施长三角一体化发展国家战略"三项新的重大任务，并要求上海持续办好中国国际进口博览会。上海要完成以上重要任务均对上海国际金融中心建设提出新的更高要求，由此必然带来上海国际金融中心建设新的实践内涵。作为全力落实习近平总书记要求的重要举措，《行动计划》指出了上海国际金融中心的建设目标和建设路径，明确了战略重点和推进举措。

（一）发展总目标

《行动计划》规定上海国际金融中心建设的总目标是，"到 2020 年，上海基本确立以人民币产品为主导、具有较强金融资源配置能力和辐射能力的全球性金融市场地位，基本形成公平法治、创新高效、透明开放的金融服务体系,基本建成与我国经济实力以及人民币国际地位相适应的国际金融中心,迈入全球金融中心前列"。

(二)建成"六大中心"与"一个系统"

对照《行动计划》,从 2019 年开始,上海国际金融中心建设发展进入决胜阶段。到 2020 年,上海国际金融中心形成"6+1"格局,即建设全球资产管理中心,跨境投融资服务中心,金融科技中心,国际保险中心,全球人民币资产定价、支付清算中心以及金融风险管理与压力测试中心"六大中心",并形成"一个系统"——国际一流的优良金融生态系统。

(三)六大主要任务

一是加快金融改革创新,加强自贸试验区建设与国际金融中心建设联动。二是完善金融市场功能,增强金融资源配置能力和影响力。三是健全金融机构体系,增强金融创新活力和综合服务能力。四是聚焦国家发展战略,增强金融服务实体经济的能力。五是扩大金融开放合作,提升金融中心的国际影响力。六是优化金融发展环境,维护金融安全稳定。

(四)五大举措

在全面落实"扩大开放 100 条"行动方案的基础上,上海将认真贯彻落实《行动计划》部署,明确分工,落实责任,重点通过五大举措持续发力。

一是着力扩大对外开放,提高金融中心国际影响力。积极贯彻落实国家新一轮金融服务业扩大开放的重大部署,以更大力度、在更大范围内推进金融服务业与金融市场对外开放,建设全球资产管理中心和跨境投融资中心,加强境内外金融交流合作。

二是着力深化改革创新,继续当好金融改革先行先试的"排头兵"。进一步加大金融改革创新力度,落实好党中央交给上海的三项新的重大任务,完善自贸试验区新片区金融领域方案,推动科创板及注册制试点落地,持续深化长江三角洲金融合作。

三是着力集聚优势资源，提升整体行业竞争力。积极吸引各类总部型、功能性金融机构、国际性金融组织集聚发展，加快形成门类齐全、功能完善的金融机构体系。建设金融科技中心，构建与完善金融科技产业生态链。建设国际保险中心，探索设立"一带一路"再保险承保共同体及国际再保险营运平台。

四是着力完善与增强市场功能，配置资源服务高质量发展。不断完善金融市场体系和基础设施，建设全球人民币资产定价、支付清算中心，建设面向国际的金融市场平台，增强多层次金融市场服务功能，加快金融市场产品和工具创新，提升"上海价格"影响力，提升上海金融市场配置全球资源的能力，服务高质量发展，促进国家经济转型发展和结构升级。

五是着力防控金融风险，维护金融安全与营造一流的营商环境。建设金融风险管理与压力测试中心，争取创新（新型）金融产品、重要技术应用、体制机制创新以及重要的金融改革措施在上海先行先试。加快与国际接轨，建设金融法治高地、金融制度创新高地和金融人才高地，形成国际一流的优良金融生态系统。

二　加快建设上海国际金融中心近期
可能对江苏的主要影响

作为上海的近邻与经济腹地，加快建设上海国际金融中心无疑会冲击与影响江苏经济发展与要素配置，其主要影响体现在以下五个方面。

（一）江苏地方法人机构新设立的资管（理财）公司可能落户上海

随着国家资管新规的发布与逐步落实，一大批银行、保险、证券等金融机构的理财/资管子公司将陆续成立，它们将成为中国资产管理的新载体。上海将建设全球资产管理中心和财富中心列为下一步金融中心建设的发力点。上海建设全球资产管理中心将以提升资产管理的国际化水平为目标，采取以下具体措施：集聚和发展一批具有全球知名度和重要市场影响力的资产管理机构，积极争取更多银行资产管理子公司落户上海，扩大外商投资股权投资企业（QFLP）试点范围，深化合格境内有限合伙人（QDLP）试点。加快发展上海跨境资产管理业务，进一步提升上海管理全球资产的水平。江苏地方法人机构尤其是上市银行，出于在理财市场中占据先机的目的，新设立理财/资管子公司将成为必选项，新机构落地上海不仅有金融高地优势，还有政策"高地"吸引力。

（二）吸引江苏部分头部金融科技企业落户上海

金融科技是上海国际金融中心建设的重要载体，也是当前全球金融中心竞争的焦点之一。上海打造金融科技中心，以完善金融科技产业生态链为目标，具体举措主要在于：陆家嘴金融城推出"打造全球最优金融科技生态圈计划"，发展目标是引进和培育一批在不同细分领域处于行业龙头地位的金融科技企业，集聚金融机构金融科技专业子公司，境内外知名金融科技公司的亚太区或大中华区总部，有望成为独角兽或准独角兽的金融科技创业企业，专注金融科技领域的第三方服务机构，快速补短板，在区域内打造较为完整的金融科技产业链；加强金融中心与科创中心联动，利用上交所科创板与注册制优势，实现金融科技优势向资本优势转化，打造科创企业投贷联动示范区。江苏头部金融科技企业自然也是上海吸纳的重点对象。出于商务、金融及政策优势的考虑，江苏部分头部金融科技企业可能选择落户上海。

（三）吸纳江苏高端金融人才入沪

上海始终将吸纳高端金融人才作为优化金融生态的核心抓手来抓，近年来推出"三类金才"的人才评选开发计划。上海以建设国际金融人才高地为目标，拟出台的新一轮政策主要内容包括：为外籍高层次人才入境和停居留提供便利，完善配套措施；充分发挥户籍政策在国内金融人才引进集聚中的激励和导向作用，健全以居住证制度为核心的国内金融人才引进政策；加强与国际金融教育培训组织的合作；加大高水平、国际化的金融人才"软环境"建设力度，优化金融人才生活环境，妥善解决金融人才住房、医疗、教育等现实问题。上海的举措无疑会加大对全球、全国高端人才的吸引力度，可以预见，吸纳江苏高端金融人才入沪是其中一个重要的渠道。

（四）吸引江苏部分大企业的资金运营中心甚至总部落户上海

加快建设全球资产管理中心、人民币跨境投融资中心，进一步开展金融产品和工具创新，这样，上海国际金融中心的市场功能会越发完善与强大，经济与金融"高地"效应也将越发显著。上海国际金融中心组对一些大企业的吸引力越来越大，再加上其他的优惠政策的推动，可以预见江苏部分大企业尤其是有全球布局的企业的资金运营中心甚至总部可能落户上海。

（五）科创板已经倒逼江苏传统银行经营模式的转型

科创板的一大制度优点是其看中上市企业具有核心竞争力的专利技术水平及其企业的成长性，而非企业的实物资产，这将使得上市企业的融资摆脱对实物抵质押传统融资路径的依赖。科创板的制度优点，恰恰是传统银行服务科技创新类企业的最大痛点。科创板倒逼江苏传统银行金融服务升级，银行传统的审贷模式注重企业盈利、实物抵押物，对于处于成长期的轻资产的科创企业以往是爱莫能助，而科创板对于企业科创能力（例如专利获取、核心技术等）的价值判断标准，对银行向以企业科创能力的价值判断为主的新型审贷模式转型提供创新助力。另外，科创板的推出还会倒逼江苏传统银行大力开拓专利质押、专利 ABS/ABN、订单管理、供应链金融、企业员工个人金融服务等增值产品线。

三 江苏对接上海国际金融中心建设的思考与建议

上海国际金融中心这个重大金融平台和金融生态中心，为周边甚至更大范围的城市提供了金融资源流动、人才支撑以及其他高端服务，利用好上海的特殊优势，将能形成一股巨大的推进力量。江苏是上海国际金融中心天然的近辐射区域，条件得天独厚。笔者对江苏对接上海国际金融中心建设做了以下方面的思考与建议。

（一）江苏区域金融中心与上海国际金融中心细分市场的对接与再定位

江苏"十三五"规划明确推动南京、苏州等地建设区域金融中心。面对上海国际金融中心将建成"六大中心"定位再细化，江苏已建和在建的各类区域金融中心及金融集聚区，均应对标上海相关细分金融市场，依托自身优势和禀赋，再细化各自的发展定位，打造特色化金融产业，经过多年的探索，最终形成各具特色的金融业定位和产业体系。南京原有以城区的"传统金融"＋江北新区的"全国科创金融中心"定位，面对上海科创板的诞生，江北新区的定位就不合适了，现在又提出新金融、绿色金融的再定位，其是否合适，有待进一步论证；基于自身实体经济与制造业的优势，苏州突出细化以"金融＋科技"为特色的金融科技中心定位。上海金融科技中心的优势在于上交所的科创板、以张江科学城为核心的国家科学中心，以及打造有国际影响力的科创中心的各项优惠政策。苏州在发展 VC、PE、并购基金等方面有一定基础，未来在发展产业链金融、资产管理、产业基金等方面空间较大。其他地方的特色金融中心及金融集聚区需结合自身产业基础、区位优势，自觉对标上海的六个中心进行重新定位细化，发展科技金融、并购金融、文化金融、绿色金融等特色金融，形成各具特色的金融业发展格局。

（二）江苏地方资产管理机构与上海全球资产管理中心对接

根据自身的比较优势，上海国际金融中心把建设全球资产管理中心作为发展的重要方向与当下的重要抓手。上海对标日本东京、我国香港等国际金融中心，以提升资产管理的国际化水平为目标，一方面，通过对外集聚一批具有全球知名度和重要市场影响力的资产管理机构；另一方面，对内积极争取更多银行资产管理子公司与资产管理中心落户上海。此外，积极扩大外商投资股权投资企业（QFLP）试点范围，深化合格境内有限合伙人（QDLP）

试点。

随着 2018 年"资管新规""理财公司"等系列文件的出台，全国资管业务发展进入规范的"新时代"。江苏的资管业务"大发展"蓄势待发，原有的资产管理公司（AMC）业务将全面升级，实力较强的江苏银行、南京银行、苏州银行均提出设立理财子公司的申请，全国资管业务领域的"江苏军团"隐约可见。江苏的地方资产管理机构与上海全球资产管理中心对接渠道可能在于以下方面：一是金融资源的对接，在项目、资金方面互通互融，助力江苏资管企业"走出去"；二是提升资产管理的国际化水平方面的对接，这有利于江苏资管企业学习国际先进企业的经营管理新理念、新模式与新技术；三是在资管企业资产端业务的对接，江苏作为上海的经济腹地，资管企业无论是股权投资、债权投资，还是不良资产处置、资产重组，在江苏都大有可为，都可以双方合作实现共赢。

（三）江苏"走出去"投融资与上海跨境投融资服务中心对接

经过多年不懈努力，上海金融对外开放持续扩大，国际化程度稳步提高，上海跨境投融资服务中心框架基本成形。上海跨境投融资服务中心下阶段计划通过以下途径完善其功能。一是加快建设人民币跨境投融资中心。在风险可控前提下审慎推进境内外主体开展跨境投融资，推进合格的境外机构参与境内货币市场，有序引入境外投资者参与中国商品期货市场，稳步扩大场外金融衍生品市场参与主体范围，稳步扩大境内机构境外发行债券的主体类型和地域范围，规范境外机构在中国境内发行人民币债券。积极推进境外机构以人民币资金投资中国境内债券和试点投资其他金融市场，拓宽境外人民币资金回流渠道。二是建设"一带一路"投融资中心。搭建人民币跨境支付系统与"一带一路"沿线国际金融中心、跨境人民币贸易和投融资中心等政府机构的交流桥梁。研究发展涵盖共建"一带一路"沿线主要国家和地区货币的结算、清算等中间业务，开发相关的金融产品。三是坚持以自贸试验区金融开放创新为突破口。不断深化自贸试验区金融改革，稳步推进资本项目可兑换、人民币跨境使用、金融服务业开放和建设面向国际的金融市场，不断完善金融监管，加强自贸试验区建设与上海国际金融中心建设的联动。

江苏企业"走出去"金融服务处于初级阶段，业务单一、渠道单一，主要集中在帮助"走出去"企业开展境外放款和内保外贷业务，重点缓解它们的融资难题。例如，近年来国家开发银行江苏分行与境外发达国家银行机构达成等值 200 亿元人民币的跨境贷款合作意向，借助后者的服务网络和风险管理能力，支持中资企业"走出去"。借力上海国际金融中心的人民币跨境投融资中心与"一带一路"投融资中心建设，江苏"引进来""走出去"金融服务可能在以下四个方面取得渠道与空间拓展。一是借助上海人民币跨境投融资中心建设，国内货币市场、债券市场、商品期货市场、场外金融衍生品市场中的合格境外投资者增加，实现各类资产的市场"价格"发现，实现国内市场的国际化，以达到江苏各类金融市场参与者的利益市场最大化。二是企业利用上海证券市场的"沪港通""沪伦通""沪美通"渠道，以及自贸区的自由贸易账户渠道，稳步推进资本项目可兑换、人民币跨境使用，打通国内外股权与债券融资的渠道，助力企业更好地"走出去"，并拓展"走出去"企业的跨境融资渠道，稳步扩大境内机构境外信贷、境外发行债券、境外上市的主体类型和地域范围。三是借助人民币跨境支付系统与"一带一路"沿线国际金融中心、跨境人民币贸易和投融资中心等政府机构的交流桥梁，进一步提高人民币清算、结算效率，发展与主要国家和地区货币的结算、清算等中间业务并开发相关的金融产品。四是利用上海国际化投行的综合服务能力，提升广大"走出去"企业的经营管理及国际化水平。五是发挥出口信用保险作用，加强对境外项目的保险服务，提升承保能力。

（四）江苏金融科技产业与上海金融科技中心对接

金融科技的迅猛发展是现代金融的突出特征。金融科技是上海国际金融中心建设的重要载体，也是当前全球金融中心竞争的焦点之一，而金融科技的发展依赖于完善的产业生态链。近年来，上海对标深圳、杭州在构建金融科技产业生态链上采取了一系列措施，重点完善金融科技发展的生态环境，

2018 年陆家嘴金融城发布"最优金融科技生态圈计划"（又称 2.0 版金融科技"陆九条"），代表了扶持金融科技发展的国际先进水平。该计划包括 9 个方面的内容：打造应用场景创新平台、建设各类金融科技产业基地、加强各类专业服务、建立公共研发平台、加强风险防范体系建设、完善人才服务体系、打造展示交流平台、落实财政扶持、推动国际合作和推广。

截至 2017 年底，江苏金融科技公司数量已经超过 250 家，业务涵盖网络借贷、移动支付、互联网保险、股权众筹、智能投顾等细分市场，主要分布在南京、苏州等发达地区。与上海金融科技中心的对接，一是与其应用场景创新平台的对接。按平台发展规划，作为金融科技的需求方，各类持牌金融机构将定期发布不同企业需要科技赋能的具体应用场景，寻求金融科技企业满足金融机构的科技诉求，实现规范、有序的技术创新。二是参与、利用其公共研发平台。江苏的金融科技企业可参与金融城的金融科技联合实验室等公共研发平台建设，采取资源互换、企业团购、政府补贴等运作机制，分享金融城公共平台的计算资源、存储资源、数据资源和算法资源。三是利用其展示交流平台，推动国内外业务合作和推广。利用金融城的金融科技展示交流平台，发布企业的创新产品和技术案例，实现与资本、客户和国际知名金融机构科技企业的对接。

（五）江苏四板市场与上海科创板对接

在上交所设立科创板与实行注册制是推动上海国际科创中心建设与国际金融中心建设联动发展的重大举措。两项改革为集聚金融与创新资源，破解科技和金融"两张皮"提供了重大契机。科创板注册制试点将会对目前一、二级市场格局产生较大影响。实行注册制后，市场可能接受一个现时不盈利的企业，只要有光明的发展前景即可。注册制破除了 A 股 IPO 资源的稀缺性，压缩一级市场与二级市场的价差套利空间，将有利于企业上市后的真实价值发现功能。

近年来，江苏区域性股权市场（四板市场）建设成效斐然。2018 年，按照国家有关部署，有序推动江苏股权交易中心和苏州股权交易中心整合，前者成为江苏省内区域性股权市场唯一运营机构。截至 2019 年 5 月末，江苏股权交易中心挂牌企业累计达 4547 家，登记托管企业 772 家，融资金额 360.86 亿元。为进一步优化区域性股权市场融资对接服务机制，江苏股权交易中心于 2016 年底先后设立"科技创新板"和"专精特新板"，于 2017 年底推出"文化旅游板"，通过市场细分进一步提升新兴产业企业的融资服务效率。截至 2019 年 5 月末，"科技创新板"和"专精特新板"挂牌企业数分别达 147 家、357 家，"文化旅游板"共有 27 家企业挂牌。

江苏的四板市场与上交所科创板对接的渠道与业务可能在于以下方面。一是借助上海的科创板，精心筛选有前景、辐射广的科技创新头部企业尽快推出上市，尤其是新一代信息技术、高端装备制造、新能源及节能环保、生物医药、技术服务领域等代表未来的发展领域的企业，以此激发更多的创新企业诞生与成长。二是可以建设科创板的江苏科技创新企业上市培育基地，利用已有"创融江苏"路演平台和"新企点"资本市场培训学院，促进江苏科创企业与资本市场的全面对接。三是打造科创板的"江苏板块"，与科创板共享江苏四板市场平台、中小微企业资源与大量的合格投资者，在科创板建立江苏科创企业上市的绿色通道。四是引导江苏扶持科技企业的政策与科创板标准接轨。科技小巨人企业是科创板上市企业最主要来源。但目前江苏对科技小巨人的管理政策与科创板标准存在明显的不接轨，前者将主营业务收入作为小巨人企业准入的主要标准，后者强调核心技术的竞争力及发展前景，与传统的企业的市值管理存在根本的区别。建议改变江苏小巨人企业的认定与管理标准，对接科创板上市标准，使政府对企业的扶持更具针对性。五是江苏可探索建立科创板（产业）投资引导基金，切实引导"耐心资本"投入科创板后备企业。

（六）江苏保险产业与上海国际保险中心对接

上海建设国际保险中心的标志性工程有，加快完善上海保险交易所建设，探索设立"一带一路"再保险承保共同体及营运平台，大力推进国际再保险中心、保险资金运用中心建设。2018 年 8 月，上海保交所国际再保险平台上线，补齐了我国再保险基础设施短板，满足了市场服务的需求，上海保险市场的辐射带动功能进一步提升。

2018 年江苏原保费收入为 3317.28 亿元，仅次于广东，居全国第二位。江苏保险产业与上海国际保险中心对接的渠道与业务可能在于以下方面。一是利用上海保交所的保险交易平台，开展保险产品的注册、发行，保单的登记、交易、流通，大宗保险的招投标等工作，拓宽保险企业的线上平台空间。二是通过上海保交所的再保险交易平台，开展再保险行业信息共享，寻找再保险交易对象，进行再保险交易登记。三是利用上海保交所的保险资产登记交易平台，寻找保险资金投融资对接机会，在线开展保险企业资管产品的发行、登记、交易、质押融资、资金结算、信息披露等相关业务，增强保险资产管理企业的流动性，提高企业的运行效率。四是通过保交所的保险衍生品交易平台开展境内外保险机构间的巨灾债券、其他保险衍生品交易。五是利用保交所的国际再保险平台开展跨国间再保险交易。国际再保险平台依托上海自贸区人民币跨境结算创新机制及自由贸易账户体系，可以提升境内外再保险参与机构再保险资金跨境清结算的安全性和效率，帮助国内企业有效降低汇率风险。

（七）使用好与加快培育现代金融人才

现代金融人才是稀缺与宝贵的。面对上海吸引高端现代金融人才的举措，江苏应出台专门的政策，营造良好的江苏高端现代金融人才发展"软环境"，其中最为重要的一条是要为他们的事业发展提供良好的、可预期的空间，加大"事业"留人的权重。破解上海金融业高端、国际化金融人才匮乏的困境，江苏作为支持上海建设国际金融中心的重要推手及全国金融人才培养的重镇责无旁贷。江苏应大力支持高质量金融人才的培养体系建设，对标上海交通大学上海高级金融学院、复旦大学泛海国际金融学院，可分别在南京大学、东南大学设立专门学院，打造成为国内外知名的金融人才的重要基地。提升南京审计大学、南京财经大学的办学质量，培养既有一定质量又有一定数量的金融实用人才。

（八）做好上海国际金融中心建设的配套工作

与信息化的高度融合，使得上海国际金融中心建设的内容更加丰富，其也是现代金融的最突出特征。金融机构除了商务部分之外，还有客服中心、呼叫中心、数据处理中心、数据存储及备份中心等，鉴于上海生产生活成本高昂，金融机构将其后台机构搬到上海周边的低成本城市是一个明智的选择，这就为昆山、太仓、南通等地的金融服务产业配套发展提供了广阔的空间。昆山花桥开发区是江苏第一个以现代服务业为主体的园区，自成立以来，吸引了谷歌体验中心、百度创新中心、前海人寿高端医养综合体等重大项目落户，引进瀚漾资本、绿地金服基金等金融服务企业 92 家。花桥的经验值得总结与推广。

B.13
以数字经济引领长三角更高质量
一体化发展

查志强*

摘　要： 苏沪浙皖三省一市携手打造全球数字经济发展高地，对于长三角地区实现更高质量的一体化发展具有重要意义。长三角地区数字经济规模引领全国，在产业数字化转型、数字治理能力方面具有突出优势。以数字经济引领长三角更高质量一体化，应协同打造世界级数字产业集群，协同加快数字经济新主体培育，协同推进前沿数字技术攻关，协同推进高水平创新载体建设，共同探索开放共享的制造业数字化新路径，携手打造新型贸易和新兴金融中心，携手构建"万物互联"的数字基础设施新格局，加快形成数据驱动发展方式，完善长三角数字经济发展格局，共同探索构建审慎包容的数字经济治理新模式。

关键词： 数字经济　长三角　一体化发展

　　数字经济是长三角高质量发展的"金名片"。长三角区域一体化上升为国家战略，为促进长三角数字经济生态化、融合化和一体化发展提供了重大机遇。新一轮长三角一体化发展，必须借助数字经济实现对传统产业的升级改造，培育出具有世界竞争力的产业集群和经济发展新动能。顺应这一形

---

* 查志强，浙江省社会科学院发展战略和公共政策研究院研究员。

势，以建设世界级数字经济集群为目标，三省一市携手推动大数据、云计算、物联网、人工智能等技术创新，形成数据资源驱动产业发展、数字经济引领经济发展的新格局，将有助于长三角共同打造全球数字经济发展高地，实现更高质量的一体化发展。

一 数字经济对于长三角更高质量一体化意义重大

"十四五"乃至未来一段时期，数字化、智能化革命将从过去的培育期迅速进入大规模应用期，技术创新周期、产业更迭周期将迅速缩短。数字化、智能化革命将以前所未有的迅猛态势改变人类认知，重塑制造流程，进而引致国际产业分工比较优势变革。新一轮科技革命不仅是技术上的革命，即以人工智能为核心，大数据、云计算、物联网、5G 网络等具有突破性和引领性的技术纷纷涌现，更是科学理念和创新范式的革命，作为科技革命产物之一的大数据分析将成为继实验科学、理论分析和计算机模拟之后又一新的科创范式。

对于科技和产业基础雄厚的长三角而言，应当立足数字经济蓬勃发展累积的优势，优先寻求在以人工智能为核心的高新技术领域取得突破，充分释放科研成果的经济和社会效益，发挥技术进步对产业结构转型升级的引领作用，为中国下一阶段探索打破技术瓶颈、转变增长方式、推动转型升级的路径作出重要贡献。因此，大力发展数字经济，以大数据为生产资料，以云计算为生产力，以互联网平台为纽带，推进区域要素资源配置一体化、产业和商业协同一体化、社会治理一体化、公共服务一体化，对于长三角地区提升综合竞争力，形成全球领先的高质量一体化发展新模式，具有重大意义。

（一）顺应科技革命新趋势，抢占全球数字经济竞争制高点的需要

当今世界，数字技术加速向各领域渗透，推动经济社会向更高级形态演进，为我国打破全球数字经济竞争格局提供了历史性机遇。长三角地区应大力发展数字经济，培育具有全球竞争力的数字经济新技术、新产业、新业态、新模式，为我国参与数字经济全球竞争增添新动力。

（二）加快产业数字化转型，推动实体经济高质量发展的需要

推动产业数字化是提高全要素生产率，释放数字对经济发展的放大、叠加、倍增作用，推进供给侧结构性改革的重要抓手。长三角地区应继续深化"两化"深度融合，切实探索推动产业数字化转型和培育融合型数字经济新动能的路径，形成数字经济推动经济高质量发展的模式与经验。

（三）深化体制机制创新，形成数字经济发展制度新环境的需要

数字经济发展在带来生产力变革的同时，也对现行体制机制提出巨大挑战，既需要建立更加包容开放的发展环境，又需要建立适应新业态新模式监管需求的新型治理体系。长三角地区要进一步深化改革，就必须再创体制机制新优势，探索形成新时代促进数字经济发展的新制度、新环境。

二 长三角地区数字经济发展现状

2018 年长三角地区主要领导座谈会提出要聚力建设现代化经济体系，以数字经济助推长三角地区高质量发展。以建设世界级数字经济产业集群为目标，优化重点产业布局，推动产业链深度融合。共同推动云计算、大数据、物联网、人工智能、5G、集成电路等技术创新，共同建设新一代信息基础设施，携手把长三角地区打造成为全球数字经济发展高地。

分省市而言，浙江省提出要勇当数字中国的先行者，大力推动政府、经济、社会数字化转型，加快建设数字浙江，打造云上浙江、网络强省、数据强省。阿里巴巴也明确表示将以杭州为起点，向全球更多城市输出数字中国的"杭州方案"。江苏省提出要以建设无锡国家传感网创新示范区为引领，努力打造世界物联网发展的新高地，为高质量发展走在前列，加快建设"强富美高"新江苏注入新的强劲动能。上海市则提出人工智能赋能新时代，将大力发展智能经济作为推动上海高质量发展、提升经济创新力和竞争力的必然选择。安徽省也提出全面支持数字经济各

领域发展，以推进数字产业化和产业数字化为路径，以强供给做大数字经济规模。

（一）数字经济规模引领全国，三省一市区域特色显著

长三角地区已经成为中国数字经济最活跃、体量最大、占比最高的地区。根据中国信息通信研究院发布的《中国数字经济发展与就业白皮书（2019）》，2018 年长三角地区数字经济规模为 8.63 万亿元，占区域经济总量的 41%，占全国数字经济总量的 28%，超过珠三角和京津冀的总和，居我国三大城市群首位。中国电子信息产业发展研究院（赛迪研究院）发布的《2019 中国数字经济发展指数白皮书》显示，江苏、上海、浙江、安徽的数字经济发展指数分列全国各省区市第 3、4、5、11 位。21 世纪经济研究院与阿里研究院共同发布的《打造全球数字经济高地：2019 数字长三角一体化发展报告》显示，在长三角 27 个城市数字经济指数排行榜中，努力打造"全国数字经济第一城"的杭州得分最高，上海紧随其后，苏州、南京、宁波、金华、合肥、嘉兴、温州、常州分列第 3 位至第 10 位。

在新一代核心信息产业发展领域，以集成电路为例，长三角是我国产业链最完整、产业集中度最高、研发制造水平最高的地区，占全国比重超过50%。上海、无锡的集成电路产业规模分居全国第 1、第 2 位。

得益于较高的市场化程度、雄厚的研发实力和极具活力的创新创业土壤，2018 年长三角地区拥有 58 家"独角兽"企业，估值 3397 亿美元；其中 4 家为超级"独角兽"企业，估值 2380 亿美元。在三大城市群中，长三角"独角兽"企业估值位居第 1，数量位居第 2。

从数字人才规模看，长三角拥有大量前沿的云计算、人工智能、大数据分析、区块链等领域的人才，特别是在数据科学、人工智能和机器人三大颠覆性技能上人才优势明显，并具有较高的产业渗透率。根据《长三角地区数字经济与人才发展研究报告》，长三角对数字人才已形成"强磁场"效应，数字人才流入/流出比为 1.35，其中杭州（1.7）、上海（1.4）、宁波（1.1）和苏州（1.1）位居前列。

从各地实践看，三省一市呈现出各具特色的数字经济发展格局，上海更强调示范引领和面向全球，江苏更强调智能制造，浙江更突出制造业与互联网融合。就"独角兽"企业的区域分布而言，上海、杭州成为主要的集聚地，南京、合肥、无锡3市也有一定的分布，其中南京的新生"独角兽"企业具有较大的成长潜力。

（二）制造业数字化转型已成普遍共识，区域引领作用突出

长三角制造企业抓住行业特征，生产制造端数字化推进较为全面，数据驱动能力有效提升，在全国处于领先水平。部分领先企业更注重生产制造环节全链数字化转型，实现从生产到执行、到供应链、到产品销售与服务数据流的全面贯通。领先企业普遍建立了以生产制造业务转型为导向的战略布局，而非简单以新技术工具或局部流程变革实现驱动。与此同时，企业管理和组织架构的数字化转型也得到普遍重视，借助信息化手段实现对企业的管理，借助数据分析支持企业决策与风险管控等手段均得到充分运用。

2019年11月长三角CIO联盟发布的《2019长三角制造业数字化转型指数研究报告》显示，2019年长三角制造业数字化转型指数为57.93。分省份来看，江苏为60.14，上海为59.46，浙江为59.40，安徽为52.74。其中，上海在数字化发展战略、数字化企业管理领域较为领先，江苏在生产制造领域数字化程度较高，浙江则在数字化组织架构和数字化商业创新方面表现较为突出，安徽在生产工艺等细分领域数字化转型较好。

（三）数字治理能力领先全国，借助"智能＋"提升群众获得感效果明显

2016年，杭州以交通治堵为切入口，在全国率先启动"城市大脑"。2018年底又推出了"城市大脑"综合版，功能从交通拓展至城管、卫健、旅游、环保、警务等领域，逻辑构架日趋完善，应用场景更加丰富，已形成11大系统48个场景同步推进的格局。目前，"城市大脑"已在衢州、上海、苏州等长三角城市先后实施，覆盖交通、城管、环保、经济等城市治理领域。

以区块链为数字一体化的基础，长三角也是全国数字新技术运用领域最为广泛的区域。基于支付宝的交通出行、智慧就医、普惠金融、司法处置效率得到极大提升，如以杭州互联网法院司法区块链平台为依托，已启动长三角司法链，通过区块链技术在司法审判执行各环节中的运用，构建"全流程记录、全链路可信、全节点见证"的司法级别信任机制，共促长三角司法一体化发展。在提升政务服务效率方面，长三角正努力率先在全国实现一体化在线政务服务平台的公共支撑功能落地。G60 科创走廊沿线 9 城市基于"一网通办"，已开始试点首批 30 项企业服务事项。

三　大力发展数字经济促进长三角更高质量一体化的政策建议

基于长三角在数字经济领域的坚实优势，未来应抢抓数字经济向实体经济演化升级加速转向的节点，推动数字化与制造业的高度融合共生，率先激活海量数据市场，全面加速制造业数字化改造进程，不断催生新产业、新业态、新模式，聚焦数据港和数字枢纽型经济，推动长三角形成具有数字科技中心、数字产业中心、数字贸易中心和数字金融中心四位一体，具有全球影响力的数字经济高地，确保在下一代全球产业格局中占据领先地位。

（一）协同打造世界级数字产业集群

做大做强云计算、大数据、物联网、人工智能等新兴产业，建设全球云计算产业中心、智慧安防产业中心、物联网产业中心；提升发展集成电路、高端软件、通信与网络基础产业，着力突破嵌入式 CPU、人工智能芯片、高端存储芯片、基础软件、工具软件、嵌入式软件开发平台、操作系统等一批核心关键产品，不断增强产业支撑能力，打造国家重要的集成电路产业基地；布局发展区块链、量子信息、柔性电子、虚拟现实与增强现实等前沿产业，拓展应用场景，探索行业应用，培育数字产业新增长点；积极发展数据安全、网络监测和防御、应急响应、安全测试、风险评估等网络安全产品和服务，强化大数据、云计算、人工智能、工业互联网等新领域安全技术与产品研究，形成具有独特竞争优势的网络安全产业。推动技术交叉融合创新，大力发展创新引领、高端领先的技术、产品、服务和平台，形成多层次数字经济核心产业体系，产业整体竞争力稳居全国第一方阵。

（二）协同加快数字经济新主体培育

优化数字经济双创生态，打造一批特色鲜明的众创空间、双创基地，形成数字经济集聚发展的多层次产业平台体系。强化数字经济龙头企业培育，成就一批代表数字经济发展方向的世界级领军企业。大力培育平台型企业，形成大中小微企业协同发展的新型产业生态。完善高成长企业培育机制，促进"独角兽"企业、准"独角兽"企业迅速成长，数量持续稳居全国第一方阵。优先推动数字经济领域自主创新能力强、发展潜力大的优质企业利用多层次资本市场做大做强，推动创新型企业快速发展，形成数字经济发展生力军。应积极发挥长三角数字经济领域智库作用，打造数字经济科技服务平台，设立长三角数字经济基金，建设长三角数字经济协同创新中心（创新孵化基地），持续推动长三角数字经济红利释放。

（三）协同推进前沿数字技术攻关

三省一市携手开展数字经济领域基础研究、应用基础研究和科技成果转化应用等重大科技专项。加强前沿基础研究布局，强化未来网络计算、泛在人工智能、泛在信息安全、无障感知互联、类脑计算、量子计算、基因编辑等领域基础性、前瞻性技术研究；围绕重点领域创新，着力突破多源异构大数据处理、移动边缘计算、机器视觉识别、自然语言处理、云上量子加密、拟态主动防御、区块链溯源、虚拟制造、无人驾驶等前沿关键技术；促进数字技术与垂直行业技术深度融合创新，突破一批跨学科、跨领域交叉融合技术。

（四）协同推进高水平创新载体建设

充分发挥长三角地区"双一流"高校作用，培育世界一流的数字技术基础学科群，加快突破具有国际影响力的重大技术成果，推进数字技术与数字化转型领域学科体系及研发创新平台建设。布局建设一批数字产业制造业创新中心，支持高校与企业合作建立工业互联网、人工智能、云计算、大数据等产学研合作平台，加快推动产业共性技术研究和重大创新成果产业化。推进智能云平台、量子计算研究等数字经济领域大科学装置建设，谋划其他数字技术领域重大科学基础设施项目。大力推进开发区、工业园区等建设数字化管理服务体系，推动园区和平台通过数字化、网络化、智能化、平台化实现转型提升。支持产业集群开展网络协同制造、云制造，促进集群资源共享、高效协同发展。

（五）共同探索开放共享的制造业数字化新路径

深入实施"机器人＋"行动、智能化技术改造行动，培育网络化、智能化、服务化新型生产方式。重点推进汽车、通用设备、机械及零部件等行业数字化车间建设，鼓励开展协同设计、协同制造、远程运维等；推进新材料、绿色石化、生物医药等行业智能工厂建设，打造集约高效、实时优化生产新体系；推动纺织、服装、轻工等消费品行业发展个性化定制，构建快速响应用户需求的柔性制造能力，着力提升制造业全要素生产率。鼓励发展网络化协同、个性化定制、众包设计、服务型制造等新业态新模式。推进装备数字化创新，积极发展高档数控机床、增材制造装备及智能化节能环保、物流装备等高端智能装备，加快数字化新技术、新工艺、新装备创新和推广应用。加快部署建设低延时、高可靠、广覆盖的工业互联网，推动大型制造企业利用工业互联网平台，实现内部管理和生产的数字化管控，鼓励中小企业利用工业互联网平台的云化研发设计、生产管理、运营优化软件以及工业知识，实现业务系统向云端迁移，加快数字化、网络化、智能化改造。支持软件企业、工业企业、科研院所等开展合作，培育一批面向特定行业、特定场景的工业 App。

（六）携手打造新型贸易和新兴金融中心

深化跨境电子商务综合试验区建设，全力建设全球电子商务核心功能区和"21世纪数字丝绸之路"战略门户。鼓励电商平台、支付、物流等电商服务企业"走出去",加快构建面向全球的跨境电商供应链和产业链,带动商品、技术、服务和标准等输出。创新世界电子贸易合作机制,积极参与数字贸易规则与标准制定,大力发展跨境电商、新零售、服务贸易等新模式新业态。推动智慧物流国际化发展,面向全球提供端到端的供应链解决方案。加快云计算、大数据、人工智能、区块链等技术在金融领域的融合创新,大力推进互联网金融、私募金融、并购金融、绿色金融、普惠金融等发展。规范有序发展网络金融产业,建立全天候、全流程、全覆盖的金融风险监测预警系统。打造集金融科技、网络金融安全、网络金融产业、移动支付等于一体的新兴金融中心。

(七)携手构建"万物互联"的数字基础设施新格局

升级信息网络基础设施,加快建设高速、移动、安全、泛在的网络基础设施,推进5G网络规模建设和商用部署,高水平建设全光网地区。加快传感器技术、地理空间信息技术、卫星定位与导航技术、新一代信息网络技术在交通、能源、环保等城市基础设施领域的应用,推进城市基础设施与数字基础设施同步规划、同步设计、同步推进,打造融合型基础设施。推进建设广覆盖、大连接、低功耗物联网,重点构建完善车联网、工业互联网、能源互联网等新型基础设施。优化云计算数据中心布局,增加数据中心与国家骨干网的互联带宽,提高数据计算、存储、智能处理和安全管控能力。进一步消除数据资源跨行政区流通和存储的壁垒,打破数据存储行政区划限制,积极推动长三角数据中心和存算资源协调布局,并向绿色节能和云化方向发展,以满足互联网快速发展的需求。

(八)加快形成数据驱动发展方式

推进全域、全产业、全主体、全要素数字化呈现,优化数据资源全生命周期管理,系统全面采集、汇聚、整合、存储政府、行业、企业数据资源。加快建设全球电商、数字安防、移动支付、生命健康等大数据平台,规划建设产业集群、专业市场、港航物流、海洋经济等特色大数据平台。推动政府数据共享与开放，不断深化政务数据跨部门、跨层级、跨领域共享，促进部门间政务服务相互衔接和协同联动；深入推进政府数据开放与社会化运营，促进民生服务大数据开发利用，培育一批面向公共服务的数据资源公司，提高公共服务的效率与精准度。深入实施大数据发展战略，深度激发数据资源价值。建立安全、规范、可信的数据交易运营体系，推进数据合规交易、有序流通。推广城市数据大脑、工业大脑、农业大脑、企业大脑等大数据、人工智能技术，形成一批基于数据促进创新、生产、经营、服务等模式优化与效率提升的解决方案，推动基于数据驱动的价值链重构。通过共建"数据供应链"，实现长三角地区跨省市数据资源的共享共治与应用场景的互联互通，助力数字政府的供给侧变革。

（九）完善长三角数字经济发展格局

做好三省一市数字经济生产力布局，统筹区域功能定位、产业分工，支持各地发挥优势、互补错位发展。探索省际数字经济共建共享机制，引导数据要素跨区域、跨部门流动和集聚，产业协同发展。强化数字经济发展对长三角经济社会发展的支撑作用，携手打造全球数字经济创新高地，引领赋能长三角数字经济发展。推进长三角数字经济开放合作，共建共享重大数字基础设施，开放共享政务、民生等领域的数据资源，构建数字经济区域协同创新网络，打造长三角一体化数字经济产业生态，助推长三角地区成为智能治理的先行区。积极利用上海溢出效应，充分整合杭州、南京、合肥等地数字创新资源，积极构筑长三角数字经济核心区。深化"一带一路"数字经济国际合作。深化落实 G20 杭州峰会、"一带一路"数字经济国际合作倡议，积极参与"21 世纪数字丝绸之路建设"，加快打造全国领先的网上国际大通道，支持港口、保税物流园区加强信息互联互通，促进信息共享、数字技术合作。支持数字经济优秀企业开展全球化产业协作、创新合作，每年发布"一带一路"数字经济发展报告，推动数字经济成为"一带一路"主要载体和合作内容。充分发挥世界互联网大会作用，构建全球数字经济治理、数字经济国际合作的高端对话、交流合作和成果展示重要平台，集聚全球数字经济优质项目、优秀企业和高端资源，提升长三角地区在数字经济领域的全球影响力和话语权。

（十）共同探索构建审慎包容的数字经济治理新模式

围绕数字中国和智慧社会建设，积极推进数字技术与政府治理的广泛深度融合。针对数字经济的特征，构建有别于制造业的政策扶持体系。创新新业态统计监测，建立健全基于大数据的科学决策、社会治理和市场监管机制。围绕数据安全和科学界定数据拥有者、使用者、管理者责权利方面，加快出台相关法律法规。可借鉴欧盟经验，进一步明确政府部门职责定位，加快制定整体数据开放战略、数据治理法律框架和数据质量管理标准，完善数据资源共享机制与多元开发机制，提高数据开放风险防范水平，增进数据开放规模和质量，强化数据服务功能，以确保政府数据资产能够在政府和社会得到全面管理和综合开发。加强三省一市大数据管理部门的配合，推动长三角范围的数据资源自由流动，在政务服务、电子医疗、智慧交通等对单一数字市场发展至关重要的领域，加快建设包容性数字化社会。在医疗领域，加快推进异地医保管理的信息化和网络数据交换机制，建立起覆盖整个长三角的医保信息化模式，使网络成为医保资料、信息和数据的传输载体。在社会保险领域，进一步加强社会保险信息管理系统建设，尽快实现同公安户籍系统、银行缴（付）费信息系统、税务信息系统等信息平台实现联网，通过现代信息网络实现个人参保等诸多信息的异地传递和信息共享。在交通物流领域，稳步推进航运物流信息的共享互通，探索推行长三角地区公共交通一卡通应用。在环境领域，推动实现区域内空气质量预报数据及太湖流域、长江口、杭州湾污染数据信息共享。

长三角城市群高质量发展的思路和对策

宗传宏　刘 佼*

摘　要： 经过多年发展，长三角城市群已经从点状布局转变为城市群
等级体系联动，从追求规模增长转变为追求高质量发展的历
史新阶段。长三角城市群正处于一体化发展的关键时期和关
键节点。长三角城市群从 16 个城市扩大到沪苏浙皖三省一
市，积累很多成功的经验，但仍然存在城市群等级体系有待
完善，上海核心城市的引领作用不够，要素资源的约束日益
增加，对外开放的质量有待提高，制度一体化程度不足等诸
多短板。对此，要通过推进长三角城市群一体化规划，进一
步挖掘上海全球城市的资源配置能力，为形成网络化空间布
局做准备，构建多元化标准体系，完善多元化参与机制等措
施推进高质量一体化发展。

关键词： 长三角　一体化发展　城市群

　　长三角不仅是国家经济发展的引擎，还是国家战略的汇聚地，更是推进
国家战略的示范地和我国创新发展的重要策源地。改革开放以来，长三角城
市群的形成和发展都是在国家战略的框架下和指导下，立足长三角配置资源
的水平和能力，肩负国家历史重托砥砺前行的结果。长三角进入高质量一体

---

* 宗传宏，上海社会科学院城市与人口发展研究所区域发展研究室主任，副研究员；刘佼，上
海社会科学院硕士研究生。

化发展的重要阶段，长三角城市群的空间布局也从规模到质量，从城市点状发展进入城市群等级体系形成的新时期。

改革开放以来，长三角城市群基本是按照美国学者哥特曼提出的"第六大城市群"的范围和对象自发地开展联动发展。2008年，国务院发布《关于进一步推进长江三角洲地区改革开放和经济社会发展的指导意见》，2010年5月国务院正式批准实施的《长江三角洲地区区域规划》，将长三角的范围确定为苏浙沪两省一市。2014年，《国务院关于依托黄金水道推动长江经济带发展的指导意见》，首次明确了安徽作为长江三角洲城市群的一部分。2016年5月11日，国务院常务会议通过《长江三角洲城市群发展规划》，提出培育更高水平的经济增长极。到2030年，全面建成具有全球影响力的世界级城市群。规划中提出，发挥上海中心城市作用，推进南京都市圈、杭州都市圈、合肥都市圈、苏锡常都市圈、宁波都市圈等都市圈建设。2018年11月5日，习近平主席在首届中国国际进口博览会开幕式上发表主旨演讲时指出，为了更好地发挥上海等地区在对外开放中的重要作用，决定将支持长江三角洲区域一体化发展并上升为国家战略。近期，《长三角一体化发展规划纲要》出台，为长三角城市群未来的发展指明了方向。

一 长三角城市群发展的历史轨迹

近一个世纪以来，长三角城市群的发展在核心城市的带动下，逐步开始了工业化进程，在国家改革开放的引领下，长三角城市化水平得到迅速提高。近十年来，长三角进入城市化发展的高级阶段——城市群发展阶段。在长三角一体化战略上升为国家战略后，长三角进入一体化发展阶段，向世界级城市的全球顶尖城市群迈进。从城市化与工业化发展相互作用的角度来看，长三角城市群的城市空间格局演变，主要经历了以下几个具有标志性的发展阶段。

（一）鸦片战争后到中华人民共和国成立前——核心增长极崛起阶段

鸦片战争后，外国商品开始涌入中国，中国原料型产品开始向外出口，外商贸易与金融机构也开始进入中国。1927年上海正式设市，不仅成为一座工商业大都市，而且成为中国的贸易中心、金融中心和工业中心。同时，在杭州、镇江、扬州、苏州、常州等老城发展的同时，无锡、南通、宁波也通过优越的地理区位对外通商、以港兴市成为次一级的重要城市。这是长三角城市的第一次"洗牌"，也为工业化初期长三角各城市拓展了发展空间，为长三角城市群发展奠定了物质基础。

（二）城市化滞涨阶段——中华人民共和国成立到改革开放前

自中华人民共和国成立到改革开放前的30年间，在国家城市化滞涨的大背景下，长三角的城市化进程几乎处于停滞状态，城市格局一直没有大的变化。20世纪60～70年代，虽然长江三角洲也在稳步发展，但远离了世界经济体系的分工和循环。这一时期，城市国有企业陷于困境。但同时，农村工业带动了村镇建设，出现了大城市停滞与中小城市发展并存的局面。①

（三）城乡转移阶段——改革开放到20世纪末

1978年改革开放后，长三角城市群基本是按照美国学者哥特曼提出的"第六大城市群"的范围和对象自发地开展联动发展。在对市场经济巨大的需求背景下，苏南模式、温州模式、义乌模式纷纷出现，对长三角城市群的格局也开始产生较大的影响，突出的表现就是城乡转移。特别是苏南乡镇企业，温州、义乌的小商品市场，对打破户籍限制，促进人口从乡村向城镇转移带来初步的效果，比较知名的如当时"星期日工程师"现象。

随着民间合作的呼声一浪高过一浪，为了打破资源要素流动的限制，长三角城市政府间自发成立长江三角洲协作办（委）主任联席会议，自下而上的合作机制逐步形成。但同时，由于计划经济仍然占据重要的地位，市场

---

① 郁鸿胜、宗传宏、李娜：《长三角区域城镇体系空间布局研究》，上海社会科学院出版社，2008。

经济配置资源的能力仍然有限，资源要素的流动仍然受到很大限制。对此，中央以派出机构的方式，对区域进行规划，以中心城市和工业基地为依托，形成以协调为核心的体制机制。虽然最终国家撤销了上海经济区，但是上海经济区规划办公室的出现第一次打破了行政区界限、以经济区为单位组织和管理区域经济事务，特别是确立交通、能源、外贸、技术改造和长江口、黄浦江和太湖综合治理等为规划重点，提出了 10 大骨干工程，为之后长三角融合发展机制的形成和完善积累了丰富的协调经验，奠定了坚实的实践基础。[①]

真正改变长三角城市群格局的事件是 1990 年 4 月 18 日的中国政府宣布开发开放上海浦东。1992 年党的十四大之后，苏州东、西两个开发区的规划建设对长三角产业布局产生了深远的影响。之后，上海确立了四个中心的战略定位，也吸引了全国各地的劳动力。在上海周边地区，人口布局形成了以上海中心城区为核心，以上海郊区以及苏锡常等周边工业化城市为承载区的"都市区"发展形态。

不论人口向小城市、小城镇转移，还是向上海郊区以及周边地区转移，其特征都是农村人口初步城市化的过程，实质上仍然处于人口城市化的初级阶段。这也为原来的长三角核心区 16 个城市的发展，为城市群城镇体系框架的完善奠定了人口和空间布局基础。

专栏　上海建设"四个中心"的功能定位的基本内涵

国际经济中心：形成多种所有制经济良性互动发展、国内外跨国公司和企业集团地区总部及各类国际机构集聚发展的格局。

国际金融中心：要积极把握机遇，力争取得新突破，加快形成国内外各类金融机构和投资者共同参与的多元化金融市场体系，加快建设金融产品创新和交易中心，强化资金融通和集散中心功能。

[①] 张道根、李宏利、丁宏、黄宇、陈瑞主编《长三角蓝皮书：2018 年新时代发展的长三角》，社会科学文献出版社，2019。

国际贸易中心：要形成内外贸一体、货物贸易和服务贸易并举的发展格局，成为亚太地区有影响力的订单、批发、零售中心和价格生成中心。

国际航运中心：要取得重大突破，航运服务业能级进一步提升，到2010年国际标准集装箱吞吐量达到2400万标箱。

（四）城镇体系发展阶段——21世纪初到2015年

在初步城市化阶段完成后，长三角开始进入城镇体系发展阶段。从1998年开始，我国城市化进入加速期。21世纪初，长三角人口区域布局呈现人口布局不均匀态势，目前这种情况仍然存在。当时，上海、浙江和江苏的人口区域布局各有特点。上海呈现中心城区人口高度集聚，郊区人口布局分散的状态。上海已是全国人口密度最高的城市，有60%的人居住在600平方千米的中心城区内，只有640万人居住在5800平方千米的郊区，是世界上最密集的城市区域之一。江苏呈现出梯度分布的特点。江苏流动人口比重较大，主要集中在苏南的大中城市。2003年江苏长三角区域流动人口为575.83万，其中苏南为512.13万，占88.94%，苏中、苏北为63.71万，占11.06%。从发展趋势上来看，呈现出从苏中、苏北地区向苏南地区持续转移的现象。浙江则呈现"大区域集中"态势的特点。到2003年底，浙江省长三角区域7个地区人口比重三年内提升了1.25个百分点，达到65.5%，成为人口的主要载体，全省人口布局呈现出明显的"长三角核心区"指向。

随着2008年全球金融危机的影响，2010年后，苏南模式、温州模式、义乌模式等发展模式转型升级的步伐加快。例如，苏南地区经过了"苏南模式""新苏南模式""后苏南模式"三个阶段的转型发展，现在正处于"创新型苏南模式"阶段。一是现代服务业发展逐步成为新增长点。苏南地区大力推进现代服务业基地建设，软件与服务外包、文化创意产业、现代旅游、商贸物流等现代服务业发展迅速，服务业在地区生产总值中的比重从2007年的39.2%提高到2011年的44.8%，每年提高1.4个百分点，对经济转型发展的作用日益突出。二是先进制造业发展质量明显提升。在国家战略性新兴产业和高新技术产业发展战略的指导下，新能源、新材料、物联网等战略性新兴产业发展迅速，知识密集型产业逐步成为主导产业。三是科技投入不断加大。苏南地区不断加大对科技创新的投入力度，在地方财政一般预算支出中，科学技术投入 2011 年达到 121.46 亿元，是 2007 年 33.64 亿元的 3.61 倍。科技创新的投入也带动了企业科技创新能力的不断提高。

2008 年，国务院发布《关于进一步推进长江三角洲地区改革开放和经济社会发展的指导意见》，2010 年 5 月国务院正式批准实施的《长江三角洲地区区域规划》，将长三角的范围确定为苏浙沪两省一市。长三角区域一体化合作上升到两省一市最高决策层，决策层、执行层、操作层的合作机制基本形成。

随着产业转型升级的推进和人口布局的逐步优化，长三角已经形成了五个层次的城市规模等级序列。在长三角各级城市规模的等级数量中，呈现相互包容、相互融合和相互渗透的"宝塔型"特点。第一层次为超大城市的上海。在超大型城市的规模体系中，又形成了若干大城市、中等城市和小城市体系。第二层次为特大城市南京和杭州，在特大城市的规模体系中又形成了若干中等城市、小城市体系。第三层次包括苏州、无锡、常州、宁波、南通、镇江、扬州等大城市，这些城市的规模体系中又形成若干小城市、小城镇体系。第四层次为泰州、嘉兴、湖州、台州及部分南京城市群辐射范围的安徽省滁州、马鞍山、芜湖等中等城市，这些中等城市体系中又形成了一批小城市和小城镇。第五层次为金坛、吴江、太仓等一批县级市为主的小城市。

随着 2011 年 6 月 30 日京沪高铁的开通运营，长三角"同城化效应"更加显著，加上长三角已经初步形成的公路、水运、铁路、航空、管道等多种运输方式构成的综合运输体系，对长三角城市群空间布局优化起到了巨大的推动作用。作为首位城市的上海对长三角的辐射功能更加明显。长三角城市群扩大辐射范围的基础条件已经成熟。2014 年，《国务院关于依托黄金水道推动长江经济带发展的指导意见》，首次明确了安徽作为长江三角洲城市群的一部分。

二 长三角城市群的现状及特点

当前，长三角城市群主要的特征就是多级城市群逐步形成，次级城市群逐步完善，城市群从城市之间的关系向城市、城市群之间多极化、多层化、多圈层的空间布局结构转变。

2016年5月11日，国务院常务会议通过《长江三角洲城市群发展规划》，提出培育更高水平的经济增长极。到2030年，全面建成具有全球影响力的世界级城市群。规划中提出，发挥上海中心城市作用，推进南京都市圈、杭州都市圈、合肥都市圈、苏锡常都市圈、宁波都市圈等都市圈建设。这是第一次明确提出次级城市群的概念，也标志着以上海核心城市为引领，以杭州、南京、合肥、苏州、宁波等中心城市为增长极的长三角次级城市群逐步完善。在次级城市群完善的基础上，长三角生态一体化示范区、嘉昆太创新圈、苏北城市群、大湾区等一系列三级、四级城市群已经开始形成，未来有可能向二级次城市群发展。

2018年11月5日，习近平主席在首届中国国际进口博览会开幕式发表主旨演讲时指出，为了更好地发挥上海等地区在对外开放中的重要作用，决定将支持长江三角洲区域一体化发展并上升为国家战略。《长三角一体化发展规划纲要》的出台，为长三角城市群未来的发展指明了方向。

（一）长三角城市群次级城市体系框架初步形成

经过多年发展，目前长三角已经形成上海、南京、合肥、杭甬、苏锡常五个比较成熟的次级城市群（见表1）。上海都市圈由上海、苏州、无锡、宁波、南通、嘉兴、湖州、舟山组成，南京都市圈由南京、镇江、扬州、淮安、马鞍山、滁州、芜湖、宣城组成，合肥都市圈由合肥、淮南、六安、滁州、芜湖、马鞍山、桐城（县级市）、蚌埠组成，杭甬城市群由杭州、宁波、绍兴、舟山、台州组成，苏锡常都市圈由苏州、无锡、常州组成。

从规模看，次级城市群的面积、常住人口、生产总值基本占据长三角的

80%左右（有部分城市叠加），专利申请、国家级开发区数量基本超过90%；除合肥都市圈外，人均GDP均超过长三角平均值，生产总值增长率总体上超过长三角平均值。

从数据可以看出，长三角次级城市群是长三角规模最大、经济实力最强、人口最集中、创新能力最强的区域，是长三角、长江流域乃至全国的经济引擎地区。同时，也表明未在次级城市群内的区域经济社会发展水平仍然不高，长三角区域不平衡的现象仍然比较明显。特别是合肥都市圈与其他发达次级城市群相比，不论是经济总量，还是人均生产总值以及创新水平方面，基本处于发达次级城市群的50%以上，差距较为明显。这就更需要以上海为核心节点的东部次级城市群的发展辐射和带动作用。

表1   2017年长三角五次级城市群数据

	土地面积（平方千米）	常住人口（万人）	生产总值GNP（亿元）	人均GDP（元）	生产总值增长率（%）	专利申请数（个）	国家级开发区数量（个）
上海都市圈	51492	6554.9	84096.16	128295	7.3	480024	61
南京都市圈	62984	3428.1	31874.97	92983	8.1	86506	21
合肥都市圈	63363	3189.7	17761.33	55684	8.5	43554	15
杭甬城市群	45561	2976.9	33130.96	111293	7.9	220640	22
苏锡常都市圈	17658	2195.4	34449.73	156918	7.4	98572	21
长三角	359141	22359.6	195820.86	87578	7.5	1199134	119

注：土地面积、常住人口、生产总值、专利申请数、国家级开发区数量均为加总数据，人均GDP为都市圈总生产总值除以都市圈总人口，生产总值增长率是基于都市圈生产总值计算。

资料来源：安徽、浙江、江苏、上海2018年统计年鉴。

（二）产城融合高质量发展为城市群高质量一体化打下基础

长三角城市群经过城镇体系阶段后，已经进入重工业化向现代服务业发展的阶段，城市粗放型的发展模式需要让位于集约化内涵式发展模式。仅仅依靠产业内部结构的优化已经无法实现真正的突破，产业结构调整必须选择与空间布局优化相结合的路径，才能实现可持续发展。产城融合则是产业结构调整与空间布局优化相结合的最佳路径之一。对此，长三角各城市加强推进产城融合，产业和空间都得到较好的优化。如常州作为全省产城融合发展综合改革试点城市，从2016年开始探索形成"以产兴城、以城促产、宜居宜业、融合发展"的可持续的发展模式。在这一过程中，长三角各城市形成了一套新的运作模式。

一是园区规划与城区规划有机融合。长三角重点城市的旧城改造和新城规划都将工业园区纳入整体规划中，并进一步强化现代服务业功能，将协调居住、工业、商业等功能之间的相对平衡关系，使之形成组合效应，提高城市运营机能。要加快构筑一个与城市形态相适应的产业布局，从交通、环境、文化等各个角度统筹考虑，以"生产、生活、生态"兼顾为目标，找出新城"产城融合"的最佳突破口，产业发展坚持在空间维度的基础上，加入时间维度，实现产业周期与城市发展周期的有机协调。苏州的"三城三区"规划建设，就是园区与城区融合发展的代表。

二是围绕产城融合配置产业。长三角各城市在园区和城市产业发展上，坚持在空间维度的基础上，加入时间维度，实现产业周期与城市发展周期有机协调。各城市不仅针对园区产业配置，而且涉及城区产业配置，逐步形成"以园区重点产业为主、以城区配套产业为辅"的优势互补、互惠互利、相互支撑的整体产业格局。

三是注重人才在产业园区中的优化配置。在新城人口总量与布局规划中，要科学制订园区人才发展规划。第一，坚持目标性人才布局。要根据园区的功能定位和发展目标，确定人才规划和年度计划，根据需要进行人才布局。第二，坚持平衡性人才布局。统筹考虑园区之间、园区与城区之间的分工协作关系，根据产业集聚、空间集聚、平台集聚的原则合理配置人才。第三，综合性人才布局。各城市为了充分发挥高端人才的带动作用，对此类高端人才进行布局时，不仅考虑产业本身，而且考虑新城人口导入的其他综合因素。第四，注重将园区民生建设纳入城区民生建设中。在城区的就业、居住、社会保障、卫生医疗、教育、文化、体育等公共设施和制度建设中，长三角各城市将园区的民生需求纳入城区建设中，切实解决园区职工家属和子女的就业、教育、卫生等的实际问题。第五，积极创新园区管理模式。为了解决园区与城市在行政权属及管理上的条块分割、交叉重叠等问题，避免园区与城市在土地、投资、人才等资源方面形成低层次的竞争格局，长三角各城市根据产业园区的规模实力，积极探索园区与城市之间的管理新模式。例如，对于经济规模大、实力较强的园区，苏州和无锡注重将园区管理机构与区县、街道、镇等行政区域合并，形成一个机构两块牌子，推进"园区建城区"模式；对于规模小、管理能力较低的产业园区，一般采取行政区域与园区分工管理的模式（见表2）。①

表 2　长三角产城融合模式

序号	模式名称	主要特征	适用地区
1	发展园区支柱产业促进产城融合模式	1. 明确园区支柱产业； 2. 形成主产业链； 3. 形成新城配套产业和设施	1. 新园区的建设； 2. 转型过程中的传统工业园区
2	发展配套产业促进产城融合模式	1. 园区支柱产业明确； 2. 通过发展园区或城区配套产业，对支柱产业形成支撑	已经确定了支柱产业的工业园区，并且相关配套产业较为落后
3	发展园区总部经济促进产城融合模式	吸引企业总部进入，同时高起点规划城市，提升发展环境	1. 发展水平较高，需要提升能级，吸引总部经济集聚的条件较好的园区； 2. 现有基础设施无法满足规划需要
4	发展基础设施促进产城融合模式	1. 基础设施升级； 2. 高起点规划	1. 老园区较多； 2. 新城建设
5	发展城市公共服务体系促进产城融合模式	1. 提升城区公共服务的能力和辐射范围； 2. 为人力资源提供保障	1. 新城建设过程中人口导入数量多、结构复杂的地区； 2. 园区发展需要城区提升公共服务的地区
6	通过园区合作带动产城融合发展模式	1. 发达与落后地区的联动； 2. 优势互补园区之间的联动； 3. 园区合作带动产业转移； 4. 通过产业链形成推动城市建设	1. 跨省、市域的园区； 2. 省、市域内的园区

　　资料来源：宗传宏《长三角产城融合发展的实践与对策》，载刘志彪主编《长三角蓝皮书：2012年率先基本实现现代化的长三角》，社会科学文献出版社，2012。

---

　　①　左学金、王红霞等：《世界城市空间转型与产业转型比较研究（第2版）》，社会科学文献出版社，2017。

（三）要素资源总体上仍然处于点状布局阶段

与长三角城市群的空间布局框架相比，长三角要素资源的布局相对较为滞后，主要原因是三级、四级城市群的发育程度仍然不够，点状资源要素之间的联动性仍然不够。例如，长三角科技创新要素主要表现为两个特征。一是以园区经济为主的点状集聚特征明显。从长三角各地国家级高新技术产业开发区来看，各城市的数量、规模、产值和创新能力非常不均衡，最高的杭州高新技术产业开发区技术收入占总收入的比重达到 29.4%，最低的马鞍山慈湖高新技术产业开发区不到 0.5%，相差 60 多倍。创新能力不足表明对产业、技术、资金的承接能力差。创新资源落差大也必然导致园区之间联动不足，创新资源集聚园区中的特征比较明显（见表3）。

表3 2016年长三角国家级高新技术产业开发区基本情况

开发区	入统企业数（个）	工业总产值（千元）	营业收入（千元）	技术收入（千元）	技术收入占营业收入比
上海市张江高科技园区	4244	993854518	1545509264	189703462	0.122745
上海紫竹高新技术产业开发区	115	15404526	51616908	9529454	0.184619
南京高新技术产业开发区	1037	386294877	439544872	20154672	0.045854
常州高新技术产业开发区	1108	203542472	218251469	47201633	0.216272
无锡高新技术产业开发区	1163	313891137	335994080	21471212	0.063904
苏州高新技术产业开发区	1176	267867434	281250281	11450788	0.040714
泰州医药高新技术产业开发区	312	100307113	99359643	778856	0.007839
昆山高新技术产业开发区	771	169614759	172542724	1765344	0.010231
常熟高新技术产业开发区	450	86953250	88903397	1384282	0.015571
江阴高新技术产业开发区	204	122309228	149753956	325692	0.002175
武进高新技术产业开发区	403	100841574	128014180	1940953	0.015162
徐州高新技术产业开发区	109	76613274	84391233	81209	0.000962
南通高新技术产业开发区	420	158956843	219760937	5652623	0.025722
连云港高新技术产业开发区	104	45416242	40960759	113112	0.002761
盐城高新技术产业开发区	207	61457828	60219328	353055	0.005863
扬州高新技术产业开发区	115	49741446	47208489	317993	0.006736
镇江高新技术产业开发区	409	53368574	69259412	975096	0.014079
杭州高新技术产业开发区	1950	242578912	439988692	129293012	0.293855

开发区	入统企业数（个）	工业总产值（千元）	营业收入（千元）	技术收入（千元）	技术收入占营业收入比
萧山临江高新技术产业开发区	403	113732907	120798018	319507	0.002645
宁波高新技术产业开发区	544	165221762	311323834	19230627	0.06177
绍兴高新技术产业开发区	245	48441516	49233937	183526	0.003728
温州高新技术产业开发区	503	50060655	48521652	737869	0.015207
嘉兴高新技术产业开发区	123	46784762	53848181	374930	0.006963
莫干山高新技术产业开发区	224	36093906	37234909	409781	0.011005
衢州高新技术产业开发区	227	72372717	78797910	123542	0.001568
合肥高新技术产业开发区	1074	331767829	411050814	62548204	0.152167
蚌埠高新技术产业开发区	344	112801444	109470566	2690116	0.024574
芜湖高新技术产业开发区	255	130375217	121954468	796170	0.006528
马鞍山慈湖高新技术产业开发区	178	63633209	82543641	383268	0.004643
合　计	18417	4620299931	5897307554	530289988	0.089921
全　国	91093	19683872466	27655938864	2692823252	0.097369
占　比	0.202178	0.234725	0.213238	0.196927	

资料来源：2017 年《中国火炬统计年鉴》。

二是长三角资源要素的布局阶段存在区域性的差异化。从发展阶段上看，上海中心城区知识创新区利用中心城区的配套优势，形成产城融合的创新区域，创新要素向郊区辐射，已经是块状辐射阶段；科创园区规划以园区和科创基地为主，在发展过程中逐步与城市融合，目前正处于点状集聚向块状辐射的过渡时期，未来将形成新型科创园区。上海对长三角轴向布局的趋势也开始显现。沪北创新带—长江科技创新带、浦东创新带—沿海科技创新带、沪西南创新带—沿杭州湾科技创新带等，与长三角城市群产业带的空间布局基本是相一致的。目前，长三角一体化战略中正在推进的 G60 科创走廊建设，将进一步推进上海科创资源和产业向长三角辐射，形成轴向布局的格局。

（四）社会领域快速发展

社会发展是优化城市群空间布局，提升城市群发展质量的必由之路。近年来，长三角各城市对社会发展的需求呈现出爆发式的增长态势。例如，长三角社会组织的发展呈现出高速发展的态势，部分地级市社会组织每年增长甚至超过 1000 家。2016 年，长三角社会组织数量占全国的 24.4%，当年新登记数占全国的 25.2%，志愿者服务人次占全国的 41.8%（见表 4）。同时，长三角各地对社会组织参与经济社会发展的程度在不断推进。社会组织成为调节政府与市场重要的"润滑剂"，对经济社会的支撑作用日益增大。2017 年，苏州工业园区引进的机构中，70% 的机构为平台型服务机构，其中，大部分机构的性质为社会组织。因此，社会组织融入经济发展，社会组织一体化的呼声也一浪高过一浪。又如，长三角部分城市民非机构在社区嵌入式养老中的参与力度很大，通过公办民营的模式解决了很多社会问题，并为逐步形成新的养老产业模式不断进行探索。①

三 长三角城市群发展中的主要问题

（一）城市群等级体系仍然有待完善

发达国家城市群的发展经验表明，城市群等级体系对推进城市群发展将起到巨大的推动作用。例如，兰斯塔德城市群作为欧洲西北城市群的次级城市群，是多中心城市地区，其突出特点是采用线性辐射方式发展并建立"绿心""绿楔"和缓冲带，建立中小城市，包括 3 个 50 万~100 万人口的大城市：阿姆斯特丹、鹿特丹和海牙；3 个 10 万~30 万人口的中等城市：乌得勒支、哈勒姆和莱登以及许多小城镇与滨海旅游胜地。长三角次级城市群的发展框架逐步明朗，但次级城市群，三级、四级城市群以及单个城市的战略定位大多"各自为战"，甚至处于"孤岛状态"，无法形成体系化、整体化的竞争格局。各级城市群的特点没有得到统筹规划布局，往往造成城市群战略目标不清晰、产业结构雷同，而且与其他城市群层面也产生较多矛

---

① 宗传宏：《推进长三角区域社会组织合作》，《浙江日报》2019 年 6 月 24 日。

表4 2016年长三角社会组织基本情况

	单位数（个）	年末职工数（人）	受教育程度		职业资格水平		志愿服务		当年新登记数（个）	当年年检单位数（个）	被认定的慈善组织（个）
			大学专科人数（人）	大学本科及以上人数（人）	助理社会工作师人数（人）	社会工作师人数（人）	志愿者服务人次数（人次）	志愿服务时间（小时）			
全 国	702405	7636579	1419690	1105238	27824	27126	423713	1129627	70309	358309	708
中央级	2339	37879	73	27799	583	8766			35	1822	96
上 海	14181	191235	63708	19506	390	1315			1098	11663	20
江 苏	84094	568288	115405	81799	3411	1473	75571	165625	9841	57631	10
浙 江	47536	404450	101331	60400	1386	1003	62525	112402	4602	23689	20
安 徽	25708	277980	58977	46908	1623	502	39156	89718	2208	15765	
长三角	171519	1441953	339421	208613	6810	4293	177252	367745	17749	108748	50
占全国比例	24.4	18.9	23.9	18.9	24.5	15.8	41.8	32.6	25.2	30.4	7.1

资料来源：《中国民政统计年鉴2017》。

盾。例如，苏州作为现代化大城市，应该与上海国际大都市的战略目标相协调，与上海都市圈的总体战略相衔接，但这方面仍然缺位较多。目前，正在推进的上海都市圈规划就是要重点解决这些问题。

（二）上海核心城市的引领作用不够

从世界城市化发展规律看，首位城市对城市群的引领作用举足轻重。近年来，上海经济发展速度持续放缓，在国家和长三角区域的首位度持续下降。虽然社会各界对上海竞争力是否下降存在不同看法，但上海城市首位度的降低对于引领长三角优化布局科技要素资源，服务长三角、服务长江流域、服务全国有较大的影响，对于发挥国家对外开放的门户作用，建设国际大都市，引领长三角城市群走向世界级城市群也有较大的影响。另外，与纽约、东京、伦敦等国际大都市相比，上海城市功能还不完善，城市国际竞争力和国际化程度不够，落户上海的世界 500 强企业总部仅为纽约的 10%，外国人口占常住人口比重仅 0.9%。上海都市圈的建设只有进一步发掘区域资源，推进上海经济发展，提高首位度，才能进一步发挥创新要素的辐射能力，推进长三角城市群发展。[①]

（三）要素资源的约束日益增大

长三角城市群在经济平稳发展的同时，正面临资源环境的硬约束，面临环境污染严重、资源能源约束明显、土地资源告急、商务成本高、人力成本高、产业升级转型缺乏动力等巨大挑战。虽然长三角纷纷提出发展社会民生、低碳、生态的转型目标，如苏州十几年前就提出"腾笼换鸟""无土招商"等措施，但在要素资源的硬约束下，城市转型的内涵和路径仍然不是非常明确，在实施路径上仍然比较困难。主要的原因就是城市转型的部门没有被纳入城市群发展的大体系中，对社会、环境转型对城市发展的支撑作用的认识仍然

---

① 张道根、李宏利、丁宏、黄宇、陈瑞主编《长三角蓝皮书：2018 年新时代发展的长三角》，社会科学文献出版社，2019。

有待提高。经济、社会、生态的联动关系没有完全明确，各城市仍然把经济发展放在重中之重，对社会和谐、生态环境优化的认识程度仍然有待提高。

（四）对外开放的质量有待提高

长三角要打造世界级城市群，上海打造卓越的全球城市，离不开对外开放，更离不开在长三角分工合作基础上的对外开放。目前，长三角对外开放的程度与世界级城市群存在很大的差距，最重要的是体现在与全球文化的融合方面。

长三角城市群在基础设施建设方面逐步完善，"硬"实力已经超越国外发达城市群。2017 年，上海港的集装箱吞吐量突破 4000 万标箱，创下全球港口集装箱运输史上最高纪录。2018 年，宁波舟山港货物吞吐量再超"10亿吨"，继续保持全球唯一的超"10 亿吨"超级大港地位；其集装箱吞吐量首超 2600 万标准箱，首次跻身全球前三。但同时，软实力的短板逐步显现。上海专业化服务水平与纽约相差甚远，纽约是世界多元文化的集聚地，远胜上海水平，其中一个主要的原因就是上海粗放型的对外开放模式仍然占据主导地位，全球优秀的文化软资源与长三角城市群的融合度不足。

（五）制度一体化程度不足

目前，在推进长三角一体化战略的过程中，仍然存在很多地方政策和制度之间不统一甚至相互抵触的情况，最终形成了所谓的"行政壁垒"，这主要是由三种原因造成的。一是地方政府内部机构的多头管理。目前，地方政府本身多头管理的情况仍然比较普遍，内部的政策本身就不统一。例如，品牌建设涉及知识产权、市场监督、经信、宣传、国资等多个部门，相关政策之间有不统一之处，在涉及跨区域一体化合作时，往往主体不统一、政策不统一。二是区域经济社会发展水平不均衡。长三角区域不平衡情况仍然存在。一般而言，地方政策与当地经济社会发展水平是相符的，这就造成了城市之间制度差异很大，难以实施，特别是涉及经济利益较多的情况，更难以统一。三是政策指向不对位。长三角在合作过程中，不同城市运用不同的政策体系，这就造成政策和制度之间的不对位，影响了合作推进。

四 长三角城市群发展的总体思路

（一）优化配置

国际发达城市群资源配置能力都在全球处于领先地位。与国内其他城市群相比，长三角城市群的主要特点也是资源配置能力强，在利用国内国外两个市场，在争取话语权、配置两种资源方面占据重要的地位。长三角外向型经济明显，在未来只有在优化配置资源方面更上一个台阶，才能在我国对外开放中处于领先的地位，才能与高质量发展的要求相匹配。

（二）龙头带动

全球城市在多极化、多层次的世界城市网络体系中居于最高等级的位置，对全球政治、经济、文化具有强大的控制力和影响力，其基本特征是人流、物流、资本流、技术流和信息流在全球网络中的充分流转和合理配置的能力。上海作为我国对外开放的重要窗口之一，其配置资源的能力关系我国利用国外国内两个市场的能力和水平。上海未来要打造卓越的全球城市，长三角要利用这一契机，发挥上海首位城市的引领和带动作用。未来上海将以资源配置能力为核心，具备对全球、国家、区域以及城市网络体系等战略性资源、战略性产业和战略性通道进行统筹布局的能力，包括集聚、辐射、使用、优化、收益和再分配等过程。未来上海将加快全球功能性机构集聚度，不断提升市场规模与能级，进一步加快金融市场开放，大幅拓展境外投资者参与范围、渠道和规模，支持境内外市场开展多种形式的深度合作，在引领长三角乃至全国融入"一带一路"倡议方面起到巨大的作用。

（三）拓宽领域

长期以来，长三角城市群以经济一体化为主要目标开展合作。未来长三角一体化的领域将不断扩大，对城市群的合作领域也提出了更高的要求。具体来说，从项目合作要向产业链合作转变，再向价值链合作转变；从企业合作向产业合作，再向专业化合作转变；从政府合作向市场合作与社会合作转变；从有形资源合作向无形资源合作转变；从要素合作向制度合作转变；等等。

（四）扩大开放

长三角是全国对外开放的桥头堡，上海是全国对外开放的重要门户。未来长三角城市群需要继续扩大对外开放的力度，同时，更重要的是，提升对外开放的质量。要以"一带一路"建设为引领，打造我国优秀文化与国外相融合的重要平台。特别是发挥上海文化多元化的传统优势，吸引国际优秀企业和优秀文化机构进入长三角，并使我国良好的要素资源"走出去"，在国际市场上竞争。

（五）完善机制

目前，长三角城市群已经形成决策层、协调层和执行层"三级运作"机制。在此基础上，区域合作办公室在持续开展工作。通过把长三角城市经济协调会从城市层面升格为省市层面，大大提升了组织机构的协调和执行能力，将长三角传统的以自下而上为主的协调形式进一步转向自上而下与自下而上相结合的模式，进一步提升合作机制的全局作用，解决了许多条块分割的矛盾。在大框架逐步完善的基础上，城市之间的横向职能分工需要进一步明确。

五 长三角城市群高质量发展的对策

（一）推进长三角城市群一体化规划

目前，长三角在示范区建设方面开始推进空间规划。下一步，要在《长三角一体化发展规划纲要》指导下，进一步推进长三角城市群一体化规划，在总体规划、空间规划上突出优化空间布局的基础上，注重长三角的产业和人口分布。产业方面，努力形成分工明确的产业体系；人口布局方面，形成劳动力和人才顺畅流动的一体化规划目标。当前，在推动重大交通设施规划协调的基础上，重点加强轨道交通、快速通道建设、集疏运体系建设。同时，探索长三角城市群的公共服务、生态环境保护设施等的一体化规划。

（二）进一步挖掘上海全球城市的资源配置能力

上海在建设卓越的全球城市的远期目标过程中，也会面临四个中心、国际大都市建设、科创中心、文化大都市、自贸区等一系列国家战略，需要以卓远的全球城市为目标，融合以上战略，纳入卓越的全球城市的战略体系。目前，上海正在重点加强六类核心功能的发展：贸易、金融、航运、文化创意、科技创新和高端制造。各类功能需要加强的重点领域分别是：（1）离岸贸易、转口贸易、跨境电子商务、服务贸易等贸易功能；（2）人民币产品市场、国际化资本市场、科技金融、文化金融等金融功能；（3）航运金融、航运融资租赁、航运咨询、邮轮经济等航运服务功能；（4）文化传媒、创意设计、网络信息服务、会展与咨询策划等文化创意功能；（5）以高校、科研机构、企业等为主体的科技创新功能；（6）航空航天、汽车等交通运输设备制造、生物医药制造、计算机与电子信息制造等高端制造功能。未来一段时期，上海要推进五个升级。一是城市综合服务功能定位升级。全球城市是城市发展的高级阶段和国际化的高端形态，是全球资源配置中心，将集聚各类全球性的功能大平台，形成金融中心、航运枢纽、信息枢纽、投资贸易枢纽功能。二是城市开放度的升级。将进一步建设国际最高标准、最高水平的自贸试验区，以开放促改革，保持城市发展活力，在服务国家"一带一路"建设上更加体现桥头堡作用，在带动长江经济带各地发展中更加体现引擎和示范作用。如世界高端创新人才，按照5%的国际大都市计算，上海将有150万国外人口集聚，如果其中20%为高端人才，就是30万人才。目前，上海集聚的外国总人口不到30万，距离对外开放的目标水平差距还很大。加快对外开放，将吸引更多的优秀国际人才到长三角，推进长三角成为国际要素的集散地和国际市场的配置地之一。三是城市内生动力的升级。以建设具有全球影响力的科技创新中心为主线,推动城市内生动力从投资驱动转向创新驱动,进一步集聚高端创新资源,建立健全符合创新规律的管理制度,向综合性开放型科技创新中心迈进,向重大科学、原创技术、高新技术产业的重要策源地迈进,向全球重要的创新型城市迈进。四是城市建设标准的升级。对标国际一流,在城市交通建设上向立体、智能、绿色、便捷方向迈进;在城市地标建设上,彰显上海城市独特的文化元素、文化魅力及国际文化大都市的影响力;在生态环境建设上,以世界级的美丽大都会、世界级的生态岛为坐标,打造生态之城。五是城市现代治理的升级。上海把城市安全治理放在极其重要的位置,把其作为城市品质、城市魅力、城市竞争力的重要元素。上海提出了建设有韧性的生态之城,促进城市管理的精细化,也把城市治理提到了一个新的高度。

(三)为形成网络化空间布局做准备

随着长三角一体化的推进,长三角城市群将从点轴状空间布局向网络布局的格局发展。特征就是城市群等级体系逐步完善,城镇等级趋于成熟,城市之间的流量经济占据重要地位,人们的就业、居住和生活达到一种动态的平衡。对此,长三角城市群要在要素资源方面做好准备,推进产业在空间上形成分工体系,创新要素与产业分布逐步匹配,公共服务共享体系逐步完善,环境生态系统一体化优化机制逐步完善等。

(四)构建多元化标准体系

长三角城市群的地方政策和制度之间的不统一在短时期内很难解决。可以制定相应的标准体系,进而发动市场和社会力量来解决跨区域的难题,推进一体化的发展。标准体系分为共性标准和专项标准。共性标准是一种团体标准,是要求城市群一体化对象共同达到的基本标准,应高于国家普遍标准;专项标准是针对协会、学会、研究会、商会、促进会、联合会、基金会、部分中介组织和社区活动团队等专门性的标准,要求专业化高、可操作性强等。标准体系重点以解决政府难以解决的跨区域难题为目标，要以鼓励园区、企业、协会、社会团体、高校、研究机构等单位共同组成战略联盟、合作机构等多元化的社会组织为方向，以形成若干多元化平台为支撑。

（五）完善多元化参与机制

近年来，长三角城市群合作机制中逐步融入社会要素。从2013年开始城市组下设了六个专业委员会，加大了社会力量共同参与的力度。2018年4月12~13日，长江三角洲城市经济协调会第18次市长联席会议在浙江衢州举行。这次会议上，在原有的8个专业委员会和5个合作联盟的基础上，新成立了2个专业委员会和4个合作联盟。这些专委会和联盟的运作模式各有特色，基本的特点就是社会力量的参与。经过几年的运作，各专业委员会和联盟发展情况参差不齐。对此，建议根据长三角高质量一体化的要求对专委会和联盟进行重构，根据发展情况进行筛选。同时，根据一体化的推进情况进行创新。

B.15
长三角一体化进程中的城市协同治理

张春龙*

摘　要： 区域内城市间的协同治理是区域一体化的重要内容。长三角一体化的建设会改变区域内省、直辖市行政区划和城市固有的社会运行架构和运行机制，从而为长三角区域内的社会稳定、生态环保、公共服务、应急管理等方面提供更大范围的协作机会。不仅如此，大数据的深度和广泛应用和智慧型城市的建设为城市之间的协同治理提供了有力的技术支撑。长三角城市群的协同治理，需要构建一体化发展的联动协同机制，为区域城市治理提供新的载体和思路，促进地方和区域治理模式的深刻变革。

关键词： 长三角　一体化　城市协同治理

　　社会治理一般认为是由国家力量和社会力量，公共部门与私人部门，政府、社会组织与公民共同来治理和管理一个社会。而"协同"即"相互协调、共同作用"。协同治理即协同社会治理，一般包括两个方面：一是社会元素的协同，也就是在社会治理过程中，政府、民间组织、企业、公民个人等社会多元要素相互协调治理；二是区域内多个相对独立的行政区划（既指省或直辖市，也指城市之间）在公共管理、公共服务、治安、环境、文化等方面打破行政区划阻隔，通过合作形成协调的治理行为。这两个方面都

---

　　* 张春龙，江苏省社会科学院社会学研究所副所长，研究员，博士。

是为了通过整合行政资源、社会资源以及企业资源实现治理效能的提升，以达到最大限度地维护公共利益。2018 年 11 月，中共中央、国务院《关于建立更加有效的区域协调发展新机制的意见》出台，提出要建立更加有效的区域协调发展新机制，促进区域协调发展水平向高质量迈进。城市群要带动区域发展、推动区域板块之间融合互动发展，必须实现城市之间的协同治理。

一 推进一体化需要城市间加强协同治理

推进长三角城市的协同治理是推动以苏、浙、沪为主的长三角或泛长三角地区城市发展一体化的重要支撑，是我国区域一体化的不断推进和拓展。长三角一体化的建设毫无疑问将推动上海、江苏、浙江、安徽等省市资源要素的大规模重组和深度融合，也将对原来的省际关系和城市结构产生深刻影响。因此，城市的协同治理问题也应该成为推进长三角一体化重点思考的问题。

（一）行政区向经济区的扩展

区域一体化往往首先是在经济的层面，主要是为了人员、资源、货物在更大的市场范围内流通。20 世纪中期以来，特别是二战以后，为了适应经济发展的需要，很多区域突破国家的界限范围促进区域发展一体化，比如欧盟、东盟、北美等地区的一体化在 20 世纪末期得到了前所未有的发展。但是我们可以发现，这些一体化的推进都是从经济的层面，而行政区划（国家间是主权区划）往往成为一道不可逾越的障碍。与国家间的一体化不同，我国的区域一体化是以省级行政区或城市为单位，这在一定程度上超越了国家间诸多的限制，具有很多国家间一体化无可比拟的优势和条件。因此，在我国国内区域间经济的一体化更具有形成的条件，可以说，长三角地区、珠三角地区、京津冀地区的区域一体化，在我国市场经济发展的过程中，自然而然地逐渐将过去行政区的概念扩大为经济区概念。虽然经济区的概念很容易因为产业的聚集效应而形成，但发展到一定阶段，特别是目前区域一体化发展较好的长三角地区，我们会很容易发现，由于城市、省市之间行政区划的存在，彼此之间利益的争夺不可避免地存在，经济一体化过程中的一些深层次的壁垒性障碍难以完全消除。这就需要区域一体化向深层次推进。

（二）经济区向协同区的扩展

区域一体化在向纵深推进的过程中，协同治理概念的提出不可避免。实践证明，经济一体化的概念往往会促进城市、城市圈和城市群的经济聚集，而在产业集聚发展过程中，区域社会功能往往会进一步细分并得到进一步融合，但是经济的融合往往需要社会的融合为基础。毫无疑问，长三角经济的一体化本身具有共同的江南人文特点。但这并不足以支撑更深层次的经济和社会融合，还需要逐步打破行政区划的边界。在传统上省、直辖市行政边界较难以打破的情况下，城市间的合作更易推进。因此，长三角的一体化更需要以城市为基本细胞的区域内部的协同治理、协同发展。一般来说，长三角一体化的推进首先是经济层面彼此之间联系合作，推动与经济要素进行优化组合，在此基础上可以推动不同省份或城市之间在区域层面培育更大规模的市场体系，同时推进制定市场规则、统一市场监管等方面的改革，尽量避免一些方面的重构。从这个意义上推进长三角一体化，一方面，需要有协同治理机制支撑区域一体化发展，促进区域资源要素、产业和行业重新整合；另一方面，长三角经济一体化的发展能够为区域的协同治理奠定必要的经济基础，同时能够为区域内城市现代化治理提供新思路，从而促进地方和城市治理模式的深刻变革。

（三）社会治理需要协同创新

我国在经济步入转型阶段的同时，社会建设、社会治理也开始面临诸多的新情况和新问题，这些问题对地方和城市的社会治理带来新的压力，一些问题需要从整体性和区域性的层面去应对和处理。从初级层次来看，协同创新重点是指在更高一级的行政层面进行顶层设计，通过建立比较完善的党委领导、政府负责、社会协同、公众参与、法治保障的社会治理体制，达到科学配置社会治理职能、优化社会治理机构、明确社会治理责权的目的。但是，随着区域一体化的深入推进，地方或单个城市社会治理面临的入学、医疗、就业、住房、养老、食品安全等事关民生的问题也逐步跳出单一的行政区域，在较大的区域内显现并需要在更大的区域内协调、统筹解决。从传统的社会管理迈向现代社会治理，绝不是简单的管理方式的改变，也不仅仅是单一行政区划内多种手段的应用，区域协同往往能达到更好的效果。

二 区域一体化容易产生一些新的治理问题

区域一体化并不是简单的行政区域的统一，其中涉及一系列的问题，比如基础设施建设的规划衔接、产业发展的整体布局、区域内人员的流动管理等。而且，相应的问题绝不是简单地相加。其实，经济领域的问题往往会从一体化中直接获益，但社会治理问题往往会随着区域一体化的深入而使问题和难度成倍增长。

（一）行政区域内部存在协同治理问题

这里所指的行政区划内部，主要是指城市内部的社会治理。应该说，我国正处在人口、经济与社会多方面的重大转型中，给社会治理造成了较大的冲击。在经济发展过程中，在维持基本的社会秩序、满足公共服务需求、引入社会组织等一些具体问题上，一些政府组织本身存在疑虑和摇摆，社会治理中很容易出现一些新的矛盾和新的问题，老百姓不尽满意。在城市内部，社会治理的有效整合情况也仍然存在问题，由于社会治理方面的职能交叉很多，由于缺乏整合直接使社会治理的力度和成效大打折扣。特别是在一些新兴领域，在治理的过程中很容易出现协调不够互相推诿的情况，进而形成社会治理的"灰色地带"。在社会协同、公众参与方面，虽然一些地方政府花了很大的力气培育社会组织、动员群众，社会组织数量增多，但真正在治理方面发挥的作用有限，基层老百姓参与的积极性仍然不高。社会治理必须依靠社区和公众，但在形成公众参与的制度和社会环境方面还远远不够。

（二）行政区划边界导致整合难度加大

长三角区域一体化的推进毫无疑问会改变区域内省际和城市之间固有的关系架构。体现在经济层面，各省与城市会在区域一体化的推进过程中，造成一定程度的资源重新配置，从而使原来的竞争发生改变。同时，由于经济相对自由活动范围的扩大、市场主体更加多元化，政府作为市场规则的制定者需要更好地履行监管职能，从而使市场交换能够公正公平，使市场机制能够正常运转。我们知道，在一体化和区域合作的推进过程中，地方政府关注的往往是在自己的行政边界内实现利益的最大化，这种情况很容易导致地方保护主义的出现，也可能直接引起一体化整合过程中出现一些矛盾与冲突。体现在社会建设层面，推进长三角区域一体化必然会带来区际各种要素的流动以及各方利益的重新优化整合。比如人口的方便流动会导致各种利益群体发生分化，而人口的频繁、快速流动以及与社会融合的程度很容易影响城市治理。从省际和多个城市的多元状况向一体的转变很容易导致城市经济社会的变迁，在这一变迁过程中社会利益群体结构往往会变得复杂化和多样化，利益的重新分化整合必然会增加新的社会矛盾。

（三）一体化本身会增加社会治理难度

由区域经济建设带来的经济层面和社会层面的问题往往不仅凸显于城市内部，还会带来外溢效应，导致区域内其他地方和城市也会呈现出来。我们知道，长三角一体化不仅会带来长三角地区省际和城市之间不断加强交流，区域外力量也会在一体化的进程中逐渐加入，如果区域外的力量加大对本区域内的关注与介入，社会问题往往会进一步复杂化。与此同时，随着区域一体化的深入推进，城市治理的范围也会扩大到整个一体化的区域范围，这往往会在一定程度上模糊城市治理的边界，从而增大治理的难度。例如许多本来仅局限于城市或省际内部的问题，如生态环境的恶化问题、社会群体性事件范围扩大问题、突发性传染病扩散问题等，很容易从本身是孤立的事件转变为区域内整体性事件。这是因为区域一体化很容易使城市安全问题广泛地波及并逐步扩散。这种情况往往会使我们面对的治理问题的地理边界不再清晰。不仅如此，现在我们面对的城市治理问题，已经不能简单地划为传统安全与非传统安全，很多的问题往往是多种类型的安全因素之间互相作用的结果。这些问题很容易在区域内而非单个城市内迅速流动和扩散，因此也不能简单地处理，这就使社会治理的难度进一步加大。

三 长三角地区城市协同治理的初步推进

长三角的一体化问题由来已久，而且在很多年前在苏浙沪省市行政层面已经有推动的措施。但总体来看，传统的区域合作大多处于初步商议和框架协议阶段，由于受到多种因素的影响并没有很好地落实，其中不乏一些社会治理领域合作的框架协议。

（一）传统的长三角区域合作主要在经济领域

其实，长三角区域合作机制已经有很长时间。1992 年已经建立了长三角 15 个城市经济协作办主任联席会议制度。2001 年，苏浙沪三省市成立了由常务副省（市）长参加的"沪苏浙经济合作与发展座谈会"制度，这一制度力图使长三角区域合作能够具有长期性、战略性、整体性。在此基础上，从 2004 年开始建立沪苏浙三省市主要领导座谈会制度。2008 年，长三角政府层面实行决策层、协调层和执行层"三级运作"的区域合作机制，确立了"主要领导座谈会明确任务方向、联席会议协调推进、联席会议办公室和重点专题组具体落实"的机制框架。在此基础上，沪苏浙皖三省一市分别在发改委设立了"联席会议办公室"，当时设立了交通、能源、信息、科技、环保、信用、社保、金融、涉外服务、城市合作、产业、食品安全 12 个重点合作专题。从这些重点合作专题来看，以基础设施与经济合作为主，同时也涉及社会治理的一些领域，如社保、食品安全、信用等。其中的城市合作领域虽然较为宽泛，但也为城市之间的系统治理提供了可能。

（二）长三角区域社会治理的合作开始初步涉及

应该说，长三角的区域合作很长时间以来都是通过市场和行政力量推动的，而且市场的力量和效果明显大于行政推动的力量和效果。但毫无疑问，长三角一体化的发展取得了明显进展，其整体的综合竞争力显著提升。但是很多专家也认识到，长三角一体化发展到目前阶段，出现了一些瓶颈性的问题，这些问题既包括经济领域的共同市场问题、产业布局中的错位问题等，也包括一些基础设施建设中的"断头路"问题，一些社会治安、环境保护一体化中的社会治理问题。因此，有专家提出，长三角一体化要创新长三角区域包容性发展、完善长三角区域合作机制、推动跨区域城市群间协调联动、打破区域内行政壁垒等。这些领域大多属于区域协同治理的范畴。上海国际经济交流中心秘书长郁鸿胜研究员也指出，要使长三角区域合作得到宽领域、深层次的深化，需要构建区域协调新体制与新机制，比如区域协调互动合作机制、生态环境协同保护治理机制以及区域公共治理合作机制。

（三）长三角区域合作办公室为协同治理提供了条件

2018年，长三角区域合作办公室成立，由安徽省、浙江省、江苏省和上海市抽调的人员组建而成。从目前长三角区域合作办公室的主要职责（研究拟订长三角协同发展战略规划以及体制机制和重大政策建议，协调推进区域合作中的重要事项和重大项目，统筹管理长三角合作与发展共同促进基金、中国长三角网站等，着力协调解决省际合作重大问题，开展协同创新路径研究，推动改革试点经验复制共享等）来看，其中有一些属于社会治理的领域。比如行政审批制度改革、公共服务便利化等。另外，原来已经形成了一些与社会治理直接相关的框架协议，如长三角地区跨界环境污染纠纷处置的应急联动工作方案、长三角地区司法协作框架、长三角地区政法综治协作交流框架协议、泛长三角地区劳动保障监察工作合作协议等，均可以在长三角区域一体化办公室的推动下逐步落实，从而有力推动长三角城市间的协同治理。

四　构建长三角一体化协同城市治理模式

从国际上来看，区域一体化的模式有很多种，最为典型的就是欧盟，其在政治、经济、金融甚至国防等多个领域的合作应该是最有成效的。虽然欧洲一体化的模式有一些我们可以借鉴的地方，但长三角作为一国主权范围内的区域合作，必然有其独特的模式，包括城市间的协同治理模式。

（一）构建"区域合作"的模式

在推进长三角一体化进程中，就城市治理的模式而言，需要实现由原来的"相对独立"向"区域合作"转变。在治理主体方面，区域内除了政府、企事业单位外，各种社会组织特别是服务类的社会组织以及个人都应成为重要的参与者。在保障手段方面，需要区域内更多的治理资源，包括政治的、经济的、科技的、文化的、环境的等，为协同治理提供保证。在推进过程中，要注意统筹解决长三角一体化进程中的一些深层次问题。应逐步统筹推进长三角区域的社会建设，提高社会治理能力，创新社会治理体系，重点解决区域内发展差距过大（特别是上海区域、苏南区域、杭州湾区域与长三角边缘的内部地区之间的差距）、政府与市场在配置资源方面的边界问题，注意缩小区域之间、城乡之间的差距和居民收入分配差距，这些是社会治理的一些基础性问题，解决好这些问题有利于解决制约社会治理长远发展的全局性问题。当然，在解决这些区域性问题时，也要注意在城市内部坚持基层在先，注意统筹整合城市、街道、社区各类治理资源，可以通过全面推广网格化基层社会治理，把各项服务管理措施逐步落实到基层社区和家庭，为区域性的社会治理奠定基础。在区域内也要进一步鼓励社会要素在更大范围内自由流动，畅通向上流动的渠道，建立层级之间的沟通和对话机制，促进社会整合。

（二）构建区域协调治理机制

构建与区域一体化相匹配的协同治理模式。区域内的社会治理往往会涉及一些重大的、长远的战略规划和布局问题，完全依靠某一个省或一个市是不可能完成的。在目前资本、技术、人口等各种重要的生产要素快速流动的情况下，区域内各省市之间应该建立与之相适应的体制机制，以适应快速变化的各种形势。要建立长三角区域一体化条件下城市治理的长效性运行机制，首先要构建区域协调治理机制。特别是城市之间要增大协调的力度，建立常态化的事项协调机制。这就要求逐步将城市治理从运动式、压力式的管理向常态化服务管理转变。明确政府制定中长期区域城市治理规划的职责，通过分级分类分权治理体系的制定，进一步明确政府、企业、社团社会组织在治理中的责任。要在区域内充分利用新兴媒体传播与政府服务平台的融合，使政府与居民的沟通联系交流更加方便快捷，逐步建立起民众表达的协商、参与机制。同时也要注意通过设置不良舆情传播和扩散的有效防止体系，避免不安全因素在区域内的互动与传播。

（三）建立国家层面的协调机构

长三角一体化建设上升到国家战略层面，为长三角地区带来了又一轮的发展机遇，特别是对于泛长三角地区而言，更是一次千载难逢的好机会。为了抓住这一机遇，一些省市在规划建设方面编制园区、基地以及一些重点工程建设项目规划，力图通过长三角一体化带来的政策红利，促进当地经济新一轮快速发展。这就有必要统筹长三角地区各省市整体联动，通过互补性的合作协调共赢，建议从国家层面建立层级高于省市的统筹协调机构，加强对长三角地区经济社会发展的统筹规划，消除长期以来形成的以行政区域为单位的发展模式以及由此可能带来的社会治理一体化障碍。比如，行政区域各自为政、"污染外移"问题，在长三角地区已经出现。当然，统筹协调机构首先要从经济上避免一些地方不顾资源禀赋条件一哄而上的情况出现，其次是在基础设施建设规划方面要注意协同发展，与此同时还注意统筹区域社会治理，推动城市间的协调治理。其实，社会治理的协同有利于推动各省市协同互动、整体联动、互补共赢。

五 通过智慧城市群建设来协同城市治理

智慧型城市建设是近几年才提出的，到目前为止长三角的很多城市已经投入了大量的经费开始智慧型城市的建设。智慧型城市的建设是以信息网络大数据、云计算为基础的，为城市间的协同治理提供了无限的空间和可能。

（一）信息技术手段为协同治理提供了必要的手段

按照一般的理解，目前很多城市推动的智慧城市建设，主要是充分利用现代信息通信技术与大数据独有的统计资源，通过快速感测分析，整合城市运行系统的各项关键信息，从而对包括民生服务、社会服务、公共安全、生态环保、企业经营活动在内的各种需求做出智能快速响应，信息化支持最优化项目。智慧城市建设的一个重要方面就是通过信息的大数据化实现城市决策运行的智能化、协同化、精确化和高效化，以及针对城市诸多要素的分散进行快速一体化管理的重塑和优化。智慧城市建设毫无疑问能够促进社会治理的创新改革，因为智慧技术手段的进步能够带来城市空间形态的重组和城市发展流程的再造，进而影响城市治理体系和城市治理能力现代化。智慧城市发展的技术手段创新，带来的交通、贸易、生产方式、生活方式等巨大的变革，也为城市治理带来了深刻的变化。

（二）智慧城市群的建设将带来城市空间限制的大突破

从概念上来看，智慧城市群的建设融合了"互联网＋"的理念、城市发展和区域一体化的理论。智慧城市群的建设将带来城市空间限制的大突破，从而实现更大范围内的空间治理。在这种情况下，城市未来的高密度聚集，将主要体现在诸多要素流的方面，而不仅仅是体现在人口、居住、产业的静态空间集聚。所谓的要素流，主要体现在信息的流动，也就是在这个城市经过的次数、经过的密集程度。也就是说，经过智慧城市的建设，城市与城市之间、城市与乡村之间，可以通过网络建立广泛的经济社会网络化联系态势。这类联系不仅是城市实体空间上的，更多是超越单个城市空间的。

（三）智慧城市建设有利于推动城市间的互融共通

目前，长三角的很多城市已经开始了智慧城市的建设。显然，智慧城市的建设为长三角城市群实现协同治理提供了最佳的技术手段。通过智慧城市建设来实现区域城市治理（也可称为智慧治理），就是利用先进的信息技术，实现区域内智慧式的管理和运行，进而为区域内广大的人民群众创造更美好的生活，推进区域和谐。将智慧城市建设与城市治理结合起来，可以改变以前简单、粗放、低效、人力投入巨大的城市治理模式，实现城市治理的高效、集约、精准。通过智慧城市群建设，有助于应用新一代信息技术促进长三角城市群的融合、互通、共享，通过整体和标准的解决方案，利用大数据和设备提升城市治理。融合信息技术在区域内的应用与发展，通过推动物联网在基本民生、交通物流、环保能源等方面的应用，在长三角城市群中提升新型城市建设质量和城市管理效率。

六　推进长三角城市协同治理的对策建议

长三角的绝大部分城市具有良好的发展基础，也因为地理位置的相近和人文氛围的相亲，已经有很多近水楼台的交流，这些都是推进长三角城市协同治理得天独厚的优势。但就目前的情况来看，长三角地区城市的协同治理还没有完全开始，也就是说，推进长三角一体化进程中的城市协同治理仍任重而道远。当前，有必要从下面几点入手推进长三角城市的协同治理。

（一）建立基于大数据的城市信息共享

在尚未完全信息化的条件下，单个的城市本身在掌握城市信息方面就有很大的难度，更别提信息共享了。不过，网络信息技术的应用，为城市要素的信息管理和共享提供了可能。按照跨域管理的基本要求，首先是信息的管理，在这里，信息系统、决策系统、运作系统构成了基本的管理组织结构框架。在当今时代，互联网革命性地改变了管理的方法和手段，因此，治理过程中信息比黄金更重要。网络时代信息资源能够快速自由流动，但在流动过程中很容易不断制造信息的碎片化、歧义化。如果稍不留意，在一些敏感方面民意的扩散影响下，一些看似不起眼的民生问题就极有可能引发公共危机，进而影响政府决策。因此，城市之间要实现信息的分割管理向网格化共享转变、信息预警向灾害危机预防转变、信息分析向行动生成转变。在区域内构建跨城市、跨部门的信息共享体系，包括部门与城市风险信息共享、灾害预报预警、职能部门应急联动、联合执法和科研合作，以此来加强政府部门之间、城市之间的合作与协调。当然，城市信息的共享还需要有共享的理念和开放的精神，否则，即使网络信息技术发达，城市之间仍然难以实现信息的共享共通。

（二）建立跨地域合作的治理协同机制

跨地域的协同治理，具体体现在城市之间多部门、多领域的协同合作。只有与社会治理相关的部门，比如目前主抓社会治理的政法部门、公安部门等深度合作，才能够真正推动跨地域的治理协同。当然，需要深度合作的还远远不止这几个部门，生态环境保护部门、民政部门、人力资源和社会保障部门、住建部门、交通运输部门等，都需要通过深度合作来实现协同治理机制的建立。协调能力是多个城市之间处理复杂行动的合作能力，也就是说，合作的深度和广度直接决定了协同治理的深度和广度。城市群需要提升政策领域和风险灾害的监控预警的能力，并在风险出现跨城市、跨地区威胁的趋势时，可以发挥对其区域内整体早期预警和提前预防的作用。要建立集结跨域专家咨询的能力，充分发挥技术专家和政策精英等权威决策的作用。还要注意建立跨越城市的社会支持体系，要特别注意通过对公众意识、公众参与效果的评估，强调建立政府、社会、民众之间的互动合作模式。当然，跨域治理的成效最终还取决于完善的规章制度，这样才能保证协同治理机制的有效运行。

（三）建立"命运共同体"的协调机制

虽然从广泛意义上来说，整个地球都是一个"命运共同体"。但是从长三角地区经济、社会的关联性和紧密度来看，长三角地区更是一个联系紧密的"命运共同体"。一方面，长三角城市的产业绝不是相互独立、可以分割的，而是具有很高的依存度；另一方面，长三角地区城市之间会随着一体化的推进（无论是否有外在的力量，一体化的程度都会越来越深，只是进度可能稍慢）会越来越紧密。当然，利益在不同省份、不同城市乃至不同部门都具有差异性，强调城市、省际合作治理的目的就是在政府间一致性利益基础上，构建合作双赢的治理方式，而在一些具有地方差异性的利益方面，省际、城市之间需要构建良性竞争机制。其实，省际、城市之间不仅需要有分工明确的产业协作体系，以发挥城市间经济发展的互补性，也需要建立省际、城市之间的危机治理统筹协调机制，通过协调各方利益来实现共赢。跨省、跨市危机治理中，没有哪个城市或政府部门是可以通过建立防火墙实现独善其身的。如果区域内每个城市能够明确认识到跨域危机的治理要求放弃自身的局部利益，需要通过"命运共同体"来共渡难关，跨域危机协同治理机制的建设就有了最强大的基础和利益保障。

参考文献

1. 李志勇等：《基于政府适应市场化的京津冀一体化研究》，《商业研究》2010 年第 3 期。

2. 蔡玉胜：《区域一体化、城市安全与治理》，《石家庄经济学院学报》2015 年第
4 期。

3. 《推进长三角一体化 | 专家：长三角当前应重点协同突破三个方面》，澎湃新闻，
2018 年 4 月 13 日。

4. 《长三角社会治理一体化最大的困惑：行政壁垒》，《社会科学报》2018 年 12 月
14 日。

5. 吴福象：《长三角区域一体化发展中的协同与共享》，《人民论坛·学术前沿》
2019 年 4 月 3 日。

6. 《多方合力牢筑绿色愿景　长三角一体化布局加速》，中国环保在线，2018 年 6
月 1 日。

B.16
建设以南京为中心的长三角西翼城市群

何　雨*

摘　要： 长三角区域一体化上升为国家战略，开启了区域合作与发展的新时代，也成为三省一市党委、政府工作的重点，其采取各种措施共襄世界级城市群伟业。然而，当前推动一体化的相关举措，主要集中体现在纵向改革的"领域"层面，而缺少了横向联合的"地域"思维。针对"一超多强"、"东强西弱"与"城市体系完备"的特点，本文在分析长三角城市群合作发展现状与特征的基础上，提出了建设以南京为中心的长三角西翼城市群的路径构想，以补齐长三角一体化的地域短板，为全域一体化提供基础。

关键词： 南京　全域一体化　长三角西翼城市群

　　放眼全球，当前的世界竞争在相当程度上表现为城市的竞争，特别是城市群的竞争。那些位于全球金字塔顶端的国家或地区，无不拥有世界级城市群，如美国东北部大西洋沿岸城市群、五大湖城市群，日本太平洋沿岸城市群，英国伦敦城市群，欧洲西北部城市群。以上海为龙头、苏浙为两翼、安徽为腹地的长江三角洲地区，是我国区域经济地理中最具活力、开放程度最高、创新能力最强的地方之一，是"一带一路"倡议和长江经济带战略的

---

* 何雨，江苏省社会科学院区域现代化研究院副研究员，主要研究方向为政策社会学、比较现代化、城市社会学。

重要交会点，在社会主义现代化建设大局和全方位高水平对外开放格局中具有举足轻重的战略地位。2018 年 11 月 5 日，习近平主席在首届中国国际进口博览会上指出："为了更好发挥上海等地区在对外开放中的重要作用，决定将支持长江三角洲区域一体化发展并上升为国家战略。"这是党中央、国务院在新时期推动长三角地区能级整体提升、空间生产关系优化的一项重大举措，是建设世界级城市群、锻造我国经济社会发展新高地的必由之路，具有极其重要的时代意义。

一 一体化新思维：从"领域观"到"地域观"

早在 2007 年 5 月，在题为《坚定走科学发展之路　加快"四个率先"努力开创"四个中心"和社会主义现代化大都市建设的新局面》的上海市第九次党代会报告中，习近平就明确指出，必须把上海未来发展放在中央对上海发展的战略定位上，放在经济全球化的大趋势下，放在全国发展的大格局中，放在国家对长江三角洲区域发展的总体部署中思考和谋划。① 一个多月后，在率领上海市党政代表团到苏浙两地考察时，他再次强调，要从全局和战略高度，深刻认识中央推动长三角地区协调发展的重大意义，自觉地把服务长三角放在突出位置，坚定不移地把服务长三角协调发展、推动长三角整体国际竞争力提升作为自己的光荣使命和理所当然的责任。②

党的十八大特别是十九大后，围绕着长三角一体化，从中央到地方纷纷采取行动。2016 年 5 月国务院常务会议通过的《长江三角洲城市群发展规划》，明确提出培育更高水平的经济增长极。此后，在上海牵头与带动下，区域城市纷纷采取行动：《上海市城市总体规划（2017～2035 年）》致力于全面打造世界级城市群区域经济增长极的新构想，而长三角其他区域也相继推出一系列重大举措，如江苏推出了扬子江城市群，浙江推出了杭州湾大湾

---

① 《上海未来发展必须放在中央对上海的战略定位上》，搜狐财经，http：//business. sohu. com/20070524/n250205014. shtml。

② 郭继：《上海与长三角一体化发展历史回顾》，《党政论坛》2018 年第 12 期。

区，安徽推出了皖江城市带。除此之外，区域一体化也在体制机制层面得到推进，如长三角区域合作办公室成立，长三角地区主要领导人座谈会务求实效，《长三角地区一体化发展三年行动计划（2018～2020年）》编制完成，G60科技走廊提出等。

随着一体化上升为国家战略，长三角也成为学术界关注的焦点。周韬从空间异质性、城市群分工与区域经济一体化维度进行了分析[①]；唐亚林、于迎提出了长三角区域治理新模式的复合动力与机制创新——主动对接式区域合作[②]；刘志彪、陈柳提出了长三角区域一体化发展的示范价值与动力机制，其关键在于要发挥政府和市场次序有别的"双强"作用[③]；曾刚、王丰龙认为，城市一体化发展能力呈现中高周低的"W"形格局，建议通过设立国务院直属长三角一体化管理机构、发挥市场作用、优化区域生态管控合作机制、发挥中心城市辐射带动作用等方式，推进长三角区域更高质量一体化发展[④]；杨凤华在分析了长三角发展的现状特征后提出了当前长三角一体化进入了"优化提升阶段"，并在此基础上提出了相关政策建议[⑤]；张学良、林永然、孟美侠认为，现阶段长三角区域一体化发展机制也面临利益协调与政策协调机制不健全、推进和保障机制不完善以及考核体系约束等多重挑战。[⑥]

总体来说，政府部门和学术界从不同角度、不同层面或是提出了一体化的学理机制，或是提出了具体的行动举措，为长三角区域一体化国家战略贡

---

① 周韬：《空间异质性、城市群分工与区域经济一体化——来自长三角城市群的证据》，《城市发展研究》2017年第9期。

② 唐亚林、于迎：《主动对接式区域合作：长三角区域治理新模式的复合动力与机制创新》，《理论探讨》2018年第1期。

③ 刘志彪、陈柳：《长三角区域一体化发展的示范价值与动力机制》，《改革》2018年第12期。

④ 曾刚、王丰龙：《长三角区域城市一体化发展能力评价及其提升策略》，《改革》2018年第12期。

⑤ 杨凤华：《长江三角洲城市群发展的阶段判定与路径优化》，《南通大学学报》（社会科学版）2018年第2期。

⑥ 张学良、林永然、孟美侠：《长三角区域一体化发展机制演进：经验总结与发展趋向》，《安徽大学学报》（哲学社会科学版）2019年第1期。

献了各自的智慧与方案。从表面上看，各类研究或建议精彩纷呈、各有洞见，然而，究其根底却可以发现，他们有一个共同的思路，基本上可以概括为以"领域"一体化实现全域一体化，即试图通过对包括财税、规划、土地、环境、公共服务等各个子领域的一体化来实现全域一体化。这是一种纵向一体化思路，能够穿透既有的行政区划所引发的各种割据与阻断。然而，基于"领域"导向的纵向一体化也面临着一个巨大问题，那就是在现有的以行政区为单位的总体性体制机制环境中，纵向一体化的穿透性往往要面临重重阻力，实际效果可能未必如人意。① 如之所以启动一体化示范区建设，其深层原因同样在于纵向一体化无法有效穿透泛长三角这样一个大尺度空间。长三角横跨沪苏浙皖三省一市，总人口达到 2.28 亿，几乎相当于两个日本、大半个美国的人口体量。与其说这是一个城市群，不如说是一个城市绵延带，由多个次级城市群共同构成区域一体化的次级中心与世界级城市群的主要支点。故推动区域一体化，不仅要有"领域观"下的一体化，更要有"地域观"下的一体化，也就是以次级城市群为依托，通过次区域的率先一体化为更高层面与水平的全域一体化奠定坚实基础。

"领域观"下的一体化进路，也是由该地区城市群的客观现状决定的。大致来说，长三角城市群至少有三个显著特征。② 一是"一超多强"格局显著。其中，上海具有显著优势，综合实力大幅领先于其他城市，而杭州、南京、苏州、宁波则是万亿俱乐部城市成员，位于国内城市前列，虽然各有优势，但基本上处于同一量级，是长三角次级区域内的中心城市。二是"东强西弱"格局显著。长三角区域内部的生产力空间布局呈现出结构性不均衡的特点，东部地区云集了"一超"上海、"二强"苏州和杭州，而西部地区仅有南京一个特大城市，并且还处于相对孤立的发展状态。三是城市体系完备健全、梯度有序格局显著。长三角区域是我国城镇化基础最好的地域之一，形成了包括从小城镇、中等城市、大城市到特大城市、超大城市在内的

---

① 何雨：《构建全域一体化的长三角西翼城市群支撑》，长江产经智库研究院，2019 年 7 月 31 日。

② 何雨：《打造以南京为中心的长三角西北翼城市群》，《浙江经济》2019 年第 2 期。

完备的梯度化城市体系，如在狭小的扬子江轴线就形成了苏锡常通、宁镇扬两大城市群。

按照木桶理论，区域一体化最终的成效与高度，取决于区域内短板的发展情况。从城市生产力空间格局现状看，长三角区域一体化的短板在于西部地区：相对于东部地区，作为区域中心城市的南京实力偏弱（在"一超多强"格局中，从经济实力上看，南京是最弱的，不仅远低于上海，而且低于苏州、杭州），其腹地基础也要逊色得多，与之毗邻的大多为安徽、苏北的三四线城市。站在长三角区域一体化与世界级城市群的高度上，补齐这一短板的核心，就是要大力建设以南京为区域中心城市的长三角西翼城市群，全面发挥区域增长极作用，带动周边城市共同发展。当前，打造长三角西翼城市群，补齐区域一体化短板，也面临前所未有的机遇。

从城市区位看，自古以来，虎踞龙盘、东南形胜的南京就是我国东部地区政治、经济与文化中心。过去自成体系的行政区划，以及偏安于江苏省域西南侧的地理位置，客观上限制了南京中心城市功能的发挥。随着区域一体化上升为国家战略，南京迎来了打破行政边界的时代机遇，特别是新一轮米字形现代化路网体系的全面加速发展，更是成为中心城市建设的助推剂与加速器。

从战略机遇看，受益于强省会战略，近年来南京聚焦于"创新名城、美丽古都"建设，经济社会呈现出加速发展、高质量发展态势。长三角唯一特大城市、东部地区重要的中心城市、苏南现代化示范区、国家级江北新区、枢纽城市等多重战略利好的叠加与释放，让南京率先适应经济新常态。统计显示，2017～2019年南京GDP增速基本维持在8%以上，超过了全省平均速度。

从腹地需求看，对接南京、融入南京，逐渐成为南京都市圈甚至都市圈外城市的新选择，如滁州城市发展全面对接大江北、宁马城际提上马鞍山日程、句容融入南京，甚至常州的溧阳也在积极寻求对接南京的机遇。

从现实基础看，上海对区域内城市的辐射力与影响力随着空间距离的加大而不断衰减。与上海空间距离大约在300千米的南京，基本上超出了其辐射半径，具备独立成极、自主发展的基础。尽管在"一超多强"格局中稍逊风骚，但无论是在经济规模，还是在科教资源、公共服务、创新要素等方面，南京依然都是都市圈内当之无愧的首位城市。

打造以南京为中心城市的西翼城市群，推动长三角西翼地区由发展洼地转变为一体化新高地，不仅关系南京城市能级与层级的跃迁，关系周边腹地城市的转型升级与迈向高质量发展，而且也关系长三角世界级城市群的前景与未来。

二 "地域观"下长三角城市群合作发展的基本现状

"地域"是长三角一体化中的一个基础性变量。如果认识客观、举措恰当，就能更好地推动一体化事业，建设世界级城市。为客观测度在长三角这一区域范围内各主要次级"地域"意义上的城市合作发展的客观现状与内在特征，本研究借助启信宝提供的全国 1.1 亿家企业的全样本数据库，运用网络爬虫技术从"国家企业信息信用公示系统"爬取相关城市间的"企业总部/分支"数据。由于数据体量极其庞大，本研究截取了 2005 年和 2017 年两个年度数据，聚焦于企业在不同城市间的"总部/分支"设置情况，作为分析区域间城市产业联系的指标。其过程为首先选择"总部—分支"类型的企业，然后查询各个企业的总部/分支机构的地理空间分布，最后进行数据的筛选和计算。在数据处理方法上，产业联系度主要以城市不同产业总部—分支企业数量作为联系度。如上海有 100 家制造业公司分支机构在南京，南京有 50 家制造业公司分支机构在上海，则认为二者制造业产业联系度为 150，将所有产业联系加和，则为二者产业联系度。与之相关的城市产业中心度其判断假定为：假定在整个区域中 A 城市分支机构在其他城市比其他城市在 A 城市分支机构多，则认为 A 城市在整个区域中中心度较高。基于这样的逻辑，提出如下中心度计算公式：A 城市某类产业中心度 =（A城市与其他城市某类产业联系 + 其他城市与 A 城市某类产业联系）/区域所有城市某类产业联系度。A 城市综合产业中心度 =（A 城市与其他城市所有产业联系＋其他城市与 A 城市所有产业联系）/区域所有城市所有产业联系度。产业中心度计算结果总和为 2，产业中心度越高，表明该城市在区域中层级越高，与其他城市联系度越强。

（一）长三角城市群省际层面合作发展的总体现状

长三角地区城市间的合作发展、一体化发展的状态与表现，不仅关系国家层面的生产力空间布局，而且关系我国社会主义现代化事业的前途与命运。推动长三角一体化发展，就成为党中央、国务院实施区域发展的重大战略，也成为习近平新时代中国特色社会主义思想的重要内容之一。考虑到省级行政区划是影响区域合作发展的最大单元，为此，首先需要对省级层面的合作发展情况做一个宏观性的观察。2017 年的数据显示，当年就企业间的联系强度情况看，主要发现有：（1）江苏在区域联系强度中的占比最高，达到了 41%；（2）浙江位居第 2，达到了 27%；（3）上海排在第 3 位，达到 19%；（4）安徽最低，为 13%。这一现象表明，从体量与规模上看，江苏是当之无愧的区域合作发展的龙头，理应在推动新一轮区域深度合作发展上作出更大贡献（见图 1）。

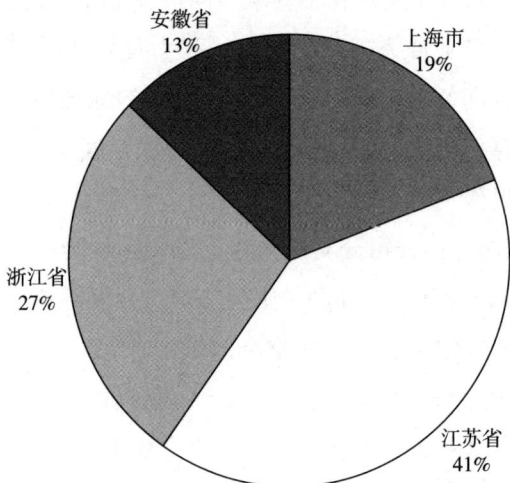

图 1　2017 年长三角三省一市产业间总体联系强度情况

为进一步观察最近十多年来长三角区域合作发展的变化情况，本研究在拟合了省级层面产业间联系强度的基础上，截取 2005 年和 2017 年两个年度数据，以进行比较性分析。研究发现：（1）江苏在区域合作发展中的产业联系强度基本没变，都在 0.81 左右；（2）浙江在区域合作发展中的产业联系强度降低了 0.021，为 0.546；（3）上海在区域合作发展中的产业联系强度下降的幅度最大，降低了 0.064，最新数值为 0.384；（4）安徽虽然在绝对值上依然垫底，却是增幅最大的省份，区域联系强度提高了 0.087，达到了 0.259（见图 2）。总体来说，动态地看，江苏依然是推动产业区域合作发展的最大动力源，并在长达 10 多年的区域竞合中较为难得地保持了自身的先发优势。上海在区域合作发展动力源的绝对值上出现了较大幅度的下降，可能与其自身的转型升级有关，特别是迈向中高端化，导致其与以制造业为主的周边省份的联系强度贡献率出现了下降。浙江略有下降，可能与其以信息经济为主的新经济转向有关。安徽成为长三角区域合作发展的最大受益者，也为进一步的产业区域深度发展提供新的动能。

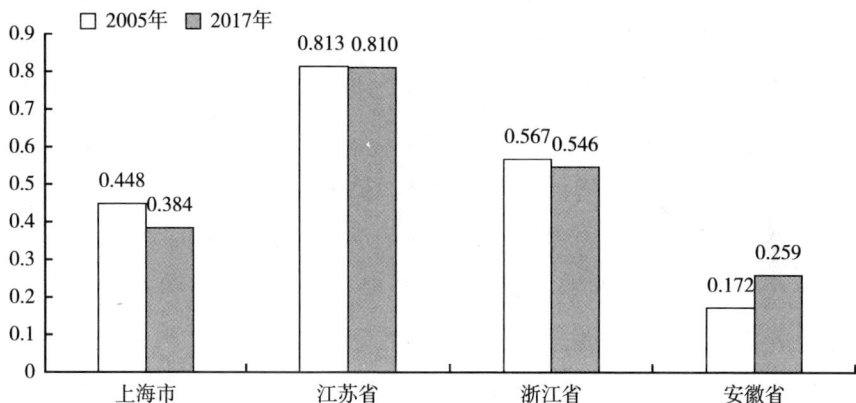

图 2　2005 年、2017 年长三角三省一市产业联系强度变化情况

（二）长三角城市群各城市间合作发展的基本现状

基于企业间联系强度的省级层面的观察，可以为我们观察区域合作发展提供一个概览，但是，作为世界级城市群，城市才是区域间合作发展的真正载体与主体。为此，本研究抓取了长三角区域内 26 个城市彼此间的联系强度数据，具体情况如表 1 所示。主要研究发现有以下几点。

一是头部城市集聚效应明显。在 26 个城市中，主要中心城市贡献了区域合作发展的大头。数据显示，按照从低到高的顺序，2017 年联系强度超过 0.1 的城市主要有：宁波（0.102）、无锡（0.104）、合肥（0.118）、苏州（0.183）、杭州（0.208）、南京（0.218）、上海（0.384）。这 7 个城市企业间联系强度数值之和为 1.317，相当于区域联系强度数值之和的 65.85%，大约贡献了 2/3 的区域合作发展。分城市看，上海依然是当之无愧的推动区域合作发展的最强动力，在城市层面，贡献了接近 20% 的区域合作动能。比较意外的是南京，其贡献率仅次于上海，超过了近年来风投非常强劲的杭州，位居第 2。杭州和苏州分居第 3 位、第 4 位，不过与南京的差距基本不大，符合长三角城市群中"一超多强"的格局。合肥、无锡、宁波是头部城市的第三梯队，其在企业区域合作发展层面上的联系强度在 0.1 ~ 0.12。在此，就次区域中心城市层面来说，合肥的贡献度可能被高估，而无锡和宁波的贡献度可能被低估了。

二是长三角西翼为区域合作发展的洼地。除了浙江的舟山，区域合作发展数值低于 0.03 的基本上集中于此。这一特征也与省级层面的数值吻合，即主要集中在安徽城市。除合肥外，长三角西翼在区域合作发展数值上最高的是芜湖，仅为 0.034，而最低的为池州，只有 0.010。当然，这是基于 2017 年的静态观察，如果代之以动态视角的话，可以发现，在过去的十多年中，长三角西翼地区城市融入区域城市群、实现共同发展的势头非常强劲，较之于 2005 年，每一个城市与区域联系的强度值都有相对于自身的较大增长。这表明，长三角西翼正在成为推动区域深度合作发展的新热土。

三是部分城市的产业区域合作发展呈现较为剧烈的变化。比较 2005 年和 2017 年的数据可以发现，除了上面提到的以安徽为主的长三角西翼城市外，其他城市在推动区域合作发展上大致呈现出三种状态。

表1 2005年、2017年长三角城市群主要城市产业联系强度变化情况

城　市	2005年	2017年	城　市	2005年	2017年
池州市	0.005	0.010	金华市	0.037	0.046
铜陵市	0.008	0.012	盐城市	0.039	0.046
舟山市	0.013	0.017	扬州市	0.043	0.047
宣城市	0.011	0.018	绍兴市	0.053	0.053
安庆市	0.018	0.022	常州市	0.054	0.060
马鞍山市	0.015	0.022	南通市	0.062	0.068
滁州市	0.013	0.023	宁波市	0.130	0.102
芜湖市	0.020	0.034	无锡市	0.115	0.104
湖州市	0.023	0.036	合肥市	0.082	0.118
台州市	0.067	0.039	苏州市	0.169	0.183
泰州市	0.034	0.042	杭州市	0.209	0.208
镇江市	0.039	0.042	南京市	0.258	0.218
嘉兴市	0.035	0.045	上海市	0.448	0.384

（1）大致不变型。代表性城市主要有杭州（2005年为0.209、2017年为0.208）、南通（2005年为0.062、2017年为0.068）、常州（2005年为0.054、2017年为0.060）、绍兴（2005年为0.053、2017年为0.053）、扬州（2005年为0.043、2017年为0.047）和盐城（2005年为0.039、2017年为0.046）。

（2）较大提高型。代表性城市有苏州（2005年为0.169、2017年为0.183）和合肥（2005年为0.082、2017年为0.118）。在此，值得注意的是苏州。数据显示，转型升级不仅没有影响苏州在区域合作发展的贡献度，反而提升了其贡献度。这可能与苏州把自身的产业转型升级与向区域城市转移发展有关。

（3）较大降低型。代表性城市有上海（2005年为0.448、2017年为0.384）、南京（2005年为0.258、2017年为0.218）、无锡（2005年为0.115、2017年为0.104）和宁波（2005年为0.130、2017年为0.102）。这四个城市的绝对值降幅都超过了0.01。其中，上海的降低是可以理解的，这一方面与自身迈向高端化的转型有关，另一方面与区域内其他城市的崛起有关。让人比较讶异的是南京，区域合作发展强度的数值居然从 2005 年的 0.258 下降到了 2017 年的 0.218，绝对值降幅达到了 0.04。这一数值与近年来南京致力于提高城市首位度、大规模建设中心城市的努力是相悖的。可能的解释在于，这是源于之前的欠账太多。这也从侧面证明南京必须要加强中心城市建设，推动区域深度合作发展。此外，宁波的下降幅度也很大，为 0.028，同样让人意外。

（三）长三角城市群主要中心城市间合作发展基本情况

"一超多强"是长三角世界级城市群的基本现状，在长三角一体化发展国家战略中发挥着四梁八柱的作用，它们彼此的合作发展情况关系长三角一体化发展的宽度、深度与高度。考虑到上海、南京、杭州、苏州和合肥在整个区域经济地理格局中具有系统重要性，故拟以之为推动区域合作发展的主要中心城市进行分析。在此，需要说明的是，尽管从经济体量上看，除了上海、南京、杭州和苏州外，还有无锡、宁波等超过万亿元的城市，合肥不仅无法与前者相提并论，而且与后者也存在较大距离，但作为省会城市，合肥在长三角西翼地区依然发挥着增长极的显著作用，更符合区域中心城市的潜力与特征，故将其作为主要中心城市之一予以分析。主要研究发现有以下几点。

一是城市间产业联系强度较高地集中在五个方向上。以测算数值超过 1000 为分界点，按照从高到低的顺序依次为：（1）上海—苏州方向。这是当之无愧的两年间最强联系，从数值上看，其联系强度为第二强的 1.5 倍多。（2）上海—杭州、上海—南京方向。这两个城市与上海的联系强度值比较接近，杭州略高于南京。（3）苏州—南京方向，测算数值为 2938。（4）上海—合肥方向，测算数值为 2151。显然，就中心城市间的产业联系强度看，上海最强，与每一个城市的产业联系强度都超过了 2000；南京、苏州次之，各与两个城市的产业联系强度超过 2000，而杭州、合肥最弱，都是与上海具有单一的较高强度的产业联系。

二是从 2005 年到 2017 年间长三角城市群间主要中心城市的产业联系强

度呈现显著上升势头。从城市间产业联系值看，在过去的十多年间，五大主要城市间两两产业联系强度都增长了 10 ~ 20 倍。其中，增幅最小的为苏州—南京轴线和上海—南京轴线。南京是两大轴线的交会城市，其增幅垫底，从侧面表明在过去的十多年时间里，南京在推动主要中心城市间的产业链接上力度相对不够、效果相对欠缺。如果以合肥进行对照的话，就可以更为明显地看到这一差距：合肥与上海、苏州、杭州，包括南京产业联系的增幅都在 20 倍左右甚至更高。

三是中心城市间的产业联系呈现出强者恒强的态势，除上海之外的其他城市两两之间的产业联系不够理想。从数值上看，除上海和其他中心城市以及苏州—南京轴线外，其他两两间产业联系的数值都没有达到 1000。其中，产业联系强度最高的为南京—合肥轴线，次之为南京—杭州轴线，苏州—杭州轴线、合肥—杭州轴线再次之，而最弱的则为苏州—合肥轴线（见表 2）。

表 2　2005 年、2017 年长三角城市群中心城市产业联系强度变化情况

序号	起点城市	到达城市	2005 年	2017 年
1	上海市	杭州市	349	4551
2	上海市	苏州市	528	6838
3	上海市	合肥市	134	2151
4	上海市	南京市	419	4040
5	杭州市	苏州市	36	617
6	杭州市	合肥市	20	516
7	杭州市	南京市	33	663
8	苏州市	合肥市	6	401
9	苏州市	南京市	390	2938
10	合肥市	南京市	37	721

（四）南京都市圈主要城市合作发展基本情况

南京都市圈是南京建设中心城市、推动区域深度合作发展的主要舞台。以南京为中心的城市群是长江中下游沿江城市地带核心地区，也是我国规模最大的跨省都市圈。如果能够充分发挥南京的区域中心城市功能，那么

就可以在长江经济带的下游与中游之间打造一个推动中西部地区协调的传导区，促进长三角世界级城市群地域生产力空间布局的优化与平衡。从现状看，都市圈成员城市包括南京、镇江、扬州、淮安、马鞍山、滁州、芜湖、宣城8个市，包含31个市辖区、9个县级市（句容、丹阳、扬中、仪征、高邮、天长、明光、宁国、溧阳）和20个县，总面积为6.46万平方千米。截至2017年，常住人口为3674.7万人，地区生产总值为32730.7亿元。从城镇化水平看，除了滁州和宣城的城镇化率刚刚超过50%以外，其他城市都在60%以上，超出了国家城镇化平均水平。从城市结构看，都市圈内城市结构梯度合理。按照2014年国务院印发的《关于调整城市规模划分标准的通知》标准，都市圈有1个特大城市、5个Ⅰ大城市和2个Ⅱ大城市。从经济体量看，都市圈内单体城市经济总量都已经超过千亿元大关，即使规模最小的宣城也达到了1188.6亿元。显然，依托现有的经济社会基础，南京都市圈有能力、有条件推动区域深度合作发展。事实上，南京都市圈内部城市间的合作发展情况，不仅关系南京自身的城市发展，而且也关系区域协调发展，是发挥特大城市区域增长极作用，带动周边城市共同发展的较好平台与舞台。

经过近20年的运作与发展，都市圈间的合作发展已经有了较为扎实的基础，南京在区域内的首位度与中心性非常明显。按照经典首位度公式，我们对相关数据进行了拟合，计算出南京不同产业在都市圈内的首位度指数情况。结果显示，相对于都市圈其他城市，南京的首位度指数全部大于1，表现出全方位、宽领域、高水平的首位性。从省内城市看，扬州是与南京总体差距最小的都市圈城市，而淮安则是与之总体差距最大的都市圈城市。从省外城市看，总体上其与南京的经济社会发展落差更大。除了"城镇化率"指标外，所有指标首位度指数都超过了2。其中，芜湖是差距最小的都市圈城市，主要指标上的首位度指数基本上都在6以内，而宣城则是差距最大的都市圈城市，在七个指标中，包括GDP、第三产业、社会消费品零售总额、专利申请量4个指标的首位度指数接近或超过了10（见表3）。

表3 2017年南京相对于都市圈城市主要指标首位度指数情况

	镇江	扬州	淮安	马鞍山	滁州	芜湖	宣城
人口首位度	2.62	1.85	1.70	3.63	2.05	2.26	3.19
GDP首位度	2.85	2.31	3.46	6.74	7.29	3.82	9.86
第三产业首位度	3.62	3.01	4.28	10.55	12.46	5.74	14.39
公共财政预算收入首位度	4.47	3.97	5.52	5.19	4.40	2.28	5.78
社会消费品零售额首位度	4.10	3.75	4.68	10.59	9.76	6.02	10.54
专利申请量首位度	5.14	2.31	4.49	7.45	7.47	2.61	15.53
城镇化率首位度	1.17	1.23	1.34	1.21	1.59	1.27	1.53

三 "地域观"下建设长三角西翼城市群的路径构想

"地域"意义上的长三角城市群合作发展有基础有惯性有空间。对于南京来说,就是要积极打造以自身为中心的长三角西翼城市群,利用区域内城际空间生产关系重组契机,提升城市层级与城市能级,发挥区域中心城市的增长极功能与带动引领作用,携手腹地城市共同迈向高质量发展。具体来说,可以采取的路径有以下几种。

一是做好"一超多强"层面的城市重大战略协同与对接。首先,要做好与上海发展战略的协同与对接。当前,以两个"十五年"国家现代化建设的重大时间节点为依托,上海提出了构建"卓越的全球城市"、打造世界级城市群的新蓝图,特别是重点聚焦于核心圈的区域合作与城市建设,在为自身城市能级与层级提升拓展空间的同时,也为以南京为中心的西翼城市群的发展预留了广阔地带。其次,要做好与杭州发展战略的协同与对接。宁杭城际高铁的开通、运营,为两市协同发展奠定了交通基础,而宁杭生态经济带战略从规划层面进入行动层面,进一步为两市经济社会发展的协同与对接提供了抓手。最后,要做好与合肥发展战略的协同与对接。承东启西、连南接北是南京在长三角区域一体化中独一无二的区位优势。以合肥为基点,受自然地理阻碍,在南、西、北方向的300千米范围内,都没有与之体量相当的城市能够形成共振发展。合肥能且只能向东寻求与其他大城市的共振发展，而南京是其注定绕不过的天然的合作伙伴。考虑空间距离不过百余千米，两市都以建设世界级城市为目标，在相当程度上会形成对位竞争态势。为此，两市应积极对接各自发展战略，在长三角西翼共同打造出一个以宁合走廊为核心地带的新城市绵延区。

二是在都市圈范围内建立健全城际政策协作与联动机制。一体化首先要求政策的一体化。导致区域间分割、孤立、碎片发展的，不是别的原因，而是政策原因。行政区划，在相当程度上是政策区划。各主体在本区划内制定、执行区域性政策。由于地方政策的决策权掌握在各行政区划主体，不可避免地会衍生出种种冲突性政策。某些政策，甚至是以邻为壑，如环境保护上的负外部性的区域转嫁政策，招商引资上的政策洼地竞赛等，不一而足。只要区域内各主体的政策无法取得协同，就会不同程度地阻碍区域一体化进程。政策，始终是发展杠杆，政策对头，发展加速；政策失位，发展受阻。目前，在省级层面，已有长三角区域合作办公室负责研究拟订长三角协同发展战略规划及体制机制和重大政策建议，协调推进合作中的重要事项和重大项目，统筹管理长三角合作与发展共同促进基金等。南京应结合自身发展方向与重点，在兼顾兄弟城市利益与关切的基础上，发挥主动性、积极性，创建西翼城市群次区域城际政策协作与联动办公室，加强与兄弟城市重大经济社会发展政策上的沟通与对接，打造出一体化的政策环境区，消除城际间特色化、地域化政策造成的各种壁垒。

三是深化改革、主动开放构建西翼城市群一体化大市场。一方面，要推动各行政区域主体的相互开放，尤其是地方政府之间主动消除各种明的行政壁垒，消除各种暗的潜规则，大力推进要素在区际之间按市场规律流动；另一方面，各行政区域主体要超越自身的利益束缚，牺牲部分个体决策权，移交给集体决策、统筹，以形成发展共识，凝聚共同行动，打造共同市场。为此，南京应率先垂范、自我革命、主动求变，破除周边城市对接与融入南京的各种有形或无形障碍，彻底解决以都市圈为主的次区域间"有合作""没深度"问题：宁镇扬一体化方向表现为貌合神离，而与安徽城市的合作则表现为神合貌离。通过次区域内部的深化改革、相互开放，在城际优势资源的流动与碰撞中，激发出一体化共同市场下高质量发展的化学反应。其中，依托南京和合肥都有一批国内一流、国际知名高校的优势，构建"宁合科创走廊"，形成南京与合肥在科技创新上的高质量一体化发展；对于城市群内其他城市，则要积极发挥南京在共同市场、智力支持、科技成果转化、重大战略引领等方面的带动作用。

B.17
构建长三角现代农业高质量发展新格局

高 珊*

摘 要： 实现长三角现代农业高质量一体化发展不仅有助于发挥比较优势，而且能够提高分工效率和促进要素流动。当前，长三角地区农业发展态势良好，主要表现为产业结构优化、消费模式升级、劳动力稳定减少及资金支持力度加大等特征。但是也存在不少短板，包括经济落差明显，存在行政壁垒；要素流动受阻，顶层设计待优化；服务设施共享难，支持政策不到位；资源环境压力大，利益目标有冲突等。长三角农业合作历史悠久，在搭建区域市场和支持政策体系、加强科技交流与生产分工等方面已见成效。新时期要在高水平规划引领下，深化市场化改革，让政府更加有为，全面落实构建现代化产业体系、提高科技服务能力、关注民生改善、建立区域联动长效机制等有力措施。

关键词： 长三角 现代农业 一体化发展

2018年12月长江三角洲区域一体化发展正式上升为国家战略，2019年以来，三省一市的行动计划及合作战略频频出台，顶层设计与地方实践相互呼应，标志着长三角一体化发展进入全新阶段。长三角地区一直致力于积极探索现代农业高质量一体化发展新路，有效助力乡村振兴战略的全面实施。

---

* 高珊，博士，江苏省社会科学院农村发展研究所研究员。

在此过程中，有必要系统梳理区域农业宏观环境及发展基础，共同推动长三角现代农业一体化新格局的建立。

一 长三角现代农业高质量一体化发展的重大意义

当前，全国上下已经进入决胜全面建成小康社会的关键时期，长三角地区的现代农业地位突出。以全局眼光，紧扣"一体化"和"高质量"两个核心，促进长三角区域现代农业协调发展，为区域经济培育更广阔的新空间，以区域比较优势提高分工效率和促进要素流动，意义重大。

（一）充分发挥区域比较优势

区域之间生产要素的禀赋差异既是先天优势，也是分工基础。充分发挥各地区的比较优势，满足相互需求，降低生产成本。农业比较优势受区域自然资源、气候环境等先决条件影响，以其各自的适宜性，更好地参与社会分配和市场竞争。长三角三省一市农业资源要素集中，市场腹地广阔，在历史文脉、资源禀赋、产业结构等方面互补性强。江苏、浙江、安徽的传统农业基础雄厚，上海则存在巨大的农产品消费市场；劳动力和土地资源较为丰富的苏北、安徽等地可以提供农产品原材料；而农产品加工业较发达的苏、浙、沪地区则可以形成农产品深加工产业优势。跨区域的经济一体化发展有助于进一步实现地区间农业比较优势。

（二）大力提升区域分工效率

按照比较利益原则，不同区域在经济交往中选择各具优势的产业，进行专业化生产，更加有效地利用资源，并不断扩大区域生产能力。科学定位农业区域的职能分工，增强项目和产品的合理性，扩大其成长空间。长三角各地区农业专业化分工格局正在逐步显现。进一步打破传统的地域农业生产分工局限性，实现区域农业生产的分工重组，带动跨区域农业生产资源的优化整合，拓展传统农业产业外延，加快区域农业产业化进程。区域分工深化的过程，伴随专业化倾向的突出和竞争加剧，导致地区间相互依赖程度的加深，为区域合作产生了新的契机。长三角现代农业一体化发展就可利用这样的机遇，形成新的合作生产力。

（三）合理引导区域要素流动

区域合作可以冲破要素区际流动的种种障碍，促进要素向最优区位流动，进一步加强区际和区内经济联系，形成复杂的经济网络，提高区域经济的整体性和协调能力。深化长三角地区的高层次区域合作，坚持全域、省域、城乡三个层面的一体化发展，引导城乡结构从区域单中心向区域多中心的网络体系模式转变。要素的合理流动往往为参与合作的各方带来比单独发展更多的经济社会利益。通过区域性农业市场的构建和基础设施的互通，举办各种贸易交易活动，形成多渠道的人才、资源、信息、资金等要素流动，协调解决多种问题，共同为长三角现代农业发展营造良好的宏微观环境。

二 长三角现代农业发展成效及障碍

长三角地区现代农业总体发展态势良好，但是长三角区域现代农业一体化发展仍然存在明显的短板，面临保障机制不完善、利益协调机制不健全等诸多挑战。高质量构建现代农业生产经营体系成为当前乃至今后一段时期长三角地区紧迫的重要任务。

（一）长三角现代农业发展主要成效

根据各地统计公报，2018 年长三角经济总量达到 21.15 万亿元，占全国的比例为 23.5%；长三角常住人口为 2.25 亿，占全国的 16.15%。这些都标志着长三角地区进入一体化发展的新征程，蕴藏着现代农业高质量发展的新动能。改善产业、消费及就业结构，获得财政支持，是有效提高区域资源配置效率的重要表现。

1. 农业产业结构不断优化

农业经济总量再上新台阶。根据各地统计公报，2018 年长三角地区三次产业结构比例为 4.19∶41.77∶54.05。第一产业增加值达到 8851.08 亿元，占全国的比例为 13.67%。与全国平均水平相比，第一产业占比降低了 3 个百分点。

粮食生产总体平稳。根据各地统计公报，2018 年长三角地区粮食播种面积为 1389.79 万公顷，粮食总产量达到 8370.34 万吨，占全国比例分别为 11.87% 和 12.72%。与 2017 年相比，在粮食播种面积下降的情况下保持总量上升。

2. 农产品消费模式加速升级

城乡居民收入差距缩小。根据各地统计公报，2018 年长三角地区城乡居民收入比均低于全国 2.69∶1 的平均水平。由高到低依次为安徽省（2.46∶1）、江苏省（2.26∶1）、上海市（2.24∶1）和浙江省（2.04∶1）。

食品需求趋于多元化、优质化、高端化。由于城乡居民收入持续提高，饮食消费结构发生改变。2015～2017 年，长三角地区居民家庭人均主要食品消费量呈现口粮减少，蔬菜、肉、禽、蛋及瓜果类递增的趋势（见表 1）。

表 1　2015～2017 年长三角地区居民人均食品消费变化量

单位：千克

	粮食	食用油	蔬菜及食用菌	肉类	禽类	水产品	蛋类	奶类	干鲜瓜果类
上海	-4.6	-1.0	-3.0	-0.8	0.7	-0.1	0.3	-0.9	5.2
江苏	-7.2	-0.3	4.1	0.5	0.4	0.7	0.5	-0.8	5.8
浙江	3.5	0.8	4.7	0.3	0.8	-0.6	0.9	-0.5	4.6
安徽	-4.7	0	6.4	0.9	-0.6	0	1.1	0.3	10.0
全国	-4.4	-0.2	1.4	0.5	0.5	0.3	0.5	0	5.6

资料来源：长三角各省市统计年鉴。

3. 农业劳动力稳定减少

城镇化稳定快速推进。根据各地统计公报，2018 年长三角地区城镇化率为 67.23%，比全国 59.58% 的平均水平高 7.65 个百分点，比 2015 年增长了 3.04 个百分点，年均增长 1 个百分点。

第一产业就业人口持续缩减。根据各地统计年鉴，2017 年长三角地区第一产业从业人口比重为 18.55%，比全国 27% 的平均水平低 8.45 个百分点，比 2015 年减少了 1.25 个百分点，两年间共减少 157.51 万人。

4. 资金支农力度持续加大

财政支农资金逐年递增。根据各地统计年鉴，2015～2017 年，长三角地区的一般公共预算支出中农林水支出由 2592.79 亿元增长到 2753.35 亿元，增加了 160.56 亿元，年均增速为 3.05%。

农林牧渔业固定资产投资连续增长。根据各地统计年鉴，2015～2017 年，长三角地区的全社会固定资产中农林牧渔业投资由 1661.8 亿元增长到 1814.2 亿元，增加了 152.4 亿元，年均增速为 4.48%。

（二）长三角现代农业发展存在的问题及根源

长三角现代农业发展仍然存在三省一市经济社会发展阶段不一致，劳动力、信息等要素集聚程度不同，设施服务难以共享，面对资源环境压力，出现"三农"难以协同发展的种种问题。这既是农村地区普遍的共性难题，也有长三角地区协调发展的特性难题，需要进一步从体制、机制等方面深入探讨问题产生的根源。

1. 经济实力落差明显，行政壁垒难以打破

从经济发展阶段判断，上海市正式迈入后工业化阶段，江苏省和浙江省已经进入工业化后期阶段，但是安徽省总体还处于工业化后期的前半阶段。长三角区域三省一市内部的产业结构及目标定位差异显著，因此带来的行政壁垒较难突破。

从经济体量看，2018 年，沪、苏、浙、皖的 GDP 分别占长三角地区的 15.45%、43.78%、26.57% 和 14.19%。沪、苏、浙、皖的第一产业增加值分别占长三角地区的 1.18%、46.79%、22.22% 和 29.80%，江苏省和安徽省是该区域农业产值的主要贡献者。从产业结构看，沪、苏、浙、皖的三

次产业结构分别为：0.32∶29.78∶69.90、4.47∶44.55∶50.98、3.50∶41.83∶54.67、8.79∶46.13∶45.08，上海市第一产业占比已降至1%以下，安徽省尚未调整为"三二一"的产业结构。

长三角四地经济社会实力差异明显，农业定位各有不同，行政壁垒难以打破。上海市是典型的都市型农业，浙江省的农业正在向生态功能转变，江苏省正在向农业强省转型，安徽省是传统的农业大省。综合考虑短期与长远、部门与区域的复杂关系，以行政关系的整体协调带动农业协同发展的难度加大。长三角协同发展的谈判费用高，各种交易成本高，地方主体都期望尽力转移负外部性到其他区域。上海市作为国家级经济中心，相比于苏、浙、皖三省拥有绝对的话语权。江苏省、浙江省和安徽省受到"先发地区"上海市的非对等待遇，是一体化过程中亟待破解的难题。现有合作项目多采取"一事一议"的方式予以解决，容易导致区域间协调成本升高，引起各地经济和财政的过度竞争。[①]

2. 市场要素流动受阻，呼唤顶层设计优化

从城乡关系判断，目前上海已经达到发达国家水平，苏、浙两省接近城镇化稳定上升时期，安徽省仍处于加速上升期。农业劳动力、技术、信息等各类要素的跨区域流动存在障碍，亟待顶层设计进一步优化。

从城镇化水平看，2018年沪、苏、浙、皖的城镇化率分别达到88.10%、69.61%、68.90%和54.69%。安徽省是农业人口大省，同期城镇化水平分别低于全国及长三角地区4.89个百分点和12.54个百分点。从劳动力水平看，2017年沪、苏、浙、皖的第一产业就业人口比重分别为3.09%、16.80%、11.80%和31.10%。安徽省第一产业从业人口达到1363.3万人，分别是苏、浙的2~3倍。与第一产业增加值的贡献率相比，苏、浙、皖三省的农村劳动力仍需加快转移步伐。从创新水平看，长三角地区的优势农业科技创新资源条块分割特征明显，创新要素的碎片化现象较为

---

① 孟永峰、杨竹晴：《京津冀区域经济一体化下的产业合作发展策略——以河北省产业对接为例》，《经济研究参考》2018年第34期。

突出，深层次的互补与联合尚未形成。[①] 从信息资源看，长三角地区的农业信息资源更集中在较发达地区，如沪、浙、苏地区。农业信息平台的地域分异性显著，现有农产品信息资源还无法实现充分共享，彼此之间重复开发的现象较为严重。[②]

随着全球城乡发展态势的变化，长三角地区农村协同发展的顶层设计需要进一步优化。长三角地区的农业合作长期处于起步探路阶段，多体现为双边合作的形式，多边合作的形式尚未成规模。苏、浙、皖都以上海市为龙头，积极靠拢，但是三省之间的交流还不充分。区域联合行动往往走在顶层设计之前。目前区域合作方式较为单一，合作层次较浅。这一方面是现实需要的自发行为，另一方面可能出现城乡之间分工与协作不明朗、加大同质竞争的风险。中心城乡地区资源整合和辐射带动区域经济一体化的作用远未发挥。区域内部之间获得短期利益的目标取向不一致，导致不同农村地区协同发展的内生动力缺乏，相互封闭的态度大于相互开放的态度。[③] 诸如联合攻关重大项目、跨区域共建基地园区、共建重点实验室、进行科技推广与共用等深层次合作都还停留在点状试验阶段。

3. 服务设施难以共享，政策支持力度不足

从服务设施水平判断，目前长三角四地对交通、物流、固定资产、公共服务等方面进行了着力改善，但是地区间差异难以避免，对于现代农业的支撑力度仍显不足。各类发展战略还缺乏对具体项目的指导与规划。

长三角地区农村之间跨区域交通干线对接不畅。以安徽省为例，由于它正式加入长三角集团较晚，与苏、浙相邻边界的不少道路已经修到，但省际尚未打通。区域内陆、港、空等多式联运不畅。农业物流发展滞后。长三角地区还缺乏农产品公路运输的硬软件绿色通道，容易造成企业失信和农产品

---

① 陈建华：《高质量构建长三角协同创新共同体》，《安徽日报》2019 年 5 月 28 日。

② 俞菊生、罗强、张晨等：《长三角区域农业合作项目与前景研究》，《上海农业学报》2012 年第 1 期。

③ 秦静、李浩、周立群：《京津冀现代农业协同发展进展与展望》，《中国农业资源与区划》2018 年第 9 期。

市场难以扩大。区域间物流基础设施不健全,物流配送网点设置散乱,各地区的物流信息系统缺乏一体化协调运作机制等,都制约了长三角地区农村物流的发展。农村固定资产投资不足,容易造成农村基础设施建设滞后,在安徽省这样的欠发达地区尤其明显,可能导致安徽农村基础设施及产业配套设施难以适应与承载长三角地区产业转移的需求。长三角区域为农业科技创新服务的专职机构数量不多,覆盖门类较为狭窄,功能呈现单一化特征,中介服务的整体水平不高。

长三角地区农业发展缺少区域联动政策的支持,农村公共服务体系尚未健全,各自独立性较强。农业科技创新成果质量还不高,具有先导性、重大原创性的研究成果比较少。各级各地政府的服务效率和政务一体化进程有待提高,区域间的数据壁垒和平台隔离难以在短期内打破。[①] 高端人才、高技术产业、投资等自然会向优质公共服务的核心地区聚集。缺少转移、辐射、吸纳、合作的协同政策的直接后果就是,一方面,欠发地区难以获得发达地区先进企业和管理制度传承的机会;另一方面,发达地区难以获得坚实的腹地支撑,导致产业链中断,无法向周边地区推广和扩散,供需双方的沟通与合作渠道被阻断。[②]

4. 资源环境约束趋紧,利益目标存在矛盾

从资源环境承载力判断,目前长三角地区资源供给短缺的矛盾不容忽视,生态环境相对脆弱,区域资源环境的压力加大。中央和区域各层级、部门的责任结构与合作方式尚未完全厘清,不同行为主体的利益诉求不一致。

从土地资源看,2017 年沪、苏、浙、皖的人均耕地面积分别为 0.12 亩、0.85 亩、0.52 亩和 1.41 亩,均低于全国平均水平。土地后备资源紧张,主要分布在安徽和江苏两省。从水资源来看,2015 ~ 2017 年,除浙江省略有下降外,沪、苏、皖三地的农业用水量均有所增加,分别上升了 2.4 亿立方米、1.5 亿立方米和 0.7 亿立方米。苏、浙、皖三省农业用水占用水

---

① 陈宏彩:《如何推动长三角公共服务一体化》,《学习时报》2019 年 5 月 6 日。

② 苗润莲、张红、胥彦玲等:《京津冀现代农业区域一体化的功能定位及关键问题研究》,《江苏农业科学》2015 年第 10 期。

总量的比重始终较高。就能源消耗来看，2015～2017年，江苏和安徽两省的农林牧渔业能源消费量上升，分别增加了29.84万吨标准煤和29.33万吨标准煤，它们占能源总量的比重也分别增加了0.03个和0.13个百分点。农业节能减排工作尚有较大空间。

长三角区域三省一市的发展需求目标不一致。因资源环境压力，上海市及江苏、浙江两省都要将高耗能产业进一步转移到欠发达地区。上海市因人口集聚，需要保证农产品的地区供应，然而各地与上海之间并没有构成稳定的农产品购销关系。农业产业始终处于弱质产业的地位，不仅影响了农业合作的积极性，而且束缚了农业市场协调的手段。如何协调农业产业与其他产业之间的投资关系、土地指标关系及劳动力、技术转移，都成为兼顾效率与公平的难题。[①] 土地指标往往根据当年政府项目的投资额、潜在GDP产出等因素进行分配，缺少长远的、全局性通盘考虑。平级地方政府之间的无序竞争对整体社会福利是一个损失。各个省市的政绩考核导向势必会限制不同省市之间的企业和生产要素共享。

三 长三角现代农业合作的基础及发展思路

长江三角洲地区在经济、人文、地理形态等多方面均具有相似性，作为传统的"鱼米之乡"，具备扎实的农业合作基础。为了推进新时期区域农业一体化进程，需要进一步明确未来农业协同发展的创新思路。

（一）长三角现代农业合作基础

长三角地区各省市在空间上相邻，在生态环境上相类，在人文资源上相亲，为区域间的农业合作提供了"天时地利"的机会。[②] 长三角各地区对加强区域农业合作要求迫切，态度积极，有着良好的交流机制与合作渠道。四

---

① 郭馨梅、张淑梅、杨慧鹏：《京津冀农业协同发展困境与突破》，《商业经济研究》2017年第13期。

② 邰阳：《长三角农业合作"天时地利人和"》，《新民晚报》2018年6月6日。

地农业合作历史悠久，已经取得了很多成果。

1. 搭建区域市场平台

近十年来，长三角地区一直注重农产品市场和流通一体化的构建。在省域层面展开市场供需对接。为减少实际交易成本，各地举办了农产品的推介会、采购会等会展，并为运输和配送等提供便利。据统计，周边省市供应了上海市所需农副产品的 2/3 以上。具体来看，江苏省对上海市农副产品的总供应量达到 40%，浙江省对上海市水产品和蔬菜的供应量分别占到 20% 和 6%，安徽省占上海市农产品年消费量的 20% 左右。①

由浙江和上海牵头，搭建了长三角地区农产品产销合作平台。江苏、浙江、安徽三地的农业部门及企业主动参加或者独立举办在上海及周边地区的各类农副产品展销会。同时运用设立直销点、建立营销企业、机构和组织等方式，对农产品大力宣传与销售。2018 年 9 月，沪、苏、浙、皖、赣四省一市联合成立了长三角农产品产销联盟。2019 年 1 月，沪、苏、浙、皖签署长三角地区市场体系一体化建设合作备忘录。

2. 注重科技交流推广

2001 年，"科技兴农服务团"由上海、江苏、浙江三省市的农业科学院共同成立，在全国率先实现长三角地区的农业科技联合。大批科研成果先后在长三角区域内落户。在技术流动的过程中，大量基层农业生产者接受了相关系统培训。目前服务团已经实现了"三院人才一地用，一院成果三地享"的愿景，未来计划将安徽拉入其中，打造虚拟的"长三角农科院"，让彼此间合作更加紧密。

长三角地区科技合作迈上新台阶。2018 年 11 月，长三角三省一市成立长三角重要产品追溯联盟暨长三角区块链追溯联盟。2018 年 12 月，江苏农业科技成果交易平台与上海农村产权交易所合作建立"长三角农业科技成果交易联合服务中心"。这些举措以科技创新和市场化机制促进资源集聚与

① 俞菊生、张晨、罗强等：《长三角区域农业合作的现状与趋势研究》，《上海农业学报》2011 年第 2 期。

转化效率，为长三角地区开展跨省产业布局和区域融合提供了有益探索。

3. 加强生产分工协作

长三角区域农业通过多年来的相互投资、建立生产基地等形式，以优势互补促进行业合理分工。三省一市互动频繁，主要表现为：一方面，上海的一些企业立足苏、浙两省打造特色农产品基地，不断输出资金、成熟农业技术和人才，大力拓展一批产加销项目；另一方面，苏、浙、皖的不少农业企业和农户纷纷以承包田地的方式，在上海崇明、奉贤等区（县）种植、养殖优质农产品，建立起辐射长三角的产销基地。目前，江苏省溧阳市和宜兴市、安徽省郎溪县和广德县、浙江省长兴县和安吉县与上海白茅岭农场形成了新的"飞地经济"。

农业品牌快速升级，与区域大市场进行更紧密的产销对接，从"一品一牌"阶段向"农产品 + 地域"的农业区域公用品牌阶段转变。2016 年，沪、苏、浙、皖四省市的农产品营销组织骨干成员成立长三角农商会，发起优质农产品产销对接联盟，形成高端农产品的独特销售力。就休闲农业来看，苏、浙、沪、皖四地已经基本能够共享客源市场和旅游资源。

4. 密集出台支持政策

长三角农业合作机制起步较早。早在 2008 年，国务院就颁布《关于进一步推进长江三角洲地区改革开放和经济社会发展的指导意见》，这是长三角区域农业合作的前导性文件，对该地区围绕发展现代农业等四个方面提出明确要求。到 2010 年，国务院又批准实施了《长江三角洲地区区域规划》，涉及城乡统筹等三项内容并成为区域农业合作的重要支撑。2019 年 5 月发布的《长江三角洲区域一体化发展规划纲要》，正式激发四地抓紧编制现代农业在内的产业地图。

长三角省市各部门一贯通力合作。2014 年 12 月，长三角区域市场一体化合作机制在商务部指导下建立，大力推动"三共三互"工程。2015 年以来，由长三角三省一市商务部门牵头，达成了《长三角地区农产品流通战略合作协议》，内容涉及农产品市场衔接、重大项目建设、投融资、品牌培育、产销及管理制度衔接等 10 个方面。目前，上海金山区与浙江交界地区，苏州昆山与上海交界地区，开展了建设超大型长三角田园综合体等的探索和实践。

（二）长三角现代农业高质量发展思路

推进新时代长三角区域现代农业高质量一体化发展，需要处理好区内一体化与区际一体化、公平与效率、政府与市场等多方面的关系。在乡村产业振兴规划的引领下，深化市场化改革，让政府更加有为，构建长三角区域农业协同发展的创新思路。

第一，坚持规划引领，强化"多规合一"。鉴于长三角地区在全国经济社会发展中的重要地位，国家层面已经制定了一系列相关的宏观战略规划。参照《京津冀现代农业协同发展规划（2016~2020年）》，尽快出台长三角现代农业一体化发展的专项规划。以此为引领，协调匹配现有的乡村振兴及农业各行业的专项规划。制定长三角地区的农业产业分工和协作共同纲领，科学设计分年度的工作计划及重大项目。以更高的视角、更新的思维、更实的举措，达成"一盘棋"统筹谋划的目的，最终实现多规融合、优势互补的目标。通过落实"多规合一"，开展考核评比，实现理念、技术和平台的"三统一"。

第二，发挥市场作用，推动多边合作。长三角地区进入多边、跨地域的农产品产销"嵌入"式对接新阶段，不仅需要建立三省一市的多边合作，大力加强沪、苏、浙、皖之间的多边市场关联互动，而且需要整合资源，加快长三角地区农产品和农业要素的自由流动。本着强化协作，各扬所长的原则，既推动长三角内部现代农业一体化发展，又发挥长三角外部辐射和带动作用。在省域合作基础上，加强各临近市县农产品市场的直接对接。除满足上海供应外，加强苏、浙、皖三地市场及长三角周边市场的对接，形成更大范围的农业市场体系。以优良高效的市场环境，在上海带领下全力提升长三角农业市场的国家乃至全球竞争力。

第三，提高政府效率，打造示范基地。长三角地区进入农业供给侧结构性改革的攻坚时期，努力提高长三角地区农业生产的整体水平。在政府强势推动下，不断增强农产品综合生产能力。全面提升农产品质量和安全水平，落实区域农业标准化建设和示范基地建设。以财政专项资金重点支持长三角区域推进农业标准化和合作化示范基地建设。将系列改革举措在基地内集中落地，实现系统集成和率先实践。依托丰富的线上线下资源，以大数据为基础，在示范基地形成展示长三角现代农业合作示范的功能模块。通过政策创新推动科技成果快速转化和跨区域联动机制的构建。

四　长三角现代农业高质量一体化发展的推进路径

现代农业是长三角区域的基础性产业，正朝着优质化、绿色化、融合化方向转型升级。长三角区域内三省一市将进一步找准农业产业定位，不断提升一体化发展的紧密度、协同度、融合度，为促进长三角现代农业高质量一体化发展作出应有的贡献。

（一）优化产业结构，推动三产融合

长三角地区的三产融合进入快速成长的蓬勃发展期，亟须在深度及广度上加以拓展。促进城乡生产需求的互动对接，找准乡村产业的发展方向。促进农业内、外部融合，以加工业和休闲旅游为重点建立多业态复合型发展新模式。

长三角地区城乡居民消费市场的水平和需求在日益提高，以高端农产品、农产品精深加工、休闲观光、电子商务等为代表的高新产业发展潜力巨大，加速区域内农业产业结构优化。在招商过程中，让农业项目获得与工业项目、高新技术项目同等的重视和绿色通道的优惠政策。广泛引导有能力的农业企业参与分工，集中整合地区特色农业资源。上海、苏南、浙东北等经济发达地区，要加快高效农业、农产品加工业、农村旅游等城郊型农业的发展，苏北、浙西南、安徽等经济相对欠发达地区则要在粮食、蔬菜等传统农业的质量提升上下功夫。

（二）加强科技创新，完善服务体系

长三角地区进入农业科技创新和服务创新大发展的新时期，聚焦提升农业科技成果转化水平，针对关键技术难题大力攻关，协同攻关和成果应用。加强互联网、物联网、大数据等最新技术手段的运用，优化提升社会化服务水平。

以上海农业科技创新中心为引领，大力整合苏、浙、皖三地科教资源和人力资本，鼓励科教资源打破行政障碍，为同质的科技欠发达地区提供服务。在农业领域积极开展区块链技术应用，将农产品溯源与农村金融相结合，组建区块链农场等新型经营模式。加快畅通长三角区域农产品流通渠道。以区域产销联盟的形式和大数据平台的建立，实现农产品信息的广域精准对接，线上线下同时提供优质农产品。以"市场＋基地"的模式，让上海主销区的需求和标准更直接地在苏、浙、皖产区的田地里得到体现。

（三）注重民生改善，致力富民增收

长三角地区的经营主体与农民形成了多种紧密型利益联结机制，进入乡村振兴与农民增收的关键阶段。大力提升各种新型经营主体和普通农民的生产能力，在区域层面构建更为紧密、公平、合理的利益分配机制。

鼓励农村劳动力在长三角区域跨地市、跨行业流动就业，并享有与当地居民同等的从业待遇。三省一市联合培育新型职业农民和农村实用人才，提高互联网、物联网、生物技术、休闲旅游等新业态、新技术的应用能力。组建新型产业联盟，实现家庭农场、专业合作社在区域层面的更大联合，加大农业龙头企业的跨区域带动作用。积极探索多主体共同参与的先进生产模式，提高农业资源和农民组织的集成服务功能及扩大服务范围。深化改革农业系列的职称制度，给予农业各领域能人以肯定和鼓励。探索科技人员凭借科技成果入股农业企业，并实现股权分红等支持措施。

（四）推进区域联动，加大政策支持

近年来长三角地区各大战略、行动计划的密集出台，推动长三角一体化

发展迈上全球化竞合的高层次平台。推动改革措施在行政管理、土地安排、金融支持等关键领域率先突破，引领长三角区域现代农业新格局的建立。

长三角地区可探索构建以跨区域、相邻县为主体的基层乡村行动联盟联席会议机制。省、市级层面主要负责调度指导和财政支持。由基层乡村行动联盟落实现代农业建设过程中基础设施配套、重大项目落地、统筹事项协调等具体工作。每个季度定期召开联席会议，建立日常联络机构，使之常态化、长效化。在长三角区域内统筹安排新增用地，在土地利用年度计划中加大对乡村产业合理用地的倾斜力度。支持长三角地区的中小型银行机构跨区域为农业企业和农业专业合作社、专业农户提供小额金融服务。

B.18
推进安徽县域经济转型发展问题研究[*]

孔令刚　蒋晓岚[**]

摘　要：　县域经济发展面临新挑战，需要深入研究县域经济发展的新特征、存在的问题，分析原因，构建促进县域经济转型发展的现代产业体系，加快县域经济转型升级。"十三五"以来，安徽县域经济发展出现了一些新特征。县域经济出现发展差距扩大的趋势，存在总体上发展不平衡，发展层次参差不齐，发展水平起伏较大；县均经济规模偏小，发展"短板"突出；以资源依赖型和低端产业型为主导，产业结构升级较慢；县域相互之间实力悬殊，城镇化水平低，缺乏带动力等问题。针对存在的问题，提出优化县域经济结构，优化县域经济发展空间布局，以民营经济大发展推动县域经济高质量发展，把县域新型城镇化与发展县域经济相结合，把乡村振兴战略与县域经济发展有机融合等建议。

关键词：　县域经济　转型发展　县域工业化　县域城镇化

自秦代推行郡县制以来，我国的县级行政区划一直延续至今，可以

---

* 本文为安徽省社会科学院重点学科建设项目"乡村振兴战略实施路径研究"阶段性研究成果。

** 孔令刚，安徽省社会科学院城乡经济研究所所长，研究员；蒋晓岚，安徽省区域现代化研究院研究室主任。

说县是最基本、边界相对稳定的行政组织机构，其经济、社会、政治、文化功能比较完备，也是联系城乡的关键节点。长期的演化发展和长期稳定的组织形态使县成为社会网络、文化认同的基本单元。县域散布大量的自然文化遗产，县域文化由根植于当地居民的生活方式、民俗风情、观念形态和价值取向等多种要素构成，具有很强的原赋性和乡土性，是传承文化记忆、体现乡愁的重要空间载体。县域也拥有代表中国壮美自然的山水林田湖草，沉淀着千年文明传承下来的城乡聚落，是美丽中国的基本空间。

安徽地貌类型多样，南北自然地理环境、气候条件等跨度较大。既有全国贫困县，也有全国经济百强县，既有资源大县，也有农业特色县等，县域类型齐全。县域经济是安徽经济转型的空间核心和高质量发展的基础所在。县域经济发展对于工业化、城镇化、农业现代化的健康发展至关重要。近年来，安徽县域经济面临产业支撑不足、结构不合理、城镇化总体水平低、城镇化质量不高、城乡发展不协调等问题。构建质量更高、结构更优的县域产业体系，加快县域经济转型发展，对于提升安徽经济整体实力和发展质量具有重要意义。

一　安徽县域经济转型发展面临的问题及原因

近年来，安徽县域经济保持良好的发展态势，但受国内外经济发展环境变化的影响，县域经济的先天不足随着经济社会的发展而逐步凸显。县域经济发展速度放缓，面临的挑战不断增加。总体来看，安徽县域经济实力仍相对不足，发展依靠规模和数量的扩张。同时，安徽不同区域之间县域经济发展不平衡，发展差距不仅没有缩小，反而强者更强、弱者更弱，差距进一步拉大，协调发展难度大。安徽县域经济发展困境还表现在产业大都处于产业链和商品链低端的一般制造业和传统加工贸易业。在产业升级换代的背景下，发展县域经济必须要突破简单依靠土地、劳动力等要素成本低的路径依赖，打破过度承接低端产业而陷入"增长中的贫困"低水平经济循环。

（一）安徽县域经济新特征及存在的问题

安徽县域经济发展经历了几个起伏阶段。"十二五"以来，县域经济发展出现了一些新特征，总体上发展不平衡，发展层次参差不齐，发展水平起伏较大。安徽县域经济表现出政府主导作用明显、发展基础相对薄弱、基本公共服务供给不足、产业结构相对单一、农村地区发展比较滞后等特征。2015年12月区划调整，原铜陵县撤销设立铜陵市义安区，安徽县及县级市由62个减少至61个，有55个县、6个县级市。2018年，61个县（市）总人口为4939.2万人，占全省户籍人口总数的70.29%、常住人口总数的79.92%。2018年县域经济总量排名前10的县域分别是肥西县、肥东县、长丰县、天长市、太和县、宁国市、和县、当涂县、怀远县、寿县。2015年以来，全省县域经济发展出现一些新变化和新特征。

1. 县均经济规模偏小，发展规模"短板"依然突出

2016年安徽省GDP达到2.4万亿元，比2015年增长9.6%，人均GDP为3.96万元；2017年安徽GDP为27518.7亿元，比上年增长8.5%，人均GDP为4.42万元。2016年和2017年全省61个县（市）县域经济总量分别为11479.1亿元、12924.1亿元，2017年较2016年增长12.59%，扭转了此前连续两年低于全省平均增速的局面。同时，2017年61县（市）人均GDP为2.67万元，只有全省人均水平的60.41%（见表1）。相比浙江、江苏和山东等省，安徽省县域经济占比以及县域经济GDP与全省平均水平等方面均有较大差距，县域经济存在总量及规模"短板"。加快县域经济发展，补齐县域经济发展"短板"，对于加快建设现代化五大发展美好安徽意义深远。

表1 2016~2017年安徽各县（市）GDP、人均GDP及全省排名变化情况

	县市	2016年GDP（亿元）	2017年GDP（亿元）	2017年全省排名	位次同比变化	2017年增速（%）	2017年人均GDP(元)	全省排名
1	肥西县	605.0	685.5	1	0	13.31	90316.21	2
2	肥东县	528.7	596.1	2	0	12.75	67738.64	7
3	长丰县	400.1	446.7	3	0	11.65	68512.27	6
4	无为县	371.3	417.9	4	0	12.55	40298.94	18
5	天长市	318.3	361.4	5	0	13.54	58859.93	8
6	当涂县	297.3	341.7	6	0	14.93	73326.18	5
7	巢湖市	292.4	333.7	7	0	14.12	42347.72	14
8	濉溪县	253.2	296.8	8	↑2	17.22	28731.85	38
9	怀远县	262.5	291.8	9	↓1	11.16	29745.16	36
10	宁国市	254.4	290.3	10	↓1	14.11	75402.60	4
11	庐江县	245.3	284.9	11	↑2	16.14	28748.74	37
12	涡阳县	247.4	276.9	12	↓1	11.92	21683.63	51
13	桐城市	244.0	273.0	13	↑1	11.89	40444.44	16
14	蒙城市	240.3	271.7	14	↑2	13.07	24194.12	45
15	萧县	242.6	270.0	15	0	11.29	22804.05	48
16	繁昌县	247.1	269.7	16	↓4	9.15	100260.22	1
17	凤台县	131.1	267.1	17	0	15.58	45348.05	12
18	颍上县	226.7	249.2	18	↑2	9.93	19856.57	55
19	太和县	211.7	242.8	19	0	14.69	17159.01	3
20	芜湖县	214.5	241.7	20	↑2	12.68	80299.00	40
21	枞阳县	205.4	240.8	21	↓3	17.23	28163.74	56
22	霍邱县	215.2	234.1	22	↓1	8.78	19738.62	9
23	南陵县	205.5	231.6	23	0	12.70	56213.59	11
24	广德县	202.8	230.2	24	↑1	13.51	46599.19	24
25	怀宁县	194.3	218.9	25	↓1	12.66	36422.63	23
26	固镇县	190.2	215.2	26	0	13.14	38021.20	57
27	利辛县	192.8	215.1	27	0	11.57	17587.90	54
28	灵璧县	186.9	204.4	28	0	9.36	19863.95	29
29	五河县	180.4	199.0	29	↑1	10.31	33959.04	46
30	砀山县	175.0	194.2	30	↓1	10.97	23341.35	44
31	舒城县	172.6	192.9	31	↑3	11.76	25149.93	49
32	泗县	171.3	191.2	32	↓1	11.62	22789.03	33
33	临泉县	171.4	190.9	33	↓1	11.38	11849.78	61

	县市	2016年GDP（亿元）	2017年GDP（亿元）	2017年全省排名	位次同比变化	2017年增速（%）	2017年人均GDP（元）	全省排名
34	界首市	161.4	189.4	34	↓1	17.35	31672.24	41
35	凤阳县	167.9	186.3	35	↑1	10.96	27972.97	35
36	定远县	166.4	183.4	36	↓1	10.22	22896.38	25
37	宿松县	165.2	180.6	37	↓1	9.32	29752.88	10
38	和县	149.7	171.6	38	↑1	14.63	36355.93	59
39	霍山县	156.5	167.6	39	↓1	7.09	51728.40	10
40	寿县	142.5	163.7	40	↑3	14.88	15695.11	59
41	阜南县	145.6	161.8	41	↓1	11.13	13840.89	60
42	来安县	141.1	159.4	42	↑2	12.97	36227.27	27
43	歙县	143.0	158.9	43	↓2	11.12	38567.96	21
44	东至县	143.0	157.3	44	↓2	10.00	32907.95	30
45	含山县	136.6	154.3	45	↑1	12.96	39870.80	19
46	潜山县	137.1	151.9	46	↓1	10.80	29784.31	34
47	全椒县	128.1	144.0	47	↑1	12.41	36272.04	26
48	明光市	130.6	140.4	48	↓1	7.50	25904.06	43
49	郎溪县	119.8	134.4	49	0	12.19	40851.06	15
50	太湖县	106.3	117.6	50	↑1	10.63	22357.41	50
51	望江县	108.4	117.2	51	↓1	8.12	21663.59	52
52	金寨县	97.0	107.9	52	0	11.24	20396.98	53
53	泾县	89.9	99.5	53	0	10.68	32730.26	31
54	青阳县	87.1	95.5	54	0	9.64	38047.81	22
55	岳西县	82.6	92.6	55	0	12.11	28231.71	39
56	休宁县	78.5	87.4	56	0	11.34	35100.40	28
57	绩溪县	60.8	67.8	57	0	11.51	42375.00	13
58	祁门县	58.3	64.5	58	0	10.63	40312.50	17
59	旌德县	35.8	39.5	59	0	10.34	31854.84	32
60	黟县	28.4	31.5	60	0	10.92	38888.89	20
61	石台县	23.8	26.2	61	0	10.08	27291.67	42
		11479.1（合计）	12924.1（合计）				26694.61（人均）	

注：巢湖市数据包括合肥巢湖开发区，凤台县数据不含毛集区，青阳县数据不含九华山风景区。

资料来源：根据2015年、2016年、2017年、2018年《安徽统计年鉴》整理。

2. 强县不多不优，县域经济对省域经济支撑不足

县域经济是衡量经济发展水平及各种生产要素有效聚合的区域经济综合体单元，县域经济协调发展对省域资源优化配置起决定性作用，其规模与水平直接影响省域工业化与新型城镇化发展进程。① 2018 年 4 月发布的《中国县域经济报告（2017）》，全国百强县数量排名前三位的省份分别是浙江（23 个）、江苏（22 个）、山东（21 个）。安徽有 6 县市进入百强榜单，分别是宁国（66）、肥西（67）、当涂（72）、肥东（74）、长丰（87）、天长（94）。而 2018 年 6 月，根据国家工信部下属赛迪县域经济研究中心发布的《2018 年中国县域经济百强研究》及"县域经济 100 强（2018 年）榜单"，安徽只有肥西县上榜，是唯一进入百强的县，排名第 55 位。根据这个榜单，有 11 个省区进入全国百强县的数量超过安徽，分别为江苏（25 个）、浙江（22 个）、山东（19 个）、河南（6 个）、福建（5 个）、湖北（4 个）、湖南（4 个）、内蒙古（3 个）、河北（2 个）、辽宁（2 个）、新疆（2 个）。江苏多年来在各种榜单中一路领先，县强省强效应突出。2017 年，全国百强县总体实力突出，全国百强县的三次产业结构比为 2.6：53.8：43.6，第二产业是发展的主要动力。由此可以分析发现，一方面，县域工业化是县域经济发展的主要引擎；另一方面，县域经济的发展水平是导致各省经济发展存在差异的主要原因，苏浙鲁粤等省由于拥有一大批经济发展水平较高的经济强县（市），带动了全省的发展。因此，发展县域经济对于市域、省域经济发展水平和整体国民经济实力具有举足轻重的作用，县域经济是省域发展的基础和支撑，县域经济发展不足，省域经济整体水平也受影响。②

3. 县域发展不平衡，县（市）之间实力悬殊

一是县域城镇化水平差异大，县域之间经济互补性不强。城镇化滞后工

---

① 何晓琼、钟祝：《城乡"命运共同体"视域下的河西走廊新型城镇化路径》，《金陵科技学院学报》2018 年第 1 期。

② 王玉虎、张娟：《乡村振兴战略下的县域城镇化发展再认识》，《城市发展研究》2018 年第 5 期。

业化。多数县仍属于农业县，县域之间产业发展各自为政，县域经济互补性不强。第二产业与第一、第三产业联动性不强，对第三产业带动效应不明显。县域城镇化发展总体滞后。安徽县域城镇化水平总体为45.2%，而且城镇化水平差异较大，如肥西县已经超过50%，而临泉县只有26%。

二是强县与弱县之间差距明显并且有进一步拉大的趋势。安徽县域经济发展受地理区位、资源禀赋、经济基础以及改革开放力度等因素影响，不平衡的矛盾一直比较突出。2017年，61个县（市）人均GDP为26694.61元，有43个县（市）超过全省县域人均水平，特别是前10位的县（市），表现出了较强的经济实力，成为安徽县域经济发展的重要推动力量。但是，全省还有18个不及县域人均GDP水平的县。总体上，安徽省还有55个县（市）有扶贫开发任务。一些县域贫困面积大，贫困程度较深。更重要的是，受经济发展水平影响，县域间、县域内在经济结构、城市化、基础设施建设、社会事业发展等方面也存在较大的差距，必须因地制宜，制定差异化、有针对性的政策和措施。

4. 城乡发展不协调，城乡收入差距没有根本扭转

城乡二元结构没有根本改变，农民增收缓慢，城乡发展差距没有根本扭转。2015年以来，城乡收入差距虽然没有进一步扩大，但差距基本没有变化，城乡二元结构和产业发展不足的矛盾十分突出。比较浙江省2015年以来城乡居民收入情况，可以发现：一是农村常住居民人均收入增长幅度快于城镇居民，人均可支配收入增长幅度比安徽大；二是浙江城乡居民收入差距逐步收窄。2015年，浙江城乡居民人均可支配收入分别达到43714元和21125元，分别增长8.2%和9%，城镇居民人均可支配收入是农村居民收入的2.07倍；2016年浙江城镇常住居民人均可支配收入和农村常住居民人均可支配收入分别为47237元和22866元，同比分别增长8.1%和8.2%，城镇居民人均可支配收入是农村居民收入的2.07倍；2017年浙江城镇常住居民人均可支配收入为51261元，首次突破5万元大关，比上年增长8.5%，农村常住居民人均可支配收入为24956元，比上年增长9.1%，城镇居民人均可支配收入是农村居民的2.05倍。这反映了浙江县域经济对全省经济发

展的重要拉动作用,对缩小城乡差距作出了重要贡献。2015 年以来,浙江进一步夯实县域经济发展的先发优势,创新驱动成效显著,质量效益持续提高,实体经济活力持续增强,经济发展迈上了一个新台阶,很好地发挥了为县域居民增收的保驾护航作用。促进县域经济高质量发展对促进城乡要素平等交换和公共资源均衡配置,缩小安徽城乡收入差距,推动城乡融合发展意义重大。①

(二)安徽县域经济发展中存在的问题及原因分析

1. 县域经济以资源依赖型和低端产业型为主导,产业结构升级缓慢

安徽 61 个县按三大功能区划分,皖北地区农业大县支撑农业发展的主要是小麦和玉米等初级产品销售,本土加工企业散乱,深加工能力弱,没有形成加工体系,导致产业附加值低,未能有效延伸农业产业链。链条较短,农民收入缺少稳定的产业增长点的支持和有效保障机制的支撑,县域经济整体效益偏低。2015 年以来,虽然绝大多数县把工业强县作为经济发展的重要目标,但县域经济过于追求经济增长规模和增长速度,大多是以资源型和低端产业为主,既缺少技术含量,也未形成品牌特色,更没形成产业集群,盲目仿效、低端扩张,尽管带来了产值的增加,但由于环境成本高、技术含量低,受经济低迷的影响大,增速下降快,县域经济更多是一种低层次、粗放的、要素驱动型的发展模式。与全国相比,安徽县域产业结构中,第一产业所占比重远远高于全国平均水平,第二产业所占比重与全国平均水平的差距虽然有所缩小,但增幅低于全国平均水平,第三产业所占比重长期低位徘徊,低于全国平均水平。并且,第一、第二、第三产业之间关联度小、生产集中度低,产业之间配套不强、集聚程度低,企业规模小、生产能力低、创新能力弱,产业的整体优势和竞争力没有得到充分发挥。总体上看,传统农业比重大、农业产业深加工能力低、工业化水平低、城市化水平低、外向度低等是安徽省县域经济发展的主要瓶颈。

---

① 刘彦随:《中国新时代城乡融合与乡村振兴》,《地理学报》2018 年第 4 期。

2. 县域经济产业结构雷同，发展质量不高

县域经济发展缺乏顶层设计和战略指导。从县域经济发展趋势来看，部分县域之间产业雷同，缺乏产业链分工合作，普遍存在人才、技术、信息等高端要素缺乏问题，造成低水平发展，发展质量不高。

3. 县域经济发展乏力源于民营经济发展不足

根据 2018 年 5 月安徽省委省政府发布的《关于 2017 年度全省发展民营经济考核结果的通报》，2017 年度发展民营经济考核得分位居前列的县，一类县：肥西县、肥东县、广德县、天长市、长丰县、当涂县、宁国市；二类县：和县、来安县、郎溪县、含山县、庐江县、蒙城县、怀远县、全椒县；三类县：界首市、寿县、涡阳县、太和县、利辛县；四类县：太湖县、金寨县、青阳县、霍山县。考核得分位次上升的县中，一类县有广德县、枞阳县、当涂县、长丰县、肥东县、肥西县、无为县、巢湖市、天长市，二类县有含山县、蒙城县、和县、霍邱县、郎溪县，三类县有寿县、萧县、阜南县、利辛县、舒城县、灵璧县、望江县、砀山县、涡阳县、界首市，四类县有休宁县、泾县、绩溪县、太湖县、石台县、旌德县、霍山县、青阳县。分析这些县域经济的发展情况，民营经济发展好的县域经济也就强，而民营经济发展不足，县域经济则相对乏力。三类县和四类县存在的主要问题是民营经济活力不足。

4. 县域城镇基础差、功能弱、发育不成熟、带动力不强，产业集聚条件不足

目前，安徽县域城镇化发展还处于以自发、积累、渐进为主体形态的演进过程，而且符合安徽各个区域发展阶段和特点的城镇化战略和政策有待尽快制定。虽然 2015 年以来安徽县域城镇在基础设施、环境建设方面有较大改善，但功能弱、发育不成熟仍然是主要问题，基础设施及教育、卫生和社会保障等公共服务体系建设短板突出。特别是皖北几个人口和面积大县，小城镇规模小且分散，难以形成人口聚集的规模效应，弱化了小城镇的服务功能。

5. 区域发展不平衡，区域战略的政策利好未能得到充分发挥

县域经济发展不平衡，地理位置和区位影响因素明显。随着皖北振兴战

略的实施，皖北发展提速提效。2017年，皖北六市GDP、财政收入分别增长8.6%和13.9%，比全省高0.1个和2.8个百分点，比上年提高0.4个和4.1个百分点。但皖北县域经济发展呼应大战略迟缓，政策效应正向刺激作用释放缓慢，县域经济融入全省大战略的主动性和积极性不高，县域政府的能动作用有待进一步发挥。

二　促进县域经济转型发展的支撑体系

县域单元是衡量经济发展水平及各种生产要素有效聚合的区域经济综合体，县域单元内经济协调发展程度对区域资源优化配置起决定性作用，县域单元内经济规模与水平也直接影响区域工业化与新型城镇化发展进程。进入新发展时期，促进县域经济发展潜力进一步挖掘难度越来越大，县域经济发展进入瓶颈期。新时代发展县域经济要跳出行政区划边界，基于顶层设计视角，构建县域经济的协同推进、有机互动的顶层改革框架。①

（一）建立省级层面统筹的体制机制支撑

成立省级层面的县域经济工作领导小组。制定全省县域经济发展总体方案与行动计划，在整体推进的基础上对县域经济发展进行整体谋划和总体规划。健全省、市、县政府等多元主体联动机制，强化县域政府与中央、省、市政府在区域发展规划、产业发展导向、基础设施布局等方面的对接。战略规划的制定和实施，一方面要满足国家整体规划的需要，另一方面要体现安徽三大板块实际情况，增强战略规划的精准性，通过形成全省县域经济发展的顶层布局提振县域经济雄风。②

1. 加强省级层面对全省各片区县域经济发展的顶层设计

在省级层面，统筹设计、科学制定全省县域经济发展规划，明确各县

---

① 蒲实、袁威：《推进乡村振兴应高度重视农业"三园"建设存在的问题》，《农村经济》2018年第3期。

② 谭冠晖：《从广西实践看西部地区壮大县域经济对策》，《当代县域经济》2018年第3期。

区的发展目标、定位、思路和重点，推动形成皖北片区、皖南片区、皖中片区区域统筹协调配合的县域经济发展工作机制。一是引导部分中心城市郊县率先转型升级，引领和推动安徽县域经济未来发展。对合肥、芜湖、马鞍山等中心城市郊县，如肥西、肥东、长丰、繁昌、当涂等县，引导其通过利用自身区位优势，推动县域经济向都市经济圈转型。对经济强县，进一步优化发展模式，向中心城市方向培育，辐射带动周边县加快发展。二是对皖北地区，争取国家战略支持，按照建设国家粮食生产的功能区、重要农产品的保护区和特色农产品的优势区标准，在皖北农业大县连片规划建设国家级种子科学试验、良种培育、科技成果转化示范基地，鼓励优势特色产业全产业链生产经营，促进一二三产业融合发展，形成中原地区有皖北特色的现代农业产业集群和现代农业创新高地。三是皖南及大别山区县利用特色资源，健全商业配套设施，发展规模化的特色农业种植平台，促进农业生产、旅游协同发展，在土地供应机制、开发模式、建筑特色等方面创新，规划各具特色的集循环农业、创意农业、旅游产业、农事体验于一体的田园综合体，打造"特色农业＋综合服务＋主题旅游"的县域立体资源产业化结构模式。对处于淮河、大别山生态屏障区、水系源头区县加强引导，因地制宜选择好产业，践行绿水青山就是金山银山的发展理念。

2.构建县域之间以及县域与中心城市之间协同联动机制

以基础设施互联互通、共建共享和协调发展为重点，跳出行政边界，打破行政区划壁垒，进一步统筹区域基础设施功能布局，加强皖北及大别山区、皖南山区县域交通、能源、水利等基础设施建设，基于片区及区域发展空间统筹谋划县域经济发展，基于资源禀赋和产业布局现状，加大资源整合力度，以经济区域范畴对县域经济进行产业布局，促进区域协调和互融互通发展的格局，推动县域经济在更广阔空间内获得竞争优势。①

---

① 熊小林、李拓：《基本公共服务、财政分权与县域经济发展》，《统计研究》2018年第2期。

3. 构建合理的跨县域经济合作与保障机制

总结全省南北结对"3 + 5"模式经验，从省级层面系统制定在总部经济、飞地经济等领域跨县域经济合作与利益分享机制，推动形成县域经济在企业跨县域发展以及跨区域经济产业园区等方面开展合作的新机制，推动欠发达合作方实现知识、资本、技术、人才的引进，提升其发展的内生能力，推动相对较为发达的另一合作方通过县域经济合作实现产业结构的高度化。皖北各市要在市级层面统筹，突出比较优势，有针对性地做大做强特色主导产业，推动产业集群化全产业链发展，促进优势互补，实现互联互通，缩小发展差距。①

4. 通过实施非均衡县域经济发展战略推动形成区域增长极

通过省级层面统筹，把工作重心从地级市单元下沉到县级单元。加大对皖北地区发展潜力大、吸纳人口多的县城和重点镇的支持力度，适时将具备条件的县城和特大镇有序设置为市，培育发展一批中小城市。科学有序推进县域间共融发展。对经济活跃、发展潜力大、有带动辐射作用的县加大投入，激活资本配置效率，使其发挥较大的乘数效应，逐步形成激发区域内县城和中心城镇的经济活力，形成增长极。②

（二）建立科学的县域经济发展导向支撑体系

1. 进行科学分类

对各县域按照综合性区域功能等标准进行科学分类，从省域层面发展县域经济，改革方向是要综合考虑经济发展实力、区域功能（主体功能区定位）、产业发展水平和历史贡献等，对县域发展水平进行科学分类。③

---

① 卢盛峰、陈思霞、张东杰：《政府推动型城市化促进了县域经济发展吗》，《统计研究》2017 年第 5 期。
② 蒙莎莎、张晓青、张玉泽、黄彩虹、尹向来、白晨：《山东省县域经济空间格局演变及驱动机制研究》，《华东经济管理》2017 年第 12 期。
③ 刘国庆、张建党、张文平、崔玉亮、崔晨涛、李平：《现行财政体制下县域经济发展问题研究——基于河南省沈丘县的实证分析》，《财经理论研究》2017 年第 2 期。

2. 制定分类发展政策

在科学分类的基础上，对不同类型县设定不同发展目标，对不同的区域层次进行分类施策。①

3. 进行差别化考核

设置差异化的绩效考核指标体系，引导县域经济走特色化和差异化发展道路，提升县域经济发展整体效能。

4. 合理划分区域层次，实行梯度开发新模式

从县域经济空间结构优化、升级、重组等方面采取不同措施促进区域协调发展。根据各县基础和条件，通过抓两头、带中间的方式，推进全省县域经济实现区域化协同发展。

（三）建立释放改革红利、增强县域经济发展活力的制度支撑体系

1. 优化县级政府职能

转变政府职能，优化市场环境，培育市场主体，发挥市场主体的积极性和创造性；要优化县级政府职能，发挥市场监管、公共服务、社会管理和保护环境等职能。

2. 进一步扩大县级经济管理权限

进一步优化和放大目前已经形成的广德、宿松"省管县"管理格局和政策示范效应，赋予市县在公共资源配置上的平等地位，减少行政层级，提高行政效率。加大放权力度，赋予更多县更大的经济发展自主权。可以考虑在全省 61 个县（市）中选择经济实力较强的特别是远离中心城市的县（市）进一步推动"扩权强县"改革，探索推进市县分治改革。

3. 构建地方财政转移支付体系

完善转移支付办法，进一步清理省对下的一般性专款，将分散在省级政

---

① 喻芬芬：《城乡一体化与县域经济发展研究——以广西壮族自治区为例》，《当代经济》2017 年第 11 期。

府各部门的专项资金逐步纳入转移支付制度调整范围，提高专项拨款的科学性、公正性和效益性。实事求是地确定并切实降低欠发达县区专项工程的配套资金比例。建立健全省、市、县转移支付体制，加大对县转移支付力度，保证县级财政收入增长的可持续性。建立转移支付激励机制，拿出部分转移支付资金，将其分配与经济增长质量、收入增幅及结构、保工资程度、重点支出增长比例等挂钩，变"输血"为"造血"，调动各级培植财源、增收节支的积极性。

4. 统筹推进县域各项改革

推动县级政府向服务型政府转变。强化政府服务功能，推进县级政府简政放权，创新县域政府管理，还权于企业和社会。通过建立县域治理权力结构之间的分权制衡机制，激发市场和社会内在活力。同时，推动县级政府部门权力科学配置和规范运行。纵向上，把可以下放的权力下放给乡镇甚至村；横向上，结合大部制改革等，理顺各职能部门关系，合理推动政府部门横向分权和内部分权。

推进县域人才引进和培养制度改革。创新县域经济转型人才引进、培养、激励和服务体制机制，实施县域企业家培养计划，培育一批干劲足、思维新、能力强的新一代企业家。加强对县乡干部的培训。目前，对县乡干部政治培训和党性教育多，掌握政策、规划发展、服务企业、投融资等方面能力建设培训相对较少。建议加大对县乡干部特别是县域主官在土地、环保、产业政策方面的培训力度，提升县乡干部专业化水平，强化技能培训，加快乡土人才培养。促进农民向第二、第三产业转移，实现"培训一人、就业一人、脱贫一户"，拓展就业空间，实现农民增收。

推动乡镇综合改革。继续深化农村产权制度改革，增强县城和特色小镇承载能力。推进县乡财政体制改革，提升乡镇财政基本保障能力，完善乡镇财税体制，调动乡镇、街道发展经济的积极性。①

---

① 吴晶：《安徽省县域经济差异及空间格局演变研究》，《华东经济管理》2017 年第 8 期。

三 促进县域经济转型发展的路径

安徽南北自然地理环境、气候条件等差距较大，要在全面分析全省县域经济发展现状、存在问题和发展条件的基础上，结合国内外产业发展趋势，研究如何合理整合配置资源，如何善用市场的办法、创新的思路来破解发展难题，增强县域要素集聚能力，需要设计基于区位、资源禀赋条件、现有产业基础等具有差异性的县域特色经济发展思路、发展目标、发展模式与实现路径。

（一）优化县域经济结构

构建符合县域发展需求的现代产业体系。特色化和现代化是现代产业体系的基本特征。县域经济发展应立足独特的资源优势和产业基础，与小城镇建设、农村富余劳动力转移、发展特色经济、促进农民增收、扶持农业产业化龙头企业结合起来，培育新兴产业和优势产业。[1]

强化"优一、强二、兴三"思路。延伸农业产业链，巩固第一产业，做大做强第二产业，推动特色县域经济发展，增强县域产业发展的关联性和耦合度。一是要做优产业增量。实施成长型中小企业扶持计划，对有市场、有潜力的中小企业，集中各项扶持资金，贴心服务，精心扶持，促其尽快做大做强，推进产业集约高效发展。二是优化提升产业存量。用新技术、新工艺、新业态全面改造提升传统产业，优化县域经济结构。做优农业、做强工业、做大服务业。[2]在确保粮食安全的基础上，继续调整农业产业结构，出优质产品，培育优势产品，提高农业的整体效益。

培育壮大特色经济。对县域资源禀赋进行重新认识，对优势资源进行深度开发，以市场需求和资源禀赋优势为依托，引导民营企业参与新型产业项目协

---

① 李强、陈振华、张莹：《就近城镇化模式研究》，《广东社会科学》2017年第4期。
② 张汉飞：《跳出县域经济发展三大误区》，《中国党政干部论坛》2017年第9期。

作配套推进，鼓励大企业在原料供应、研发生产、市场销售等环节与本土的民营中小企业建立稳定的协作关系，发展配套产品，发展专业镇，形成产业集聚和优势产业集群。① 利用"互联网＋本土产业基础＋低成本生产空间"复合优势，促进乡村多元就业。皖北平原县依托乡村地区的生态和文化休闲资源，以农业为核心，延伸农业产业链，推进一二三产业融合发展。皖西山区县积极发展以广大农村地区为载体的乡村旅游，推进就地城镇化、创造就业、扶贫攻坚。推动本地就业从第一产业向第三产业非农化转移，促进自下而上乡村就地城镇化进程。

（二）优化县域经济发展空间布局

加强县域经济发展联动效应，优化产业结构，探索多元化、市场化经济发展模式。避免县域经济县城化。县域经济发展事实上是县城、乡镇、村庄三级协调的发展，依托县城和特色小镇，增强县域集聚能力，打造县域经济次中心的发展新路子，推动县域全区域协调发展。

建设跨行政边界的经济走廊。梳理沿路、沿河等相邻县市发展特点，增强区县之间的产业联动，强化县域单元整合与集群式产业发展战略，根据产业定位、区位优势、城镇化水平等进行多样化重组，促进生产要素跨区域流动和资源优化配置，延伸产业链条，建立科学的联结分配机制，培育新兴产业，打造产业经济带、生态经济带、交通经济带、城镇连绵区，形成新的产业集群，以经济走廊串联沿线县域经济特色化、特色经济产业化发展。②

加快推动现代农业发展。通过"三区、三园和一体"建设，建设一批现代特色农业示范园区、农民创业园，扶持一些重点乡镇农产品加工园区建设，把农村各种资金、科技、人才、项目等要素聚集在一起，促进三产深度融合，优化农村产业结构，加快推动现代农业发展。

合理布局产业。推进产业集群化，整合区县各类园区，提升一批县域重点

---

① 安徽省政协江苏县域经济考察组：《苏北县域经济为什么快》，《决策》2017年第10期。
② 卢常乐：《县域经济转型太和样本：一个县城的产业链棋局》，《21世纪经济报道》2017年11月22日。

产业园区，支持县域骨干企业做大做强，着力打造一批品牌效应和竞争优势较强的产业集群。

（三）以民营经济大发展推动县域经济高质量发展

扶持有基础、有规模、有实力的民营企业做大做强。推动农民工返乡创业，推动城镇化和民营经济同步发展。把推动本土企业发展作为县域经济转型发展的突破口。拓宽"双创"空间，加快发展"回乡经济"和"能人经济"，吸引"回乡企业家"，培育本土企业家。合理处理招商引资和本土企业发展的关系，增强县域经济内生发展动力。

（四）把县域新型城镇化与发展县域经济相结合

推进以县城为核心的城镇建设，增强吸纳功能、辐射功能，聚集和重组资金、技术、人才、信息等生产要素，创造条件加快拓展第二、第三产业发展空间，推动农村转移人口在区域内形成较为均衡的城镇人口分布。

实施村镇化与城镇化双轮驱动。加快拓展中心城镇社会功能，赋予较大镇更多管理权限，搭建农产品加工、收储、物流、交易平台，积极完善支农惠农强农的金融服务体系，为农民创业致富提供各项便利，因地制宜支持乡镇产业发展。

推进以特色小镇为核心的县域城镇化体系建设。集聚和重组资本、人才、创新、创业等要素，加快产业集聚和集群发展，提升教育、医疗、养老等公共服务水平，实现产城融合和功能混合，为第二、第三产业的快速发展拓展空间，吸引更多人力资源回流创新创业，将特色小镇发展成农村地域经济文化中心，成为乡村地区对接外部资源的重要平台，吸纳农村富余劳动力的重要载体，带动农村经济社会发展的主要空间载体。

在皖北地区人口大县创新"就近就地城镇化"新模式。建构多层次、有重点的城镇治理体系，将县城确定为"增长极"，统筹县域的政治、经济、社会、文化和生态发展，形成县域县城、镇区、新型农村社区等单元共同构成的城镇化格局，以高品质的城镇生活吸引"在乡"和"返乡"人员，实现"就地城镇化"。①

（五）把乡村振兴战略与县域经济发展有机融合

把乡村振兴战略与县域经济发展有机融合，突出田园城镇体系发展理念，建设体现县域自然人文特色的城镇，打造一批具有地域文化特色的产业牵动型、文化旅游型、民俗风情型的中心村，在此基础上建设美好乡村，逐步推进农村人口向中心村集聚，实现城乡基本公共服务均等化，让留在农村从事农业生产的农民也能享受城市文明带来的福祉。

发展县域经济要把农民增收，解决"三农"问题作为根本目的。发展县域经济，加快农村劳动力的就地转移，可以避免农村人口过度集中到大中城市，在一定程度上有助于缓解大中城市就业和社会管理的压力。

实施乡村振兴战略，建立健全城乡融合发展体制机制，加快推进农业农村现代化。在新型城镇化建设过程中，以工农产业互融为突破口，通过优化城镇空间布局、培育特色生态小城镇等措施，厚植城乡发展内生动力，走城乡"命运共同体"共同繁荣的城镇化发展之路。②

推动建立乡村振兴中人力资本存量合理流动的机制，进一步盘活城乡资源，实现资源资产化、资本化和资源增值。注重地利开发和分配，以土地的资产化推动农民身份转化。适应"耕地红线""生态红线""粮食安全红线"等"硬规定"，不断创新土地利用的体制机制等"软约束"。

---

① 方海东：《我国经济发展新常态下安徽县域经济发展的重要性分析》，《安徽农业科学》2015 年第6 期。

② 高晓燕、杜金向、马丽：《我国县域经济与县域金融互动关系的实证研究——基于我国东、中、西部 47 个县域的数据分析》，《中央财经大学学报》2013 年第 12 期。

B.19
加强安徽农村基层政权建设问题的调研[*]

吕　成[**]

摘　要: 农村基层政权在国家经济社会发展中发挥着基础性作用。当
前安徽省农村基层政权运作存在纵向职能定位不够清晰、横
向权力结构不够均衡、政权运作方式不够科学、政权运作保
障不够充分、政权运作效果不够理想等问题。随着农村经济
发展方式加快转变、农村社会结构深刻变化以及农民民主
法治意识增强,新时代加强安徽农村基层政权建设应着力构建
科学合理的基层权力结构,厘清乡镇政府职能定位,构建简
约高效的基层管理体制,优化农村基层政权运作保障机制以
及提升基层政权农村社会治理能力等。

关键词: 安徽　农村基层政权　农村社会治理

党的十八大以来,中央先后出台了《关于加强城乡社区协商的意见》
《关于加强和完善城乡社区治理的意见》《关于加强乡镇政府服务能力建设
的意见》等一系列重要文件,为我国基层政权建设奠定了坚实的基础。《中
共中央关于深化党和国家机构改革的决定》明确提出:"构建简约高效的基
层管理体制。加强基层政权建设,夯实国家治理体系和治理能力的基础。"
这一决策部署更是从国家治理体系和治理能力现代化的高度为新时代我国基

---

* 本文系中共安徽省委政研室委托课题的阶段性成果,执笔人:吕成。
** 吕成,安徽省社会科学院副研究员,法学博士。

层政权建设指明了方向。习近平总书记指出："基层工作很重要，基础不牢，地动山摇。"农村基层政权在我国国家治理体系中处于十分特殊的地位。加强农村基层政权建设，推进乡镇治理体系和治理能力现代化，对于实施乡村振兴战略，决胜全面建成小康社会具有重要的意义。为此，安徽省委政研室就农村基层政权建设问题委托安徽省社会科学院进行了专题调研，现报告如下。

一　当前安徽省农村基层政权运作现状

农村基层政权即乡镇政权，是我国最基层国家政权，是城市和农村的连接纽带，也是党委、政府联系人民群众的重要渠道，在国家经济社会发展中发挥着基础性作用。据省民政部门统计，截至 2018 年 9 月 30 日，全省共有镇 968 个、乡 272 个，其中民族乡 9 个。

近年来，安徽省委省政府高度重视"三农"问题，在全面深化农村改革中扎实推进农村基层政权建设，为全省经济社会发展提供了重要支撑。总体来看，安徽省乡镇人大工作顺利开展，乡镇政府服务能力稳步提升，农村基层管理体制改革有序推进，农村社会稳定和谐，为安徽省全面实施乡村振兴战略奠定了良好基础。但安徽省在推进农村基层政权建设过程中也面临一些比较突出的问题，主要表现在以下几个方面。

（一）纵向职能定位不够清晰

县、乡间职能定位不清晰。相关法律虽对乡镇政府的职能做出了原则性规定，但并未规定具体的职责范围、内容和各级政府之间的事权划分，这为削弱乡镇权力和上级政府转移责任提供了弹性空间。乡镇资源和干部人事的调配、任命完全由上级掌控，乡镇政府实际成为上级政府的附属物。上级政府随时可以工作需要为由，按照"属地管理、守土有责"原则，将本该由本级政府承担的职责和任务层层分解、硬性摊派给乡镇政府，尤其是经常下派文明创建、减灾防疫、旅游节庆等临时性专项任务。据不完全统计，乡镇政府承担着招商引资、计划生育、信访维稳、文明创建等 100 多项具体职能工作。对于不适当的县、乡关系，有人形象地戏称："执法部门垂直了，乡镇政府捶弯了。"

乡、村间职能定位不清晰。涉及政治、经济、文化、社会等各类事务中，很多应由村民自治组织解决的问题，乡镇政府却要越俎代庖。也有的乡镇对村民自治性质故意曲解，视村为乡镇的下级机构，不当向村分解本应由乡镇政府承担的工作。"一事一议"是村民委员会的事，但有的乡镇也竭力主导，变为乡筹乡管乡用。

（二）横向权力结构不够均衡

乡镇人大权力"淡化"。《中华人民共和国地方各级人民代表大会和地方各级人民政府组织法》赋予乡镇人大 13 项职权，其中包含决定权、监督权和选举权等。但在实际生活中人们对乡镇人大的性质、地位、作用重视程度不够，乡镇人大的法定职权没有得到充分的行使和发挥，也没有得到其他权力主体应有的尊重。尤其是乡镇人大闭会期间主席团活动还不够规范，法定监督职能难以切实履行，普遍存在不好监督、不愿监督、不敢监督等问题。

乡镇政府权力"软化"。乡镇政府的工作开展既要执行乡镇人大的各项决议，也要接受乡镇党委的领导。从权力运作实际来看，乡镇党委是乡镇的真正决策主体，决定着乡镇的人员分工、人事安排、中心工作等重大问题。乡镇政府层面的会议多是布置具体工作，鲜有实质意义上的决策权。对于重大项目和公共服务设施布局等事关乡镇长远发展的重大事项，乡镇政府的参与权和建议权难以得到充分保障。从执行角度，面对广大的农村和农民，乡镇政府又缺少必要的权限、人员和手段。对于很多需要下放的服务管理事项，乡镇政府"接不住、用不好"。

乡镇事业"虚化"。乡镇事业单位是乡镇公共服务的重要提供主体，从广义上来说也是农村基层政权体系的一部分。受管理体制影响，许多本应由乡镇提供的公共服务事项却难以充分发挥乡镇事业单位的作用。一方面有些单位"人无事做"，另一方面乡镇很多事务却又"事无人做"。

（三）政权运作方式不够科学

实践中乡镇主要精力是用于达标检查验收和应付各种名义的考核，"上面千条线，下面一根针"所带来的权责不对等顽疾始终没有得以有效解决，具体可概括为"三多三少"。首先，布置文件多，切实指导少。乡镇是落实各项工作的第一线，但受人才等诸多因素限制，乡镇在落实各项工作时迫切需要上级政府或部门的切实指导，否则难以准确把握政策精神，造成执行偏差。但实践中上级政府或部门多通过下发文件形式布置任务，政策执行指导工作难以切实到位，往往以属地管理为由一推了之，给基层干部增添了不应有的工作负担。其次，形式要求多，实质要求少。不少部门在布置任务或工作时往往"临时抱佛脚"，上午发通知，晚上要反馈。还有部分工作存在严重的形式主义趋向，不关注工作的实际进展和结果，而重视所谓工作"留痕"。还有的部门为减轻自己的工作压力，硬性要求乡镇在提供反馈资料时同时提供电子版和纸质版。最后，反向惩罚多，正向激励少。实践中对于乡镇的"一票否决"过多过滥，导致乡镇压力过大。若过于强调"一票否决"，就会出现"虱多不痒"的现象，反而失去了"一票否决"的初衷和意义。相反，在目前的考核体系中，对乡镇干部的正向激励机制不够健全完善，除政治上提拔外，乡镇干部难有上升渠道。

早在 20 世纪 80 年代，中共中央、国务院在《关于加强农村基层政权建设工作的通知》（中发〔1986〕22 号）中就指出："农村基层政权建设中还存在不少问题，主要是党、政、企之间的关系还没有完全理顺。"这一问题至今并未完全得到解决。不少乡镇对自身应有的职能缺乏正确认识，往往"种了别人的地，荒了自己的田"。例如，不少乡镇信息基础设施滞后，致富信息不畅，忽视现代农业服务体系建设，对于农村急需的产前、产中、产后服务，没有起到应有的支撑作用；农业技术推广和示范引导滞后，种植养殖业结构升级不快；小型水利设施建设滞后，管养不到位；等等。乡镇这种工作方式和发展方式难以满足人民群众日益丰富的利益诉求，很容易引起群众不满。理想与现实的差距导致乡镇普遍面临上下两层压力：一方面来自上级机关，另一方面来自当地群众。在双重压力下，乡镇只能疲于应付，在夹缝中寻求适度的平衡。

（四）政权运作保障不够充分

缺乏充分的财政保障。目前乡镇财力普遍较差。农业税取消后，乡镇基本上没有大的固定收入。尤其是 1994 年实行分税制以来，中央财权大幅提高，地方财权大幅下降，乡镇财政所占比重更小。受历史因素影响，乡村负债现象普遍。加之利息不断增加，债务负担十分沉重。乡镇有限的财权却承担了过多的事权。医疗卫生、村村通、饮水安全、环境保护、农村低保、五保户供养、社会救助、优抚安置、防病减灾、文化广电等许多全国性、跨地域性的公共产品，本来应该由中央、省、市、县承担，但上级政府往往采取"上级下指标，乡镇出资金"的方式，都由乡镇承担了。多数基础设施、支农项目建设实行资金"拼盘制"，乡镇财政要承担相当比重。在无力支付的情况下，只有举债搞"透支配套"。

缺乏有力的人力保障。首先，乡镇干部年龄结构不合理。由于乡镇机构改革等原因，担当乡镇工作重任的干部年龄普遍偏大。其次，综合技能和素质有待提高。乡镇干部绝大多数为在职党校经济管理、党政管理和法律专业学历，而农业、建设、金融、科技、人力资源等专业管理和技术的干部较为短缺。再次，混编混岗现象普遍。在公务员岗位上的事业干部较多，一方面，身份不明确，乡镇机关竞争上岗的难度增大；另一方面，发展空间不足，也在一定程度上影响了工作积极性。最后，工作方法有待改进。不少乡镇干部不注重调查研究，习惯于以前的工作模式、套路和方法，包村"满堂滚"，办法点子不多，组织动员群众的能力差，在复杂问题和突发事情面前往往显得束手无策。有的干部甚至错误地认为在基层工作就要一股"匪气""霸气"，缺少依法行政的意识。

（五）政权运作效果不够理想

由于缺少充分的财政保障，农村基层政权的运作表现出较为明显的自利性。在城镇化推进过程中，土地征收等相关职责多由乡镇具体落实。一方面为了完成上级交代的任务，另一方面也为了自身利益，乡镇的具体落实举措往往给人一种"与民争利"的印象，导致基层政权与人民群众间关系异化，个别地方甚至演化成暴力冲突事件。自利的政权公信力必然不高。农民对基层政权普遍缺乏信任和认同感，甚至抱有强烈的敌对情绪，"你让他往东他偏往西"。基层政权公信力丧失，直接的后果是基层政权的号召力、动员力和社会影响力下降，社会治理能力下降。更有甚者，有的基层政权进行选择性社会治理，导致农村宗族组织、邪教组织、黑社会性质组织以及其他黑恶势力等较为猖獗，给当地经济社会发展和人民群众日常生活造成了严重影响。

二　加强农村基层政权建设面临的新形势

（一）农村经济发展方式加快转变为农村基层政权建设提出了新要求

目前，全省乃至全国农村经济发展方式正在加快转变，现代农业产业体系、生产体系、经营体系正逐步形成。传统以户为单位的分散经营模式正在被以各种新型农业经营主体为代表的规模化经营模式所替代。截至 2018 年 5 月底，全省新增家庭农场 5500 多个、农民合作社 5300 多个、农业产业化联合体 225 个，家庭农场共计达到 8.25 万个，数量居全国第 1。农业产业化快速发展，截至 2018 年 7 月，全省规模以上农产品加工企业达 4959 家。农村新产业新业态亮点纷呈。第一季度全省休闲农业综合营业收入总额达233 亿元，农产品电子商务交易额为 104.6 亿元。第一季度，全省农村常住居民人均可支配收入为 4300 元，同比增长 9.8%，高出全国平均水平 0.9 个百分点，较上年同期上升 1.1 个百分点，增速位居全国第 6、中部第 1。城乡居民收入倍差缩小至 2.2。

（二）农村社会结构深刻变化对农村基层政权建设提出了新课题

自 20 世纪 90 年代以来，随着城镇化进程的加快，农村适龄劳动力大量进城务工甚至是定居。农业从业人员主要是妇女和老人。近些年，不少妇女儿童也逐渐流入城市，老年人已是农村社会常住人口的主体，"空心村"更是一种普遍现象。除此以外，安徽省农村贫困人口较多，还面临深度贫困地区脱贫难题。截至 2018 年 11 月，革命老区六安市建档立卡贫困人口为 70.96 万人，还有 23.86 万贫困人口未脱贫，贫困发生率为 4.76%；皖北地区建档立卡贫困人口为 281.96 万人，还有 78.57 万贫困人口未脱贫，贫困发生率为 2.62%；全省行蓄洪区建档立卡贫困人口为 89492 人，还有 33990 人未脱贫，贫困发生率为 3.43%，贫困发生率均高于全省平均水平。

（三）农民民主法治意识增强对农村基层政权建设提出了新考验

村民自治实践不断深化，村民参与自治的热情有增无减，参与自治的水平也显著提高。村民自治机制更加健全，以村民小组或自然村为基本单元的自治试点稳步推进，群众事情群众议、村组决策群众定的自治要求已基本实现。在处理乡、村关系方面，不少村民具有强烈的法治意识，要求在法治轨道上处理乡、村关系的呼声越来越高。目前农村基层协商民主也日益深入人心，民情民意恳谈会、村民小组协商等活动形式丰富多样，"7 + X"协商模式日趋成熟，这也为农村基层政权建设提出了新考验。随着普法力度加大，农村"法律明白人"越来越多，广大农民学法用法意识明显增强，对民事纠纷、行政争议以及刑事犯罪辩护等方面的法律需求日益提高，如何回应农民的法治需求也是当前农村基层政权建设必须解决的新问题。

三 新时代加强农村基层政权建设的对策建议

（一）构建科学合理的基层权力结构

加强基层服务型党组织建设，改善党对基层政权的领导方式。正确处理和规范乡镇党委与人大的关系，一方面，乡镇党委要按照"总揽全局、协调各方"的原则对人大工作总揽而不包揽；另一方面，乡镇人大要按照党的领导原则对党委要依靠而不依赖。充分发挥好代表主体作用，切实加强乡镇人大自身建设。乡镇人大应围绕本行政区域内的重大事项，坚持依法行使《地方组织法》赋予的决定权、监督权和选举权等。参考借鉴县级以上人大常委会履职的经验和做法，充分发挥乡镇人大主席团在代表大会期间和闭会期间的作用。乡镇政府作为人大的执行机关，自觉在党的领导下执行人大的决议，接受人大的监督。

（二）厘清乡镇政府职能定位

根据《地方组织法》以及《关于加强乡镇政府服务能力建设的意见》等规定，制定规范乡镇政府职能的地方性法规及实施细则，理顺乡镇政府与上级政府或有关部门间的关系，使乡镇职能行使有法可依、有章可循。重点强化为农业发展创造环境、为农民提供公共服务、为农村构建稳定和谐的社会氛围三个方面的职能。大力推进农村选举民主和协商民主建设，支持基层自治组织和基层社团依法依章开展活动。进一步在法治轨道上理顺乡、村关系，把不应该由政府承担的经营性管理和社会事务交给村民自治组织和社会中介组织。借助民间资本和市场机制的力量，增加农村公共服务产品的供给，实现基层"无为"而治。

（三）构建简约高效的基层管理体制

坚持党政群统筹，加快推进此轮基层管理体制改革。坚持优化协同高效原则，因地制宜构建简约高效的基层管理体制。推进治理重心下移，把适宜由乡镇服务管理的事项下放给乡镇，保证基层事情基层办。充分考虑乡镇执法能力和水平，谨慎推行乡镇综合执法。除非有明确法律依据，上级部门不得随意将执法权限和事项交由乡镇。根据基层事务特点，尤其是服务型政府的定位，整合机构编制资源，优化机构设置，力戒"上下一般粗"。充分利用现代信息网络技术，创新乡镇服务方式和流程，提升服务能力和水平。充分整合乡镇涉农站所资源，建立乡镇事业单位为农服务新机制，变"以钱养人"为"以钱养事"。

（四）优化农村基层政权运作保障机制

坚持公平、公正、普惠的原则，努力构建财力与事权相匹配的乡镇财税管理体制。适当下放财权，把县级以下地方创造的财富更多地让利给地方。坚持事权与财权相一致原则，以事权定财权。妥善化解乡镇存量债务，严格控制乡镇新增债务。健全乡镇干部招录和使用制度，为农村基层政权建设提供充足有力的人力保障。创新乡镇干部培训方式，着力提高乡镇干部依法行政和公共服务的能力。合理设置乡镇干部绩效考核内容，坚决取消不合理的"一票否决"，建立以激励为主的乡镇干部绩效考核考评体系。

（五）提升基层政权农村社会治理能力

主动因应农村经济发展要求，提升基层政权服务经济的能力。规范乡镇执法行为，严格实行行政执法公示、执法全过程记录、重大执法决定法制审核三项制度，强化执法监督检查。加强基层政府与农村社会的合作，形成全社会参与的农村社会治理大格局。切实规范基层民主选举，以法治的手段防止宗族观念和宗派势力的不当干预。创新法治宣传教育方式，进一步提高农民法治意识，充分发挥农民在农村社会治理中的主力军作用。依法开展"扫黑除恶"工作，营造农村安全稳定的社会环境。

B.20
推动浙江海洋港口高质量一体化研究

闻海燕*

摘　要：　浙江在国内率先推进海洋港口一体化发展，推动了宁波舟山港的龙头枢纽地位持续增强，环杭州湾和温台两翼港口协同发展，港口多式联运快速提升，内联外扩合作不断深化，港航服务业不断完善及服务地方经济发展的能力不断增强。但在一体化发展中，港口"整而不合""大而不强"的问题依然存在，区域港口发展不平衡、一体化的产业链延伸力度不大、竞争力弱、港航服务发展不充分、一体化发展的体制机制障碍等问题仍然比较突出，制约一体化的深入推进。在后"一体化"时代需要进行更深层次的改革创新，这就需要借鉴国内外有益经验，对内加强协调合作，不以吞吐量为唯一的评价指标，加快转变增长方式，通过产业链建设提升竞争力；加快"数字港口"建设步伐；加快体制机制创新，为高质量一体化营造良好的体制环境；加快融入长三角一体化，推动与省外港口的协同发展，推动"一体化"向高质量纵深推进。

关键词：　长三角　浙江　海洋港口　高质量一体化

　　浙江是我国沿海港口资源最丰富的省份之一，拥有6600多千米海岸线，

---

*　闻海燕，浙江省社会科学院区域经济研究所副所长，浙江省社会科学院发展战略和公共政策研究院研究员。

其中，水深大于 10 米的岸线超过 330 千米。浙江港口紧紧依托和服务于浙江经济和国家战略，在竞争激烈的大环境中走出了自身快速发展之路。2015年 8 月，浙江省委省政府做出了整合全省沿海港口及有关涉海涉港资源平台，组建省级海洋港口发展委员会①（以下简称"海港委"）和省海港集团的决策部署，加快推进海洋港口一体化、协同化发展。2016 年 11 月，浙江省海港集团与宁波舟山港集团进一步深化整合，实现"两块牌子、一套班子"的运作方式，在国内率先推进海洋港口一体化发展，通过对全省沿海港口和义乌陆港的管理、资产整合、功能布局等一体化运作，推动了宁波舟山港的龙头枢纽地位持续增强，环杭州湾和温台两翼港口协同发展，港口多式联运快速提升，内联外扩合作不断深化，港航服务业不断完善及服务地方经济发展的能力不断增强。②

浙江港口成为世界少有、国内唯一的全省域实质性一体化组合港。2018年，宁波舟山港货物吞吐量达 10.8 亿吨，较上年增长 7.4%，连续 10 年位居全球第 1，集装箱吞吐量 2635 万标箱，较上年增长 7.1%，首次跻身世界港口排名"前三强"，跃居中国港口"第二位"。③

一 浙江推进海洋港口一体化的做法

（一）政府顶层设计与市场主导相结合

政府在战略上统筹规划，从创新体制机制入手，把政府顶层设计与市场

---

① 海洋港口发展委员会主要职责包括：综合协调全省海洋经济发展，负责海洋港口发展，统筹海洋港口岸线综合管理，组织协调全省口岸管理，负责全省海洋港口一体化发展等。省政府将浙江省口岸、发改、交通、海洋等部门的涉海涉港职能统一划归海港委，并由其主管海洋和港口经济发展的宏观管理和综合协调，从体制机制、规划审批、项目统筹等多方面推进区域海洋港口一体化整合。2018 年机构改革后撤销，主要职能划归浙江省交通厅港口物流处。
② 周学武、潘家栋：《浙江助推长三角高质量一体化的机制与路径》，《全国流通经济》2019年第 5 期。
③ 《2018 年浙江省国民经济和社会发展统计公报》。

主导相结合。

1. 政府统筹规划

整合港口运营主体，实行强强联合，推动实现重点港区运营管理一体化。

2015年宁波港集团和舟山港集团的货物和集装箱吞吐量分别位居全球第1和第4，把两个强港以股权等值划转整合方式组建新的宁波舟山港集团，整合形成全省海洋港口运营管理一体化的核心主体。

2. 以资产为纽带，以市场化为主导推进一体化

在海港资源整合中，建立了以市场化为导向的经济利益调整机制和运营管理体制。一是以资产为纽带推进海洋港口一体化。成立省海港投资运营集团，由省级资产和宁波、舟山、嘉兴等市涉海涉港资产注入，省级国有资产和原属地资产各股东保留分红权和未来企业发展带来的股东权益增值收益，原属地的企业注册地和税收关系不变。二是坚持市场化运作吸引社会力量参与具体的港口项目开发、港口基础设施建设、港口信息平台建设。省海港集团专门成立内河公司作为统一开发全省内河港口资源的投融资平台和建设运营主体，以此推进湖州、长兴、嘉兴、富阳、安吉、绍兴、诸暨、衢州、龙游、青田等地的内河港口投资、收购与业务合作。

（二）加快以宁波舟山港为核心的港口集疏运体系建设

加快形成以宁波舟山港为主体、以浙东南沿海港口和浙北环杭州湾港口为两翼，联动发展义乌国际陆港及其他内河港口的发展格局。以港口群联合，建设与闽北地区及其他内河港口合作的集疏运通道。在实现宁波舟山港一体化的基础上，通过与嘉兴、温州、台州港和义乌陆港的整合，建设义甬舟大通道，连接陆上丝绸之路经济带。建成疏港高速公路及蛇移门航道、梅山进港航道、条帚门南锚地等海上工程。

推进江海河联运、海陆空联运，构建全省互联互通的港口集疏运体系。发挥浙江水系纵横、杭甬运河和京杭运河联通的优势，大力推进江海河联

运；积极发展公路、铁路、航空、管道等与海洋港口的多式联运。宁波舟山港加强与各大航运联盟及铁路部门在航线及海铁联运线路的布局、腹地拓展等方面的业务合作。2018年，宁波舟山港完成江海联运货物吞吐量2.41亿吨，同比增长11%；完成集装箱江海联运19.98万标箱，同比增长111%；海河联运12.3万标箱，同比增长134%。已拥有各类航线246条，较上年同期增加3条，其中干线120条，占总航线的比例近50%；共完成海铁联运业务量超60万标准箱，同比增长超50%。月箱量超过5000标准箱的海铁联运线路已达7条，其中义乌班列单月业务量已常态化超1万标准箱，成为中国最大的海铁联运班列。业务辐射全国15个省份45个市地。①

（三）着力推进港产城统筹发展

顺应国内外港口发展趋势，大力推进海港、海湾、海岛"三海"联动，"以港带产、以港促城"，"以产联港、以产兴城"，"以城优港、以城优产"。先后实施《嘉兴港产城统筹发展试验区规划》《浙江省海洋新兴产业发展规划》《浙江省现代海洋产业发展"822"行动计划》，加快推进港口、产业、城市融合发展。依托海洋港口资源优势，大力发展港航物流服务业、临港先进制造业、海洋工程装备与高端船舶制造业、滨海旅游业、海水淡化与综合利用业、海洋医药与生物制品业、海洋清洁能源产业、现代海洋渔业8大海洋产业，推动建设25个海洋特色产业基地。② 2018年嘉兴市滨海办（港务局、口岸办）谋划启动了滨海新区总体规划新一轮修编，提出着力打造嘉兴滨海"万亩新空间、千亿产业带、百亿企业群"，到2020年，新增建设用地1万亩以上，规上工业总产值达到1600亿元以上，化工新材料产业规上工业产值达1000亿元以上，年产值100亿元企业达到10家左右。③

---

① 《宁波舟山港年集装箱吞吐量跃居全球"前三强"》，中国新闻网，2019年1月1日。
② 孙景淼：《浙江推进海洋港口一体化发展的做法及启示》，《港口经济》2016年第9期。
③ 《嘉兴港全力冲刺"亿吨大港" 增速列全省沿海港口第一位》，浙江新闻－浙江在线，2018年9月20日。

（四）按照"同港同标准、多家如一家"的总要求，大力推进全省口岸监管一体化，提升综合通关效率

按照"同港同标准、多家如一家"的总要求，优化杭州、温州、义乌等口岸到宁波舟山港的监管程序，完善水水中转、陆海联运特别是海铁联运的海关、检疫检验方式，实现宁波舟山港调度引航一体化；推动不同口岸部门信息互换、监管互认、执法互助，加快实现全省口岸跨部门、跨区域一体化通关协作。努力实现"两关如一关、两检如一检"。船舶在不同港区移动按在不同泊位移动处理，货物在不同港区装卸按在不同堆场装卸处理，将电子口岸平台整合至"单一窗口"并在全省进行推广。①

自 2016 年起连续 3 年出台全省口岸监管一体化工作方案，共推进 82 项改革举措，在一些关键制约性问题的改革上取得了突破性进展，为创建最优营商环境奠定大通关基础。大力推进国际贸易"单一窗口"建设，平台已注册企业 22 万余家，是全国试点最早、功能最多、进展最快、业务申报量最大的省份。② 2018 年 10 月，出台实施了浙江省口岸提效降费减证行动计划，进一步压缩整体通关时间，降低进出口环节合规成本，清理减少口岸监管证件，进一步提升跨境贸易便利化水平，持续优化口岸营商环境，培育外贸竞争新优势。

（五）积极参与长三角区域港口合作

加强与江苏地区港口的合作。宁波舟山港以资金、政策、人才和管理等参与江苏太仓港港口建设。宁波舟山港下属全资子公司太仓万方国际码头公司，以打造全国最大最强木材专业码头和物流中转基地为目标，2018年完成货物吞吐量 768.8 万吨，其中木材吞吐量 488.7 万立方米，同比增长 20%。

---

① 孙景淼：《浙江推进海洋港口一体化发展的做法及启示》，《港口经济》2016 年第 9 期。
② 闻海燕主编《2019 浙江蓝皮书（经济卷）》，浙江人民出版社，2019，第 203 页。

加强与安徽铁路部门的合作。宁波舟山港以安徽合肥地区为海铁重点开发区域，同时辐射至皖北、皖南海铁业务开发。2018年全年，安徽方向海铁联运业务量超5万标准箱，其中合肥班列完成海铁煤炭、矿石、木材等联运业务量超4万标准箱，同比增长超40%，为周边地区客户提供了多种出运选择。[①]

加强与上港集团的合作。2019年2月19日，上海国际港务（集团）股份有限公司（简称上港集团）与浙江省海港投资运营集团有限公司（简称浙江海港集团）在上海签署了《小洋山港区综合开发合作协议》，根据协议，浙江海港集团将以人民币现金增资的方式入股上港集团下属全资子公司上海盛东国际集装箱码头有限公司，入股完成后，上港集团与浙江海港集团分别持有盛东公司80%和20%股权，盛东公司将作为未来小洋山北侧唯一开发、建设、运营与管理主体。这标志着跨行政区域的上港集团和浙江海港集团将通过股权合作，共同推进小洋山综合开发，开创了以资本为纽带的区域合作新模式。

（六）不断提升区域航运服务

1. 促进物流企业及航运服务类企业集聚

在宁波市建立东部新城国际航运中心和梅山国际物流产业集聚区。截至2018年，落户东部新城的航运物流企业超过1200家，已集聚船舶管理企业23家，国内船货代企业99家，国际船代52家，国际货代1500余家，无船承运543家等，航运辅助业初具规模。舟山市已有规上船企达32家，造船、修船业分别占全国市场份额的10%、40%以上，其中修理外籍船舶占全国50%以上。舟山新城航运服务集聚区已有首家中外合资国际船舶代理公司、供应链服务公司、江海联运市场信息服务公司先后落户；舟山海洋科学城集聚了海工装备、船舶设计等46家企业；已有26家金融机构、22家保险机

---

① 任小璋：《各省市都愿意积极参与　长三角港口一体化有什么秘诀》，新浪财经，http：//finance. sina. com. cn/roll/2019－05－15/doc－ihvhiqax8753979. shtml。

构入驻舟山新城开展相关业务，航运金融、航运保险业务初具规模。

2. 完善国际海事服务

舟山自贸区制定了不同税号保税油品混兑、通关监管、操作规范等45项创新制度，2017年保税油直供量183万吨，增长72%，成为全国保税油供应业务发展的核心区。油品交易中心已累计引进油品企业1300多家，油品贸易额达676.5亿元。成立外轮物资供应中心，实现外轮供应货值4.65亿美元。稳步推进舟山国际海事服务基地建设。舟山先后组建成立了国际海事服务基地建设指挥部、中国海事仲裁委员会计量争议仲裁中心和自贸区仲裁中心。

3. 提升港航金融服务

2017年，宁波市金融机构为港口建设贷款132亿元，水上运输业贷款126亿元，装卸搬运和运输代理业贷款109亿元，海域使用权抵押贷款13亿元；宁波市积极创建全国唯一保险创新综合示范区，省海港集团参股的东海航运保险股份公司是国内首家航运专业保险法人机构，在国内外航运保险市场依旧低迷的情况下，2017年航运保险保费收入突破亿元大关；宁波市还创新成立了小微出口企业投保平台，为全市4000多家小微企业"走出去"发展做好服务保障。2017年，舟山各类金融机构为舟山市港航运输领域融资81.58亿元，拥有10家涉航船舶保险分支机构，船舶货运保费总收入6.29亿元。省海港集团组建了资产管理公司，合作设立海洋股权投资基金，构建航运金融服务平台，创新推进一系列投资服务项目，港口服务功能进一步完善。

（七）大宗商品交易不断发展

由浙江省海港集团牵头组建的海港大宗商品交易中心，以港口大宗商品仓储物流为依托，以金融机构、贸易商、现货企业等机构为参与主体，通过仓储监管、仓单登记、清算及结算等业务，实现大宗商品贸易融资、现货交易等服务功能。首个铁矿石品种已上线运行。浙江船舶交易市场围绕"船舶交易+"积极开拓船舶拍卖、评估、勘验、进出口代理等新业务，打造全产业链服务平台。2018 年 1~10 月，交易各类船舶 506 艘，成交额 29.26 亿元，同比增长 15.54%；拍卖船舶 40 艘，成交额 2.93 亿元；评估船舶 207 艘，总价值 56.63 亿元。积极推动国际船舶业务发展。截至 2018 年 10 月，已完成国际经纪及船舶进出口代理业务 20 余艘，交易总额超 1.5 亿美元，超过该业务前三年业务量总和，首次完成国际船舶买卖经纪业务。①

（八）加快数字港口建设

提出和践行 "4S"（Smart、Satisfy、Share、Sustainable，即港口运营智能卓越、港口服务满意便捷、港口生态圈共享开放、港口发展可持续）的港口经济数字化建设思路，在建立数字化作业管理系统、构建数字化服务 "单一窗口"、搭建数字化港口生态圈、建设数字化港口安全体系等方面取得了明显成效，推进形成与全省海洋港口一体化发展相适应的信息化管控体系。

1. 信息化建设不断推进

编制了《浙江省海洋港口综合信息服务平台总体方案》，已建有 5 大类 37 个信息平台系统。推动海铁联运信息化平台建设，实现信息共享、业务协同、港铁联动；中国（浙江）国际贸易 "单一窗口" 平台门户正式上线运行；不断完善 EDI 系统，建立港航综合数据库，成为提供一站式服务和报文传输等服务内容的窗口平台。

2. 智慧（智能）化建设成果初显

浙江省海港集团自有船舶全部配备全球定位卫星导航系统（GPS）、雷达探测监控、船舶自动识别系统设备（AIS）。通过电子装箱单远程录入和车号、箱号、地磅数据的自动采集，集团所有集装箱码头闸口全部实现 "无人化" 管理；已实现数据自动采集、智能分析、自动处理的智能理货水平；运用自动定位、视频影像、实时通信、自动控制、自动识别等技术手

---

① 《浙江船舶交易市场 "船舶交易+" 打造全产业链服务平台》，舟山市政府门户网站，2018 年 11 月 20 日。

段，实现桥吊、龙门吊、轨道吊等港作机械的远程控制；基于地理信息系统，结合可视化人机界面，建立三维可视化管理环境，建设物联网络，实现危险区域的自动化实时监管和智能化安全管理。

3. 港口物流体系逐步建立

打造以"一城两厅"（网上物流商城、网上营业厅、物流交易厅）为核心的港口物流电商平台，集船舶信息、货运信息、仓储信息和物流信息于一体，实现了物流服务的"线上交易、线下操作、在线支付"。推出集装箱进口"提重无纸化"业务，提箱信息通过电商平台实时传输，平均每箱可为客户节约 5 小时的跑单、取单、等候时间。

（九）航运指数品类不断丰富健全

宁波舟山港集团下属宁波航运交易所研发的海上丝路贸易指数是"一带一路"倡议提出后率先推出的衡量国际航运和贸易市场行情的指数体系。已经发布的指数包括宁波出口集装箱运价指数（NCFI）、海上丝路贸易指数（STI）、16＋1 贸易指数（CCTI）、宁波港口指数（NPI）和宁波航运经济指数（NSEI），并先后写入《共建"一带一路"：理念、实践与中国的贡献》报告和《共建"一带一路"倡议：进展、贡献与展望》报告。其中，海上丝路指数首个指数产品——宁波出口集装箱运价指数（NCFI）作为 2015 年习近平主席访英期间中英双方达成的重要成果之一，同年 10 月在波罗的海交易所官网发布，这是中国航运指数首次走出国门。另一指数产品海上丝路贸易指数于 2017 年 5 月 10 日正式发布，并被列入首届"一带一路"国际合作高峰论坛成果清单。①

二 海洋港口一体化推进中存在的问题

浙江海洋一体化取得了很大成效，但港口"整而不合""大而不强"的问

---

① 《浙江省海港集团相关三大成果被列入"一带一路"峰会成果清单》，中国水运网，2019 年 4 月 28 日。

题依然存在，区域港口发展不平衡、一体化的产业链延伸力度不强、竞争力弱、港航服务发展不充分、一体化发展的体制机制障碍等问题仍然比较突出。

（一）港口"整而不合"现象仍较突出

《浙江省海洋港口发展"十三五"规划》和交通运输部与浙江省政府共同批复的《宁波舟山港总体规划（2014～2030年)》，都在港口定位、岸线资源利用、基础设施等方面提出了整合的要求。但在港口所在地政府招商引资政策下，港口岸线的综合保护利用必然让步于重大项目建设需要。这造成码头项目建设同质化，一些深水岸线浅用造成的岸线资源浪费仍屡见不鲜，仍未能实现港口资源的优化配置。[1] 很多港口运输及服务业务仍局限在本港开展，未形成统一调度下的调配。

（二）一体化的产业链延伸力度不强、竞争力弱，港航服务发展不充分

一是一体化的产业链延伸力度不强，高端服务业在整个航运服务业占比较低。宁波舟山港已经聚集了航运物流、航运订舱、船舶买卖等一系列服务机构，但诸如航运保险、航运金融等高端服务产业发展明显滞后。虽然吞吐量全球领先，但由于增值服务较少，"酒肉穿肠过"式的货物大进大出模式仍占较大比重，港口服务的附加值较低。

二是港口辐射带动能力不强。宁波舟山港产城融合较好，港口与城市互促互进，经济拉动效应显著，但一体化内的其他港口的产城联动发展仍具有较大的提升空间。

（三）港口数字化建设仍存在很多问题

第一，尚未建立起信息标准化体系及有效的统筹机制，难以实现数据整合和信息共享。由于一体化内港口、部门和公司的技术水平、资金实力以及

---

① 刘超：《宁波舟山港一体化路径研究》，硕士学位论文，浙江大学，2018。

对信息化建设的认识程度不同，更由于缺乏统一的建设标准，各港口的信息化建设水平参差不齐，各类信息化平台林立、各式专网交错，一体化内部各港口的数据整合和信息共享还难以实现。

第二，尚未打破数字化建设的监管壁垒。港口数字化建设不仅需要港口内部的各个部门分工协作，还需要港口外部气象、水利、铁路、交通、口岸等相关单位的支持，需要与这些部门的多个平台进行数据的互联互通，共享端到端供应链中的数据。这需要地区所有监管部门的批准以及海关等政府利益相关方的合作。而事实上省海港集团作为推动浙江港口数字化建设的主要牵头单位，与这些部门进行数据的互联互通比较困难。这一方面是因为系统数据库标准不统一，信息资源基础不一致；另一方面是因为有些单位出于部门利益考虑不愿意共享数据。

第三，尚未建立起口岸"单一窗口"。在现行的口岸管理体制下，浙江的口岸管理职能分布于海关、海事、检验检疫、边防等部门，大通关的数据分布于上述职能部门。各部门之间数据不能共享，交互性差，在一定程度上造成口岸信息资源的浪费，导致相关企业在进行货物进出口申报和监管、运输工具申报和监管、进出口许可申请与审核等业务时需重复录入数据，申报手续烦琐，已成为制约浙江各港口口岸信息化建设进一步发展、提高口岸通关效率的主要短板之一。

第四，现有部分规则制度不利于港口数字化建设。尚未建立有效的保护数据安全以及数据权属等重要问题的规制。比如，现行的招投标程序不能较好地保护某些数字化项目的知识产权。如何处理好招标程序公正与保护知识产权是制约港口数字化建设的重要问题。

第五，港口物流生态圈还需进一步扩展。现代港口物流生态圈需要融合港口企业、运输企业、生产贸易企业、保险企业、代理（货代、船代等）公司等港口物流全产业链，实现多主体联动，以提高物流运输能力和周转效率。虽然浙江已经初步建立港口物流体系，但仍然存在与相关企业、部门运输信息共享不充分，货物信息采集渠道不畅通，上下游企业、客户联动效能未能充分发挥的问题。

三 进一步促进浙江海洋港口高质量一体化发展的对策建议

（一）"后一体化"时代的主要趋势

当前全球主要港口在完成以资产资源整合为主要特征的一体化后已进入"后一体化"时代，其主要趋势体现在以下几个方面。

一是集港口生产、临港工业、临港物流、航运服务、金融服务、贸易服务及港口社区服务（休闲娱乐）于一体。

二是通过拓展港城一体化、港域一体化、港区一体化、港航联盟与港际联盟等，实现物流资源无缝对接的整合与航运要素的聚集。

三是港口已不再是被动提供服务的场所，而是服务供应链的组织者、策划者，构建一体化的、无缝隙的港口供应链，深度参与一般供应链中与港口相关的运作环节，成为策划和组织这一供应链的信息调度中心和综合服务平台。

四是未来港口的竞争将从"线"上竞争向"网络"竞争转变，数字化技术将成为产业内外协作和创新的必然之举，为港口生态带来新的思路和方向。

顺应这一趋势，国内港口正在不断创新模式来推进港口合作与资源整合，推进海洋港口高质量一体化。

1. 对标全球港航产业，释放从"一群港"到"港口群"的协同效应

江苏省统筹规划港口发展，调整优化省内各港口功能定位，发挥"一区三港"效应，实现区域港口的特色发展、优势互补、合作共赢。同时优化港航产业结构，内河、长江、沿海三位一体，推动港、航、运、产、城联动发展。持续发挥江苏港口集团全省港口龙头带动作用，推进宁、镇、扬、苏、通、沿海等港口联动发展，发挥"港口群"的协同效应。

2. 不断推进跨省及国际合作

为解决各区域港口集团的同质化经营、恶性竞争问题，国内一些港口开

始尝试省际的合作、兼并和重组，深度整合经营资源和物流服务资源，共同构筑物流运输链和干线支线互转网络等。2016年底，唐山港集团与天津港集团共同组建了津唐国际集装箱码头有限公司。曹妃甸港区与天津港集团将在集装箱板块、物流板块、散货板块及战略资本层面开展多领域、深层次项目合作，形成以资产和资本为纽带的紧密战略合作伙伴关系。① 福建省加强与新加坡的"国际陆海贸易新通道"方面的合作，与新加坡国际港务集团建立战略合作伙伴关系，共同谋划推进福建省港口一体化。

3. 加快数字化平台建设

加快数字化平台建设已成为提升一体化的重要路径。天津港在全国沿海港口中率先实现所属六家集装箱码头"操作系统一体化"切换上线，实现了集装箱码头生产作业全过程集成化运营管理。江苏港口集团推进"一张网"数字化建设，整合全省港航信息，初步建成集货运交易、船舶交易等服务功能于一体的航运交易综合信息管理平台，不断提升港口布局、运营、管理、服务一体化水平。

（二）加快"四个转变"，推进浙江海洋港口高质量一体化

在后"一体化"时代需要进行更深层次的改革创新。这就需要借鉴国内外有益经验，对内加强协调合作，对外拓展与国内外港口的合作，推动"一体化"向高质量纵深推进。

一是港口由"满足能力需求"向"市场引导的增值服务"转变。就是要在稳步提高港口货物吞吐能力的基础上，通过服务模式创新、操作模式创新和营销模式创新等手段，由传统货运中心向多元化现代服务中心转型，以谋求产业链延伸，创造更大的市场价值。

二是由空间联动向平台联动转变。通过构建信息全面，操作便捷、智能的网上平台，综合运用大数据分析、云计算、物联网等新一代信息技术，能

---

① 王柏玲、朱芳阳：《我国港口资源整合的新态势及其经济效应》，《广西社会科学》2018年第9期。

够使港口的管理和服务更加快速、准确、高效；同时以数字化为引领，形成一条集多种运输方式和物流形态于一体的港口供应链，并最终实现这一供应链的敏捷化、低成本化及共同利益最大化。

三是由港口航运向"海、陆、空、信"四港联动转变。国际经验表明，发达的集疏运体系是国际航运中心建设的重要保障。加快构建区域集疏运体系，建立海港、陆港、空港、信息港的数据互联互通机制，实现"海、陆、空、信"四港联动，增强覆盖和服务腹地经济发展的综合效能。

四是由要素联动向制度联动转变。要逐步从航运的要素联动向航运的体制机制深化联动转变。在不同港区、不同航运服务功能区协同发展条件下，打破行政区划，在更深层面推动浙江省港航业的一体化发展。由此，需在以下几个方面有所突破。

1. 不以吞吐量作为唯一的评价指标，加快转变增长方式，通过产业链建设提升竞争力

"后一体化时代"一体化的目标既不是扩大规模，也不是形成垄断力，而应是通过港口产业链的不断提升来创造市场价值，提升竞争力。应借鉴我国香港成为亚洲首要的国际船舶融资中心的经验，大力发展生产性服务业；不仅提供装卸和运输服务，还要提供金融保险、技术服务、船舶补给、信息、海事仲裁法律支持等高端港航服务。

2. 加快"数字港口"建设步伐

加强政府的顶层设计。建议由省政府统筹建立数字化共建共享的组织保障体系和信息标准化体系，整合资源，避免政出多门、多头管理、多个平台。建立上下联动、区域协同的工作机制，形成与全省港口一体化发展相适应的数字化决策、运营、管理及服务管控体系。同时，创新港口信息互联互通机制，推动港航数据标准化、规范化、融合化。依托以宁波舟山港为核心的"智慧港口"信息数据平台，加快构建港口云数据中心，推进港口数据资源整合与跨界数据资源融合，为供应链相关方提供统一开放的大数据集成、运营和创新服务平台。为此，一方面，推进一体化内部各港口的数据融合并推动与长江沿线内河航运及腹地的一体化数据融合；另一方面，建立政

务、物流、通关、交通、金融、临港企业等领域数据交换共享机制，打造全流程供应链，提升国内外揽货和配套服务能力。加强对江海物流数据的采集与整合，不断丰富"船、港、货"物流信息，实现与沿江沿海港口、船公司、物流企业、商贸企业等航运信息平台的互联互通，促进江海联运物流信息有效衔接和共享。

3. 加快体制机制创新，为高质量一体化营造良好的体制环境

第一，改革现有的财税体制和考核机制，建立城市之间以及产业链上下游之间的利益共享和补偿机制，从而真正形成全区域的港口发展合力。

第二，以"最多跑一次"改革为契机，推动"单一窗口"改革。借鉴汉堡港把所有口岸服务相关的业务都集中在口岸服务信息平台，并由市场化运作的企业承担运营的做法，由政府统筹推动，进一步完善"单一窗口"平台和管理机制，实现口岸服务、公共信息平台共享。在海关监管、检验检疫、边检海事等与港口航运监管相关的领域，实现信息互换、监管公认、执法互助，并将税务部门、外汇管理部门乃至银行等机构同时接入"单一窗口"平台，实现货物贸易、船舶进出、资金结算和税务处理等全方位便捷化。

第三，加快制度创新，及时调整有关规则，为加快数字化提供制度保障。如在项目招投标上，可以在有保密建设资格的相关单位之间进行内部招标，也可以特事特办，指定有能力的部门参与项目建设。把鼓励职工创新和借用"外脑"相结合，建立有效的人才激励机制和创新激励机制。

4. 加快融入长三角一体化，推动与省外港口的协同发展

深入研究把握长三角地区发展呈现的新特点，确定浙江省港口在长三角更高质量一体化发展中的定位和功能，在港航资源共享、行业协同、国际接轨及职能发展等方面展开深度合作，把浙江省港口的特色优势转化为协同创新优势，以此促进浙江省港口竞争力提升。推动省际、国际港航企业的合作、兼并和重组，深度整合经营资源和物流服务资源，共同构筑物流运输链和干线支线互转网络等。

B.21

浙江助推长三角高质量一体化的基础、
路径与对策

毛　伟[*]

摘　要： 长三角区域一体化发展已上升为国家战略，是推动我国经济高质量发展的重要增长极。浙江助推长三角高质量一体化，需要剖析一体化的基础与难点，探寻浙江的一体化优势与路径。长三角区域各省市经济规模大、开放程度高、创新能力强，具有扎实的一体化基础，但仍存在一体化红利不明显、内部发展不平衡、体制机制不通畅等难点。浙江需要发挥民营经济优势、数字经济优势、开放经济优势和创新创业优势，通过打造数字经济发展新高地，推进制造业智能化改造升级和整合省内经济资源等途径来助推长三角高质量一体化。从搭建一体化协作平台、加快大湾区建设和打造基础公共服务网三个方向，来探寻推进长三角更高质量一体化的对策。

关键词： 长三角　高质量一体化　浙江

中华人民共和国成立 70 周年，尽管我国已经成为世界第二大经济体，但经济发展正处于高速发展向高质量发展的关键期。综观世界经济发展脉络，城市群是经济发展的主要载体和核心增长极，区域竞争和国际竞争日益

---

* 毛伟，浙江省社会科学院《浙江学刊》编辑。

表现为城市群竞争。随着我国经济快速发展，长三角、珠三角等区域已经成为全球竞争的高地。长三角地区包括上海、南京、杭州、合肥等 34 个城市，是我国经济发展速度最快、经济总量规模最大、最具有发展潜力的经济板块之一。长三角一体化是习近平区域协调思想的重要体现和生动实践。早在 2002 年 12 月，习近平在浙江工作期间就指出要"主动接轨上海，进一步明确我们在长江三角洲经济圈中的位置，积极发挥在该地区经济整合与协调发展中的作用"。"八八战略"提出，"进一步发挥浙江区位优势，主动接轨上海、积极参与长江三角洲地区交流与合作，不断提高对内对外开放水平"。2019 年政府工作报告提出，将长三角区域一体化发展上升为国家战略。长三角区域一体化发展上升为国家战略，是深化我国改革开放的重要战略布局，也是推动我国经济高质量发展的重要增长极。因此，需要剖析一体化的基础与难点，探寻浙江的一体化优势与路径，进而提出对策与建议。

一 长三角高质量一体化的基础与难点

（一）长三角高质量一体化的基础

党的十八大以来，我国经济社会快速发展，上海、江苏、浙江、安徽等长三角地区以供给侧结构性改革为主线，深化创新驱动发展战略，有效推进经济发展方式转变，这为长三角更高质量一体化奠定了扎实基础。

1. 三省一市经济更高质量发展

2013～2017 年，上海、江苏、浙江、安徽经济增长势头良好，均呈现较好的发展态势。其中，上海经济总量从 21818.15 亿元增加至 30133.86 亿元，增长了 38.11%；江苏经济总量从 59753.37 亿元增加至 85900.9 亿元，增长了 43.76%；浙江经济总量从 37756.58 亿元增加至 51768 亿元，增长了 37.11%；安徽经济总量从 19229.34 亿元增加至 27518.7 亿元，增长了 43.11%。不仅如此，三省一市的产业结构也不断升级，第三产业所占比重不断提升。2013～2017 年，上海市第三产业所占比重从 61.62% 增加至

68.97%，江苏省第三产业所占比重从 44.22% 增加至 50.25%，浙江省第三产业所占比重从 45.92% 增加至 52.69%，安徽省第三产业比重从 32.69% 增加至 41.50%（见表 1）。除安徽省之外，其他省市服务业均已占据国民经济的"半壁江山"，进入服务型社会，这说明长三角地区经济体量雄厚、产业结构合理。

表 1　2013～2017 年三省一市经济规模及产业结构

单位：亿元，%

年份	上海			江苏		
	地区生产总值	第三产业	第三产业所占比重	地区生产总值	第三产业	第三产业所占比重
2013	21818.15	13445.07	61.62	59753.37	26421.64	44.22
2014	23567.70	15275.72	64.82	65088.32	30599.49	47.01
2015	25123.45	17022.63	67.76	70116.38	34085.88	48.61
2016	28178.65	19362.34	68.71	77388.28	38152.00	49.30
2017	30133.86	20783.47	68.97	85900.90	43169.40	50.25

年份	浙江			安徽		
	地区生产总值	第三产业	第三产业所占比重	地区生产总值	第三产业	第三产业所占比重
2013	37756.58	17337.22	45.92	19229.34	6286.82	32.69
2014	40173.03	19220.79	47.85	20848.75	7378.68	35.39
2015	42886.49	21341.91	49.76	22005.63	8602.11	39.09
2016	47251.36	24001.00	50.79	24407.62	9883.60	40.49
2017	51768.00	27279.00	52.69	27518.70	11420.40	41.50

资料来源：三省一市各年度统计年鉴。

2. 三省一市开放程度不断加深

经济快速增长，促使长三角地区对外开放程度日益加深，为长三角一体化奠定了深厚的开放基础。2013～2017 年，上海市合同利用外商直接投资从 249.36 亿美元增加至 401.94 亿美元，增长了 61.19%；江苏省合同利用外资从 472.7 亿美元增加至 554.3 亿美元，增长了 17.26%；浙江省合同利用外资从 243.8 亿美元增加至 346.9 亿美元，增长了 42.29%；安徽省合同利用外资从26.9亿美元增加至90.6亿美元，增长了236.80%。虽然安徽省利用外资金额最少，但其增长幅度最快，说明三省一市的开放经济不断发展。从进出口总额来看，上海市从2015年的28060.88亿元增加至2017年的32237.82，增长了14.89%；江苏省从2015年的33870.6亿元增加至2017年的40022.1亿元，增长了18.16%；浙江省从2015年的21566亿元增加至2017年的25604亿元，增长了18.72%；安徽省从2015年的3036.6亿元增加至2017年的3631.6亿元，增长了19.59%（见表2）。

表2　2013～2017年三省一市进出口及利用外资情况

年份	上海		江苏	
	进出口（亿元）	外商直接投资（亿美元）	进出口（亿元）	外商直接投资（亿美元）
2013		249.36		472.7
2014		316.09		431.9
2015	28060.88	509.78	33870.6	393.6
2016	28664.37	589.43	33634.8	431.4
2017	32237.82	401.94	40022.1	554.3

年份	浙江		安徽	
	进出口（亿元）	外商直接投资（亿美元）	进出口（亿元）	外商直接投资（亿美元）
2013		243.8		26.9
2014		244.0		31.1
2015	21566	278.0	3036.6	39.4
2016	22202	281.0	2933.8	41.1
2017	25604	346.9	3631.6	90.6

注：限于统计单位口径不一致，本文进出口选取时间为2015～2017年。
资料来源：三省一市各年度统计年鉴及国研网数据库。

3. 三省一市创新能力日益增强

创新是经济高质量发展的核心动力，长三角地区是我国经济的区域增长极，亦是区域创新的重要拉力，创新能力的日益增强能够有效推动长三角一体化。2013～2017年，上海市国内专利发明申请授权数从10644项增加至20681项，增长了94.30%；江苏省从16790项增加至42000项，增长了

150. 15%；浙江省从 11139 项增加至 28700 项，增长了 157. 65%；安徽从 4241 项增加至 12440 项，增长了 193. 33%。不仅如此，三省一市的科技市场日益完善，而且研发投入快速增长，为创新发展奠定了扎实基础。2013 ~ 2016 年，上海市技术市场成交额增长了 46. 89%，R&D 经费投入增长了 21. 07%；江苏省技术市场成交额增长了 20. 50%，R&D 经费投入增长了 33. 72%；浙江省技术市场成交额增长了 143. 41%，R&D 经费投入增长了 36. 74%；安徽省技术市场成交额增长了 66. 16%，R&D 经费投入增长了 49. 73%（见表 3）。

表 3 2013 ~ 2017 年三省一市创新能力情况

单位：项，万元

年份	上海			江苏		
	国内专利发明申请授权数	技术市场成交额	R&D 经费	国内专利发明申请授权数	技术市场成交额	R&D 经费
2013	10644	5316803. 99	4047800. 2	16790	5275019. 66	12395745. 4
2014	11614	5924480. 87	4492192. 0	19671	5431585. 22	13765378. 2
2015	17601	6637837. 97	4742443. 3	36000	5729178. 23	15065065. 2
2016	20086	7809858. 08	4900778. 0	40952	6356424. 81	16575417. 9
2017	20681			42000		

年份	浙江			安徽		
	国内专利发明申请授权数	技术市场成交额	R&D 经费	国内专利发明申请授权数	技术市场成交额	R&D 经费
2013	11139	814955. 20	6843562. 0	4241	1308252. 68	2477246. 1
2014	13372	872527. 08	7681473. 0	5184	1698312. 51	2847303. 2
2015	23300	980965. 54	8535689. 1	11180	1904669. 26	3221421. 9
2016	26576	1983716. 22	9357877. 1	15292	2173748. 45	3709223. 8
2017	28700			12440		

注：限于数据可得性，技术市场成交额和 R&D 经费的起止时间为 2013 ~ 2016 年。
资料来源：三省一市各年度统计年鉴及国研网数据库。

（二）长三角高质量一体化的难点

长三角高质量一体化是区域协调发展的重要战略支撑，亦是我国经济发展的区域增长极。2013～2017年，长三角地区的经济体量、开放程度和创新能力都显著提升，为长三角更高质量一体化提供了基础。长三角高质量一体化涉及上海、江苏、浙江、安徽三省一市，需要区域内部从体制机制等层面进行有效协调，真正推动一体化进程。但不可否认，三省一市高质量一体化依旧存在难点。

1. 长三角高质量一体化的红利需要有效增强

长三角高质量一体化最根本的目的在于推动经济高质量发展，打造长三角成为牵引我国经济增长的"引擎"。推进长三角高质量一体化的动力在于一体化为上海、江苏、浙江、安徽等各个地区带来足够大的红利，能够吸引各个地区加快体制机制协调、加速信息共享、加强资源互济等。但从目前长三角一体化的现状来看，一体化的红利并未对各地区形成强有力的虹吸效应。合作红利的产生，是一方行为对另外一方的溢出，那么一体化红利的产生本质上是双方合作互利互惠的有效体现。在长三角一体化进程中，由于上海的经济发展规模和对外开放程度等因素，上海当之无愧地成为长三角一体化的龙头，能够向江苏、浙江、安徽三省外溢合作红利①，但这三省与上海市之间的互惠互利机制并没有得到充分体现②，一体化合作红利的机制还不健全，导致长三角高质量一体化缺乏有效的红利支撑，长三角高质量一体化的主观能动性需要进一步激发。

2. 长三角地区的内部发展依旧存在不平衡

虽然上海、江苏、浙江、安徽等地都呈现较好的发展态势，但这四个地区的内部发展依旧存在不平衡、不均等，这也是导致长三角高质量一体化合作红利无法凸显的直接原因。一方面，安徽省的经济规模、开放程度、创新能力等相关指标都低于上海、江苏、浙江。虽然2013～2017年，安徽省的国民生产总值、产业结构、进出口等各项指标都快速增长，呈现向好向快态

---

① 郭占恒:《浙江接轨上海推进长三角一体化发展的几个关系》,《商业经济与管理》2003年第8期，第25～28页。
② 张红日:《论浙江在长三角一体化进程中的作用》,《现代商业》2009年第15期，第168页。

势，但安徽省的整体发展还是落后于其他三省市，这就导致安徽省更多的是吸收上海等地区的合作红利，而对于长三角高质量一体化的红利贡献并不高，区际发展不平衡限制了高质量的一体化。另一方面，上海的龙头地位有所下降。虽然上海市综合发展实力居长三角三省一市的首位，但从近年来上海的发展轨迹来看，优势明显下降，表3的数据亦反映出了上海经济增长、开放程度等呈现放缓趋势。与之相对应的是，江苏、浙江、安徽等省迎头赶上，使得传统的长三角格局不断被打破，但新的长三角布局还未形成，在一定程度上限制了长三角更高质量的一体化。

3. 长三角高质量一体化的前提在于体制机制畅通

长三角高质量一体化的困境在于未能形成足够强的红利，而其根本原因在于体制机制还需要进一步畅通，使得长三角地区能够真正实现协调发展。长三角一体化需要从广度与深度上延伸，使得地方政府在合作红利和竞争红利二者之间更加偏好于合作红利，而且关键是打破地区之间的行政壁垒，畅通体制机制，真正消除地方政府之间的恶性竞争。① 不仅如此，还应当有效配置长三角区域内部资源，实现有效的帕累托改进。但从当前长三角内部而言，三省一市的体制机制还有待进一步完善，在政策畅通层面有待进一步加强。尤其是在公共资源领域，更需要有效衔接。譬如，现有高端公共资源往往集聚于上海等大城市，安徽等省份的高端公共资源明显不足。在此情况下，破解区域间公共资源不平等成为长三角高质量一体化需要解决的重点问题。

二 浙江助推长三角高质量一体化的优势与路径

（一）长三角高质量一体化的浙江优势

改革开放40年，浙江经济发展取得巨大成就，经济总量从1978年的

---

① 刘志彪、陈柳：《长三角区域一体化发展的示范价值与动力机制》，《改革》2018年第12期，第65~71页。

124 亿元增长到 2018 年的 56197.15 亿元，增加了 452 倍。在这个过程中，浙江充分发挥市场经济先发优势，民营企业成为推动浙江经济发展的"主力军"。近年来，浙江主动探索高质量发展新路径，先后推出"四换三名"、"凤凰计划"、数字经济"一号工程"等重大经济转型升级政策；全面实施科技新政，加快建设创新强省；坚持"一带一路"统领，全面推进开放强省。在省委省政府的正确领导下，浙江经济发展模式已经从传统块状经济转向现代产业集群，浙江经济发展核心竞争力日益凸显，构筑起了浙江推动长三角高质量一体化的新优势。

1. 充分发挥民营经济重镇的优势

一直以来，民营经济是浙江经济发展的重要优势，贡献了浙江省 60% 以上的税收、70% 以上的生产总值、80% 以上的外贸出口以及 90% 以上的就业岗位。[①] 浙江省从"资源小省"到"经济大省"、从农业经济转型为工业强省再到服务型社会，民营经济起到了不可估量的作用。2018 年，中国民营企业 500 强中浙江有 93 家上榜，连续 20 年位居全国第 1；规模以上工业中，民营企业工业增加值对规模以上工业增长的贡献率达到 66.4%；民营企业的进出口总额、出口总额和进口总额分别增长 12.7%、10.6% 和 22.6%，分别高于浙江省平均水平的 1.3 个、1.6 个和 3.6 个百分点。可以说，民营企业已经成为推动浙江经济高速发展的"主力军"，也是浙江经济实现高质量发展的"主引擎"。在长三角一体化背景下，应当充分发挥浙江民营经济的优势，以民营企业为主体，主动承接上海产业转移和资源外溢，推动资源要素向优势产业集聚，积极培育世界级的先进制造业集群。同时，支持民营经济深度参与杭州湾经济区的建设，发挥民营经济的市场化优势，构筑起高能级、开放型和系统化的湾区平台。

2. 充分发挥数字经济高地的优势

当前浙江省以数字经济为"一号工程"，引领产业结构转型升级，助推经济高质量发展。从"互联网＋"到数字经济，浙江已经具备数字经济发

---

① 王祖强：《推动民营经济持续健康发展》，《浙江日报》2019 年 3 月 13 日。

展的比较优势，聚集了以阿里巴巴为龙头的数字经济企业，以乌镇互联网大会为平台的媒介桥梁。[①] 2018 年，浙江数字经济核心产业增加值为 5548 亿元，比上年增长 13.1%，占生产总值的 9.9%；截至 2018 年底，全省在役工业机器人 7.1 万台，创建省级工业互联网平台 47 家，2 个入选国家级工业互联网平台建设及推广工程。一方面，数字经济大力发展，为数字长三角建设奠定了基础。浙江省着力谋划数字湾区建设，抓住 5G、云计算、物联网等新兴产业发展，打造数字技术中心等平台，加快长三角城市群之间的互联互通，努力在数字长三角、智慧长三角建设中起到引领作用。另一方面，以数字经济为引领加快浙江产业结构转型升级，不仅培育人工智能、大数据等先进产业，形成先进产业集群，更重要的是通过信息技术改造升级传统产业，打造工业互联网，提高企业生产效率，构筑高能级产业平台，实现长三角产业协同创新发展。

3. 充分发挥创新创业沃土的优势

"大众创业、万众创新"是浙江经济发展的活力源泉，尤其是杭州未来科技城，已经成为"互联网 + 创新创业"的沃土。杭州未来科技城以阿里巴巴等锚企业为核心，着力引进高层次人才，形成创新创业的"新四军"。[②] 在此基础上，从人才到项目再到独角兽企业，接力式孵化成为创新创业的主要模式，不断形成产业裂变和聚集。浙江民营经济发达，民营企业家素来具有创新精神，形成了创新创业的优势，在长三角一体化进程中，应当起到引领作用，培育更加广泛、更加多元、更加庞大的"双创"新主体，营造起氛围更加浓厚的区域创新创业生态。一方面，探索创新创业新模式，以合作共赢为导向，充分发挥企业创新创业的主体地位，合理优化资源的配置，加快长三角城市之间、产业之间、科技之间和文化之间创新创业的探索，共同推动"双创"升级版；另一方面，着力构建起区域创新创业生态系统，将人才、科技、资本、平台等多要素深度融合，推进协同发展，着力攻坚

---

① 潘家栋：《打造数字经济发展新高地》，《浙江日报》2019 年 7 月 22 日。
② 包海波：《高质量拓展双创经济新空间》，《浙江日报》2019 年 6 月 19 日。

"卡脖子"技术，破解产业发展的核心技术难题，使发展方式从要素驱动、投资驱动转向创新驱动。

4. 充分发挥对外开放枢纽的优势

自古以来，浙江是东南沿海的开放门户，浙江经济也形成了对外开放的重要特征。2018 年，浙江进出口总额为 28519 亿元，其中，出口 21182 亿元，占全国的 12.9%；对"一带一路"沿线国家合计进出口 8967 亿元，增长 12.3%，其中出口 6822 亿元。更为重要的是，浙江作为"一带一路"的核心枢纽，应当把握好内外联通的优势，打造"一带一路"的"浙江驿站"。① 一方面，以自由贸易区建设为核心，与上海洋山港等合作，全方位提高对外开放水平，将自贸区打造成为自由贸易港，形成浙江对外开放的核心竞争力。与此同时，建设"一带一路"大数据中心、"一带一路"跨国服务平台等，并积极探索长三角城市群对外开放的合作机制，抱团发展形成大市场，提高参与全球经济的竞争力。另一方面，发挥信息技术优势，推动跨境电子商务的发展。以杭州、宁波等跨境电子商务试验区为载体，推动跨境进口和出口的双向发展、平衡发展，优化浙江对外开放的格局。作为全国领先的开放型经济发达省份，浙江应在参与和服务"一带一路"建设上走在前列，打造国际一流的营商环境。

（二）浙江助推长三角高质量一体化的路径

1. 打造数字经济发展的新高地

新一轮科技革命和产业革命催生数字经济快速发展，使得数字经济已经成为经济高质量发展的重要增长极。浙江将数字经济作为"一号工程"，着力推进数字产业化、产业数字化，已经成为数字长三角建设的重要引领者。在此过程中，浙江应当充分发挥核心竞争优势，打造数字经济发展的新高地。浙江应当紧抓数字经济发展和长三角一体化二者耦合的历史机遇，以数

---

① 浙江省社会科学院课题组：《发挥特色优势　高质量融入长三角》，《浙江日报》2019 年 9 月 2 日。

字经济为"一号工程",大力谋划数字长三角建设。尤其是以浙江大湾区建设为契机,争取"国家数字大湾区"的战略支持,为数字长三角建设奠定基础。在此过程中,浙江需要积极打造"互联网＋"科技创新高地,在人工智能、物联网、柔性电子、量子通信等领域前瞻布局,培育世界一流的数字技术基础学科群,发挥浙江在互联网、电子商务、金融科技、云计算、人工智能、消费升级等方面快速发展并形成聚合效应的优势,合力建设全球电子商务核心功能区和"21世纪数字丝绸之路"战略门户,开展长三角数字经济更高质量合作,加强长三角数字产业融合。

2. 推进制造业智能化改造升级

长三角更高质量一体化需要以先进制造业作为产业支撑,关键在于打造高能级研发平台,突破核心技术并形成对先进制造的基础性支撑。一是要建立长三角协同创新体系。在浙江两大国家自主创新示范区和三大科创走廊建设中,能够充分学习和吸收上海科创中心建设、苏南自主创新示范区创建经验,前瞻布局一批国际水准的创新载体,开展资源共享、任务共担、产业化共推的协同创新合作。在此进程中,需要整合优势资源,突出在芯片、量子科技等领域开展长三角一体化创新合作。二是发挥数字经济优势,加快制造业智能化转型升级,建设世界级先进制造业集群。三是着力打造好工业互联网,从产业链的角度谋篇布局长三角一体化产业协作,突出制造业发展的智能化水平。打造具有浙江特色的"1＋N"工业互联网平台体系,充分支持阿里云、浙江中控、之江实验室及省内外其他优势企业和科研机构强强联合、开放合作,共同打造多个具有国际水准的基础性平台。将信息技术应用于商务领域,打造全球新零售商贸中心、智慧物流中心、科技金融中心、智能制造中心,打造具有全球领导力的湾区经济。

3. 发挥区位优势整合经济资源

充分发挥区位优势推进长三角高质量一体化,一方面,需要加强省内资源的合理配置,实现省域内部一体化进程;另一方面,加强长三角城市群的协调合作,使得要素资源能够在长三角区域内自由流动,充分实现经济资源的整合、配置和利用。一是推进杭州、宁波同城化发展的水平,充分整合浙江省内部的经济资源。浙江着力打造杭州、宁波、温州、金义四大都市圈，而其中杭州和宁波都市圈的打造是关键所在，是引领浙江经济发展的重要力量。要以城市国际化、现代化建设为目标，加强杭州宁波都市区建设，加强现代化都市区综合交通体系建设，加强都市区高端要素集聚和创新功能提升，提升国际化服务功能。① 在此过程中，需要充分发挥杭州、宁波的辐射作用，推进绍兴等城市的优化布局，牵引省域层面的高质量发展。二是充分发挥"一带一路"核心枢纽的作用，抓住新一轮对外开放的有利契机，提升现代物流、新型贸易、国际文化等交流合作，建设一流通道，带动长三角城市群与"一带一路"的接轨，提升浙江在"一带一路"中的作用。三是加快宁波舟山港建设，加强自由贸易区建设，合理建设世界级港口集群，加快建设成为自由贸易港。在此基础上，深化与上海港口资源的合作，加快长三角港口群一体化进程，在石化、航空、新能源、新材料等产业大项目向沿海临港区域集中布局。

三　浙江助推长三角一体化的方向与对策

（一）浙江助推长三角一体化的方向

1. 搭建一体化协作平台，完善一体化机制

长三角一体化首要解决的问题在于畅通体制机制，借鉴部分发达国家区域一体化的经验，通过制度的形成将区域一体化有效推进，释放长三角高质量一体化的红利。一方面，三省一市成立长三角高质量一体化工作领导小组，从组织层面进行有效保障。并且建立定期会议制度、信息沟通制度等，从制度层面来推动长三角一体化进程，搭建长三角一体化的政策沟通平台、工作协调平台。尤其是利用好互联网技术，打破地方政府部门之间的"信息孤岛"，实现长三角区域内部的信息资源共享。另一方面，借鉴欧盟等地

---

① 陈雯：《长三角的空间布局与功能分工》，《浙江日报》2019 年 7 月 24 日。

区经验，三省一市在推动长三角一体化的过程中，出台长三角公约等制度框架，以常规制度形成将长三角一体化工作有效推进。在此进程中，应当明确长三角高质量一体化的红利共享机制，使得三省一市有足够动力来推动长三角高质量一体化。

2. 以大湾区建设为载体，加快一体化进程

综观世界经济发展脉络，全球60%的经济总量集中于纽约湾区、旧金山湾区、东京湾区等世界级湾区。随着我国经济快速增长，大湾区建设是我国经济高质量发展的必然趋势，而长三角一体化与大湾区建设应当互为补充。一方面，长三角一体化是大湾区建设的必然路径；另一方面，大湾区建设为长三角一体化提供了天然载体。加强上海、江苏、浙江、安徽三省一市的抱团联动，加速资源整合、加强产业链合作、加快创新要素共享，从长三角区域层面来构建世界级大湾区，以此推进长三角一体化进程。① 同时，明确三省一市的错位发展及产业分工，能够使各省市在推进长三角高质量一体化的过程中享受到分工合作所带来的一体化红利。譬如，浙江在推动杭州、宁波一体化的过程中，以嘉兴为龙头全面接轨上海，承接上海的产业转移，实现优势互补、分工协作，做强一体化的红利。

3. 打造基础公共服务网，构建一体化保障

长三角一体化不仅需要政策保障，也需要交通、信息等公共服务保障，打造基础公共服务网络是确保长三角高质量一体化的必要条件。一是构建一体化的现代综合交通体系。以长三角高质量一体化为契机，提高轨道交通、高速公路等运载能力，打通三省一市的关键节点城市，实现长三角区域内部的有效串联，以交通体系保障长三角高质量一体化。② 二是构建一体化的信息共享体系。利用好互联网技术，打破地方政府部门之间的"信息孤岛"，实现信息共享，搭建起信息共享网络，提高政府行政效率，让企业、民众等微观主体真正感受到长三角高质量一体化所带来的红利。三是构建一体化的

---

① 黄先海：《长三角一体化与浙江的战略选择》，《浙江日报》2019年7月9日。
② 陈建军、杨书林、黄洁：《城市群驱动产业整合与全球价值链攀升研究——以长三角地区为例》，《华东师范大学学报》（哲学社会科学版）2019年第5期，第90~98、238~239页。

基础服务体系，包括能源互济、环境保护等体系。长三角高质量一体化还体现在资源要素有效流通，打破地方之间的资源流通壁垒，促进要素资源充分流通，构建完善的区域内部要素资源市场。同时，长三角高质量一体化应当更加绿色、更加美丽，在环境保护等方面亦要加强协调合作，推进绿色一体化。

（二）浙江助推长三角一体化的对策

1. 探索"飞地经济"，推动产业协同发展

以产业协同发展为导向，积极探索跨省设立园区、开发区的机制，探索"飞地经济"发展模式。一是加强区域产业协调发展，加快嘉兴、湖州全面接轨上海，融入长三角，能够承接上海、苏州等发达地区的产业转移。二是鼓励金华、衢州等地市探索在上海、苏州、杭州等地设立创新飞地，探索"飞地经济"发展模式，充分利用好上海等发达城市的创新资源，打造城市孵化器，集聚创新资源，承接孵化项目的落地。三是发挥数字经济优势。浙江要聚焦布局智能制造、集成电路等，围绕产业链、创新链、价值链等，加强产业空间布局，形成全球产业竞争的高地，建立起广泛的国际合作网络。

2. 打造G60科创走廊，加速一体化先行探索

G60科创走廊以上海为核心，以沪苏湖合高铁建设为契机深化拓展，形成了"一廊一核多城"的新格局，是长三角一体化的先行探索。综观发达国家，美国硅谷101公路、波士顿128公路、日本东京—筑波创新走廊集聚了世界级创新资源，助推区域创新发展，因此长三角一体化也要充分重视G60科创走廊建设。一是加快规划对接，创新体制机制设计，从制度上保障G60科创走廊能够高水平发展。二是加快G60沿线城市之间的产业分工，从产业层面探索协调发展的机制。建成科技创新合作、产业分工优化、要素自由流动、资源高效配置、市场深度融合的长三角一体化先行区，贯彻新发展理念的创新示范区。

3. 打破要素流通壁垒，促进服务一体化水平

一是要积极整合长三角资源，推动浙江产业升级、经济高质量发展。尤其是在科技创新等高端要素资源方面，要加速浙江大学、西湖大学等高等院校与复旦大学、上海交通大学、南京大学、中国科技大学等高水平大学的交流合作，促进科技合作，加快产学研的转化。二是发挥"一带一路"核心枢纽功能，加强中欧班列义乌线与苏州线、合肥线之间的交流协作、利益融合，充分提高通关效率，有效提高运贸一体化水平，提高浙江在"一带一路"建设中的影响力，推动新一轮的对外开放。三是深化浙江与长三角地区在医疗、教育等公共服务领域的合作，尤其是促进浙江与上海在民办教育资源、著名医院之间的合作。譬如，积极吸引上海优质民办教育资源来浙江省设立分校或合作办校；深化与上海名医院、名学科、名专家的深度合作，实现与上海"技术同城、服务同质、资源同享"；完善城市市民卡的各项功能，主动实现医保对接、交通电子网络互通等，全面提升长三角城市群的一体化水平。

4. 着力破解资金难题，建立多层次资本市场

融资难、融资贵一直是制约企业扩大规模进一步发展的重要瓶颈，建立多层次资本市场是有效破解资金难题的重要手段。一是要积极对接科创板，尤其是推进杭州、宁波等省内较为发达地区在科创板的先试先行。常态化举办产融结合大会，建立银企重大合作项目库，发挥好玉皇山南基金小镇、钱塘江金融港湾等平台载体与长三角资本对接，充分吸引高能级资本进驻。尤其是谋划高能级的创投集团，能够为长三角一体化发展拓宽资金来源渠道。二是搭建 G60 科创走廊与国内外知名金融机构对接平台，形成金融服务城市开放型经济发展的协同机制。三是探索长三角城市群域内开展财政资金跨区域使用试点机制，引导重大产业项目合理布局，充分发挥科创要素的驱动作用，促进产业区域协同。

5. 深化"最多跑一次"改革，着力优化营商环境

深化"最多跑一次"改革，并与江苏"不见面审批改革"、上海"一网通办"等对接，充分优化长三角城市群内的营商环境。一是谋划建立长三

角统一的大数据中心，发挥信息技术优势，推动政务平台互认互通、市场准入标准统一和重点业务系统互联，最大限度降低制度性交易成本，进一步优化浙江以及长三角地区的营商环境，使得长三角地区更加具有竞争实力。二是协调统一市场准入标准，在长三角区域内形成大市场。引导建立长三角统一的人才评价指标和共享服务体系，在长三角范围内积极对接，推进职称互认、领军人才和拔尖人才联合选拔等工作。三是为人才进驻提供更为优渥的条件，包括实现共享医疗、教育绿色通道、人才公寓等优质资源，共建共享一批人才培养服务基地，长三角抱团来吸引人才。

B.22
基于生态环境视角下的
长三角一体化发展现状及趋势研究

张文博　周冯琦[*]

摘　要： 长三角一体化发展是我国区域协调发展战略的重要部署，在习近平总书记推进长三角更高质量一体化发展的要求下，长三角地区不仅需要通过一体化机制解决跨区域环境污染等环境问题，而且承担着引领绿色高质量发展的历史重任。从目前长三角地区的生态环境的现状来看，仍然存在生态空间余量不足、分布结构不优、跨区域污染防治难度高等问题，区域整体的绿色发展水平仍然不高，并存在较为严重的差异性，需要进一步完善和优化生态绿色一体化的机制，探索区域绿色协调发展的一体化发展路径。

关键词： 长三角地区　区域一体化发展　绿色发展效率

长三角地区是我国经济发展速度最快、经济总量最大的地区之一。长三角地区的上海市、安徽省、江苏省和浙江省，以全国 3.7% 的国土面积承载了我国 16% 的人口，创造了近 1/4 的经济总量，是我国人口密度和经济密度最高的地区。在人口快速集聚和经济高速发展的背景下，长三角地区的自然生态系统面临着巨大的压力，资源环境形势十分紧迫。习近平总书记提出

---

* 张文博，上海社会科学院生态与可持续发展研究所助理研究员；周冯琦，上海社会科学院生态与可持续发展研究所所长，研究员。

推进长三角更高质量一体化发展，既是对长三角进一步转型发展提出的要求，也为长三角地区破解环境与发展矛盾指明了方向，一方面，破解经济发展与资源环境约束的矛盾，迫切需要通过高质量发展提升资源环境效率，实现经济发展与资源消耗、环境污染相脱钩；另一方面，长三角地区的环境污染治理已经进入攻坚期，跨区域环境污染的难题迫切需要三省一市的相互协作和协同治理。在这一背景下，探索长三角地区绿色高质量一体化发展的实现路径，已成为各地区发展面临的重要任务。

一 长三角生态绿色一体化发展的战略背景

随着我国经济进入中高速增长的新常态和转型发展的攻坚期，推进长三角生态绿色一体化不仅是资源环境形势倒逼下的被动应对举措，也是顺应高质量发展要求，推动长三角绿色转型发展的主动选择。

（一）高质量发展要求长三角全面提升资源环境效率

高质量发展的增长动力不再依靠增加要素投入，而是通过人力资本积累和技术创新带来全要素生产率的提升。资源高效利用、清洁绿色生产既是高质量发展的主要特征，也是高质量发展的内在要求。习近平总书记提出要"推动长三角地区更高质量一体化发展"，要求长三角地区"要探索以生态优先、绿色发展为导向的高质量发展新路子"。在高质量发展的背景和要求下，长三角地区一方面需要通过生态绿色一体化强化区域内环境污染协同治理，从而改变产业转移伴随污染迁移的问题，加速落后产能的淘汰，推动生产要素向资源环境效率高的行业和部门流动；另一方面也通过生态绿色一体化打破绿色技术、资金跨区域流动的藩篱，以"创新补偿"的形式激励企业推动绿色技术创新，以生态补偿的形式支持区域内各省市均衡协调发展，提升整体的资源环境效率。长三角地区是我国经济密度最高的地区，也是市场化程度和创新能力最高的地区之一，具有经济绿色转型的先行优势和发展基础。推进生态绿色一体化发展不仅是长三角地区破解区域发展不均衡、不协调、不可持续难题的重要路径，也是长三角地区全面提升资源环境效率，引领高质量发展的历史使命。

（二）资源环境约束倒逼长三角生态绿色一体化发展

长三角地区是我国开发强度最高、工业化起步最早的地区之一，也是我国经济密度和人口密度最高的地区。随着经济增长和居民消费水平的提升，长三角地区的资源消耗不断增加，环境污染不断加剧。同时，由于国土空间的限制，长三角地区的城市空间不断蚕食农业生产空间和生态空间，致使整个生态系统服务功能面临严峻的挑战。如果不改变传统的发展模式，长三角地区的发展将逼近生态系统承载能力的极限，甚至引起严重的自然环境灾害。资源环境的约束也不断削弱长三角的经济竞争力，一方面，资源储量的不足推升了长三角地区的能源和原材料价格，日渐增高的房价和地价等因素，也增加了企业的经营成本，降低了企业的市场竞争力；另一方面，环境污染和生态空间不足导致人居环境恶化，降低了城市对人才的吸引力，经济转型升级所需的人才、技术等要素不足，城市难以实现产业结构的优化和升级，甚至出现欧美国家已发生的城市空心化和城市衰退等现象，推进绿色转型已经成为长三角进一步发展的必然选择。长三角地区三省一市虽然经济发展水平、资源环境状况各不相同，但又有着密切的经济联系和自然生态联系，也需要通过一体化发展协调各方的经济发展诉求和环境保护义务，统筹空间格局，形成良性互动的协同发展机制。

（三）建设世界级城市群需要长三角增强绿色竞争力

随着技术进步和生产方式的转变，城市的功能已从集聚劳动力、资本等生产要素，逐渐转变为集聚信息资源和人力资本、激发创新创业潜力。城市的发展一方面需要通过良好的生态人居环境集聚人才，为技术创新创造更加宜居优美的环境；另一方面也要通过提升城市运行效率破解城市规模扩张带来的环境恶化、交通拥堵等城市病问题，减轻城市对生态环境系统的压力。

因此，城市的绿色竞争力已经成为全球城市竞争和能级提升的关键因素，联合国人居署发布的《全球城市竞争力报告》以及"全球实力城市指数（GPCI）"等全球城市评价指标都将绿色发展能力作为城市地位和城市能级的重要评价因素。推进绿色发展既是世界级城市群的内在要求，也是赶超世界级城市群的必由之路。目前长三角地区城市间的生态空间相对孤立，跨区域污染防治困难等问题是长三角建成世界级城市群必须要面临和攻克的障碍，迫切需要通过更加完善的一体化共治机制来破解。

二 长三角生态绿色一体化的现状及演变历程

长三角地区一直是我国开发强度最高、生态环境压力最大的地区之一，在高速的经济增长和城镇化进程中，长三角地区的生态环境形势一直十分严峻，存在生态空间蚕食、环境质量较差和整体绿色发展水平参差不齐等问题。长三角一体化的探索虽然早在 1982 年就已启动，但是一体化的主要目标和任务是实现经济发展的一体化，生态绿色一体化的启动时间晚，制度和机制尚存在需改进和完善之处。

（一）长三角生态环境质量现状及特点

长三角三省一市的国土面积仅 35.9 万平方千米，生态空间的扩展潜力十分有限。同时，长三角地区的常住人口达到了 2.2 亿，由于人口密度大，城市化水平较高，长三角地区的生态环境压力也高于其他地区。

1. 生态空间的现状及特征

从生态空间的存量来看，长三角地区的森林、自然保护区、农业用地等生态空间存量相对较少，与同样经济密度较高的环渤海、珠三角等经济发达地区相比仍有不足。2017 年长三角三省一市的森林面积为 1150.69 万公顷，总面积低于环渤海地区的 1321.21 万公顷，略高于广东省的 906.13 万公顷，森林占辖区面积的比重为 32.41%，虽然高于环渤海地区的 25.34%，但是低于广东省的 50.40%，甚至低于北京市的 35.84%；2017 年长三角地区的自然保护区总面积为 139.1 万公顷，远低于环渤海地区的 474.4 万公顷，甚至低于广东省的 185 万公顷，自然保护区占辖区面积比重仅为 3.9%，不足环渤海地区的一半；长三角地区农作物播种面积总量为 18549.14 千公顷，低于环渤海地区的 24222.22 千公顷（见表 1）。

表 1 2017 年长三角地区生态空间总量与其他地区对比

	森林面积（万公顷）	森林占辖区面积比重（%）	自然保护区面积(万公顷)	自然保护区占辖区面积比重（%）	农作物播种面积（千公顷）
环渤海地区	1321.21	25.34	474.4	9.1	24222.22
北京	58.81	35.84	13.5	8.2	120.94
天津	11.16	9.36	9.1	7.6	439.52
河北	439.33	23.37	70.9	3.7	8381.65
辽宁	557.31	37.66	267.3	13.4	4172.32
山东	254.60	16.21	113.6	4.9	11107.79
长三角地区	1150.69	32.41	139.1	3.9	18549.14
上海	6.81	10.74	13.7	5.5	284.95
江苏	162.10	15.12	53.6	3.8	7556.4
浙江	601.36	59.07	21.2	1.7	1981.11
安徽	380.42	27.23	50.6	3.6	8726.68
珠三角地区					
广东省	906.13	50.40	185	7.1	4227.51

注：为保持统计口径一致，选择广东省数据来反映珠三角地区情况。
资料来源：国家统计局网站。

从生态空间的变化趋势来看，长三角地区高速的城镇化不断压缩林地、耕地面积，在耕地"占补平衡"的制度规定下，补充耕地往往会挤占湿地、林地，导致生态用地的总面积减少。根据欧维新、张振等人的研究，1995～2015 年，长三角地区 70 个城市总建设用地面积从 9283.18 平方千米增至 18506.5 平方千米，整体增长 99.36%，其中 2005～2010 年增长了 4004.17 平方千米，占总增长面积的 42.94%。与此同时，林地和耕地面积在这 20 年间分别下降了 1282.25 平方千米和 9839.06 平方千米，林地和耕地所占比重分别下降了 0.46% 和 8.45%，建设用地所占比重上升了 8.39%，可见长三角地区在这 20 年间进行了快速的城市扩张过程，且该过程侵占了大量的生态用地和农业生产用地。[①]

从生态空间的结构变化来看，长三角地区的生态空间不仅在面积上在减少，而且在结构上呈现出破碎化程度加剧、聚合度减弱、形状更加复杂化等变化特点。欧维新、张振等人对长三角地区建设用地、耕地、林地、水体四种主要土地利用类型的景观格局指数进行测算，发现"耕地的最大斑块指数（LPI）下降了2.5，建设用地的最大斑块指数上升了1.38，说明耕地在整体比重减小的同时，破碎化程度还在加剧，而建设用地呈现了连片化发展"。"耕地聚集度指数（AI）的减少反映出其斑块间隙的加大，而建设用地聚集度指数（AI）的提高表明长三角城市建设用地呈聚合状发展，空间格局呈现'摊大饼'形式。""耕地、水体和建设用地的边缘密度（ED）呈上升趋势，表明其形状的复杂化与不规则趋势，林地的边缘密度（ED）变化幅度微弱。"[②] 从上述研究可以看出，长三角地区在城市化过程中，建设用地不断侵占耕地，并呈现连片、聚合的发展趋势，而耕地则呈现出破碎化、形状复杂化等发展趋势，林地和水体虽然变化幅度较小但与耕地的变化趋势基本相近，说明长三角地区生态空间的结构和形态已经出现破碎化程度加剧、聚合度减弱、形状更加复杂化的趋势，而这种趋势也严重影响了其生态服务功能的发挥，降低了其生态服务价值（见表2）。

表2　长三角地区不同类型土地的景观格局指数变化

土地利用类型	年份	PLAND	LPI	ED	AI
耕地	1995	51.4317	10.9735	18.2946	95.5405
	2000	50.6607	10.7472	18.9810	95.3024
	2005	48.1820	10.1360	18.9961	95.0570
	2010	44.5414	8.7992	19.5904	94.4870
	2015	42.9845	8.4789	19.3537	94.3566

---

① 欧维新、张振、陶宇：《长三角城市土地利用格局与 PM_（2.5）浓度的多尺度关联分析》，《中国人口·资源与环境》2019 年第 7 期。

② 欧维新、张振、陶宇：《长三角城市土地利用格局与 PM_（2.5）浓度的多尺度关联分析》，《中国人口·资源与环境》2019 年第 7 期。

土地利用类型	年份	PLAND	LPI	ED	AI
林地	1995	27.8719	6.8897	8.0145	96.3341
	2000	27.7568	7.1460	7.9593	96.3426
	2005	27.6595	7.1163	7.7933	96.4100
	2010	27.4912	7.0939	8.0903	96.2540
	2015	27.4148	7.0733	8.0450	96.2651
水体	1995	11.0189	6.1120	3.7478	95.5959
	2000	11.2453	6.1713	3.9716	95.4408
	2005	11.4713	6.1010	4.1889	95.2982
	2010	11.7265	6.1785	4.3910	95.1847
	2015	11.7884	6.1662	4.5227	95.0816
建设用地	1995	8.2616	0.4528	9.7453	85.2759
	2000	9.0314	0.4837	10.4524	85.5523
	2005	11.4363	0.7169	10.9649	88.0272
	2010	15.0410	1.1887	11.8083	90.1937
	2015	16.6463	1.8291	11.7895	91.1438

资料来源：欧维新、张振、陶宇：《长三角城市土地利用格局与PM_（2.5）浓度的多尺度关联分析》，《中国人口·资源与环境》2019年第7期。

2. 环境质量的现状及特征

长三角地区较大的经济密度和开发强度也造成了较为严重的环境污染，长三角地区的大气环境质量和水污染情况均不乐观。

从空气质量来看，2017年长三角地区各省市的PM2.5、PM10、酸雨发生率等大气环境质量指标与国家环境空气质量标准有较大差距，其中2017年长三角地区各省市的PM2.5指标均高于《环境空气质量标准》（GB3095-2012）二级评价标准，江苏、安徽两省的PM2.5、PM10浓度已经远远高于《环境空气质量标准》（GB3095-2012）二级评价标准，酸雨发生率也处于较高水平（见表3）。

表3　2017年长三角地区大气环境质量情况

单位：微克/米³，%

	上海	江苏	浙江	安徽
细颗粒物(PM2.5)年均浓度	39	49	35	56
可吸入颗粒物(PM10)年均浓度	55	81	57	88
酸雨发生率	47.6	15.6	62.6	7.4

资料来源：刘志彪、孔令池：《长三角区域一体化发展特征、问题及基本策略》，《安徽大学学报》（哲学社会科学版）2019年第3期。

从水污染情况来看，长三角地区较高的人口密度和经济开发强度，导致长三角地区的生活污水和工业废水排放量巨大。与环渤海地区和珠三角地区相比，长三角地区主要水污染物的废水排放总量最高，达到1474919.26万吨，高于环渤海地区的1215518.34万吨。从主要水污染物指标来看，长三角地区每一项主要污染物指标都高于环渤海地区，只有部分水体重金属污染物指标低于珠三角地区（见表4）。

长三角地区不仅面临水污染物排放总量过高的困境，还面临着水污染防治难度较高的难题。长三角地区河网密布、水系发达，区域内水污染物沿水系河网扩散，导致污水排放的监测难度较高，水污染治理的责任划分难度较高，水污染造成的危害和影响也更为严重。水污染治理中面临着突出的跨界污染问题，上下游、左右岸在污染防治中的矛盾难以协调，省级行政区交界地区的跨界水污染治理协调成本高，治理较为困难。

（二）长三角地区绿色发展的现状及对比

生态环境问题的根源是发展模式和动力的不可持续。传统的粗放式发展主要是以规模扩张为主要增长动力，经济发展的资源效率低、环境代价高，是目前长三角地区资源环境形势紧张的主要原因。在高质量发展和绿色发展的背景下，资源环境因素的绿色发展效率已经成为衡量发展水平的重要标准。目前对绿色发展水平的衡量方法有绿色竞争力、绿色发展指数、绿色发

表4　2017年长三角等地区废水及主要污染物排放情况对比

	废水排放总量（万吨）	化学需氧量（万吨）	氨氮（万吨）	总氮（万吨）	总磷（万吨）	石油类（吨）	挥发酚（吨）	铅（千克）	汞（千克）	镉（千克）	总铬（千克）	砷（千克）	六价铬（千克）
环渤海	1215518.34	143.56	21.92	36.22	1.66	1030.92	47.85	1523.4	26.32	51.67	17267.2	240.35	2804.51
北京	133187.89	8.18	0.58	1.93	0.1	19.87	1.01	3.73	0.11	0.6	52.08	4.95	47.13
天津	90789.96	9.26	1.42	2.24	0.14	163.02	0.11	66.09	10.79	7.14	85.53	1.17	21.97
河北	253685.36	48.68	7.12	10.32	0.45	237.48	8.23	315.92	7.17	5.27	9269.66	22.91	2054.04
辽宁	237970.98	25.36	4.81	7.59	0.24	343.99	13.37	63.02	2.88	6.75	2274.75	11.86	200.04
山东	499884.15	52.08	7.99	14.14	0.73	266.56	25.13	1074.64	5.37	31.91	5585.2	199.46	481.33
长三角	1474919.26	180.02	26.25	45.26	2.16	1252.18	49.19	1867.36	69.75	212.09	42680.4	972.9	10620.5
上海	211950.85	14.18	3.7	7.76	0.27	492.96	1.07	89.51	31.82	19.51	2313.19	219.47	382.44
江苏	575195.76	74.42	10.12	17.08	0.93	348.36	35.29	588.37	0.98	32.59	24134.5	110.3	5599.17
浙江	453935.03	41.86	6.67	12.02	0.51	188.52	0.48	549.87	7.52	76.52	14703.5	302.54	4166.94
安徽	233837.62	49.56	5.76	8.4	0.45	222.34	12.35	639.61	29.43	83.47	1529.13	340.59	471.97
珠三角													
广东	882020.48	100.09	13.75	21.9	0.99	201.86	1.65	3232.26	152.89	526.93	7408.63	814.36	1221.93

注：为保持统计口径一致，用广东省数据反映珠三角地区情况。

资料来源：根据国家统计局数据整理。

363

展效率等，本文选择绿色发展效率作为衡量绿色发展水平的方式，通过测算包括资源环境要素在内的投入产出效率，来反映长三角地区绿色发展的现状。

绿色发展效率的测算通常采用数据包络分析（DEA）方法进行分析，通过测算基于线性规划的非参数技术效率，避免传统的生产函数法在多要素关系量化中的主观性和片面性缺点。基于非期望产出的 DEA-SBM 模型（Undesirable Output DEA）是非角度非径向的 DEA 模型，将产出进一步分解为期望产出和非期望产出两种，解决了环境污染等非期望产出的计算问题，尤其适用于考虑资源环境因素的绿色发展效率计算。[①]

基于非期望产出的 DEA-SBM 模型假设有 n 个 DMUs（决策单元），每一个决策单元有投入、期望产出和非期望产出三种要素，分别定义为 $x \in R^m$，$y^g \in R^{s1}$，$y^b \in R^{s2}$。定义三个向量 X，Y^g 和 Y^b 如下：$X = [x_1, \cdots, x_n] \in R^{m \times n}$，$Y^g = [y_1^g, \cdots, y_n^g] \in R^{s1 \times n}$，$Y^b = [y_1^b, \cdots, y_n^b] \in R^{s2 \times n}$，并假设 $X > 0$，$Y^b > 0$，$Y^g > 0$。[②]

生产可能性集定义为：

$$P = \{(x, y^g, y^b) \mid x \geq X\lambda, y^g \leq Y^g\lambda, y^b \geq Y^b\lambda, \lambda \geq 0\},$$

$$\rho^* = \min \frac{1 - \frac{1}{m}\sum_{i=1}^m \frac{s_i^-}{s_{i0}}}{1 + \frac{1}{s_1 + s_2}\left(\sum_{r=1}^{s_1} \frac{s_r^g}{y_{r0}^g} + \sum_{r=1}^{s_2} \frac{s_r^b}{y_{r0}^b}\right)}$$

S. t.

$$y_0^g = Y^g\lambda - s^g \quad x_0 = X\lambda + s^-$$
$$y_0^b = Y^b\lambda + s^b$$
$$s^- \geq 0, s^g \geq 0, s^b \geq 0, \lambda \geq 0$$

其中，s 表示投入、产出的松弛量；λ 是权重向量。目标函数 ρ^* 是关于 s^-、s^g、s^b 严格递减的，并且 $0 \leq \rho^* \leq 1$。对于特定的被评价单元，当且仅当

① 张文博：《生态文明建设视域下城市绿色转型发展研究》，博士学位论文，四川大学，2017。
② 钱振华、成刚：《数据包络分析 SBM 超效率模型无可行解问题的两阶段求解法》，《数学的实践与认识》2013 年第 5 期。

$\rho^* = 1$，即 $s^- = 0$、$s^g = 0$、$s^b = 0$ 时是有效率的。[1]

绿色发展是将资源环境因素也作为发展的投入要素进行考虑，在考虑资本、劳动力投入要素的同时，也要将能耗、水耗、土地等自然资源要素作为投入要素的重要方面。绿色发展除了追求物质财富的增长，还追求社会福利和生态福利的增长，环境污染会降低居民的生态福利，应当作为城市发展中的非期望产出[2]，其指标选择见表5。

表5　绿色发展指标选择

指标类型		投入产出要素指向	表征指标
投入		资本	固定资产投资总额
		劳动力	全部从业人员
		能源	全社会用电量
		资源	城市建成区面积 供水总量
产出	期望产出	经济产出	GDP
		福利产出	社会消费品零售总额
	非期望产出	环境污染	工业废水排放量 工业二氧化硫排放量 工业烟（粉）尘排放量

资料来源：张文博：《生态文明建设视域下城市绿色转型发展研究》，博士学位论文，四川大学，2017。

为横向比较长三角地区与全国，以及京津冀、珠三角地区的绿色发展水平，本文对全国238个地级以上城市的绿色发展效率进行测算。为纵向比较长三角地区绿色发展水平的演变趋势，本文将绿色效率的测算时间确定为2005～2015年，以反映长三角地区绿色发展效率的变化规律。

测算结果表明，长三角地区地级市绿色发展效率的平均值在0.6左右来回波动，与全国平均水平十分接近，这说明长三角地区整体的绿色发展

---

[1] 张文博：《生态文明建设视域下城市绿色转型发展研究》，博士学位论文，四川大学，2017。

[2] 张文博、邓玲、尹传斌：《"一带一路"主要节点城市的绿色经济效率评价及影响因素分析》，《经济问题探索》2017年第11期。

水平并不高,且长三角地区内部的差异性较大,绿色发展的一体化水平不高,除上海、杭州等少数城市外,仅有15.38%的城市处于0.8~0.6的中等效率区间,有近60%的城市处于绿色发展水平的中低效率区间。与京津冀和长三角地区相比,珠三角地区的绿色发展效率长期维持在0.8以上,绿色发展水平较高,且有近2/3的城市处于中高效率区间。这是由于珠三角地区城市同属广东省管辖(由于统计口径的差异,此处暂未考虑香港、澳门),在产业、交通、规划、土地等方面的统筹协调成本较低,绿色发展的一体化程度较高,绿色发展水平的整体表现自然也优于其他地区。京津冀地区的绿色发展效率除了2007年外,基本都在0.5以下,虽然北京、天津两地的绿色发展效率较高,但是区域整体的绿色发展水平较低,有46.15%的城市处于0.6~0.4的中低效率区间,有38.46%的城市处于0.4以下的低效率区间。这说明,京津两地的经济转型和资源环境效率提升对河北的辐射带动效应不足,甚至可能带来高污染产业转移、生态空间侵占等负面效应(见表6)。

表6　2015年城市绿色发展效率的分布区间

城市数量占比	1(%)	1~0.8(%)	0.8~0.6(%)	0.6~0.4(%)	0.4以下(%)	效率均值
全　国	28.15	2.10	10.92	46.22	12.61	0.6414
长三角	25.64	0	15.38	48.72	10.26	0.6395
珠三角	50.00	0	16.67	33.33	0	0.7663
京津冀	15.38	0	0	46.15	38.46	0.5175

资料来源:作者计算结果。

从变化过程来看,长三角地区绿色发展效率的变化呈现波动上升的趋势,但是波动的幅度和上升的速率都较小,说明长三角地区绿色转型的成效尚不显著,尚未形成较为成熟的绿色发展模式。2013年之后长三角地区的绿色发展效率出现持续下降,说明目前长三角地区的绿色发展仍然处于探索阶段,经济绿色转型和动力转换的效果仍待进一步检验。珠三角地区绿色发展效率保持较高水平,但是呈现缓慢下降的趋势,说明区域一体化发展带来的绿色发展效率提升是有条件的，需要经济绿色转型与区域一体化双管齐下，才能实现绿色发展效率的持续稳定改进（见图1）。

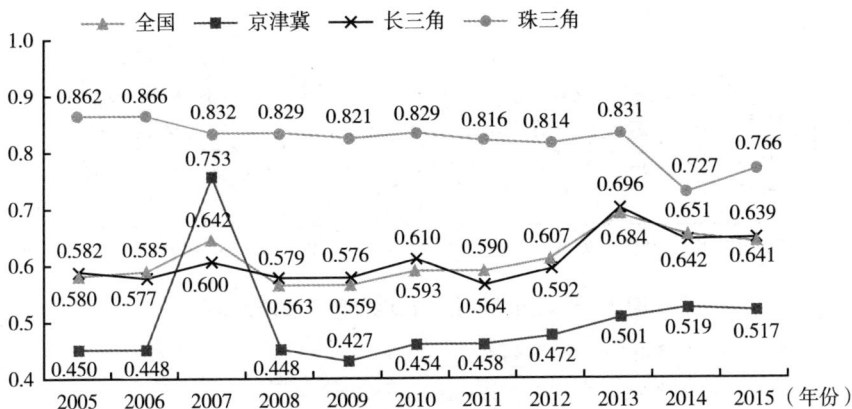

图1　2005～2015年城市绿色发展效率的趋势对比

资料来源：作者根据计算结果绘制。

从长三角地区各省市的情况来看，上海市的绿色发展效率最高，并长期处于效率前沿面（绿色发展效率为1），江苏、浙江两省的绿色发展效率在大多数年份高于长三角地区平均水平，安徽省绿色发展效率长期低于长三角地区平均水平，说明在长三角地区内部各省市之间的绿色发展水平仍然存在较大的分异，仍然可以通过推动一体化发展提升整体的绿色发展水平（见图2）。从具体城市来看，绿色效率较高的城市中，上海、苏州、杭州等城市的产业结构更趋于服务化和高级化，城市发展的技术驱动和创新能力更强，对资源环境的压力较小，是绿色转型较为成功的城市。

（三）长三角地区城市绿色发展水平的影响因素分析

在长三角地区城市绿色发展水平评价的基础上，进一步分析影响长三角地区绿色发展的因素。由于城市绿色效率的评价结果为0～1的受限因变量，

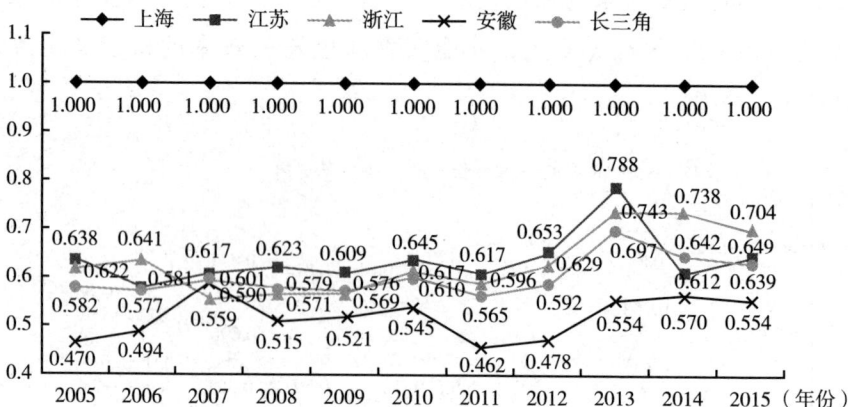

图 2　长三角地区各省市城市绿色发展效率

资料来源：作者根据计算结果绘制。

结合现有文献，本文选择面板数据 Tobit 模型分析城市规模、经济发展水平、产业结构、创新能力、政府管控能力等因素对绿色发展效率的影响。本文选择城市建成区面积反映城市规模，分析城市空间规模与绿色发展效率的关系，用 Area 表示，由于城市规模扩张在带来集聚效应的同时还可能带来城市病等负面效应，本文加入城市建成区面积的平方项，验证城市规模与城市绿色效率之间是否存在倒 U 形曲线关系；将人均经济总量作为衡量经济发展水平的指标，用 PeGDP 表示，考虑到环境库兹涅茨曲线揭示的经济发展与环境污染的关系，加入人均 GDP 的平方项进行验证；选择第二产业比重反映城市产业结构，用 Industry 表示；选择科教投入占财政支出的比重，来反映城市的创新潜力，用 S&E 表示；选择财政收入占 GDP 比重，来反映城市的宏观调控能力，用 Revenue 表示。

模型设置如下：

$$GE_i = \beta_0 + \beta_1 Area_i + \beta_2 Area^2{}_i + \beta_3 Industry_i + \beta_4 PeGDP_i + \beta_5 PeGDP^2{}_i + \beta_6 S\&E_i + \beta_7 Revenue_i + \varepsilon_i$$

其中，GE_i 表示城市的绿色发展效率，$Area_i$ 表示城市规模，$Industry_i$ 表示产业结构，$PeGDP_i$ 表示经济发展水平，$S\&E_i$ 表示创新潜力，$Revenue_i$ 表示城市宏观调控能力，β 为回归系数，εi 为随机误差项。

采用 stata14 软件进行 Tobit 面板数据回归得到表 7 结果。

表 7　回归结果

自变量	系数	z	p
Area	.0000733	2.76	0.007
Area^2	− 2.71e − 08	− 1.98	0.047
Industry	− .0041009	− 2.10	0.036
PeGDP	− 3.27e − 06	− 4.01	0.000
PeGDP2	1.08e − 11	3.10	0.002
S&E	3.60e − 07	2.41	0.016
Revenue	9.16e − 08	2.65	0.008

资料来源：作者计算结果。

城市规模 Area 的系数为正，且通过水平 1% 的显著性检验，城市扩张带来的规模效应能够带来城市资源利用效率的提升，从而提升城市的绿色效率。城市规模的平方项 Area^2 的系数为负，且通过水平 5% 的显著性检验，城市规模对城市绿色效率呈倒 U 形关系，说明"摊大饼"式的城市扩张可能带来城市人居环境恶化、交通成本增加等城市病问题，进而导致城市绿色效率降低。

产业结构 Industry 的系数为负，且通过水平 5% 的显著性检验，说明传统工业、低端制造业等第二产业能源消耗高、资源投入多、环境污染重，是造成环境和发展矛盾的主要原因，第二产业比重过高会降低城市的绿色发展水平。

经济发展水平 PeGDP 的系数为负，且通过水平 1% 的显著性检验，PeGDP^2 的系数为正，且通过水平为 1% 的显著性检验，说明经济发展水平与城市绿色效率负相关，在达到一定水平后为正相关，与环境库兹涅茨曲线揭示的经济发展和环境污染关系相吻合，低水平的经济增长会导致环境污染加剧，从而降低城市的绿色发展效率，当经济发展到一定水平后，更多的资金、技术将投入环境治理和绿色转型中，从而带来城市绿色效率的提升。

创新潜力 S&E 系数为正，且通过水平为 1% 的显著性检验，说明城市科教支出占财政支出的比重与城市绿色效率显著正相关。城市科教支出增加能够加速城市人力资本积累，提升城市创新能力，进而能够提升城市的资源利用效率，减少环境污染，带来城市绿色发展水平的提升。

财政收入占 GDP 的比重 Revenue 系数为负，且通过水平为 1% 的显著性检验，说明财政收入比重表征的政府宏观调控能力与城市的绿色效率显著负相关，本文认为城市宏观调控能力提升能够使得政府向环境治理投入更多资金，但政府宏观调控也存在时滞和信息不对称的问题，需要通过提升监管水平和环境治理决策能力来发挥政府宏观调控在城市绿色发展中的作用。

（四）长三角生态绿色一体化机制的演变

长三角地区一体化发展始于 1982 年国务院提出的上海经济区规划。在20 世纪 80~90 年代，长三角一体化发展的主要任务和目标是推动经济发展的一体化，较少涉及生态环境建设等方面的协同协作机制。

进入 21 世纪后，长三角地区一体化发展的领域扩展到了生态环境方面，2003 年长三角地区 16 个城市共同签署了《以承办"世博会"为契机，加快长江三角洲城市联动发展的意见》，将共同推进城市生态环境建设作为长三角一体化发展的重要任务。2007 年，时任上海市委书记的俞正声提出建设交通、能源、科技、环保四个平台，提出联手环保治理。2010 年国务院正式印发了《长江三角洲地区区域规划》，对长三角地区空间格局进行规划，明确了长三角地区的生态空间布局。这一阶段长三角生态绿色一体化主要是以城市之间的协商和国家层面的规划为主，生态绿色一体化的机制仍然是以国家规划为指导，以地方政府配合协作为主要模式，一体化的机制尚处于探索阶段，尚未形成常态化、制度化的协调机制，生态绿色一体化的任务尚待细化和明确。

2011 年以后，长三角生态绿色一体化进入制度化和明细化的新阶段，陆续签订了《长三角地区跨界环境污染纠纷处置的应急联动工作方案》《长三角跨界水体生态补偿机制总体框架》等制度性文件，在部分生态环境保护领域明确了一体化协作的机制。市长联席会议制度、办公室工作会议制度、专委会暂行办理办法、城市合作专（课）题工作制度等区域协调机制也为生态环保领域的区域协调提供了便利。这一阶段的生态绿色一体化已经进入事务性合作与机制建设共同推进的新阶段。目前长三角已经在生态补偿、跨界环境污染治理等领域建立了较为完善的协调和合作机制。长三角地区也在信息共享、联合执法、联合信访、环保标准协调、示范区建设等领域开展了积极的探索（见表8）。

表8　长三角地区生态绿色一体化实践清单

协作机制
环境监测信息数据共享机制
跨界环境信访问题联动工作机制
危废跨省转移审批协作制度
跨区域环保信用联合奖惩机制
工作方案
长三角区域环境保护标准协调统一工作备忘录
跨界断面水质指标异常情况联合应对工作方案
绿色发展示范试点
宁杭生态经济带
长三角生态绿色一体化发展示范区

资料来源：根据公布的相关文件整理制作。

（五）长三角生态绿色一体化存在的问题

综合上述分析，目前长三角生态绿色一体化已经得到长三角三省一市政府的高度重视，并在规划、信息共享、沟通机制等方面开展了积极的探索和实践。但从长三角生态环境的现状和绿色发展水平来看，长三角生态绿色一体化仍然存在较多问题。

一是生态空间的存量不足，分布结构呈现破碎化和聚合度低等问题，限制了生态空间的生态服务功能的发挥。长三角地区开发强度较高，森林、自然保护区、农业用地等生态空间总量相对较少，可扩展的潜力严重不足。随着人口的集聚和城镇化进程的加快，长三角地区的生态空间被蚕食和分隔的情况日渐严重，分布呈现出破碎化和聚合度降低的问题，严重影响了其生态服务功能。

二是环境污染治理形势依然严峻，跨区域污染问题严重。从污染物排放总量来看，长三角地区的水污染物排放总量依然较高，大气污染中的移动源治理依然相对滞后。随着污染防治行动的不断推进，长三角地区污染物减排的速率逐渐降低，污染防治难度也更高。长三角地区水网密布，跨区域污染的问题亟须更高层次的政府间协作，流域污染协同治理的任务严峻，亟待深入推进治理机制的变革。

三是绿色发展的整体水平不高，区域内绿色发展水平差距较大。长三角地区城市绿色发展水平与全国平均水平基本相当，绿色发展水平的上升幅度也较小，甚至在个别年份出现波动，说明目前长三角地区经济绿色转型的效果尚未显现，也尚未形成较为成熟的绿色发展模式。长三角地区各省市之间的绿色发展水平差异较大，有近60%的城市均处于绿色发展水平的中低效率区间，亟须通过生态绿色一体化发展提升区域整体的绿色发展水平。

四是经济结构、空间规模和科技创新等因素对绿色发展的驱动能力尚未完全释放。经济结构、空间规模和科技创新等是影响绿色发展效率的主要因素，目前长三角地区城市产业结构转型升级的进程各不相同，城市空间规模仍处于扩张阶段，科技创新的能力也各不相同，导致长三角地区绿色发展效率存在差异，亟须更高层次的区域一体化和更加系统的协调规划来推动区域内各城市协同发展。

五是生态绿色一体化的机制行政成本较高，运行效率有待进一步提升。目前长三角地区已经开展了联合执法和污染联防联治，但是现行的联合行动大多需要多地区相关部门联合行动，现行的协调沟通机制也有赖于增设新的协调机构推进，存在行政成本较高的问题。目前正在探索的信息共享机制，在信息交换中也存在间隔时间长、时效性低等问题。因此，需要进一步完善和优化生态绿色一体化的机制，通过信息技术和政府间互信来降低行政成本，进一步提升运行效率。

三 对策建议

针对目前长三角生态环境和绿色发展的现状和问题，本文认为应当从统筹规划生态空间格局、强化跨区域污染防治、健全和完善市场化生态补偿机制、推进生态绿色一体化发展示范区建设、建设信息化平台等方面推进长三角生态绿色一体化发展。

一是以生态空间保护规划为抓手，统筹规划生态空间格局。应当在现有土地利用现状和国土空间规划的基础上，按照现有面积不减少、生态服务功能不降低的原则，加快制定长三角生态空间保护规划，依照自然生态规律优化生态空间的空间格局。通过土地置换、生态修复等方式促进生态空间连片、规则分布，提升生态空间的生态服务功能。合理引导城际交通线路两侧的生态空间营建，鼓励和支持利用未利用地、荒地营建生态空间，推动跨区域生态空间共管共营，强化跨行政区森林、水域、湿地等生态空间的管理和保护。

二是以机制优化和制度创新为着力点，强化跨区域污染防治。整合和优化现有污染联防联治的协作制度机制，逐步试点推广联合河长制度、边界污染预防和协调机制、跨界河流环境保护轮值包干制度等，鼓励和引导地方政府根据本地环境污染的特点，因地制宜调整和优化现有制度。积极推广环境信用制度、危废跨省转移审批协作等制度创新，严控环境污染的跨区域转移。推动现行试点制度和专项行动的制度化、体系化、常态化进程，形成更加系统的污染联防联控体系。

三是以市场化生态补偿机制为主要手段，优化不同利益协调机制。统一生态产品、生态服务功能的评估和核算标准，形成科学统一的成本核算方法、补偿标准量化手段。优化排放配额分配机制，推动污染防治的目标任务体系转变为污染排放配额体系。完善交易市场体系和信息公开机制，提高生态补偿的市场化水平，提升交易市场的活跃度和配置效率。拓展生态补偿的形式，探索建立长三角生态环境基金，扩大绿色金融产品的覆盖领域，发挥绿色金融在调节污染治理的资金成本和优化区域污染防治资金配置方面的作用。增加技术和设备的研发投入，着力解决区际环境治理能力差异问题。

四是依托生态绿色一体化发展示范区建设，探索区域绿色协同发展模式。加快制定长三角生态绿色一体化发展示范区总体方案，明确示范区在产业引进、生态共保、规划统筹、权责分担和管理协作方面的目标和重点。以示范区建设为契机，鼓励绿色创新企业落户和发展，大力支持绿色技术转化，扶持生态保护污染防治科技研发，为绿色协同发展培育潜在增长点。逐步培育以生态绿色一体化示范区、宁杭生态经济带等为代表的绿色协同发展先行示范园区，探索各具特色的绿色协同发展模式。

五是以信息化平台建设为突破口，提升一体化协作效率。加快环境保护标准协调统一工作，推动不同省市环境信息的采集、统计标准化，促进环境信息的互通和共用。完善各省市现有环境信息平台的衔接和互通机制，加快建设形成统一的环保信息平台，适度开放信息调取应用权限，实现环境信息及时实时共享。完善不同省市电子政务系统的接驳机制，提升生态环境共保的运行效率，建立健全临近地区执法人员的信息互通和授权机制，降低联合执法的行政成本。

参考文献

1. 张可：《市场一体化有利于改善环境质量吗？——来自长三角地区的证据》，《中南财经政法大学学报》2019 年第 4 期。

2. 郭湖斌、邓智团：《新常态下长三角区域经济一体化高质量发展研究》，《经济与管理》2019 年第 4 期。

3. 滕堂伟、欧阳鑫：《长三角高质量一体化发展路径探究——基于城市经济效率视角》，《工业技术经济》2019 年第 7 期。

4. 戴洁、黄蕾、胡静、钱美尹、李月寒：《基于区域一体化背景下的长三角环境经济政策优化研究》，《中国环境管理》2019 年第 3 期。

5. 尤济红、陈喜强：《区域一体化合作是否导致污染转移——来自长三角城市群扩容的证据》，《中国人口·资源与环境》2019 年第 6 期。

6. 唐亚林：《"都带融合发展战略"：新时代长江三角洲区域一体化的战略选择》，

《南京社会科学》2019 年第 5 期。

7. 刘志彪、孔令池：《长三角区域一体化发展特征、问题及基本策略》，《安徽大学学报》（哲学社会科学版）2019 年第 3 期。

8. 席恺媛、朱虹：《长三角区域生态一体化的实践探索与困境摆脱》，《改革》2019 年第 3 期。

9. 李培鑫、张学良：《长三角空间结构特征及空间一体化发展研究》，《安徽大学学报》（哲学社会科学版）2019 年第 2 期。

10. 刘志彪：《长三角区域高质量一体化发展的制度基石》，《人民论坛·学术前沿》2019 年第 4 期。

11. 陈建军、陈怀锦、刘实、徐倩：《区域一体化背景下的长三角大湾区研究：基于国内外比较的视角》，《治理研究》2019 年第 1 期。

12. Tao Y., Wang H., Ou W., et al., "A land-cover-based approach to assessing ecosystem services supply and demand dynamics in the rapidly urbanizing Yangtze River Delta Region", *Land Use Policy* 2018 年第 72 卷。

13. 欧维新、张振、陶宇：《长三角城市土地利用格局与 PM_ （2.5）浓度的多尺度关联分析》，《中国人口·资源与环境》2019 年第 7 期。

14. 张文博：《生态文明建设视域下城市绿色转型发展研究》，博士学位论文，四川大学，2017。

15. 张文博、邓玲、尹传斌：《"一带一路"主要节点城市的绿色经济效率评价及影响因素分析》，《经济问题探索》2017 年第 11 期。

16. 钱振华、成刚：《数据包络分析 SBM 超效率模型无可行解问题的两阶段求解法》，《数学的实践与认识》2013 年第 5 期。

B.23
林业生态治理的制度创新：基于
安徽林长制改革的调查研究

安徽省社会科学院课题组*

摘　要：　林长制改革是习近平生态文明思想的地方生动实践，旨在通过林业生态治理的制度创新推进林业资源保护与发展，践行"绿水青山就是金山银山"的发展理念。自林长制改革全面推进以来，安徽基本建立了五级林长责任体系、上下互动的制度体系、部门协同的治理体系，初步解决了林业生态治理领域中长期存在的"理念淡化、责任虚化、职能碎化、措施泛化、功能弱化"等问题。但通过实地评估发现，林长制改革实施过程中仍存在部分亟待解决的体制机制性问题，如区域发展差异、体制机制不畅、权责划分不清等。推深做实林长制改革实践，应立足各地资源禀赋，实行分类施策力促政策精准；理顺体制机制，依托制度完善促进林业生态治理；建立明晰的权责利关系，形成多元主体协同参与的利益驱动机制。

关键词：　安徽　林长制改革　生态文明　制度创新

　　党的十八大以来，以习近平同志为核心的新一届中央领导集体高度重视

---

　　* 执笔：李双全，安徽省社会科学院科研处研究室主任，助理研究员。

生态文明建设，不仅将生态文明建设纳入国家"五位一体"战略发展布局，还通过制度体系建设推进生态治理体系和治理能力的现代化建设。为贯彻落实习近平生态文明思想，尤其是 2016 年习近平总书记在视察安徽时关于安徽生态文明建设的重要指示，安徽省重点围绕把"好山"保护好这一思路，在千万亩森林增长工程、林业增绿增效行动的基础上，借鉴河长制改革思路，于 2017 年 3 月在全国率先提出试点推进林长制改革。同年 6 月选择合肥、安庆、宣城三市先行试点、摸索经验。2017 年 9 月，在总结试点经验的基础上，省委省政府出台《关于建立林长制的意见》，并于 2018 年在全省范围内全面推进林长制改革，力求通过制度创新推进森林资源保护与发展，深入践行"绿水青山就是金山银山"的发展理念。为全面深入了解全省林长制改革的推进情况，客观评价林长制改革成效，分析改革中存在的问题，课题组于 2019 年 1 月分别赴全省 16 个省辖市及部分抽样县区进行实地调查研究，在对全省林长制改革推进情况和成效进行政策评估的基础上，提出下一步推深做实林长制改革的具体优化策略。

一 林长制改革的思路与举措

2017 年 9 月，《中共安徽省委、安徽省人民政府关于建立林长制的意见》的出台，标志着安徽在全省范围内启动林长制改革。该意见是安徽省林长制改革的纲领性文件，对推进林长制改革做了决策部署。总体来看，安徽省林长制遵循了"以林为主题、长为关键、制为保障、治为落脚点"的改革思路，通过顶层设计与基层探索相结合，围绕组织体系、责任体系、制度体系、重点任务等目标，有序稳步推进林长制改革。2018 年 3 月，省级林长第一次工作会议审议通过了《安徽省省级林长制会议制度》《安徽省林长制工作督察制度》《安徽省林长制省级考核办法》《安徽省林长制信息公开制度》《省级林长会议成员单位职责》等制度文件，着力通过制度创新推动林业生态治理。具体来说，林长制改革主要举措包括以下几个方面的内容。

（一）构建组织体系

创新林业管理体制和工作机制是林长制改革最为重要的内容，其关键在于压实各级党政领导干部的责任，核心是建立健全以党政领导负责制为核心的林业生态保护发展机制。根据《中共安徽省委、安徽省人民政府关于建立林长制的意见》文件要求，全省 16 个市、105 个县（市、区）、1509 个乡镇（街道）均结合地方实际制定出台了林长制工作方案，基本建立起省、市、县三级"林长办"组织机构和五级林长队伍体系。随着林长制改革工作机制的逐步确立，初步形成了"省级总林长负总责、市县级总林长抓督促、区域性林长抓调度、功能区林长抓特色、乡村林长抓落地"的工作格局。截至 2018 年底，全省共设立省、市、县、乡、村五级林长 52122 名，其中总林长和副总林长 542 名、市级林长 202 名、县级林长 1380 名、乡镇级林长 13383 名、村级林长 36615 名；设立市县两级林长制办公室 128 个；竖立各级林长公示牌 19727 块；配备各类护林员 48392 人，落实市县两级责任民警 1584 人。

（二）健全制度体系

林长制改革是推进林业生态治理的重大制度创新，完善的制度体系是推深做实林长制改革的重要制度保障，也是林长制改革"以制促治"的根本宗旨。林长制改革秉持"生态保护必须依靠制度、依靠法律"的理念，逐步构建起系统完备、科学管用、运行高效的制度保障体系。从省级层面来看，首次将森林资源环境保护实行林长制写入地方性法规，其中《安徽省林业有害生物防治条例》和新修订的《安徽省环境保护条例》等明确了林长在生态保护中的职责，省级林长会议制度、督察制度、考核制度和信息公开四项林长制改革制度的建立，为全省林长制运行奠定了制度基础，规范了林长制改革运行和日常管理。各地结合实际，相继制定出台优化林业发展环境的政策措施，如黄山市人大常委会制定《黄山市松材线虫病防治条例》，六安市督查长制度、蚌埠市提示单制度、铜陵市林长巡查制度以及歙县

"一长五岗"制度等。据省林业局统计，全省出台林长制相关制度措施752个，初步形成了上下衔接、协同高效的制度运行体系，其中部分地区还将林长制目标责任纳入村规民约等非正式制度体系，为生态保护理念转化为执行力提供了强大的制度保障。

（三）优化政策环境

林业发展政策长期以来存在公益林补偿标准偏低、林权融资难、林地流转不畅、林区道路建设滞后和社会资本投入林业积极性不高五大问题。破解政策发展瓶颈，优化林业发展政策环境，是林长制改革推进的关键环节。针对林业改革发展中的五大难点问题，省委办公厅、省政府办公厅印发《关于推深做实林长制改革优化林业发展环境的意见》，制定了5大类22项具体举措，着力优化林业发展环境。省林业局、财政厅等相关部门出台配套政策，如《提高公益林生态效益补偿标准奖补办法》《安徽省国有林场道路建设和养护省级补助资金管理办法》《"五绿兴林·劝耕贷"试点工作实施方案》《安徽省集体林权流转合同》等省级层面惠林发展政策。各地结合本地实际需要，配套出台地方性惠林发展优惠政策。如安庆市出台《林长制实施规划（2018～2020年)》《关于推进林业投融资工作的实施意见》，宣城市出台林业增绿增效、湿地保护、禁止毁林种茶等多个配套政策，合肥市出台了《关于推深做实林长制改革加快实施"五绿"工程的意见》。

（四）五绿协同发展

"护绿、增绿、管绿、用绿、活绿"协同发展既是林长制改革的内在要求，也是林长制改革的重点任务。"五绿"协同发展就是在坚持"护绿"坚守红线、"增绿"遵循基线、"管绿"筑牢防线、"用绿"兜住底线、"活绿"打破束缚的原则基础上，着力打造生态文明的安徽样板。护绿就是严守生态保护红线，加大重点生态功能区、生态脆弱区修复力度；增绿是实施林业增绿增效行动，围绕重点区域、城市创建和乡村振兴，组织实施年度造林计划，实现见缝插绿、应绿尽绿；管绿则是着力健全林业执法监管体系，落实管理责任，加大林业执法力度，开展森林督查、保护野生动物和林业执法等专项执法行动；用绿就是推进林业供给侧结构性改革，促进林业第一、第二、第三产业融合发展；活绿重点围绕深化国有林场改革、集体林地"三权分置"改革和林业"三变"改革试点，扩大林业抵押和交易规模，激发林业改革发展活力，促进林业增效、林农增收。

二 林长制改革的政策成效

自林长制改革启动以来，各地按照省委省政府的部署要求，全面建立起五级林长责任体系、上下互动的制度体系、部门协同的治理体系，初步解决了林业生态治理领域中长期存在的"理念淡化、责任虚化、职能碎化、措施泛化、功能弱化"等问题。

（一）生态保护意识切实增强

林业资源作为生态环境保护的重要屏障在全世界已形成共识，但同时作为公共产品也具有较强的外部性。虽然林业资源对生态环境改善的正向作用与每个社会主体密切相关，但不同主体基于经济理性的选择性行为给林业生态治理带来严峻挑战。林长制是基于长期以来对林业生态治理过程中存在的问题而建立起的创新改革制度。通过责任体系建立推动各级政府将林业生态保护与治理纳入地方经济社会发展的战略高度，夯实了各级政府和不同部门生态保护的责任意识。同时，通过政策制度引导和宣传氛围营造，培育引导市场力量参与到林业产业发展和林业生态保护之中，激发社会力量生态保护意识并参与保护林业生态资源的积极性。通过问卷调查结果分析显示，林长制改革在不同身份群体均获得了较高的支持率，部分地区林业监督电话接听率较改革之前有了较大提升。个别地区还创新形式开展"互联网＋全民义务植树"公益活动，全面实行"互联网＋古树名木"保护管理，通过在古树名木保护牌设置二维码，提高广大市民古树名木保护管理的知晓率和参与度。

（二）林业治理机制得到重塑

传统的林业生态治理属于党委政府领导下的林业部门单兵作战模式。林长制改革通过建立五级林长队伍体系和部门协同工作机制，实现了建立健全以党政领导负责制为核心、各部门协同支持的林业保护发展机制。各级党委政府和成员单位共同组织、指导林业生态责任体系建设，明确了林业生态建设的空间责任、目标责任。同时，责任体系延伸到村级，打通了林业生态建设责任落实的最后一公里，较好地解决了责任不明确、管护不及时的问题，特别是乡村林长从过去的只管防火，到现在管种树、管护林、管发展，责任意识明显增强。各地通过常规安排的林长会议工作机制，对标对表、督查督导、问效问责，推进林长制改革延伸基层、聚力乡村、覆盖全域。据统计，2018 年各市召开相关会议、培训班 50 多次。各地把重点生态区域和林业经营管理单位等确定为林长责任区域，细化各级林长的责任重点，林长的核心作用发挥更为充分。

（三）林业发展环境明显优化

自《关于推深做实林长制改革优化林业发展环境的意见》实施以来，省直相关部门和各级地方政府根据 22 条惠林举措，结合实际细化相关惠林措施，制定一系列配套政策文件，极大地优化了林业发展的政策环境。如"五绿兴林·劝耕贷"作为林业融资创新产品，自开展试点工作以来，已落实林业担保贷款总额达 3645 万元；国有林场道路建设方面，全省已有 37 个国有林场启动林区道路建设，新建林区道路 119.73 千米，完成投资7350.48 万元；全省集体林地"三权分置"和林地流转工作取得积极进展，累计完成林权抵押贷款 173.3 亿元，贷款余额 65 亿元。部分地区结合本地经济社会发展实际，针对公益林补偿标准过低问题，拿出真金白银提高补偿标准。如铜陵市将国家、省、市三级公益林的生态补偿标准分别提高到每亩30 元、26 元和 20 元，比原来提高 1 倍；重新制定社会资本投入林业的奖补标准，吸引社会资本进入林业产业发展领域。

（四）林业综合效益显著提升

林长制改革后，各级林长牵头谋划林业保护发展，统筹山水林田湖草系统治理，荒山变青山，青山变宝地，群众由过去的"卖树木"转变为"卖生态"，将林业生态的产业链向下延伸、向服务业延伸，绿水青山真正成了群众的幸福靠山，有效地解决了林业功能弱化问题，充分释放了林业的生态、经济和社会效益。生态效益方面，林长制改革以来森林面积大幅增加，对防风固沙、涵养水源、净化空气起到重要作用。2018年全省共完成造林143.62万亩，超计划任务19.68%；森林抚育598.64万亩，退化林修复59.25万亩，新育苗7.3万亩，累计建立森林公园81个。经济效益方面，木本油料、林下经济、苗木花卉和森林旅游康养等新产业、新业态发展快速。2018年，培育了各类林业新型主体18162个，认定了第四批省级现代林业示范区15家、首批示范家庭农场70个，新增各类省级农民林业专业合作社示范社120个，全省实现林业总产值4044.56亿元，同比增长11.98%。社会效益方面，通过将林长制改革与国家精准扶贫战略有机结合，全省聘用15000多个建档立卡贫困户担任护林员，贫困户年人均增收6000~8000元，保障了稳定脱贫。此外，以林长制改革为契机，妥善解决了多年积累下来的国有林场改革改制问题，不仅提高了国有林场的效益，还妥善安置了职业，维护了社会的稳定。

（五）基层创新活力不断激发

林长制改革始于安徽、源于基层，由部分试点再到全省推进，是顶层设计与基层探索的互动过程，也是政策自上而下执行到自下而上反馈而不断完善的过程。为充分调动和发挥各地干部群众参与改革的积极性和创造性，安徽林长制改革推进始终注重充分尊重各地首创精神，不断扩大社会公众的参与度。各地依据市情和资源禀赋，探索出许多行之有效的新举措，涌现出一大批富有地区特色的改革案例。如合肥市以重点项目作为推进林长制的重要抓手，充分发挥项目的引领推动作用；淮北市针对区域内采煤塌陷区湿地湖泊众多的特点，编制《淮北市湿地保护与发展规划》，确定重点保护的市级湿地名单；亳州市结合中药材发展优势，实施"金银林"扶贫工程，将林业扶贫纳入林长工作，实施财政补助政策，确立了林业扶贫全覆盖；蚌埠市为督促林长履职建立了林长提示单制度，将林长阶段性任务以工作提示函的形式向林长报告并转发至副林长、协助单位及市区政府，明确任务、目标及时限；滁州市结合集体林权"三权分置"改革试点，明确对于非林地上栽植的林木，在不改变土地性质的前提下，由县级林业主管部门登记造册，所在地县级人民政府探索发放林木所有权证，解决林业融资再发展难题，促进造林主体发展林业的积极性。

三 林长制改革存在的主要问题

尽管林长制开启了林业生态治理的制度创新，重塑了林业生态治理格局，优化了林业发展政策环境，激发了林业产业发展活力，但通过实地调研发现林长制改革实施过程中存在部分亟待解决的体制机制性问题。不同地区既有共性的问题，也有地方的个性问题，如区域发展差异、体制机制不畅、权责划分不清等。如果不正视改革过程中存在的种种问题，必将影响林长制改革的长期成效。

（一）区域发展差异问题

林长制改革作为地方改革创新举措，跟绝大多数改革运作机制相同，是通过局部试点—总结经验—动员部署—全面推进的运作机制实施改革部署，形成由省—市—县—乡—村逐级扩散机制。这种改革运作逻辑对于地方贯彻落实改革举措具有积极的促进作用，但与此同时也会产生改革步调一致性与地方经济社会发展差异性的矛盾。从安徽各地林业资源禀赋分布来看，皖南山区森林资源丰富，江淮之间属于丘陵地区，皖北平原地区林业资源匮乏，并且不同地区经济社会发展水平也存在较大差异。因此，各地在推进林长制改革过程中对目标宗旨和重点任务理解各有不同，落实改革举措千差万别，对待改革的态度也莫衷一是。如皖北地区由于林业生态资源相对匮乏，部分地方在落实林长制改革中态度相对消极，改革的形式大于内容。而地处林业生态资源丰富的大别山区地方政府则充分利用改革红利，创新本地改革新举措，激发本地林业产业发展活力。不同地方改革推进力度不平衡既有属地政府的主观因素，也有客观条件的制约。如部分地区遇到造林任务计划与造林空间不足的矛盾、地方经济发展与生态环境保护的矛盾等问题。

（二）体制机制不畅问题

组织机构和五级林长队伍体系建设是林长制改革的重点任务，也是推进改革不断向纵深发展的核心力量。《实施意见》虽然明确规定了五级林长队伍建设和三级林长制办公室机构建设以及各相关部门的具体职责，但通过对全省各地调研发现，林业机构作为林长制改革推进的主体，在各地机构的设立情况有所不同，人员编制数量差异较大。如林业资源丰富的地区设立专门的林业行政机构，但对林业资源相对匮乏的地区仅仅是部门机构的组成部分。因此，在人员配置、资金保障、机构设置等方面存在要素保障不足的问题。如部分地区虽然设立了林长制办公室，但仅为临时性机构，无正式机构编制和人员编制，人员多为借调兼职的工作人员。此外，乡镇一级林业服务机构人员队伍年龄老化、知识退化等问题也日益突出，难以承担起林长制改革最后一公里的责任。部分地方甚至仅仅是将林业部门内设机构加挂林长制办公室，不仅要完成原有机构职责，还要承担林长制改革的大量工作，难以保障林长制改革有序有效推进。此外，在资金投入上多采用专项经费拨付形式，未能形成稳定可持续的财政资金预算投入机制。

（三）权责划分不清问题

从林长制改革运作逻辑来看，将各级地方领导纳入各地林长队伍体系，构建起不同级别林长责任层级传导机制，是属于典型的自上而下的行政主导型改革模式。行政主导型改革模式具有较强执行力，在改革初期对于推动各地落实改革举措具有积极意义，同时也彰显了政府在林业生态治理中的主体责任。但随着改革的推进，政府、市场和社会三者在林业生态治理中的权责边界划分就显得尤为重要，同时不同层级、不同部门的权利与责任划分是否明晰也是影响改革的重要因素。林业生态作为纯公共物品需要各方力量参与协同治理，仅仅依靠政府行政力量推动生态治理，不仅会导致政府行政官僚机构不断膨胀，最终还可能陷入"公地悲剧"。通过调研发现，行政主导型改革使压力压向基层，造成基层不堪重负，尤其是乡村一级工作人员身兼数职、疲于应付的问题逐渐显现。社会力量参与是林长制改革持续推进的有效力量。但在调研中发现，在林长制改革过程中社会力量参与的积极性不高，存在"上热下冷""官热民冷"现象，尚未形成全民参与、部门联动、社会共治的社会氛围和工作机制。

四　推深做实林长制改革的优化策略

林长制作为安徽首创的林业生态治理制度创新举措，不仅得到了中央层面的高度认可，同时也在全国范围内形成了示范效应。初步统计，全国已有17个省份开始效仿安徽林长制，局部试点或全面推进地方林长制改革。由于安徽林长制改革实施时间较短，在改革推进过程中难免会遇到各种问题。林长制改革本身就是坚持以问题为导向，通过不断发现问题、解决问题，从而促进改革不断完善和良性发展。因此，课题组本着发现问题—解决问题的思路，围绕林长制改革宗旨和目标，对推深做实林长制改革提出以下几个方面的政策建议。

（一）因地制宜，分类施策

安徽地域差异明显，森林资源分布不均，林业生态治理应该结合地方实际实行差异化策略。在目标任务的确定上要做到上级目标重宏观，下级目标重特色。在宏观目标的分解上要充分考虑不同地域的自然资源禀赋和地域文化特点及发展现状，确定差异化的发展目标和发展重点，分类施策，因地制宜谋划制定造林增绿、生态保护、林业发展、林特产业和林下经济的发展目标，避免不切实际的全方位发展。按照分区突破、点面结合的原则，探索开展试验示范，优化全省国土生态安全屏障体系。发挥规划引领，实行分区施策：在皖北平原地区，围绕保障粮食安全和改善人居环境，以完善农田防护林体系建设为基础，探索建立农林多业融合发展示范区；在江淮分水岭地区，围绕"把树种上""把水留住"，大力推进荒山荒坡造林和村庄绿化，探索建立山水林田湖草综合治理示范区；在沿江地区围绕打造水清岸绿产业优美丽长江（安徽）经济带，结合皖江国家森林城市群建设，探索建立皖江绿色生态廊道示范区；在皖西大别山地区围绕脱贫攻坚，深化绿水青山就是金山银山的有效实现路径，探索建立生态经济示范区；在皖南山区围绕徽文化和绿资源，结合自然生态保护、古树名木保护、古村落保护等，探索建立林业特色鲜明的生态文化示范区。可考虑建立差别化落实林长生态保护发展责任，森林多的地方可以根据行政区划建立从省到村的林长责任体系，森林少的地方可建立区域性或功能区林长责任体系，节省行政资源。

（二）理顺体制，以制促治

各级林长（即地方行政长官）是林长制改革工作推动最为重要的核心力量，地方总林长重视与否与改革推进密切相关。作为改革的具体执行组织机构的林业管理部门在各地机构设置各不相同，机构职能定位和人员编制问题是制约林长制改革的突出问题。林业部门作为改革执行机构和协调机构作用的发挥，取决于地方总林长的重视程度和内部机构人员的建制情况。如前文所述，林长制办公室虽然设立在林业部门，但由于体制机制的问题多数机构并未被纳入正式行政机构管理范围，人员调配多为临时借调，经费投入也未能纳入常规财政预算安排。因此，推深做实林长制改革务必要解决体制不顺的问题，落实林长制办公室机构编制和人员编制是当务之急。此外，在财政投入上，不仅要加大财政资金的投入力度，同时也要将其纳入常态化、规范化的财政预算管理之中。同时，在县乡两级权责划分上，要明确县级林业管理机构和乡镇政府职责权利。在改革不断深入的过程中，要逐步淡化总林长的关键作用，突出制度约束作用，完善监督管理体制，真正实现"以制促治"的目标。

（三）权责明晰，协同治理

林业生态治理作为公共事务治理的重要领域，是一项非常复杂的系统工程，也是一项世界性难题。从发达国家林业治理经验来看，主要根据产权归属来明晰权责利关系界定。如产权归属国家所有则由国家进行管理，不同层级政府对其国有林负有相应的责任；若产权归属为私人所有，则其产权归属人具有高度的自主权，政府则主要运用法律、税收等工具手段进行规范化管理。由于中国的林业产权归属主要是国有和集体两种类型，其中国有林根据权属划分为国家和地方两种主要类型，且经营权与所有权相分离。权属划分的复杂性给林长制建立带来了较为复杂的治理主体关系，如若没有相对清晰的权、责、利划分界限，必然会导致治理主体责任的混乱或缺失。因此，在推深做实林长制改革实践的过程中要建立起明晰的权、责、利关系边界，在充分尊重林业生态利益相关者利益诉求的基础上，根据可持续发展原则、公平性原则、政府干预与市场调节相结合原则，厘清利益相关者的各自责任。具体来说，遵循自然规律和市场经济规则，科学划定林长权责边界，充分尊重群众民意，正确处理林长和林业经营主体之间的关系。不同层级政府职责边界划分、市场主体以及社会力量权责利关系进行清晰界定，广泛吸收利益相关者参与治理决策，建立起多元主体协同参与的利益驱动机制，形成"政府主体主导—利益相关者参与"林业生态保护发展的多元主体协同参与的驱动模式。

B.24
长江三角洲非物质文化遗产
资源时空谱系初探

毕旭玲*

摘　要： 长三角三省一市拥有极其丰富的非遗资源，截至 2019 年 8
月，三省一市共公布省（直辖市）级非遗名录 1905 项。其
中，占比最大的是传统技艺类非遗，占到全部名录的近
30%；其次是民俗类、传统美术类、传统舞蹈类非遗项目，
占比均在 10% 以上。时空谱系是长三角非遗一体化保护的重
要工具。从时间谱系来看，长三角区域非遗资源大致经历了
从多源发生到区域一体化，再到多元发展三个阶段；从空间
谱系来看，长三角区域非遗资源的重要分布区包括以苏州为
中心的非遗文化圈、以绍兴为中心的非遗文化圈、以杭州为
中心的非遗文化圈、以南京为中心的非遗文化圈、以古徽州
为中心的非遗文化圈，以及环巢湖非遗文化圈六大片区。

关键词： 长三角　非物质文化遗产　时空谱系

　　长江三角洲是长江入海之前的冲积平原，是长江中下游平原的重要组成
部分。从地理范围上看，长江三角洲北起通扬运河，南抵钱塘江、杭州湾，
西至南京，东到东海，包括上海市全部、江苏省南部和浙江省的杭嘉湖平

---

* 毕旭玲，上海社会科学院文学研究所副研究员，研究方向为民俗文化。

原。在漫长的历史发展过程中，长江三角洲除了地理空间上的一体之外，还形成了文化上的一体。而文化上的长江三角洲实际上突破了地理空间的限制，扩展得更远。本文所探讨的长江三角洲（以下简称"长三角"）区域指的正是这种文化上的长三角。

2018 年 11 月 5 日，在首届中国国际进口博览会开幕式上，国家主席习近平发表主旨演讲，宣布支持长江三角洲区域一体化发展并上升为国家战略。① 这里的"长江三角洲区域"指的是包括江苏、浙江、安徽和上海在内的三省一市。长三角区域一体化上升为国家战略，势必将对包括上海在内的三省一市产生极其深远的影响。长三角区域一体化实际上涉及社会、经济、文化各方面，它的提出也为当前以及今后较长一段时期内长三角非遗保护工作提供了新的机遇，让我们有机会在更广阔的领域中重新梳理、认识长三角地区的非遗资源。本文拟对长三角非物质文化遗产（以下简称"非遗"）资源进行谱系化整理与分析。

一　长三角区域非遗资源概述

长三角三省一市拥有极其丰富的非遗项目与资源，鉴于国家、省、市、县四级名录体系过于庞大，本文仅以省（直辖市）级非遗名录为例进行分析。

首先，我们从数量上进行一些简要分析，截至 2019 年 8 月，三省一市共公布省（直辖市）级非遗名录 1905 项，其中包括浙江省的 835 项、江苏省的 392 项、安徽省的 427 项、上海市的 251 项（参见表 1）。当然，各地省（直辖市）级非遗名录开始评选时间以及评选频率各自不同，其中以浙江省起步最早，第一批省级非遗名录早在 2005 年 5 月 18 日就公布了，比第一批国家级非物质文化遗产名录的公布还早了一年。上海市与江苏省的名录公布的时间最晚，上海第一批市级非遗名录与江苏省第一批省级名录都公布

---

① 《习近平：支持长三角区域一体化发展并上升为国家战略》，新浪财经，https：//finance.sina.com.cn/china/2018 – 11 – 05/doc – ihmutuea7072892.shtml。

于 2007 年，而同年浙江省已经公布了第二批省级非遗名录。上海市市级非遗名录评选频率最高，至今已公布了 6 批，最近的一次在 2019 年。而江苏省频率较低，至今仅公布了 4 批次，最近的一次是在 2016 年（参见表 2）。

表1　长三角三省一市省（直辖市）级非遗名录数量统计

单位：项

	民间文学	传统音乐	传统舞蹈	传统戏剧	曲艺	传统体育、游艺与杂技	传统美术	传统技艺	传统医药	民俗	其他*	总计
浙江省	77	35	85	52	44	59	94	212	28	149	0	835
江苏省	45	26	38	23	22	14	44	116	36	27	1	392
安徽省	27	38	50	24	25	20	45	121	17	60	0	427
上海市	15	16	10	10	6	17	37	103	17	20	0	251
总计	164	115	183	109	97	110	220	552	98	256	1	1905

* 浙江与江苏两省的省级名录中出现了一些没有按照国家非遗名录分类体系划分的情况，可能与当时国家名录分类体系的不成熟有关。为了研究的方便，本文在统计时尽量按照国家名录分类体系进行分类，但有一项无法纳入十大类中的任何一类，即江苏省第二批省级非遗名录中的"南通范氏世家诗文"，因此将其归入了"其他"。

资料来源：根据三省一市省级非遗名录计算整理。

表2　长三角三省一市公布省（直辖市）级非遗名录的年份与批次

单位：项

	第一批		第二批		第三批		第四批		第五批		第六批	
	年份	数量	年份	数量	年份	数量	年份	数量	年份	数量	年份	数量
浙江省	2005	64	2007	225	2009	246	2012	202	2016	98	—	
江苏省	2007	123	2009	112	2011	63	2016	94	—		—	
安徽省	2006	83	2008	90	2010	66	2014	65	2017	123	—	
上海市	2007	83	2009	45	2011	29	2013	22	2015	41	2019	31

资料来源：根据三省一市省级非遗名录整理。

其次，我们从国家级非遗名录的分类体系上来分析一下这些非遗名录的类别。国家级非遗名录的分类体系将非遗划分为十大类，分别是民间文学，传统音乐，传统舞蹈，传统戏剧，曲艺，传统体育、游艺与杂技，传统美术，传统技艺，传统医药，民俗。在三省一市近 2000 项非遗名录中，占比最大的是传统技艺类，有 552 项，占到全部名录的近三成，其次是民俗类、传统美术类、传统舞蹈类非遗项目，占比都在 10% 以上，占比最少的是曲艺（见图 1）。

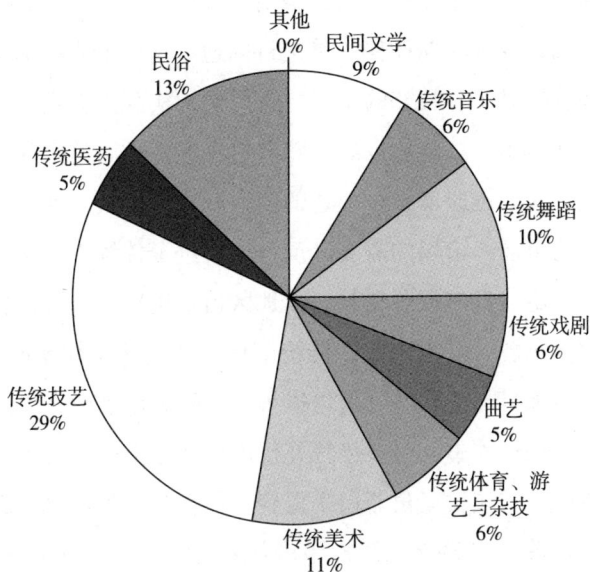

图 1　长三角省（直辖市）级非遗名录类别占比情况

资料来源：根据三省一市省级非遗名录计算整理。

上述这种占比情况不是长三角所有省级名录加总在一起才存在，而存在于每地的省级名录中，如上海市市级名录中传统技艺类、传统美术类、民俗类非遗项目分别占全部市级名录的 41%、15%、8%，占比排前三位；浙江省省级名录中传统技艺类、民俗类、传统美术类非遗项目分别占据全部省级名录的 25%、18%、11%，占比排前三位；江苏省省级名录中传统技艺类、传统美术类、民俗类非遗项目分别占据全部省级名录的 30%、11%、7%，占比分别排第 1 位、第 3 位、第 5 位；安徽省省级名录中传统技艺类、民俗类、传统美术类非遗项目分别占据全部省级名录的 28%、14%、11%，占比分别排第 1 位、第 2 位、第 4 位。

三省一市非遗类型占比的相似性本身就是一个有趣的话题。首先各省市的传统技艺类非遗项目的数量都是最多的，这说明长三角地区手工技艺普遍比较发达。这种情况，一方面是本地区民众在手工技艺方面长期积累的结果，另一方面也是中原较为先进的手工技艺影响的结果。自古以来，中原地区就陆续有移民向长三角迁移，尤其是隋唐以后，较为安稳的长三角地区往往成为中原移民在战乱时期迁移的首选目的地。这些中原移民中既有达官贵人，也有掌握着精湛手工技艺的工匠，这两类人实际上就是精细手工技艺产品的重要顾客和传承者。隋唐以后，随着中国经济重心的南移，长江三角洲经济日趋发达，人口迅速增长。发达的商业和众多的人口为传统手工技艺产品提供了广阔的市场，市场的需要又反过来促进了传统手工技艺的发展。

民俗类的非遗项目与资源在长三角地区占比也较大。民俗类非遗的内容非常广阔，传统纪念、祭祀仪式，传统节庆，庙会等文化空间都属于此类。不少民俗类非遗项目与资源实际上可以视为传统礼制文化在民间的延续，而在漫长的历史发展过程中，很多传统礼仪制度实际上已经衰落了，仅有部分幸存，并以各种方式在长三角非遗中得到了保存，比如绍兴大禹陵的大禹祭典、缙云县的轩辕氏（黄帝）祭典等。大量民俗类非遗项目与资源的存在，说明长三角地区的传统文化得到了较好的保存。"礼失而求诸野"，民俗类非遗的发掘与保护，对于振兴传统文化有着重要意义。

传统美术类非遗项目与资源的大量存在，一方面与传统工艺的发达有关，另一方面也反映了长三角民众对美好生活的向往。传统美术类非遗与传统技艺类非遗实际上都属于传统工艺，只是前者强调审美，后者强调其产品的实用性。因此，长三角传统美术类非遗发达的原因与传统技艺类非遗发达的原因比较相似，与地区经济的发达有关，也受到了中原工艺美术的影响。除此之外，长三角地区的民众中也形成了一些与其他地区有明显区别的审美倾向，如在刺绣、剪纸、雕刻等作品中，我们都能比较清晰地分辨出中原地区与长三角地区各自的特征。而经济的发达又使长三角地区的民众有更多的财力与时间投入传统美术作品的创作中，因此这方面的作品数量比较多。

在长期的共同发展中，长三角区域非遗项目与资源形成了自己独特的谱系。"谱系"一词与"关系""体系"都不同，它不仅强调关联，而且强调次序，并由此构成一张网络，从而可以借此实现地区非遗的进一步联动与一体化。但受地理空间与行政区划及其他因素的影响，长三角地区非遗资源的谱系性在之前并没有受到重视，各地在非遗的申报保护与开发利用方面还缺乏足够的沟通，并没有形成有效联动，更不用说一体化了。

长三角非遗项目与资源的谱系主要包括时间谱系、空间谱系、形式谱系三种。时间谱系其实就是来龙去脉的问题，也就是长三角非遗的发生、发展和演变的历史过程的结构形式；空间谱系是非遗在空间上变迁的结构形式；形式谱系包括非遗的"核心形式、延展形式和变异形式，也包括其语言形式、行为形式和景观形式，当下还包括媒体形式"。[①] 形式谱系的问题比较复杂，所以本文暂且不论，仅对长三角非遗的时间谱系与空间谱系进行分析。

二　长三角区域非遗资源的时间谱系

当代中国的非遗保护虽然以个体项目的形式呈现，但仔细分析我们会发现不同的非遗资源实际上是地区文化发展脉络中各时期不同文化的代表，因此将这些非遗资源串联起来可以大致构成一条文化链，也就是非遗资源的时间谱系。长三角非遗资源的时间谱系大致可以这样概括：从"多源"到"一体"，再从"一体"到"多元"。

（一）长三角区域非遗资源的多源发生

长三角三省一市虽然大多位于长江入海之前的冲积平原上，但实际上各地在成陆时间、地理环境上依然有着较大差别，因此在遥远的过去，在文字没有产生之前的原始社会早中期，长三角各地存在许多分散的氏族部落，它们相隔较远，其语言与习俗都有着较大的差异。我们可以将这一段时期称为长三角文化的多源发生时期。

---

① 田兆元：《民俗研究的谱系观念与研究实践——以东海海岛信仰为例》，《华东师范大学学报》（哲学社会科学版）2017年第3期。

随着原始氏族部落活动范围的扩大，不同氏族部落之间有了融合，组成部落联盟，不过最初的融合都是局部的，其结果并没有改变长三角非遗文化的多源状态。这一段多源发生、融合发展的历史虽然缺乏文字记录，其文化记忆却保留在非遗资源中。主要在今浙江省湖州市德清县活动的防风氏是当时长三角地区最强大的氏族之一，也是周边各氏族部落联盟的首领氏族，在太湖一带有着非常高的威望。防风氏祭祀仪式及其神话都持续到今天。浙江省湖州市德清县申报的防风神话传说、防风氏祭典，安徽省蚌埠市的涂山禹王庙会、涂山大禹传说这四项省级非遗项目都是此时期文化记忆的代表，其中防风氏神话传说被列入国家级非遗名录。

（二）长三角区域非遗资源的一体化

从原始社会末期开始，长三角区域文化首次发生了一体化。相传，大禹治水成功之后，将辖地按照地理环境、气候、土壤、物产等划分为九个部分，即古九州。在此中国行政区划的雏形时期，长三角大部分地区被划入了古九州中的"扬州"。《尚书·禹贡》载"淮、海惟扬州"，北至淮河、南至东海的广阔地域就属于古扬州。当然，彼时还有许多地方尚未成陆。大禹对古九州的划分说明早在国家诞生之前，长三角就被视为一个整体，这是长三角区域一体化历史的正式开端。长三角早期的一体化实际上也是它逐步进入华夏大家庭的过程，在此过程中中原文化影响深入长三角地区，浙江省缙云县的轩辕氏祭典、绍兴市的大禹传说和大禹祭典这三项省级非遗项目可以被视为此时期文化记忆的代表，轩辕氏祭典与大禹祭典还被列入国家级非遗名录。

夏商周时期，长三角的吴国与越国先后建立并强大起来，其统治范围最大时不仅完全覆盖了今天的三省一市，甚至扩展到更遥远的齐鲁等地。吴、越两国不仅地域相邻，气候相似，物产相近，民众的风俗、语言、性格也相仿佛，并长期相互影响。因此，从政治概念上的吴国与越国衍生出了文化概念上的吴越地区。吴越文化可以说是长江三角洲区域一体化在文化上结出的第一个硕果。吴越文化具有典型的粗犷、刚劲甚至是野蛮等特征，所谓的"吴王金戈越王剑"正是其典型的文化样式。江苏省无锡市的泰伯庙会，江苏省苏州市、无锡市的吴歌，浙江省龙泉市的龙泉宝剑这三项省级非遗项目可以被视为吴越时期文化记忆的代表，前两项还被列入国家级非遗名录。

大约从六朝开始，土生土长的吴越文化逐步受到中原文化的影响，传承转变为江南文化，粗犷豪放的文化特征也转变得阴柔、细腻与婉转。对长三角地区的文化转变起重要推动作用的要属六朝至隋唐的晋室南渡了，北方士族的阴柔特质及其对精致、温婉的追求极大地改变了吴越文化的审美取向，不仅培养了文雅、细腻、柔婉的江南特质，而且逐步为长三角地区注入了士族精神与书生气质，使江南在南宋以后成为人文之渊薮。江南文化是长三角区域一体化在文化上结出的第二个硕果。江南文化持续时间长、影响大，当代长三角非遗名录中的许多项目都显示出江南文化的特征，如民间文学中的白蛇传传说、梁祝传说，传统音乐中的古琴艺术、江南丝竹，传统舞蹈中的滚灯、龙舞，传统戏剧中的越剧、昆曲，传统体育、游艺与杂技中的江南船拳，传统美术中的刺绣、玉雕、木雕等。

（三）长三角区域非遗资源的多元化

江南文化的影响一直持续到清代末年。鸦片战争以后，西方文化对中国传统文化产生了极大影响，长三角地区因其在经济和文化上较为先进的地位，率先从传统农业文明开始转型。但长三角各地农业文明的转型并不是齐头并进的，之前一体化很久的长三角文化由此走向了多元化发展。上海小校场年画的产生是长三角文化由一体向多元化发展的代表性案例。清代雍、乾年间，苏州桃花坞年画的部分画师南迁上海，在上海南市的旧校场路集中摆摊设铺，逐渐形成了年画一条街。鸦片战争以后，更多的桃花坞年画从业者到上海谋生，上海年画产业日渐发达。最初的上海年画沿袭了桃花坞年画的风格，后来受到西方文化的影响，在华洋杂处的时代背景影响下，上海年画的风格也随之变化，成为海派文化的重要表征。

海派文化异军突起，成为多元化格局中最亮眼的存在。海派文化在长三角地区影响很大，在非遗名录中也有诸多表现，最明显的要属戏剧类了。上海开埠以后，很快发展为"十里洋场""远东第一大城市"，吸引了来自中国各地乃至世界各国的人才与文化艺术形式。当时，包括美术、曲艺、舞蹈、音乐、摄影、展览等各种文化门类在内的艺术品和艺术形式都喜欢到上海谋求发展，到上海"靠一靠"，认为只有在上海出名了才能真正红起来。比如跻身世界非物质文化遗产的京剧，虽然其形成可以追溯至四大徽班进京，但"京剧"名称最早出现在1876年上海的《申报》，并在上海获得了很大成功，最终成为全国性大剧种。各种文化形式在上海展示的过程中，受到了上海市民的生活方式、审美理念和文化性格的影响，做出了主动改变，打上了深深的上海烙印，成为具有海派文化特色的非遗资源。

三　长三角地区非遗资源的空间谱系

一般来说，一个区域中至少有一个文化中心，并以文化中心为核心形成文化圈。在同一文化圈内，文化样式与内容总有许多相似之处。因此，我们探讨长三角区域非遗资源的空间谱系实际上就是寻找非遗文化中心及其辐射区域，并由此大致确定不同的非遗文化圈。这些非遗文化圈共同构成长三角区域非遗资源的空间谱系。

在漫长的历史发展过程中，长三角各地曾生长出很多文化类型，其表现千差万别，因此也形成了诸多文化中心与文化圈。文化中心的变化与军事、政治、经济的变动都有关。比如在吴越时期，苏州、绍兴、无锡等地先后成长为长三角文化中心，因为它们实际上是新兴诸侯国——吴国与越国的统治机构所在地，集中了大批掌握着知识文化和各种技艺的人。作为文化中心，其文化样式和内容都向外辐射，并在一定地域内产生了相似的文化样式和内容，包括相似的非遗资源，由此形成了非遗文化圈。长三角地区先后存在过许多大大小小的非遗文化圈，无法详尽梳理，本文仅选择那些存在时间长、影响持续至今的非遗文化圈进行分析。

（一）以苏州为中心的非遗文化圈

苏州是春秋吴国的都城，其有文字可载的文化史至少可以追溯到商末泰伯、仲雍奔吴。此后，苏州成为中原文化与长三角当地文化融合的首批基地之一。在中原地区先进农业技术和文化知识的影响下，苏州及其周边"数年之间，民人殷富"，泰伯因此被推举为首领，开启了吴国的历史。苏州的手工业、农业和商业在春秋时期就有了早期发展。以手工业为例，根据《吴越春秋》的记录，干将、莫邪已经设立了规模很大的铸剑坊；吴国的造船业也已趋于领先地位，甚至有了较早的水军；此外，陶瓷、琢玉、纺织和竹木器制造等也都有了较大发展。作为吴国政治、文化和经济中心的苏州从此转变为长三角引领者的角色，并在其后数千年中始终保持。苏州文化持续向外辐射，形成了以苏州为中心的非遗文化圈，无锡、常州以及上海等地都属于此文化圈范围。吴歌是以苏州为中心的非遗文化圈的代表性非遗项目。吴歌是一种独特的地方歌谣，发源于江苏省苏州地区，并流传至无锡地区、张家港地区、上海以及浙江省的嘉善等吴方言区。相传吴歌始自泰伯奔吴时期，当时泰伯为了教化民众而创作了吴歌，至今已有 3000 多年的历史。2006 年，吴歌经国务院批准被列入国家级非遗名录。

（二）以绍兴为中心的非遗文化圈

绍兴古称会稽，相传它曾是大禹召集天下诸侯集会之地，也曾是古代于越部族的聚居中心，后来成为春秋时期越国的都城，即使在勾践迁都琅琊以后，绍兴依然是越国的基地。秦始皇曾东巡会稽，到会稽山下祭大禹、观沧海。秦汉时期的绍兴，在农业、手工业方面已经有了较大发展，不仅兴建了许多农业水利工程，还发展了冶铁、铸钱和煮盐三大手工业。同时，绍兴的文化也有了相当大的发展，出现了著名思想家王充、学者严子陵等。此后的绍兴在手工技艺以及文学艺术领域都长期领先。比如南朝齐时，会稽郡冶炼技术很发达，上虞人谢平成为当时的冶炼大家；唐朝时的越窑瓷器已远销国外。在长期的发展过程中，绍兴文化对周边地区产生了很大影响，形成了绍兴非遗文化圈。越医文化就是以绍兴为中心的非遗文化圈的典型项目。宋室南渡，一批太医院、御医院医官及其家属陆续渡江南下，并在绍兴定居。一些宫廷医方也慢慢流传到民间，培养了不少救死扶伤的越地名医，"越医"之名由此广为人知。以绍兴为中心的非遗文化圈濒海，不少非遗项目中都有着鲜明的海洋文化特色，比如流传在舟山、象山与台州玉环地区的渔民号子就是典型的海洋非遗项目。

（三）以杭州为中心的非遗文化圈

杭州有文字可载的文化史至少可以追溯至秦代设立的钱塘县，相传秦始皇曾东巡至钱塘。后隋文帝废遣唐郡置杭州，治余杭，始有"杭州"之名。到五代时期，杭州成为吴越国的王城，很快富甲一方。当地的手工业和商业都异常发达，尤其是雕版印刷业。根据文献，北宋国子监校刻的大量史书、子书、医术、算学、类书、诗文总集等大都是在杭州雕版的。到了南宋时期，杭州成为世界上最繁华的大都市之一。除了印刷业继续繁荣之外，手工业中的丝织业、制瓷业、造船业以及军火工业都很发达。以丝织业为例，唐时，杭州的丝织业小有名气，所产的缕纱等被少府监列为九等丝织品中的第四等。到了南宋，杭州已经成长为全国丝织业的中心。以杭州为中心的非遗文化圈主要包括嘉兴、湖州、金华等地。杭罗织造技艺、余杭清水丝绵制作技艺、辑里湖丝传统制作技艺等都属于以杭州为中心的非遗文化圈中代表性的非遗项目。

（四）以南京为中心的非遗文化圈

南京的发展与手工业也有着密切的关系。早在春秋末年，吴王夫差就在今南京朝天宫一带修筑冶城，开办冶铸铜器的手工业作坊。六朝时的南京发展为世界上最大的城市，经济发达，文化繁盛，也是南朝文化的代表，造纸业、印刷业都比较发达，著名的产品如既美观又能保存较长时间的"黄麻纸"，不仅书法家喜欢使用，很多政府公文与经文也使用黄麻纸抄写。南朝时期，南京工匠造出了花样繁多的纸，如银光纸、赤纸、法纸、缥纸、彩纸等。宋元时期，南京逐渐成为江南纺织业的中心之一，云锦成为皇家御用贡品。明清时期，政府在南京设立规模庞大的江宁织造府，为朝廷供应丝织品。以南京为中心的非遗文化圈主要包括镇江、扬州、泰州等地。比如南京、扬州、南通等地流传的木雕技艺，南京、盐城大丰等地流传的瓷刻技艺等都属于以南京为中心的非遗文化圈的典型项目。

（五）以古徽州为中心的非遗文化圈

古徽州是一个历史地理概念。它位于新安江上游，黄山与天目山脉之间。早在秦代，古徽州境内就设置了歙县与黟县，西晋时期设立新安郡，宋徽宗时期设置徽州，治歙县。从地理范围上看，古徽州包括六县，即歙县、黟县、休宁、祁门、绩溪、婺源，其在今天分属安徽省的黄山市、宣城市与江西省的上饶市。徽州文化有着鲜明特色，其商业文化、建筑文化、传统美术与传统戏剧等都比较发达。以古徽州为中心，其非遗文化圈主要包括安徽省黄山市、宣城市等。徽州民谣、徽州民歌、徽州建筑艺术等都是以古徽州为中心的非遗文化圈中的代表性项目。

（六）环巢湖非遗文化圈

巢湖位于安徽省中部，是安徽境内最大的湖泊，也是我国五大淡水湖之一，盛产湖蟹、银鱼、虾米与珍珠，因其状如鸟巢而得名。合肥、巢湖、肥东、肥西、庐江市县等分布于巢湖周围，构成环巢湖地区。早在汉代，环巢湖地区的古庐州就是江淮之间的商业与水运中心。早期的环巢湖文化受楚、越文化的影响比较深远，航运与水乡民间文艺发达。唐宋以后，环巢湖地区的民间说唱、歌谣、传统戏剧、鼓乐等民间文艺有了很大发展。安徽四大剧种之一的庐剧是环巢湖非遗文化圈中的代表性非遗项目。庐剧是在合肥、巢湖等地的民歌，淮河一带的花灯歌舞的基础上，吸收了锣鼓书、端公戏等唱腔发展而成的，清末以来流行于安徽中部、西部，甚至流传到了安徽以外的江浙地区。

需要说明的是，长三角各非遗文化圈之间并不是完全孤立的，它们之间常常有重叠和交叉。

四 长三角区域非遗资源时空谱系的价值及其应用

长三角非遗资源是长三角区域传统文化的精华。对于长三角民众来说，它们是安置灵魂的美好家园，是传承精神的重要载体。而对于长三角以外的人来说，长三角非遗资源是他们了解长三角民众的秉性与思想、区域历史与文化的重要窗口，具有不可忽视的重要意义。但在中华文明发展的早期，长江三角洲地区由于距离中原政治中心较远受到的关注也较少，在文献中的记录也只有寥寥数语。但非遗资源以另外一种方式记录了此区域的文化发展，弥补了文献记录的不足。不过，非遗资源的分散分布实际上削弱了它记录区域文化历史的功能，因此需要将这些非遗资源进行系统整理，如同将一串被拆散的项链重新串联一般。

长三角非遗资源之所以可以进行系统化整理，是因为它们之间有内在的相似性。这种相似性在 21 世纪逐步被认知，三省一市在非遗保护上的合作越来越多。比如，2014 年 4 月 30 日，长三角民歌赛在昆山巴城镇举行。当天有来自长三角的 16 支民歌队伍参加了比赛，白茆山歌、河阳山歌、沙上号子、嘉善田歌、巢湖民歌、吴歌童谣悉数亮相[①]；2016 年 2 月 19 日，"江南百工——首届长三角非物质文化遗产博览会"在上海朵云轩艺术中心开幕，龙泉青瓷、宜兴紫砂、云锦织造、苏州制扇、苏州玉雕、无锡泥人、青田石雕、乐清细纹刻纸、温州彩石镶嵌、舟山船模、徽墨制作、歙砚制作、宣纸制作、徽州漆器髹饰、朵云轩木版水印、海派剪纸、海派盘扣等众多长三角优秀非遗项目亮相[②]；2017 年 6 月 9 日，长三角"非遗进校园"特色教育论坛活动在嘉善县丁栅中心学校举行[③]；2019 年 8 月 9 日开幕的长三角民间艺术大师邀请展在上海亚振艺术馆举行……但显然，上述这些合作还停留

---

① 《无锡非遗传承人亮嗓长三角民歌赛》，《无锡日报》2014 年 5 月 1 日，第 A4 版。
② 乐梦融：《长三角非遗博览会今揭幕》，《新民晚报》（美国版）2016 年 2 月 19 日，第 A16 版。
③ 应微微：《让"非遗之花"开遍校园》，《今日路桥》2017 年 6 月 15 日，第 5 版。

在较浅的层面上，大多数展览、展演活动仅仅是将来自不同省市的非遗展品、非遗节目进行同场、同台展示，并未对其内容进行深入发掘与分析，展示的顺序也缺乏逻辑性。这样的合作其实并不利于对长三角非遗资源进行更深入、更有针对性的区域协同保护。

为了推动长三角地区非遗资源的协同保护，必须进行非遗资源的整合。本文对长三角非遗资源时空谱系的梳理便为长三角非遗资源的一体化保护提供了一种思路与视角。时间谱系是纵向的时间脉络，空间谱系是横向的空间脉络，纵横两种脉络如同经度与纬度一般可以使每一项非遗都获得它的精确定位。当然这是理想状况，实际上因为时间太过于久远，缺乏相应的文字记录等，我们对非遗资源的了解并不是那么透彻，无法将每一项非遗资源精准定位，但大体归类总还可以做一些。谱系使散布的非遗项目更有逻辑性，为区域非遗资源的系统保护提供方向性的指引，比如，可以"多源发生""区域一体化""多元化发展"等为主题组织长三角非遗项目的展示，也可以按照不同非遗文化圈来进行组织，这样即使是最简单的展示，也是有内在逻辑性的。有逻辑性的组织安排也可以帮助人们更好地理解长三角非遗资源，有助于长三角非遗文化的传播。此外，长三角非遗资源的一体化保护与开发其实是一个非常庞大的工程，短期内无法完成，但可以借助非遗谱系，分步、分期地完成，比如以不同主题的非遗或在不同非遗文化圈内进行局部协同保护。

B.25
加速培育安徽现代农村文化市场

邢 军[*]

摘　要： 乡村文化振兴是乡村振兴战略的主要内容，培育现代农村文化市场是乡村文化振兴的重要抓手。农村文化市场建设具有优化乡村文化生态、调整农村产业结构、促进农民增加收入、传承乡村优秀文化遗产等社会价值。目前安徽农村初步形成一批文化专业市场、一批特色文化产业、一支文化产业队伍、一批文化集聚园区、一批文化消费群体"五个一"现象，部分地区形成了"农民创造文化、文化造福农民"的新景象，但仍然存在六个发展不平衡不充分的突出问题。培育现代农村文化市场要统筹考量文化产品、文化服务、文化要素、文化流通等市场协同发展，加强政策法规顶层设计，壮大文化市场主体，加大基础设施投入，合理布局文化产业，促进文化与科技深度融合，加强文化要素市场建设，强化农村文化市场监管。

关键词： 安徽　乡村振兴　农村文化产业　农村文化市场

为贯彻落实安徽省乡村振兴战略，加快培育安徽农村文化市场，推动创新型文化强省建设，安徽省社会科学院区域现代化研究院农村文化市场培育课题组在安徽省的 8 市 16 个县（市、区）进行实地调研，取得了大量第一

---

* 邢军，安徽省社会科学院当代安徽研究所所长，研究员。

手材料，真实了解安徽全省农村文化市场培育状况，发现农村文化市场培育中的突出问题，并研究提出培育安徽农村文化市场的具体对策建议。

一 培育现代农村文化市场的社会价值

农村文化市场是乡村振兴战略的重要组成部分，是推动乡村振兴的铸魂工程，也是优化农村经济结构、提升乡村文明水平的有效途径。乡村振兴、生活美好离不开农村文化的繁荣，离不开农村文化市场的培育。习近平总书记指出："要推动乡村文化振兴，加强农村思想道德建设和公共文化建设，以社会主义核心价值观为引领，深入挖掘优秀传统农耕文化蕴含的思想观念、人文精神、道德规范，培育挖掘乡土文化人才，弘扬主旋律和社会正气，培育文明乡风、良好家风、淳朴民风，改善农民精神风貌，提高乡村社会文明程度，焕发乡村文明新气象。"[①] 乡村振兴战略的主旨和目标，究其根本是一场复兴乡村传统文化、再造新时代乡村文化的文化运动，无论是实现农村经济发展还是解决"三农"问题，都必须加快重建传承乡村优秀传统文化。

培育现代农村文化市场，能提供乡村振兴全新动能。农业经济是农村文化发展的基础，农村文化对农业经济有持续的推动作用。随着社会主义市场经济的逐步完善及城乡居民收入水平的不断提高，安徽省农村居民的生活方式、内在需求发生了巨大变化，已经从改革开放初期的生活温饱、物质需求满足向美好生活、精神需求满足转变。加强农村文化市场建设，既是实现全面小康的需要，也是实现农村现代化的需要。培育农村文化市场，有效发挥市场在农村资源配置中的决定性作用，有利于增强农村创新发展内生动力，有利于提升农民创意创新创业素质，繁荣兴盛农村文化艺术，为乡村振兴战略提供新动能。

---

① 《习近平总书记参加十三届全国人大一次会议山东代表团审议时的重要讲话》，《人民日报》2018 年 3 月 9 日，第 1 版。

培育现代农村文化市场，能优化农村产业结构。安徽省是全国新型城镇化试点省，随着新型城市化进程的加速，乡村文化基础设施和公共文化产品及其文化服务虽然在各级党委政府和文化部门的艰苦努力下有所改变，服务水平有所提升，但尚未能从根本上按照全新五大发展理念实现协调均衡发展，城乡文化市场建设投入的差距逐渐拉大，乡村文化建设尤其是文化市场培育在整体上明显滞后于农村经济发展，严重滞后于城市文化市场建设。目前，经济文化一体化发展趋势已趋明显，加快培育现代农村文化市场，促进农村文化产业转型升级，能优化农村产业结构，有效激活农村文化消费，促使文化产业与农村发展经济，与农民脱贫致富结合起来，彰显农村文化建设的强大生命力。

培育现代农村文化市场，能促进文化要素合理配置。通过文化市场的培育，鼓励发展农村广大地区文化连锁经营、物流配送、电子商务等现代文化流通组织和流通方式，引导重点乡镇、集镇、特色小镇建设区域性文化产品销售集市和文化产品物流配送中心，构建以县城为中心、中心镇相配套、自然集镇作补充，连接城乡的文化产品流通网络，使有限的文化资源在农村地区得到合理配置。

培育现代农村文化市场，能促进农民增加收入。目前安徽广大农村地区积极开展精准扶贫和"三大革命"，农村经济有所发展，农村环境有所改观，但是生态环境差、经济条件落后、建设人才缺乏等问题仍然存在，大规模工业项目难以得到大力发展。农村文化产业具有就地取材、就地加工，能耗低、污染少、附加值高、收益多等特点，通过农村文化市场培育，可以对富有安徽地方特色的传统文化资源进行开发利用，形成文化＋旅游、文化＋农业、文化＋康养、文化＋电商等全新的发展模式，立足于利用农村优秀传统文化资源发展现代农业和农村创意产业，促进农村实现三次产业融合创新发展，扩大农村现代文化生产和文化服务，有效提高农村生产力水平，扩大农村就业规模，逐步改变长期以来主要依赖传统种植业、养殖业创收的状况，在实现精准扶贫目标的同时，探索实现农民增收的新路径。

培育农村文化市场，能促进文化遗产有效保护。文化遗产是不可再生资源，我国大量的文化遗产分布在农村，培育农村文化市场，搭建农村文化发展平台，可以引导社会资本、文化人才、文化创意进入农村，充分挖掘农村文化遗产的经济价值，唤起社会对保护传统文化资源的重视，推动文化遗产生产性的活态保护，实现乡村文化遗产创造性转化和创新性发展。

在人们的乡愁中，不仅有乡村的青山绿水、道路房舍，更有乡土社会中邻里互助的社会关系、祖先崇拜的民俗传承、乡村庙会的文化活动。通过农村文化市场体系的建设，可以借助乡村丰富的文化资源，通过供需平衡、要素流动、市场配置，特别是农村文化市场的信息集聚和扩散效应，促进农村生产、生活、生态、生意"四生"同频共振，扩大农村文化市场容量，提供更多优质文化产品和文化服务，丰富乡村文化生活，优化乡村文化生态。

二 安徽省农村文化市场建设状况

改革开放 40 多年来尤其是党的十八大以来，安徽省文化产业快速发展，逐步接近国民经济支柱性产业的发展目标。截至 2017 年 12 月，安徽省文化产业增加值首次突破 1000 亿元，文化产业增加值年均超过 12%，成为全省发展最快的战略性新兴产业之一。与此同时，农村文化市场也实现了从无到有的历史性巨变，农村文化产业规模不断扩大，在广大农村初步形成一批文化专业市场、一批特色文化产业、一支文化产业队伍、一批文化集聚园区、一批文化消费群体"五个一"现象，部分地区形成了"农民创造文化、文化造福农民"的新景象，对安徽省农村经济社会贡献率逐年提高。

目前，安徽省各地形成了一批农村文化专业市场，出现了文房四宝、手工艺、剪纸、演艺、马戏、杂技、根雕、书画、乡村游及苗木花卉的专业村、专业镇、专业县，初步形成了一批图书、戏剧、杂技、马戏、奇石、柳编、徽州三雕、根雕、中国结、铁花、丝画、玉器、书画、古玩、宠物、花卉、音像、网吧、旅游等专业文化市场。从初步统计结果看，安徽农村文化产业门类按内容可分为电视电影、图书报刊、音像制品、打字复印、广告设计、网吧、电子游戏、歌舞表演、茶艺社、台球室、商业演出、艺术培训、体育表演、文化旅游、文具生产、舞台设备制造等。其中，文化旅游（全省 A 级旅游景区达 556 个）、工艺品生产（木制品、纺织品、陶器、铁器、玉器、铁画、柳编、石器、剪纸、根雕、奇石、文房四宝、书画、布鞋、纸扇等）、演艺娱乐（黄梅戏、泗州戏、豫剧、傩戏、庐剧、淮北梆子等地方戏剧以及马戏、杂技、魔术、皮影戏）、信息服务（网吧、手机游戏、电子游戏、音像制品、电子竞技、网络视频、网络文学）成为最主要的文化产业门类。

安徽省农村文化市场虽然有所建设、有所发展，但仍然存在六个发展不平衡不充分问题。一是农村文化市场理念缺失，城乡文化市场发展失衡。大多数干部缺乏农村文化市场的理念、概念，不了解农村文化市场的常识，更不知道如何培育和监管农村文化市场。农村文化市场培育政策落实不到位。二是传统产业占比过大，农村文化产品结构失衡。农村文化市场中的传统文化产品比重过大，而以现代科学技术与农村文化资源嫁接的新兴文化业态很少。农村文化消费市场整体萎靡，农村文化消费载体少、文化活动内容缺，城乡间文化消费不平衡，社会阶层文化消费不平衡现象日益突出。三是乡村社会秩序混乱，农村文化生态保护失衡。传统文化在乡村逐渐式微，维系乡村社会秩序的乡村精神衰弱，市场经济在农村泛化，乡村优秀传统道德虚化。农村对非物质文化遗产保护不力，民俗文化、乡贤文化、农业文化遗产等遭到严重破坏。四是产业战略定位雷同，农村文化市场转型失衡。农村文化产业发展、农村文化市场建设存在"千村一面"。农村新产品新服务供给不足，农村文化投资运营支点过少，农村文化赋能尚未有效激活。五是要素市场建设缓慢，农村文化要素市场培育失衡。农村文化市场结构失衡，文化产品和服务的质量低。一些地区盲目上文化项目，模仿城市居民文化消费的项目，缺乏科学规划和论证。全省尚未建立农村文化产权交易制度，缺乏知识产权交易市场的统一规则和农村文化产权认定和评估机制。文化专业人才缺乏成为制约乡村文化发展、农村文化市场培育的瓶颈。六是法律法规体系不够完善，农村文化市场监管失衡。农村文化市场的管理法规还不尽完善，没有专门的农村文化市场的法律法规，农村文化市场执法人员数量和能力严重不足，农村文化市场的监管风险较大。

三　农村文化市场的基本内涵及特征

农村文化市场体系是推动社会主义文化繁荣兴盛的重要途径，建设文化强省的重要支撑，是发挥市场配置文化资源决定性作用的重要机制。没有安徽农村文化市场的繁荣，就没有整个安徽文化市场的繁荣，也就没有安徽文化强省的实现。乡村文化兴盛既是乡村振兴的主要内容、乡村振兴的内在动力，也是乡村振兴的重要标志。

（一）农村文化市场基本内涵

农村文化市场和城市文化市场都是现代文化市场的重要组成部分，学界和政界对此尚未形成权威、统一、公认的理论和实践标准。我们认为，农村文化市场是和城市文化市场相对的文化市场，主要指以县（市、区）域为空间单元，在县中心城区、乡镇及集市形成的专业性文化市场。农村文化市场是一个集合体，是农村各类文化市场的统称。农村文化市场既有传统的农村文化产品市场、农村文化服务市场，也包括现代农村文化流通市场、农村文化要素市场、农村文化中介组织及机构。农村文化市场主要包括文化企业（国有、民营）、文化事业单位、文化中介组织、农民和党委政府有关部门五大主体，其中最重要的是文化企业和广大农民。农村文化市场在农村文化发展中起到资源配置的决定性作用，农村文化创意是农村文化市场培育的核心要素，现代科学技术是加速农村文化市场发展的第一动力，农村文化人才是农村文化市场培育的第一资源。

（二）农村文化市场的主要特征

农村文化产业是以市场为导向，以提高经济效益为中心，以农民为创作和生产主体，多采用作坊式生产模式，将地域性的传统历史文化资源转换为文化商品和文化服务的现代生产。农村文化产业的属性决定了农村文化市场特征，即地域性、农耕性、垄断性、脆弱性、生态性五大特征。

农村文化市场的第一个特征是地域性很强，由于文化产品和服务多是由农村各类资源生产而成，农村文化市场的文化产品种类在当地比较认同，农民消费有传统、有习俗。第二个特征是农耕性，由于农村文化产品多是利用农村现有的特色农业资源，多数文化产品带有农耕时代印记。第三个特征是垄断性。广大农村相对于城市是封闭的，交通不太便利，通信不够发达，部分农村文化产品是由地域稀缺资源生产出来的，别的地方一般难以生产和模仿。在当地文化市场上只能有这样一个地方生产出这样的文化产品，具有一定的市场垄断性。第四个特征是脆弱性。许多农村地区的文化产业仍然带有小农经济的典型特征，文化产业组织形式还存在一定局限，主要以家庭化、手工化、小型化、个体化为主要特点。以家庭或家族为基本生产单元，以传统工艺为基础，科技含量较低，营销手段落后，离现代市场较远，生产的盲目性、不确定性很强，难以与城市现代文化市场相竞争，一旦城市社会资本大量引入，农村文化市场可能瞬间消失。第五个特征是生态性。农村文化产业是一个低消耗、低污染、可持续发展的朝阳产业，农村文化市场销售的主要是手工产品、乡村旅游产品、花卉园艺产品等，这些产品多是利用当地特色文化资源与自然资源，具有绿色、生态、环保的特色，符合现代绿色生态发展理念。

（三）农村文化市场的主要类型

农村文化市场复杂而多元，根据不同的划分标准，可以将农村文化市场分成多种类型。从农村文化产品和服务的类型分，可以将农村文化市场划分为文化产品市场、文化服务市场、文化流通市场、文化要素市场。农村文化产品市场直接面对农民，包括图书、字画、手工艺品、玉器、柳编、风筝、泥人、马戏、中国结、杂技、奇石、三雕、陶瓷、演艺、娱乐、电影、电子音像、文化会展、网络游戏、民宿、温泉等产品市场。农村文化服务市场是指文化产品和服务的提供者和消费者之间的中介组织或机构，为双方交易提供文化附加值的市场，主要指的是文化中介市场、文化流通市场与文化行业组织等，如电影放映、歌舞表演、唢呐吹奏、网吧服务、乡村书吧、民俗表演、广告设计、信息服务、艺术培训等。按照农村市场交易空间维度划分，农村文化市场可划分为域内文化市场和域外文化市场，包括地方性（县、乡）市场、区域性（长三角）市场、全国性市场、世界性市场等。按照农村文化市场的平台和载体划分，农村文化市场可以分为虚拟文化市场和现实文化市场、网上文化市场和网下文化市场，近年来随着互联网的发展，农村出现大量电商，农村文化产品市场发展很快。根据文化市场的物质形态可划分为物质文化市场和文化要素市场。农村文化要素市场主要是指各类文化要素的交易市场，包括资本、IP、版权、品牌、产权、技术、信息、人才等市场。目前，安徽省农村文化要素市场基本处于空白阶段，发展潜力巨大，是未来安徽农村文化市场培育的重点。

四　加快培育安徽现代农村文化市场的对策建议

文化振兴是乡村振兴的重要内容和灵魂，实现乡村文化振兴就要着力构建安徽现代农村文化市场，以"文化集市"工程为总抓手，推动"文化+""互联网+"，促进文化产业与旅游、农业、体育、水利等相关产业深度融合，构建文化产品生产、文化产品流通、文化产品营销三个市场网络，促进农村特色文化产品与市场充分接轨，培育一批小而美、小而特、小而精的农村专业文化产品市场和文化要素市场，助力现代化安徽文化强省建设，促进安徽乡村振兴战略实施。

培育现代农村文化市场，必须树立全新的发展理念。培育和发展农村文化市场，是国家、省、市等各级党委、政府部门的重要工作，也是县区、乡镇等基层政府和文化部门的紧要事情。必须牢固树立"文化+"的发展理念，以"全链接""零距离"的理念看待"文化+"，把握宏观经济与区域经济不同走势和需求，深入发掘安徽各地农村文化资源优势，精准选择"文化+"的切入点、结合点、增效点及其内容，创新适应市场，富有吸引力、竞争力、生命力的新业态和新产品，让产品和服务更加富有温度和情感，满足消费者日益提高的精神文化需求。培育农村文化市场，必须坚持面向市场、面向农民、面向基层的原则。启动农村文化市场，要在引导和服务上下功夫；发展农村文化市场，要在培育和扶持上下功夫；繁荣农村文化市场，要在丰富和活跃上下功夫；管理农村文化市场，要在健康和有序上下功夫。

培育现代农村文化市场，必须注重完善政策法规。构建现代农村文化市场体系要发挥好政府在政策制定、规划编制、法治保证、宏观调控等方面的作用，结合"长三角高质量一体化发展规划""'十四五'经济社会发展规划""文化产业发展战略规划"的编制实施，抓紧组织编制安徽省及各市县农村文化市场培育规划，根据全省各地文化资源禀赋、经济社会发展阶段特征，划分文化市场功能区，推动建立不同层级文化专业市场，带动各地特色文化产业发展，扩大文化市场空间和规模。根据《公共文化服务保障法》和《公共文化服务体系建设标准》，全面构建农村公共文化设施体系，保障农村文化市场建设的基础条件和坚实平台。全面落实《关于繁荣兴盛农村文化推进乡风文明建设的实施意见》，提升实施民营院团"四个十"工程质量，结合特色小镇建设，推动乡村传统文化行业转型升级，打造一批书香网吧和阳光娱乐夕阳红 KTV。加快转变政府文化管理职能，推进文化供给侧结构性改革，加大对革命老区、贫困山区的财政投入，引导扶持文化市场要素的流入，提高农村文化产业自我发展的能力，培育独具特色的农村文化市场。

培育现代农村文化市场，必须壮大文化市场主体。从提供农村文化产业发展资本和产品而言，农村文化市场主体既包括各类国有文化企事业单位，也包括从事文化行业的大中小型民营企业和个体经营者。要积极引导农民发展文化组织、文化企业、文化中介组织、农村文化基金会，创新农村文化产品和服务，利用现代互联网技术，加速培育农村电影制作公司、乡村图书馆联盟、乡村实体书店、网吧综合体、电子竞技馆、游戏厅、乡村民宿等文化产业实体，培育发展农村骨干文化企业。要建立完善农村文化市场准入制度，放开并降低农村市场准入标准，对农村民营文化企业和中小型文化企业要在政策上给予重点扶持，支持"专、精、特、新"中小微文化企业发展，力争培养一批蜂鸟文化企业，在此基础上，力争在全省培育几家独角兽文化企业。

培育现代农村文化市场，必须优化产业结构布局。农村文化市场建设关键是做好产业"融合"文章，可以预见随着文化和旅游部门的合并，文化产业和旅游产业的大融合、大发展将成为推动文化产业高质量发展的新引擎。要切实把握好这个发展机遇，加快文化与旅游、科技、农业、体育等相关业态的融合，发展基于互联网的农村新型文化市场业态，发展农村电子票务、电影院线、演出院线、网络书店等现代流通组织形式。积极融合影吧、书吧、VR、电竞、体感游戏及咖啡西点等项目元素，构建多元化文化业态服务平台。农村手工艺产品蕴含丰厚的文化价值、环保价值和艺术价值，具有浓郁的地方特色，备受国际国内市场青睐。实施乡村文化品牌培育行动、创意产品推广行动，打造"一地（县、镇、村）一品"，支持开发乡村特色文创产品，扶持乡村文化产业优秀品牌"走出去"。实施乡村创意产品推广行动，发挥当地有代表性的乡村手工艺人、乡村文化名人作用，以文房四宝、徽州雕刻、柳编、剪纸、彩绘、面塑、陶艺、铁花、铁字、丝画、泥塑等为重点，支持开发乡村特色文创产品。建设一批特色文化小镇、乡村，推进农村文化旅游融合发展。大力发展乡村旅游休闲产业，在乡村农业公园、生态农业示范区、农耕博物馆、都市休闲农庄、乡村户外运动基地、乡村旅居营地、乡村民宿、乡土景观群、农业遗产区、田园综合体等发展模式上进行开拓创新。积极培育乡村"互联网＋"产业，包括乡村 IP 开发、电商农业、电商扶贫、创意农业、共享农业、众筹农业等模式，将互联网与生态农业相结合，通过"线上认养、线下代养"的共享农业模式，实现从农田到餐桌的无缝连接。着力发展乡村研学体验产业，通过开辟针对中小学学生的乡村文化教育基地，帮助拓展其视野，丰富其知识，培养其乡土情怀。结合乡村振兴战略，大力支持皖北地区、皖西地区的革命老区、贫困地区发展特色文化产业。

培育现代农村文化市场，必须强化文化科技支撑。运用云计算、大数据、人工智能、现实技术、物联网等科技成果，加快培育新产业、新业态、新模式，重点发展图书报刊、电子音像制品、歌舞表演、戏剧演出、电影放映、网络视频、乡村旅游、非遗文创、手工艺品等文化产品市场，加快发展网络视听、电子竞技、移动多媒体、动漫游戏、创意设计、VR 体验等新兴文化业态，推动影视制作、工艺美术、印刷复制、广告服务、文化娱乐等传统产业转型升级。农村文化集市要利用互联网技术，围绕打造农村文化类电商，打造类似巢湖三瓜公社的营销平台和管理模式，建成一批农村文化集市店，将安徽全省各地特色文化产品集中打包网上展示、销售。加强现实技术的研发与运用，推动农村地区的"三网融合"。依托分布在安徽广大农村的国家、省级文化产业园区（基地），提高文化科技企业创新能力。加强农村文化资源的数字化采集、保存和应用。加强文化科技企业培育，引导广告、设计、文化软件开发等中小创意企业落户农村，大力推广新技术与农村文化资源及相关产业融合，催生一批新型文化产业新业态。

培育现代农村文化市场，必须加强文化要素市场建设。加快培育金融、产权、版权、技术、信息、人才等农村文化要素市场，规范农村文化资产和艺术品交易，完善文化资产评估体系。农业文化市场培育需要金融的支撑，要积极探索"文化＋金融"新模式，利用 PPP 等全新模式加快融资步伐，扶持符合在创业板上市条件的农村文化企业上市融资。大力扶持民营院团发展，鼓励传统戏曲之乡、唢呐之乡整合资源成立农村专业化演出团体，支持农村演出艺术经纪人合法经营。加强农村手工业转型发展，注重文化品牌塑造，创设一批国家驰名商标、省著名商标、市级知名商标，逐步构建农村文化产品、服务、流通品牌体系，提升农村文化集市品牌价值。注重培育和引导文化消费，促使城市文化惠民消费季活动延伸至乡村，通过发放农村文化消费券等形式激发农民文化消费热情，培植更多的消费增长点，拓展农村文化消费领域，扩大农村文化消费总量。积极培育农村网上书店、网络视频点播、网络付费下载等网络文化消费新模式，拓展艺术培训、体育健身、文化旅游等特色文化服务消费。进一步扩大农村文化市场对外开放，搭建农村文化产业集市、展销会、博览会等综合交易平台。

　　培育现代农村文化市场，必须注重乡土文化人才培养。文化人才数量较少、结构不优是农村文化市场培育和农村文化产业发展的最大短板。必须采取有效措施吸引并培养高素质的农村文化产业人才，使他们熟悉农村环境，创造出更多的优秀作品。各级党委政府和文化发展主管部门必须抓住文化企业的主要经营者这个关键因素，可从定向培养、招商引智、交流合作、扶持奖励等多个渠道实现农村文化人才储备的扩张和人才结构的升级。加强乡镇综合文化站队伍建设，落实人员编制并专岗专职，优选乡镇文化站站长、乡村文化遗产传承人、乡村文化经纪人，充分发挥农村文化贤人、能人在乡村文化建设中的组织协调指导作用，提高乡村一线工作的专业文化人才职称评聘比例。创新开展乡土文化人才队伍培训，纳入各级文化队伍培训计划，加强考核和管理，选送优秀乡土文化人才到文化艺术院校深造，提升队伍整体素质。一方面，公开招聘、考核选拔一批具有一定专业素质的人才，建立农村文化骨干人才库，培养一批非遗传承人、乡村工匠，形成县、乡、村三级文化人才体系，提高农村优秀文化工作者的福利待遇，确保农村文化人才留得住、用得上；另一方面，重点培养熟悉文化产业市场运作、具备创意创新产业从业经历、在文化产业细分领域拥有独特资源优势的中青年后备人才。推进非遗抢救性记录，采录农村濒危非遗项目和代表性传承人的档案。同时针对现有文化企业主要经营者，特别是传统工艺品行业从业者，加大知识扶持和理念更新力度，在推动文化企业管理提升的同时，做到传统文化的有效保护和传承。

　　培育农村文化市场，必须加强对农村文化市场的监管。农村文化市场的监管基本处于空白状态，尤其是地处偏远的乡村。加强对农村文化市场的监督管理，坚持"一手促繁荣，一手抓管理"，采取重点整治和日常管理相结合的办法堵源截流。一方面，组织文化、公安、工商等部门定期开展文化市场专项整治行动，集中打击，不给不法分子以喘息之机，切断源头；另一方面，要配齐乡村文化监管机构，强化文化监管职能，增加农村文化监管人员，实行文化市场管理端口前移，发挥文化管理部门的主观能动性，加强对农村文化市场的日常管理。发现问题及时上报，并启动举报联动机制，迅速进行查处，发现一个、查处一个。同时，加大对重点地区、易发地区的文化市场监管力度，严厉打击网吧接纳未成年人，兜售淫秽色情、暴力迷信音像制品、侵犯知识产权和政治性非法出版物等行为，优化农村文化生态。定期开展法治宣传进乡村活动，定期发布文化市场黑名单，完善联合惩戒机制，构建农村文化市场信用体系。加强农村文化市场重大案件督办，推进双随机一公开，实现事中事后监管全覆盖。

培育现代农村文化市场，要在实施乡村振兴战略中用好现有优惠政策，在建设服务型政府过程中，树立依法治理文化理念，推动文化与旅游、农业、体育、康养等产业深度融合，把乡村文化资源优势转化为文化产品优势，经由市场化配置和产业化运作释放出产能，转化为文化产业优势，形成推动农村经济发展、产业结构调整的新动力、新引擎，从而为城乡一体化发展、乡村振兴作出贡献，实现经济效益和社会效益的双丰收。

参考文献

1. 习近平：《决胜全面建成小康社会　夺取新时代中国特色社会主义伟大胜利——在中国共产党第十九次全国代表大会上的报告》，人民出版社，2017。
2. 中共中央、国务院：《乡村振兴战略规划（2018～2022年）》，2018年9月。
3. 《中共安徽省委安徽省人民政府关于推进乡村振兴战略的实施意见》，2018年2月。
4. 《安徽省文化厅关于繁荣兴盛农村文化推进乡风文明建设的实施意见》，2018年2月。
5. 潘鲁生：《山东乡村文化产业的六大集群》，《大众日报》2018年10月10日。
6. 蒋占峰、张栋：《新农村文化市场增能研究》，《深圳大学学报》（哲学社会科学版）2011年第4期。
7. 崔苗：《农村文化消费及文化市场培育机制研究》，《农业经济》2018年第3期。
8. 牟文谦、范玲玲：《黄河三角洲地区农村文化市场培育》，《滨州学报》2016年第5期。
9. 彭维锋：《探索乡村文化振兴的中国路径》，《农民日报》2018年2月24日。
10. 张振鹏：《我国文化创意产业农村发展路径寻绎》，《学术论坛》2012年第11期。

11. 陈爱国：《培育农村文化市场 增强乡村振兴的文化驱动力》，《中共合肥市委党校学报》2018 年第 3 期。

12. 王左腾：《文化消费模型构建与实证研究——以生产供给、流通载体、消费需求为变量》，《商业经济研究》2017 年第 14 期。

13. 范大平：《农村文化市场建设略论》，《湖湘论坛》2005 年第 2 期。

14. 朱蓉、邢军：《推进文化创意产业与相关产业融合发展研究》，《江淮论坛》2018 年第 1 期。

B.26
以黄梅戏为代表的振兴传统戏剧
"安徽经验"研究

胡功胜*

摘　要： 随着近年来中国文化消费语境的变化，传统戏曲市场逐渐萎缩，观众流失严重。安徽省黄梅戏演艺界不等不靠，开拓创新，用精彩的演出、精美的作品、科学的经营，赢得了观众，打开了市场，培养了人才，收获了荣誉，创造了振兴传统戏剧的"安徽经验"。

关键词： 传统戏剧　黄梅戏　安徽经验

中华人民共和国成立以来，安徽黄梅戏的发展出现过"梅开二度"的繁荣局面，严凤英、王少舫、以马兰为领队的"五朵金花"和黄新德等名家辈出，《天仙配》《女驸马》《徽州女人》等经典剧目精彩纷呈。仅仅用了50余年时间，黄梅戏就从一个乡间草台的传统小戏，逐步发展成为蜚声海内外的中国五大剧种之一。随着近年来中国文化消费语境的变化，传统戏曲被日益边缘化，市场逐渐萎缩，观众流失严重。在这种大环境下，安徽省黄梅戏剧界不等不靠，开拓创新，用精彩的演出、精美的作品、科学的经营，赢得了观众，打开了市场，培养了人才，收获了荣誉，创造了振兴传统戏剧的"安徽经验"。对这一经验进行调研、分析和总结，对于传承发展传统戏曲文化有着重要的启示性意义。

＊ 课题负责人：胡功胜，安徽省社会科学院文学研究所研究员；课题参与人：缪丽芳、黄胜江。

一 黄梅戏传承发展的基本情况

（一）历史的传承发展脉络

黄梅戏是一个相对年轻的剧种，成型于 20 世纪初，成熟于中华人民共和国成立以后。对于它的起源，一般认为是 18 世纪后期皖、鄂、赣三省交界的黄梅采茶调。在长期的发展过程中，广泛吸纳了当地桐城调、青阳腔、徽调等丰富的民间说唱艺术，从 20 世纪初开始引进京剧、越剧、评剧、淮剧等剧种的程式化动作，尤其是在舞台形式与音乐结构上深受当时流行的京徽剧影响。这个时期的黄梅戏改变了过去"三打七唱"的舞台形式，试用胡琴伴奏和京徽剧打击乐、锣鼓点，还吸收了京剧中的许多曲牌，进一步丰富了黄梅戏的伴奏音乐；它取消了后台帮腔，创造了除主调之外的近百个花腔曲调，逐步形成了黄梅戏特有的唱腔体系。此外，传统老腔中的虚声衬字也大大减少了，台词变得更加通俗流畅，服饰和舞台也进一步专业化，一个正规戏剧的舞台特征更加明显。在这种兼收并蓄中，黄梅戏作为一个正规剧种开始成型，一些乡村的草台班子也开始进军安庆、上海等大城市，寻找生存与发展的商机。

黄梅戏真正走出安徽，并在国内产生广泛影响是在 20 世纪 50 年代初，这个时期全国戏曲界开展了一场声势浩大的戏改运动，安徽黄梅戏剧作家陆洪非、作曲家时白林等按照中央指示精神，着手开展戏改工作，收集整理出大戏 47 本、小戏 90 出，其中的《天仙配》《打猪草》《夫妻观灯》均在 1954 年的华东地区戏曲会演上获奖，《天仙配》还被上海电影制片厂拍成电影，中国唱片社也为黄梅戏的一些经典剧目灌制了唱片，极大地扩大了黄梅戏的社会影响，一个来自民间山野的传统小戏迅速红遍了大江南北。

进入新时期后，宽松的文化语境让黄梅戏重焕生机，出现了又一波空前的繁荣，但随着后来中国社会的市场化转型和文化产业的强势启动，文艺的边缘化也成为一种新的文化语境，黄梅戏艺术通过创新拓展文化市场成为一种持久的冲动。在艺术形式上，以美声唱法与黄梅戏唱法相结合，在黄梅戏唱腔中融入通俗唱法，尝试黄梅戏音乐剧，黄梅戏伴奏的进一步交响化，黄梅戏舞台剧的歌舞化等，都成为一些创新者有益的尝试。在内容层面上，一些地域文化素材得到了很好的发掘，如《徽州女人》《桐城六尺巷》，有的直接取材于鲜活的现实生活，如《柳暗花明》《中秋月圆》，有的则把地域文化与时代热点紧密结合，如《风雨丽人行》《江淮儿男》，有的尝试把黄梅戏儒雅化，如《乾隆辨画》《临川四梦》……这些创新的努力，让当下的黄梅戏艺术风格多彩多姿。

（二）当下的传承发展环境

中华人民共和国成立后，黄梅戏历经时代的风雨，代代相传，传承有序，造就了严凤英、王少舫、马兰、吴琼、韩再芬等一大批著名表演艺术家，进入新时期后更是得到了安徽省委省政府的高度重视。20世纪80年代初，安徽省委就提出"黄梅戏系统工程"的设想，开始了"大黄梅"的奠基工作，把黄梅戏由剧种、剧团的小战线，推展到社会运作的大舞台。90年代初，安徽又提出了"两黄"（黄山、黄梅）的概念，使黄梅戏成为安徽省的文化招牌之一。90年代末，安徽省委省政府进一步提出"打好徽字牌，唱响黄梅戏，建设文化强省"的口号，并颁布了《安徽省黄梅戏艺术事业振兴发展纲要》，从而把黄梅戏摆在安徽文化建设的龙头地位。2006年，黄梅戏被列为首批国家级非物质文化遗产名录。2010年1月，国务院正式批复了国家发展和改革委员会、安徽省委省政府联合上报的《皖江城市带承接产业转移示范区规划》，着重强调要"发挥示范区人文资源优势，主动承接国内外文化产业转移，培育文化产业骨干企业，推动文化企业跨行业、跨区域、跨媒体发展，打造具有核心竞争力的文化品牌和产品，形成独具特色的文化产业集群……扶持发展黄梅戏等地方戏曲艺术"。国家的利好政策给黄梅戏产业带来了发展的绝佳时机，安徽省委省政府审时度势，优先发展黄梅戏文化产业，给黄梅戏文化产业的发展壮大插上了腾飞的翅膀，注入了新生的力量。

但是，不可否定的是，黄梅戏的繁华是建立在一个群众文化生活十分匮乏的时代，随着大众传媒的飞速发展，外来音乐文化、影视文化、网络文化及大众娱乐文化迅速传播和广泛普及，人们的娱乐方式日益便捷和多元，传统的文化艺术日益边缘化，黄梅戏也与众多传统戏曲一样面临着诸多发展困难，主要表现在以下几个方面。

1. 受众群体老年化

黄梅戏的故事情节和演出节奏都比较缓慢，对于喜欢短平快生活的现代人来说的确不是投其所好。看看目前黄梅戏舞台前的观众不难发现，黄梅戏的观众群体以中老年居多，青少年爱好者甚少，怪不得有人惊呼"黄梅戏已经沦为中老年人的艺术"。受众的老年化导致黄梅戏进军大都市非常艰难，现在的黄梅戏在城市很难得到发展，大部分演出选择在安徽、浙江、广东等省份的农村。

2. 演出剧目陈旧

"一部好戏救活一个剧种"，好的剧目能够给一个剧种带来勃勃生机，剧种往往借助好的剧目生存和发展。提起黄梅戏，大家第一时间想到的也就是那么几个剧目，能被称为经典的剧目实在是少之又少，最近几年也创作了不少新剧本，如《徽州女人》《桐城六尺巷》《徐锡麟》等，虽然也取得了不错的演出效果，但都达不到《天仙配》《女驸马》《牛郎织女》那样的高水平，并未形成黄梅戏的品牌效应。天天《打豆腐》，夜夜《闹花灯》，剧目创作跟不上时代节奏，很容易让人产生审美疲劳，观众也就自然大量流失。

3. 后备人才缺乏

黄梅戏作为一种演艺艺术，从业人员的年龄制约着从业的年限，随着年龄增大其舞台形象逐渐丧失，必须退出舞台。从调研中得知，目前在安庆市区的黄梅戏剧院，演员的平均年龄在 40 岁左右，乐队人员的平均年龄超 50 岁，舞美、后期制作、导演等人才都很稀缺，剧团每排一个戏，要么是请退休人员，要么是高薪外聘。其他院团的情况就更严重了。民间剧团的演员大部分是艺术表演爱好者或者企事业单位的退休人员，由于缺乏专业训练，很难适应市场需求。在当今社会形势下，人越来越浮躁，更兼戏剧表演收入不高，愿意学戏的人也就越来越少，致使人才梯队青黄不接。

4. 财政投入不足

传统的戏曲艺术几乎都面临着市场化困境和政府投入不足的问题，社会资金因看不到黄梅戏的现实效益和发展前景，也不愿投资黄梅戏。安庆市前些年每年用于黄梅戏的财政支出在 2000 万元以上，但其中大部分是人头费，事业费只是象征性的。省财政对黄梅戏的支持主要表现为对省直剧团的支持，其他一些三线、四线城市，财政投入的不足导致各大剧团硬件设施落后，有些小城市根本就没有戏剧院。一些草根剧团很像是"没娘的孩子"，唱的是戏，跑的却是江湖。

5. 产业化滞后

黄梅戏不能很好地适应经济市场的需求，"等、靠、要"的思想严重制约了黄梅戏的产业化进程。虽然黄梅戏近几年的发展取得了不小的成绩，但它的演出市场依然十分冷淡，至今尚未形成一条完整的的产业链。一方面，现在的剧团大多处于被动状态，没有去主动探索市场、开发市场，在市场中找准自己的定位；另一方面，"产"和"销"融合不够，目前的黄梅戏工作者，要么是在黄梅戏方面很有造诣，但是对市场营销丝毫不通，要么是在市场营销方面很有经验，但对戏曲行业一知半解，非常稀缺的就是专业的商业演出推广机构和经纪人队伍，就是既懂黄梅戏又懂市场的复合型人才。

6. 创新的误区

黄梅戏剧目经改革创新发展后，一方面，其专业性愈来愈强，发展方向也愈发呈现高雅化、贵族化和精英化，需要有一定黄梅戏基础知识和深厚文化底蕴的人才能懂得欣赏，而贴近广大人民群众生活、适应市场审美需求的剧目却凤毛麟角；另一方面，在音乐现代化的历史大潮中，西方音乐文化渗透黄梅戏戏曲文化中，黄梅戏虽然借鉴西方音乐的写作技法、交响乐队的融入、歌舞化的表演、语言的多样化等改革手段，表演形式焕然一新，但是，广大群众认为现代的黄梅戏"味"淡了，越来越不像黄梅戏，严重伤害了传统戏迷的感情，从而失去了大量观众。尤为严重的是，近年来新创作的某些剧目完全不计成本，一味追求大制作，出现"大演大赔，小演小赔"的不正常现象。

二　黄梅戏振兴传统戏剧的"安徽经验"

面对各种不利因素的影响，近年来安徽黄梅戏演艺界不等不靠，开拓进取，大力实施安徽省委省政府提出的"打好徽字牌，唱响黄梅戏，建设文化强省"的文化发展战略，在戏曲文化传承、戏曲市场开拓、戏曲剧本创作、戏曲人才培养等方面均取得了较好成绩，为传统戏曲的传承发展提供了颇有借鉴价值的"安徽经验"。

（一）文化传承保持艺术本色，艺术创新成就辉煌之路

黄梅戏的几度辉煌，浸透了几代艺术家辛勤的汗水和创新的智慧，从黄梅戏的发展史中可以看出，黄梅戏的发展走的是一条文化传承中的改革创新之路。在形式层面，中华人民共和国成立初期黄梅戏的最大变化就是广泛吸收西洋音乐的形式技巧，给观众带来了一种全新的视听感受，大大增强了黄梅戏音乐的表现能力。在内容层面，中华人民共和国成立初期的黄梅戏整理剧目也很好地贯彻了"五五指示"精神："对旧有的或经过修改的好的剧目，应作为民族传统的剧目加以肯定，并继续发扬其中一切健康、进步、美丽的因素。"这种创新是黄梅戏发展中生生不息的动力，新时期"黄梅戏"的发展更是在艺术创新中"梅开二度"。

（二）演艺主体日趋多元，民营团体数量"井喷"

早在"十一五"末，安徽省黄梅戏剧院等五家文化演艺单位由事业单位转制为企业法人。通过转企改制，塑造了合格市场主体，形成了以艺术生产经营为中心、面向市场的艺术生产机制，以及面向广大群众、以满足市场需求为导向的艺术创新机制。目前安徽事业性质的国有剧团仅有少数几个，

与此形成鲜明对比的是，民营演艺团体的发展数量出现"井喷"现象，省、市、县三级国有表演团体与非公有制艺术表演团体基本是平分秋色，后者以不足前者一半的机构数、1/4 的从业人员，实现了前者80%的营业收入，民营演艺机构业已成为安徽演艺市场的重要主体和发展安徽演艺事业的主力军。据安庆市文化部门的不完全统计，目前活跃于安庆地区的黄梅戏民间班社有200多个，这些民间班社除在黄梅戏流行地区的城乡演出外，还积极开拓省外演出市场，扩大黄梅戏的影响，业绩非常可观。

（三）演艺活动丰富多彩，文化惠民遍地开花

近几年，安徽黄梅戏很好地承担了安徽文化形象的"宣传大使"职能，积极组织优秀剧（节）目赴国内外巡回演出，不断扩大"演艺皖军"的社会知名度，在不同的场合有力地宣传了安徽形象。据不完全统计，近几年，仅安庆市市直3个黄梅戏剧团每年完成的演出场次都在百场以上，演出收入达数百万元，数额虽然不是很大，但对于相对冷清的戏曲市场来说也算相当不错了，这些演出活动可圈可点的地方也很多。近几年，安徽黄梅戏院团坚持把社会效益放在首位，坚持把满足人民群众的精神文化需求作为演出的出发点和落脚点，积极参与政府购买公共文化服务，在文化惠民活动中发挥了重要的作用。

（四）积极开拓两个市场，演艺效益稳步增长

戏曲"走出去"成绩显著。近几年，安徽演艺集团整合院团资源，先后赴美国、法国、俄罗斯、加拿大、澳大利亚、新西兰、新加坡等国家开展戏曲商业演出和文化交流，扩大了安徽戏曲在国际演艺领域的影响力。戏曲"走进北上广"屡创佳绩。参演剧目数量之多、质量之高、规模之大、时间之长，都创下历史之最，引起社会各界广泛关注和热烈反响。戏曲"走下去"精彩纷呈。近几年安徽黄梅戏院团积极组织戏曲演艺团队参与"高雅艺术进校园""童心大舞台""三下乡""百团千场万人送文化"等群众性知名文化服务活动，深入基层，为群众演出。

（五）大力强化精品意识，打造适销对路产品

"唱响黄梅戏，做好徽文章"是安徽省委省政府一项长期的文化发展战略。近年来，安徽省演艺界立足安徽传统地域文化，紧紧抓住"徽"字招牌，大力实施精品文化工程，推出了诸如《徽州女人》《雷雨》《小乔初嫁》《风雨丽人行》《大清名相》等精品力作。安徽省还启动了地方戏曲剧种抢救性保护和常态化展演工作，近几年成功复排黄梅戏《鸳鸯剑》《五女拜寿》《长相知》《相思扣》等传统戏曲剧目34部，新创黄梅戏和地方戏曲大戏小戏共78部。

（六）新兴业态不断呈现，演艺人才茁壮成长

积极探索"演艺＋互联网""演艺＋旅游""演艺＋培训""演艺＋影视""演艺＋资本"等新业态发展形式是近年来安徽演艺的一项重大工程。3D全息黄梅戏《牛郎织女》一经推出便受到观众的热捧，除了传统的巡演、驻场演出外，安徽演艺业开始与旅游业相融合，催生了一批诸如潜山县的黄梅阁、"黄山·黄梅"5D全景旅游演艺等山水实景演出、大型情景表演等新业态的演艺产品。在人才的培养、引进和使用上，安徽黄梅戏演艺界都做了大量工作，其中最大的亮点就是实施"明日之星"计划，把一批优秀中青年演员推到舞台的中心，让许多青年才俊脱颖而出，再芬黄梅还摸索出一套"一体两翼""三维互动"的人才培养模式。

三 经验总结及未来展望

近几年来，安徽文化演艺虽然在硬件建设、精品战略、市场开拓、人才培养等诸多领域取得了可喜成绩，在以黄梅戏为代表的传统戏曲传承发展中形成了可资借鉴的"安徽经验"，但是，文化演艺事业的发展乃长久之计，绝非一日之功，成绩的取得与问题的暴露总是同时出现，成为安徽复杂文化演艺发展态势的一体两面，所以，不管是对"安徽经

验"的总结，还是对安徽传统戏曲未来的展望，我们都不可忽视以下五个问题。

（一）靠产品说话

传统戏曲的生存空间和发展潜力在很大程度上依赖于戏曲演艺产品。近年来，安徽传统戏曲虽然都推出了精品战略，也的确产生了一批颇有社会影响并产生一定经济效益的文化精品，但数量和质量与观众的要求、市场的需求还有一定的差距。比如黄梅戏《徽州女人》虽然获得过不错的奖项和良好的口碑，但是因缺乏有效的市场推广机制，更兼演出成本过高，结局也是演过几场就"刀枪入库"。许多院团的精品节目，在国内、业内的比赛中也都获得过好的奖项和成绩，但是受演出环境要求较高等因素的影响，有的节目只适合比赛不适合常规演出。更突出的问题是，许多院团的新产品总体上创新不够，存在有数量缺质量、跟风模仿、制作粗糙等问题。安徽传统戏曲在接下来的工作中要科学编制创作规划，大力扶持优势特色艺术门类发展，重点打造全国一流演艺品牌，每年重点打造 3～5 部具有地域特色、安徽风格、中国气派的原创演艺品牌项目，努力创作既有"高原"更有"高峰"的精品力作；要积极实施地方戏曲振兴工程，以黄梅戏等地方戏为重点，扶持创排具有全国一流水准的精品力作；要以黄梅戏为重点，积极支持创作生产讲好中国故事、展示中国魅力，符合对外传播规律、易于让国外受众接受的优秀作品。同时，要根据人民群众多样化文化需求，组织创作生产更多贴近实际、贴近生活、贴近群众，雅俗共赏、三性统一、双效俱佳的优秀作品；"唱什么"与"怎么唱"要由观众和市场决定，要开发适销对路的产品，满足观众的审美需求，对于短小精悍、活泼幽默的传统小戏，可以侧重于娱乐性的尝试，探索黄梅戏与小品、情景喜剧等的结合形式。

（二）靠市场盈利

安徽戏曲演艺市场虽然初步建立，但各种市场要素还在成长之中，与一些演艺业比较发达的省市相比，存在较大差距。主要表现在：戏曲演艺产品的生产偏离市场需求，数量不够，质量不高，价格太贵，有的只重视评奖，获奖之后便束之高阁，有的只有专家欣赏，观众和市场不买账，许多产品多偏重于所谓的"高雅市场"和正规演出，缺乏适合市场大众需求的大众化产品，很多剧目市场影响力弱，观众上座率不高，陷入了"多演多赔、少演少赔，不演不赔"的境地；戏曲演艺市场的营销做得还不够，产业链条很不完善，没有形成选题策划、投资论证、编导创作、舞美设计、演员阵容、舞台呈现、推广营销、票房实现等各个环节的产业链。这些短板导致戏曲演艺产品缺乏市场卖点，严重脱离了人民群众的文化需求，其社会效益不仅大打折扣，而且经济效益更是无从谈起。在今后的工作中，安徽的传统戏曲要强化演艺产品的市场化导向，积极调整思路、转变观念，采取措施，克服"等、靠、要"思想，主动"跑、闯、找"，积极探索政府订单、项目资助、节庆演出、股份合作、旅游会展、驻点演出、网络服务、全员营销等多种营销方式，建立科学的市场调研机制和严格的成本核算机制，建立健全的营销机制和营销队伍，探索"向市场要效益、以营销创效益"的发展新路。要把精品意识与市场意识紧密结合，用精品力作吸引观众，以精品力作占领市场，精准把握群众需求和市场取向，不断推出质量过硬、特色鲜明、人民群众喜闻乐见的戏曲演艺产品，让演艺欣赏真正成为城乡居民提高生活质量的日常消费活动。要不断加大文化演艺产品特别是优秀戏曲演艺产品的供给，提供多元化、个性化、分众化的戏曲文化演艺产品和服务，满足不同收入层次、不同文化层次和不同地区居民的文化消费需求，降低文化演艺产品的市场价格，降低城乡居民的文化消费成本，让老百姓消费得起，进而消费得多。

（三）靠人才打拼

安徽各演艺院团在完成转企改制以后，要想面对市场拓展生存和发展空间，关键靠优秀的人才队伍作支撑。各院团在人才队伍建设方面都做了大量的工作，但也面临着一个发展的瓶颈。省黄梅戏剧院等几家转制院团均存在基础性人才匮乏的情况，台前与幕后的人才结构失衡是很多院团目前面临的严峻问题，特别是青春期短的演员人才紧缺的问题更为严峻，很多戏曲的演出甚至出现了要从外边借演员的不正常现象。"编、导、演、音、舞、美"等人才青黄不接，兼受体制、待遇等因素影响，高素质的文艺人才进不来、留不住。以黄梅戏人才为例，在 2014 年的一项针对现有 18 个国有院团的黄梅戏人才调研中，我们发现，安徽省国有黄梅戏院团从事编剧、导演、作曲的黄梅戏专业人才较为匮乏，编剧 10 人、导演 11 人，均仅占总人数的1%，而作曲仅 1 人，占总人员的比例不足 1%。地域性、乡土性和民间性是地方戏的根本特征，也是地方戏曲的魅力之源。一些外请编剧、作曲虽然有很高的才华，由于对地域方言、文化习俗了解不深，往往难以创作出富有韵味、适合本地观众的戏曲艺术作品。此外，院团管理人才、经营人才、创意人才也非常缺乏，尤其是缺少善经营、会管理、懂艺术的复合型人才。安徽戏曲院团必须立足当前、着眼长远，把人才作为兴业之本，抓好人才的培养、引进、使用三个环节，增加人才总量，优化人才结构，提高人才素质。"不求所有，但求所用"，建议出台政策，柔性引进，流动配置，给予适当资助编外引进高级人才，使高级人才人尽其用，用当其时，在市场中合理有序流动。大力培养有益于院团发展的管理人才、经营人才、创作人才和演艺人才，用"感情、事业、待遇"留人，营造"引得进、留得住、用得好"的用人环境，让优秀人才有更多的展示机会、更高的展示平台，建立和完善有利于优秀人才脱颖而出的体制机制。

（四）靠创新发展

思维守旧、业态陈旧是目前安徽戏曲演艺行业存在的普遍问题，只有积极创新，才能实现全面发展。要积极推进戏曲演艺与科技结合，加快数字技术、网络技术、3D 多媒体等现代信息技术在演艺产品的创作、生产、传播、营销等各个环节的应用及推广，应用声光电综合集成应用技术、基于虚拟现实的舞美设计与舞台布景技术、移动舞台设备制造技术等演艺关键支撑技术，提升演艺文化产品的表现力和传播力；要推动"演艺＋互联网"业态发展,以"剧宝盆"项目为统领,加快现代信息技术在演艺产品的创作、生产、传播、营销等各个环节的应用及推广,大力推进观念、体制、机制、内容、形式、科技、业态、传播手段创新;要积极推进戏曲演艺与其他新业态的融合,创新多元投资体制,"立足演艺谋发展,跳出演艺求突破",大力推进演艺与影视、体育、旅游、会展、新媒体等产业的相互渗透和有机融合,推动传统戏曲演艺产业结构优化升级,延伸演艺产业链,培育新型演艺业态,扩大和引导戏曲演艺消费;要围绕国家 5A 级旅游景区和知名旅游城市,创建一批驻点戏曲演艺表演基地。同时,对于黄梅戏的传承发展来说,要尊重黄梅戏质朴清新的艺术风格,刹住大手笔、大投入、大制作的奢侈之风,避免盲目追求高雅化的艺术效果;尊重黄梅戏平民性、民间性的艺术传统,不以"现代性""主旋律"为由随意创新,不以获取政府奖项、赢得专家好评为艺术标准;尊重黄梅戏传统唱腔,任何颠覆性的创新都要非常慎重;尊重经典的历史影响和接受定位,原汁原味地传承黄梅戏经典剧目,不能把产业化作为文化传承的唯一方向。在保持黄梅戏传统特色的基础上,借鉴新的艺术形式和技术手段加以创新,寻找引起当代观众共鸣的新主题和新形式。

(五)靠体制激活

全面贯彻省委省政府关于推进文化事业单位改革的意见,尽快完善文化产业政策体系。地方戏曲院团的体制改革要实行分层管理,不同院团要区别对待,不能套用一个模式解决所有问题:对于体现地方戏曲最高水准的院团,要以政府扶持为主,以产业开发为辅,让它们切实承担起传统戏剧文化、打造经典剧目的历史责任;对于一般院团,要建立现代企业制度,深化劳动、人事、分配制度改革,成为自主经营、自负盈亏、自我发展的市场主体;对于没有财政支持的院团要加强保护,可以考虑纳入各级公共文化服务体系,增强它们的生存和发展能力。要创投融资体制,改变单纯依靠政府投资的被动局面,促进和吸收社会资金进入黄梅戏产业市场,形成合作、股份、民营、中外合资等多形式、多渠道、多层次的产业格局，有条件的要积极上市融资。要彻底打破民营与国有之间的身份歧视，让民营剧社与国有剧团享有同等的待遇，在剧团融资、人才培养、剧种扶持、演出场地和演出器材等方面，要尽快出台重视民营剧团发展的优惠政策、扶持措施；各级政府在文化项目招标、文化资源配置和重大文化交流中，也应给予民营剧团同等主体地位，鼓励民营剧团积极参与公益性文化活动。

B.27
推动长三角地区弘扬时代
新风工作实证研究

吴树新*

摘　要： 党的十八大以来，随着党风政风的明显好转，社会风气呈现
许多可喜变化。但思想道德领域仍然存在不少问题，部分地
区陋习旧俗有不同程度的蔓延。从古至今，长三角地区文明
具有很近的亲缘关系及独特的历史印记，文化在促进长三角
区域沟通协调、助推多地统筹发展方面作用日益显现，推动
长三角地区移风易俗、弘扬时代新风工作，不仅是贯彻落实
党的十九大精神的重要举措，也是加强长三角一体化文化建
设的题中应有之义。我们通过对安徽的一些市县、乡镇、社
区调研，剖析问题，总结出各地探索出的可复制、可推广的
好经验、好做法，并提出政策和法律方面的建议：推动移风
易俗弘扬文明新风工作向常态、长效方向发展，把社会主义
核心价值观作为国民教育之魂，鼓励公众和社会力量积极参
与，要善用法治思维和法治方式。

关键词： 长三角地区　移风易俗　文化建设

长三角一体化发展成为国家战略是以习近平同志为核心的党中央做出的

---

* 吴树新，安徽省社会科学院社会学研究所副所长，副研究员。

重大决策部署。2019 年 5 月 13 日，在习近平总书记主持召开的中共中央政治局会议上，审议了《长江三角洲区域一体化发展规划纲要》。当前，长三角正积极推进一体化发展，在《长江三角洲区域一体化发展规划纲要》印发的大背景下，三省一市已分别制定了各自的实施方案。长三角地区的沪苏浙皖，区域位置紧密相连，历史文化一脉相承，四地在当今的精神文明建设领域也有坚实的基础，要服务好长三角地区高质量一体化发展大局，必须立德树人、以文化人，大力培育和践行社会主义核心价值观，弘扬科学精神，普及科学知识，开展移风易俗、弘扬时代新风行动，抵制腐朽落后的文化侵蚀。

一 安徽省推动移风易俗的主要做法及成效

安徽地处江淮，早在春秋战国时期，伴随着楚文化的东渐和吴越文化的西进，古安徽文化分别被纳入楚文化圈和吴越文化圈的范畴。而上海、浙江、江苏一直以来都属于吴越文化圈的范畴。自春秋时期起，楚文化和吴越文化经过数百年的交流、渗透和碰撞，在原有江淮古文化的基础上彼此吸纳和融会，到战国时期，已达到水乳交融的程度，使得江淮地区成为三楚的中心和晚期楚文化的重要发祥地，并在自身的文化基因中，巧妙地融入了吴越文化的因素。从古至今，长三角的三省一市风俗相近。风俗是传统文化的一部分，而优秀传统文化是中华民族的"根"和"魂"。习近平总书记高度重视中华优秀传统文化，将其作为治国理政的重要思想文化资源。他提出要对传统文化进行创造性转化和创新性发展。创造性转化就是按照时代特点和要求，对那些至今仍有借鉴价值的内涵和陈旧的表现形式加以改造，赋予其新的时代内涵和现代表达形式，激活其生命力。创新性发展就是按照时代的新进步新进展，对其内涵加以补充、拓展、完善，增强其影响力和感召力。推动移风易俗、弘扬文明新风工作的意义正是如此。我们通过调研，旨在总结安徽各地探索出的可复制、可推广的好经验、好做法，深入分析移风易俗工作中存在的突出问题，提出有针对性的、可操作的对策建议，为长三角地区精神文明建设提供借鉴和参考。

（一）组织推动

开展移风易俗、弘扬时代新风是贯彻落实党的十九大精神的重要举措，也是建设现代化五大发展美好安徽的题中应有之义。安徽省文明委出台《安徽省农村文明创建行动纲领（2017～2020年）》，将"四倡四反"（倡导红白喜事划定合理标准和规模，提倡婚事新办、丧事简办、喜事小办或不办、"恶俗"陋习禁办，反对铺张浪费、攀比炫富、封建迷信和黄赌毒）移风易俗行动列入农村创建"五大行动"之一。2018年1月30日，安徽省委召开高规格的全省开展移风易俗弘扬时代新风工作动员大会，统一行动，全面安排部署全省移风易俗弘扬时代新风工作。各地各部门也结合实际，专题部署安排，分解任务落实，建立工作机制，初步形成了上下联动、齐抓共管的工作格局。部分市县还建立了联席会议制度，及时研究解决重点难点问题。在通过组织摇动的同时加强新闻宣传。省属有关媒体和各市县媒体联动，开设专题专栏，动态报道各地移风易俗好做法。一些地方通过道德讲堂、村史馆、文化墙、公益广告、新年挂历、倡议书等方式，大力开展移风易俗宣传教育。还注重发挥民间文艺社团、文化示范户、农村文化能人、基层文艺骨干、文化志愿者演身边人、说身边事，让农民自我教育、自我提高。

（二）典型带动

典型带动方面的主要措施，一是突出示范点建设。从省级层面启动移风易俗示范工程，点面结合、统筹推进。省财政连续两年安排650万元专项，用于推动移风易俗工作，对富有特色、成效显著的镇村予以奖补。一些地方还从规划建设、整合资源入手，引导老百姓充分利用农民文化乐园、广场祠堂、开放式村部等场地，为村民办红白喜事提供场所和设施设备，合理控制规模，大大节约费用，使这些场所成为培育新风的学堂、实现节俭治家的平台。如铜陵市义安区建设"婚庆堂"，池州市青阳县建设"村民食堂"，马鞍山市含山县建设"红白理事堂"，当涂县建设"红白喜事集中办理示范点",涡阳县建设"移风易俗服务大厅"等。二是突出党员干部带头作用。充分发挥党员干部先锋模范和示范带头作用,结合推进"两学一做"学习教育常态化制度化,推动党员干部自觉破除陋习,带头树立健康向上的文明风尚。省纪委、省委组织部、省委宣传部、省文明办联合下发了《关于全省党员干部带头开展移风易俗弘扬时代新风的指导意见》,亳州等市实行党员干部操办婚丧喜庆事宜事前报告备案制度,签订党员干部带头移风易俗承诺书 13 万份,加强对党员干部婚丧嫁娶的事中、事后进行监督检查,对顶风违纪者进行严肃处理。三是突出重点人群示范。淮北市出台《公职人员操办婚丧喜庆事宜规定(试行)》,对公职人员操办婚丧喜庆事宜报备程序、人数规模等都做了明确的规定。岳西县制定出台《国家公职人员违反移风易俗工作意见的处理办法》《人大代表带头遵守移风易俗管理办法》《县政协委员带头遵守移风易俗管理办法》《关于在全县企业及从业人员中推进移风易俗工作的实施意见》等系列文件,以政风引领民风。

(三)上下联动

一是推动群众自治。坚持把"一约四会"作为推动移风易俗的重要突破口,指导各地健全机构,完善制度,定期开展活动,引导群众加强自我管理、自我约束、自我提升,目前全省 80% 以上的村都建立了"一约四会"。如芜湖县红杨镇成立红白理事会,把禁止丧事大操大办列入村规民约,倡导广大村民共同遵守,将原先 7 天的丧事缩减为 3 天,减少一半以上的开支,丧事费用控制在 2 万元以内,减轻了村民负担。该镇各村还专门成立了彩礼调解委员会,由村书记牵头,组织开展高价彩礼调解活动,已成功调解高价彩礼婚事 2 例。

二是注重制度约束。一些市从市级层面提出指导意见,各县区结合各自实际,分别制定了红白事操办标准、规模和流程,镇村立足实际,制定红白事操办标准,实现了"一镇一策""一村一策",有效避免了移风易俗标准简单化、"一刀切"现象。如涡阳县设定婚丧事宜酒席不超过 10 桌、每桌不超过 10 菜 4 汤,随礼不超过 100 元,彩礼不超过 6 万元等上限标准,受到了群众的广泛欢迎。界首市号召全市人民红白事随礼不超过 50 元、随礼不就餐。亳州市印发了致广大贫困户的一封信，各村（社区）干部严格监督贫困户落实操办红白事标准，严密管控贫困户随礼行为，杜绝政府为贫困户"输血"而贫困户因大操大办、高价彩礼、随礼"放血"现象的发生，真正让贫困户把扶贫资金"用在生产上，花在刀刃上"。

三是严格考核督查。部分市县还制定移风易俗工作考核办法，加强对移风易俗工作进行督查考核，公布举报渠道，接受群众监督。淮北市把移风易俗工作纳入效能考核、美丽乡村建设、文明村镇和文明单位评选四项工作考评中，确保工作落到实处。亳州市规定村包组干部、村主任、村书记、镇包村干部和扶贫工作队长五类人员为直接责任人，严格控制贫困户出现大操大办或超出礼金标准随礼的行为，保持对移风易俗工作的高压态势。

（四）实践促动

一是培育良好家风。各地深入开展文明村镇、"星级文明农户"、"五好文明家庭"创建活动，开展寻找"最美家庭"活动，开展好婆婆、好媳妇等各类评选交流活动，弘扬社会主义核心价值观，培育好家风、践行好家规家训，真正将评选和交流过程变成一个宣传、学习先进典型的过程，真正起到"身边的事感动影响身边的人"的积极作用。如铜陵市利用 5 年左右时间，在全市实施"传家训、育家风、立家教，践行社会主义核心价值观"教育工程。

二是培育乡贤文化。发挥"新乡贤"的带动示范作用，注重从道德模范、身边好人、乡村教师、退伍军人、创业人士中发现和注重从道德模范、身边好人、乡村教师、退伍军人、创业人士中发现和培养新乡贤，用他们的嘉言善行感召群众、垂范乡里。五河县建设"淮安民俗馆"，将村史、家风家训、乡贤人物、农耕文化集于一堂，对村民和青少年进行民俗教育；巢湖市打造市、镇、村三级乡贤示范馆，试点建设运行 2 处乡贤工作站，创新开展"乡贤＋"系列道德实践活动，以乡贤引领、滋养道德新风。

三是培育孝道文化。发挥道德评议会作用，对身边发生的不道德行为特别是不孝敬老人的行为进行公开评议。界首市芦村镇将那些孝敬父母长辈的"孝老爱亲"典型列入"好人榜",对少数不孝敬长辈的村民由评议会组织上门帮教,并督促落实孝老养老的具体措施,对不孝行为形成了无形的舆论压力。天长市弘扬朱寿昌弃官千里寻母的传统美德,兴建孝子公园、孝子广场和孝文化展示中心,每年举办孝亲文化节,传承孝亲文化,用传统文化培育时代新人。濉溪县法院牵头开展了"化解赡养纠纷 去除乡风陋习"活动,加大对不履行家庭责任义务行为的惩治力度,震慑不良风气,树立新风正气。

二 移风易俗的典型案例

(一)歙县"喜事百家帮"

黄山市歙县杞梓里镇、三阳镇等地,在组建红白理事会的同时,利用老村部、老祠堂等闲置房屋作为红白喜事服务场所,倡导"喜事百家帮",节俭办大事。此举引领了农村红白宴请新风尚,有效抑制了大操大办和攀比浪费之风,极大地提升了乡风文明,已在周边乡村推广。

1. 在祠堂统一操办白事

在徽州,婚事被称为"红喜事";办丧事为求吉利称为"白事",若去世的是老人则被称为"白喜事"。红白喜事是徽州地区极为重视的大事,往往环节仪式复杂、宴席讲究排场。位于皖浙交界的歙县杞梓里镇、三阳镇等地,因经济发达、交通便利,人口多且集中,每年操办的红白喜事不少。每当有人家中办红白喜事,事主需到各家各户借用碗筷、桌椅等必须物件,叫上众多亲戚朋友帮忙操办。2004 年,歙县对三阳镇三阳村洪氏祠堂进行修缮,村委会提议利用祠堂这个公共场所统一操办白事,三阳村党员、村民积极响应,捐款置办了宴席所需的碗筷、桌椅等设施,每有白事都统一在洪氏祠堂操办。

2. 创新成立红白理事会

歙县杞梓里镇杞梓里村推行"喜事百家帮"的好做法,即统一在祠堂办白事、在老村部办婚事。其资金来源为"镇财政补一点,村集体出一点,村民筹集一点,事主累积一点",这项制度更切合当地实际,经验也更好推广。为做好村中红白喜事宴请事务,杞梓里村于2013年成立了红白理事会。理事会由村书记、主任负责牵头组建,推选8~10名德高望重、热心奉献、协调力强的党员干部和乡贤人士组成红白理事会成员,并从中推选1名乡贤担任理事长,负责日常工作。

3. 红白喜事操办一切从简

红白理事会制定了符合当地实际的《红白理事会制度》和《红白理事会标准流程》。明确理事会成员"一主动、三不准"的纪律要求。"一主动",即红白理事会安排专人主动登门帮助事主筹划安排具体事务;"三不准",即不准收受事主赠送的钱物,不准在事主家中吃喝,不准优亲厚友,对事主一视同仁。同时明细了"红白事"登记申请、举办规模、宴席标准、设宴桌数、禁止封建迷信等事项。如要求事主自己购买米、菜、佐料等物资,宴席设定最高桌数为35桌,每桌餐标200元左右,婚丧喜事由原来的3天改为1天。丧事中亲友只需戴黑帽或白帽,不搞泼汤路祭,减少爆竹燃放和纸车、纸衣等殡葬用品的烧祭,减少空气污染,提倡鲜花祭祀等绿色方式。

(二)宣州区"绿色中元,文明祭祀"

2018年8月25日(农历七月十五)是中元节。以往每年的中元节,宣城市民都会祭祀先人、缅怀逝者,城市小区里、河道边、绿化带不乏市民焚烧冥币、香蜡等现象。为了杜绝这一现象,倡导文明新风、弘扬传统美德,倡导文明、绿色、安全祭扫,宣城市文明办发出文明祭扫倡议,中元节当天,该市宣州区将在6个社区(村)的23个小区试点设置"临时集中焚烧点",安放焚烧炉,供市民祭祀先人。

1. 文明办倡议

宣城市文明市建设办在中元节发出文明祭扫倡议。倡议书提出以下要求:(1)遵守公德,定点祭扫。自觉做到不在城市道路、广场、公园、河岸、小区等公共场所和公共绿地烧纸钱，主动前往设定的祭扫点祭扫。在祭扫过程中不乱扔杂物，不破坏花草树木，自觉清扫祭扫残留物，维护优美整洁的城市环境。（2）摒弃陋习，寄托哀思。主动摒弃不文明祭扫方式，做到不燃放烟花爆竹，不烧或少烧纸钱，文明低碳祭扫，倡行鲜花祭扫、植树祭扫、家庭追思等绿色生态方式，以精神传承代替传统实物祭扫，破除陈规陋习，用更加健康、文明的方式寄托对已故亲人的哀思。（3）党员带头，弘扬新风。广大党员干部要带头示范，以良好形象影响带动群众，坚决抵制和大力劝导不文明祭扫行为，争做文明新风的践行者、倡导者和传播者。提倡对在世老人尽孝心、多关爱，让他们老有所养、老有所乐。

2. 六社区（村）行动

宣城市宣州区的这 6 个社区（村）分别为宝城社区、城北社区、城东社区、塔影社区、西林社区和花园村。为确保"绿色中元，文明祭祀"工作有效完成，各社区的每个小区都设定了一个文明祭祀点并且配备灭火器，定制若干个文明祭祀焚烧箱和焚烧桶投放重点小区、地段，在小区内悬挂横幅大力宣传文明祭祀，张贴文明祭祀"温馨提示"牌引导居民群众自觉放弃烧纸、放鞭炮等旧俗。并且安排移风易俗专业志愿者、各网格主任佩戴红袖章，在辖区楼幢、辖区内各个商店内、庭院间进行宣传、巡视、引导，希望辖区居民做到文明祭祀，不在街道、小区、绿地、广场等公共场所焚烧纸钱、抛撒祭品，不破坏城市环境卫生。在活动现场，社区工作人员、志愿者、网格包保干部在自己指定的网格进行劝导工作。随着干部带头在文明祭祀集中点祭祀，一些开始不理解的居民思想潜移默化地转变、接受和配合。随后，祭祀的人慢慢地开始多了起来，但是祭祀点旁没人争、没人抢，而是安安静静地在一旁排队等候。"祭祀主要在于心诚"，就这样，宣州区文明祭祀新风尚逐渐深入人心。

三　陋习旧俗难以移易的原因

在现代汉语词典中，"移风易俗"意为改变旧的风俗习惯。风俗的形成是个长期而缓慢的过程，移风易俗也不可能以一日之功速成，也许急功近利短时可能奏效，但长远必定有所反弹。著名社会学家费孝通在《乡土中国》中曾指出："乡土社会的变迁是很缓慢的。"从我们调查的情况看，近年来，安徽省总体上推动移风易俗工作成效明显，社会风气、精神风貌都大为改观，但一些农村地区长期延续下来的陈规陋习不仅未有改变，甚至有所抬头。这些陈规陋习既主要体现在婚丧嫁娶、请客送礼中，也渗透到休闲娱乐和日常生活之中，如赌博、迷信，甚至信邪教等。

（一）"天价彩礼"

婚姻是家庭的基础，又是人生的大事，在以家族为本位的中国，婚姻更有着至关重要的意义。所以，围绕着婚姻产生了一系列婚姻习俗，这些婚俗深深影响中国人的日常生活。结婚要彩礼就是一种延续了几千年的习俗，"先纳聘财而后婚成"。在订婚时，男方要送给女方一定的聘礼，作为双方正式确定婚姻关系的证明。送聘礼之习，最初应是作为女方家养育女儿的物质补偿和约定，本来具有文化上的意义。但现在一些农村地区结婚索要彩礼已超出了其起初之补偿、定亲之义，从不断攀升到名目繁多，渐成恶习。如在皖北部分地区调研发现，结婚除了必须有房产外，还需要高额的现金以图"好彩头"，少则 66000 元、88000 元、100000 元不等，分别取意六六顺、发发发、十全十美，而彩礼多的则要几十万元。结婚当日迎亲时，还要花费"讨喜钱"和一些价值不菲的彩礼。如此昂贵的彩礼，让男方家庭不堪重负，一些经济并不富裕的家庭债台高筑，也使小两口婚后的生活陷入长期窘境，因婚致贫。

（二）大操大办

调查发现，部分地区农村红白喜事大操大办、铺张浪费等问题仍然比较突出。一是结婚消费攀比。有些父母给子女操办婚事，为要面子、比阔气而讲排场，他们认为，婚姻大事一定要办得体面风光，除聘礼外，还要购置高档家具、高档电器和高级服饰家居用品，甚至要买摩托车和家用轿车。在攀比思维的推动下，一些农村家庭会积极效仿结婚消费较高的家庭，主动提升结婚消费水准，导致整个结婚消费水平不断攀升、消费金额居高不下。二是丧葬消费铺张。部分地方的丧事活动花费大、时间长，丧事的主要开支有：请风水先生的费用，买棺木、砌墓葬的费用，纸扎费用，做道场或唱戏的费用，招待的费用等，特别是丧事招待时宴席的费用惊人，少则几万元，多则十几万元、几十万元。摆桌也是十几桌甚至几十桌，有的一桌菜盘要堆叠三层，请客要连吃三天。

（三）葬祭乱象

农业文明造就的亲土、恋土、入土为安的意识支撑土葬葬法，土葬因此成为我国自古以来最普遍的葬法。但如今传统的土葬已经不再适应社会发展的需要，除墓地占用宝贵的耕地资源外，且因分散在山野田地之中，祭祀活动也会产生严重的火灾隐患。虽然国家大力推行以火葬代替土葬，但由于受传统观念、习俗的影响，安徽省部分农村地区偷埋偷葬、将火化后的骨灰装棺入土"二重葬"等现象依然较为盛行，有些地方甚至还出现了为生者预建"活人墓"的情况。在中国传统文化中，丧礼、祭礼的基础之一是后代的爱亲、思亲、孝亲，故此才一直行之如仪，从未间断地传承到近现代和当代。但在有些农村，丧礼、祭礼已经变味，有的沿街乱搭灵堂灵棚，公共场所吹打鼓乐和鸣放烟花爆竹，在出殡沿线散纸钱，既影响居民通行，还噪声扰民、污染环境。清明、中元、冬至祭祀时焚香烧纸、燃放烟花爆竹致使大街小巷、山村田野纸灰飞扬，还极易引发火灾。

（四）赌博风行

随着农业现代化的进程加快，从事农业的劳动强度降低，农民经济收入增长，有了更多的闲暇时间参与娱乐活动。但由于一些农村地区公共文化设施建设滞后，难以满足文化生活的需要，打扑克、推牌九、搓麻将成为不少农民休闲娱乐的主要活动，严重的有聚众赌博等违法犯罪行为。在一些农村地区，一次打牌的输赢少则数百元，多则上万元，已经远远超出打牌的娱乐功效。有的地方还出现了组织聚众赌博的赌场，场主靠抽头赢利。因沉迷赌博而致贫返贫、触发家庭矛盾、引起治安案件的现象时有发生，不仅扰乱了社会秩序，而且带坏了乡间风气，阻碍了乡村振兴。

（五）迷信抬头

调研发现，安徽省部分城乡地区出现了封建迷信泛起的势头。一些迷信活动借用传统文化名义从事非法活动，乡村中不乏各种神婆、大师、"半仙"，他们号称精通卜算问卦看风水，实则借迷信活动敛财。有邪教组织通过"传福音""送平安"发展会员，秘密串联聚会、筹集资金、制作传播非法视频宣传品，甚至配合境内外敌对势力搞渗透颠覆活动。这主要是一些地方倡导移风易俗不力、宗教管理松懈，使得迷信活动、邪教组织有机可乘，他们借给人治病、送关爱、送福音之名，拉人入教，传播反宣品，2018年10月，合肥市公安机关破获的"全能神"大案就是很好的例证。还有一些地方借发展文化旅游产业之名进行迷信活动，乱建庙宇、教堂，塑制鬼神佛像，大搞祭祀活动，对地方风气产生不好的影响。

总体来看，虽然安徽省在推进移风易俗、弘扬时代新风方面已经取得了一些阶段性成效，农民思想道德素质也在不断提升，但仍存在一些薄弱环节和问题，主要有党委政府不够重视、群众思想的转变不易、文明创建的机制不全、模范典型的引领不深、多部门协作的联动不畅等因素。

四 推动移风易俗、弘扬文明新风工作的对策建议

习近平总书记高度重视社会治理问题，明确提出要加强社会治理制度建设，打造共建共治共享的社会治理格局，为在新的历史条件下加强和创新社会治理指明了方向。治理有效是实施乡村振兴战略的要求，就是要通过健全自治、法治、德治相结合的乡村治理体系，坚持系统治理、依法治理、综合治理、源头治理，确保广大农民安居乐业、农村社会安定有序。在安徽省各地推动移风易俗、弘扬时代新风的调研中，我们深刻体会到培育和践行社会

主义核心价值观的必要性，加强社会治理制度建设的紧迫性，只有充分发挥社会主义核心价值观的引领作用，不断完善党委领导、政府负责、社会协同、公众参与、法治保障的社会治理体制，才能适应新形势新要求。为此，我们提出以下对策建议。

（一）推动移风易俗弘扬文明新风工作向常态、长效方向发展

为传承勤劳节俭民族美德，弘扬文明健康时代新风，遏制婚丧喜庆大操大办、铺张浪费、炫富斗富、盲目攀比等不良风气，党员干部应当严于律己，为基层人民树立榜样，将"移风易俗"向常态、长效方向推动发展，让节俭尚德的良好风气贯穿全面小康建设之路。特别要抓重点落实，突出在喜事新办、丧事简办、文明祭祀上出亮点、有突破。

一是婚事新办。崇尚爱情，自觉做到合理控制人情往来，不滥发请柬，控制宴请桌数、酒席档次，杜绝讲奢华搞攀比，减少餐桌和车轮浪费，提倡集体婚礼、旅游结婚、植纪念树等文明风尚。二是丧事简办。崇尚厚养薄葬，对在世老人尽孝心多关心。简化治丧仪式，不收非亲人员礼金、礼物，文明礼俗，简化丧葬程序，不沿街乱搭灵堂灵棚，不在公共场所吹打鼓乐和鸣放烟花爆竹，不在出殡沿线散纸钱，用环保、生态、洁净的方式悼念逝者。三是祭扫雅办。不搞封建迷信活动，摒弃陈规陋习，倡导集体追悼会、家庭追思会、设网上祭奠堂等祭奠方式，以献鲜花、植新树、网络放视频等方式寄托怀念之情。四是节俭操办。崇尚文明健康的生活方式，不办或俭办老人诞寿、新居乔迁、子女满月、升学等一切喜庆活动，注重文明内涵，合理规划消费标准、办事规模，倡导用发送微信、短信、邮件等形式表达贺意。五是崇尚科学。崇尚科学，努力营造破除迷信的良好社会氛围，最大限度地挤压迷信活动的生存空间，把愚昧迷信的、伪科学的社会风气的危害降到最低限度。提高对愚昧迷信、伪科学活动的识别能力和抵御能力。创新反邪教工作思路，共同维护文明和谐的社会环境。

在推动移风易俗、弘扬时代新风工作中，对群众反映最强烈的不良风气展开专项治理，实现党风与民风良性互动、向上向善。突出党委主体责任是

根本，职能部门共管共治是途径，党员干部带头引领是关键，强化监督执纪问责是保障，锲而不舍久久为功是要义。

（二）把社会主义核心价值观作为国民教育之魂

习近平总书记指出："历史和现实都表明，核心价值观是一个国家的重要稳定器，能否构建具有强大感召力的核心价值观，关系社会和谐稳定，关系国家长治久安。"他强调，培育和弘扬社会主义核心价值观，不仅要靠思想教育、实践养成，而且要用体制机制来保障。在推动移风易俗、弘扬文明新风工作中，要坚持不懈地进行教化育人，把社会主义核心价值观的要求融入各种精神文明创建活动之中。

一是深化社会主义核心价值观的教育宣传。强化社会主义核心价值观的导向作用，以"讲文明、树新风"公益广告为载体，充分运用村村通广播、电视、宣传栏、农村文化墙、农村书屋等媒介，向广大村民宣传公民道德知识，扎实开展理想信念宣传教育。创新运用文艺演出、送戏进村、公益电影放映等多种形式，结合"三下乡"活动，面对面向群众展开宣教。灵活运用省市文明网、手机报、微博微信公众号等新媒体平台，加强正面宣传，总结宣传乡村文明建设工作中好的经验做法，加大舆论监督力度，对一些不良现象进行曝光。

二是深化先进典型的教育宣传。进一步发挥典型示范引领作用，以"身边人讲身边事、身边人讲自己事、身边事教身边人"为基本形式，创设推评载体，挖掘道德资源，持续加大乡村"好人"和道德模范选树力度，深入推进道德模范巡讲"进乡村"。推荐评选各类乡贤，让乡贤在农村社会中发挥价值引领、道德教化、文化传承等作用，努力营造崇德向善的风气。

三是深化健康生活方式的教育宣传。结合城乡环境卫生整洁行动，深入推进城乡环境卫生基础设施建设，开展各项整治活动，保障饮用水安全和无害化公厕建设。坚持一手抓人居环境改善，一手抓文明卫生习惯养成，推动现代意识、科学精神、文明理念植根农民群众头脑，让健康向上的生活方式内化于心、外化于行，真正让生活环境和言行举止都美起来。

（三）鼓励公众和社会力量积极参与

在广泛征求民意的基础上推动建立完善村规民约，把移风易俗、树立乡风文明作为重要内容，对婚丧事宜做出详细规定并广泛宣传，引导村民自觉遵循。各村、社区按照村民自治、民主管理的原则，组织村民议事会、红白理事会、道德评议会和禁毒禁赌会等群众性自治组织。"四会"制度、职责、人员分工均应上墙公布，及时发布活动开展情况图片和信息，让村民知晓。

村民议事会在议事的同时要议人、议物。议事即议本村各项涉及群众切身利益的规划、修路修桥修下水道等大事小事，议村内公益岗位的设立。议人即议村内孝老爱亲、诚实守信、道德守礼等道德领域的正反典型，议符合享受贫困、低保、五保等帮扶政策的对象等。议物即议村集体收益、接受捐助款物的使用和节日慰问对象的选定，确保公平、公正。

道德评议会的主要工作是评孝、评贤和评美。评孝既要评孝顺儿女、孝顺家庭等孝善典型，在本地或推荐镇里进行宣传表彰；也要评懒汉、评不孝顺儿女等反面典型，并以适当方式公开曝光。评贤就是评本村各方面表现突出的能人、乡贤以及为乡村发展作出突出贡献的人。评美就是评在家居环境、脱贫致富、孝老爱亲等方面的最美人物。

红白理事会要理随礼、理待客、理风气。理随礼就是理村民的红白事随礼，倡导节俭办事。理待客就是引导村民合理确定待客标准，不攀比、不浪费。理风气就是监督村里风气正不正，公开批评贪图享乐、游手好闲等不良风气，引导村民婚丧嫁娶不要或少要礼钱。

禁毒禁赌会的任务就是禁毒、禁赌、禁违法活动。在禁毒方面，掌握本村禁毒现状，配合上级部门开展禁种铲毒和涉毒嫌疑对象排查活动，预防毒品入村。在禁赌方面，开展宣传规劝活动，配合上级部门查处聚众赌博行为，防止赌博活动蔓延。在禁违法活动方面，禁村民违法乱纪苗头，向上级部门揭发举报，配合打击黑恶势力和涉农犯罪行为，引导村民远离"黄赌毒"、封建迷信、非法宗教等。

乡镇对"四会"组织的工作要强化教育培训、考核激励。乡镇要明确专人分管"四会"组织建设，通过教育培训引导他们开展活动时，符合法律法规要求，又与农村实际相结合；既围绕中心开展活动，提出合理化意见建议，又不代替村两委进行决策，真正成为村民德治的中坚力量和村级自治的辅助力量。文明办还应会同民政、公安、妇联等部门，加强对"四会"组织活动的指导，并按照活动开展常态化、"议、评、理、禁"效果好、参谋作用能发挥等方面，把"四会"组织建设和活动开展情况纳入乡风文明考核。在激励措施上，镇村两级要为"四会"组织提供必要的工作保障和补贴奖励，如向"四会"成员发放聘任书以提高他们在群众中的知名度和权威性，按时兑现"四会"成员补贴并提供必要的固定活动场所，对活动开展较好的"四会"组织及成员，予以物质和精神奖励，调动其工作积极性。

（四）要善用法治思维和法治方式

法治是制度规范和刚性约束。当今社会是一个法治社会，制度化既有助于移风易俗的顺利进行，也能体现法治社会的特点和精神。实践已经证明，制度往往能够更好地规范引导人们的生活，也更容易让群众接受。在移风易俗的过程中，旧的不合时宜的风俗要及时主动抛弃，新的文明的风俗要加以提倡并制度化。只有新的文明的风俗被制度化了，才会被群众更好地坚持下去，移风易俗才算成功。

譬如，逢年过节、红白喜事，各地百姓燃放烟花爆竹图个热闹、求个喜庆，是中华民族的传统习俗，千年以降，莫不如是。近年来，安徽省的一些城市出台"禁燃令"并正式实施，这项新时代以法治促改革的有力举措，通过适当放弃一些不适应现代生活的民俗，为我们带来更加宜居舒适的生活环境，受到市民的广泛欢迎。如自2018年1月1日，合肥市城区实行烟花爆竹禁放政策以来，全市违规燃放烟花爆竹警情共189起，较上年同期下降95%，基本实现了跨年夜、小年夜、春节、元宵节、清明节等重点时段"零燃放"的工作目标，禁放工作取得了显著成效。《阜阳市燃放烟花爆竹和大盘香管理条例》通过省人大常委会审查批准，从2019年1月1日起开始正式实施，今后违法燃放烟花爆竹和大盘香将会被依法处理。通过严标准抓好源头、广声势宣传发动、强力度督导查处，短时间内就结出了依法禁放的法治果实，天蓝了，空气好了，地面整洁了，市民自觉性显著提高。从过去的"限放令"，到如今的"禁燃令"，从个别城市、城区"禁放"，到多城市、全面"禁燃"，从要求禁止，到主动告别，看似少了热闹的气氛，却是文明的提升，绿色、环保、无烟的春节新风尚。春节年俗数千年来的变化是一个随社会进步革故鼎新、推陈出新的过程，燃放烟花爆竹的淡出就需"新年俗"的跟进，不仅要有诸如"电子烟花""电子鞭炮"之类的"替代品"，还要举办更多形式、更丰富的文化娱乐活动，满足群众的文化需求。同时挖掘、放大文明的年俗文化，融入新时代特色，在推动新旧年俗过渡方面多创新、多作为，让春节过得更充实、更欢乐、更有意义，给群众提供更多安全绿色的选择。

可以看到，用立法管控烟花爆竹燃放具有强大的现实基础。我们建议可将禁燃范围从各省辖市扩大到各县城城区，并加快推进《安徽省燃放烟花爆竹管理条例》的立法工作。诸如此类的有关婚庆殡葬改革等方面的立法工作也应着手进行调研论证。

移风易俗虽然需要采取德治的方式——通过文化宣传、思想教育、树立榜样这种柔性治理手段，潜移默化地改变社会风气。而一旦出现了违法犯罪问题时必须将之纳入法治轨道，像涉黄、涉毒、涉赌、涉非法宗教等，就应当运用法律的方式处理。为进一步加强移风易俗宣传和舆论引导，助推移风易俗活动的开展，可组织政法部门围绕特定的主题进行法治宣传和法律服务，为群众提供法律咨询服务，加大对推动移风易俗、树立文明新风的宣传教育引导力度。

安徽省各地都出台了开展移风易俗、弘扬时代新风的实施意见，如在开展喜事新办方面，对宴席数量、随礼金额、车队数量等提出了较为细致的标准，其目的是希望大家都能从简操办，但对普通群众来说这是一个倡导。而对党员干部还必须制定"严禁"的细则，依照《中国共产党纪律处分条例》，在要求他们起到示范引领作用的同时，还要做到一些"严禁"，如严禁大操大办、严禁在小区内搭设灵堂；严格落实操办婚丧喜庆事宜备案制度，事前（后）要主动向纪检监察机关、组织部门或本单位党委（党组）备案。

应该注意的是，移风易俗必须遵循法治思维和法治方式，在任何情况下，都要坚持依法行政。不能因为任务重、困难多，就有意无意地想在突破法律方面找途径、想办法。在全面依法治国的现实环境下，法治思维和法治方式是政府开展一切工作的基本理念，不仅是前提，也是底线。

参考文献

1. 安徽文化史编委会编《安徽文化史》，南京大学出版社，2000。
2. 中共中央宣传部：《习近平总书记系列重要讲话读本（2016 年)》，学习出版社、人民出版社，2016。
3. 中共中央文献研究室：《习近平关于社会主义文化建设论述摘编》，中央文献出版社，2017。

社会科学文献出版社

皮 书

智库报告的主要形式
同一主题智库报告的聚合

❖ 皮书定义 ❖

皮书是对中国与世界发展状况和热点问题进行年度监测，以专业的角度、专家的视野和实证研究方法，针对某一领域或区域现状与发展态势展开分析和预测，具备前沿性、原创性、实证性、连续性、时效性等特点的公开出版物，由一系列权威研究报告组成。

❖ 皮书作者 ❖

皮书系列报告作者以国内外一流研究机构、知名高校等重点智库的研究人员为主，多为相关领域一流专家学者，他们的观点代表了当下学界对中国与世界的现实和未来最高水平的解读与分析。截至2020年，皮书研创机构有近千家，报告作者累计超过7万人。

❖ 皮书荣誉 ❖

皮书系列已成为社会科学文献出版社的著名图书品牌和中国社会科学院的知名学术品牌。2016年皮书系列正式列入"十三五"国家重点出版规划项目；2013~2020年，重点皮书列入中国社会科学院承担的国家哲学社会科学创新工程项目。

中国皮书网

（网址：www.pishu.cn）

发布皮书研创资讯，传播皮书精彩内容
引领皮书出版潮流，打造皮书服务平台

栏目设置

◆ 关于皮书

何谓皮书、皮书分类、皮书大事记、
皮书荣誉、皮书出版第一人、皮书编辑部

◆ 最新资讯

通知公告、新闻动态、媒体聚焦、
网站专题、视频直播、下载专区

◆ 皮书研创

皮书规范、皮书选题、皮书出版、
皮书研究、研创团队

◆ 皮书评奖评价

指标体系、皮书评价、皮书评奖

◆ 互动专区

皮书说、社科数托邦、皮书微博、留言板

所获荣誉

◆ 2008 年、2011 年、2014 年，中国皮书
网均在全国新闻出版业网站荣誉评选中
获得"最具商业价值网站"称号；
◆ 2012 年，获得"出版业网站百强"称号。

网库合一

2014年，中国皮书网与皮书数据库端口
合一，实现资源共享。

权威报告·一手数据·特色资源

皮书数据库
ANNUAL REPORT(YEARBOOK)
DATABASE

分析解读当下中国发展变迁的高端智库平台

所获荣誉

- 2019年，入围国家新闻出版署数字出版精品遴选推荐计划项目
- 2016年，入选"'十三五'国家重点电子出版物出版规划骨干工程"
- 2015年，荣获"搜索中国正能量 点赞2015""创新中国科技创新奖"
- 2013年，荣获"中国出版政府奖·网络出版物奖"提名奖
- 连续多年荣获中国数字出版博览会"数字出版·优秀品牌"奖

成为会员

通过网址www.pishu.com.cn访问皮书数据库网站或下载皮书数据库APP，进行手机号码验证或邮箱验证即可成为皮书数据库会员。

会员福利

- 已注册用户购书后可免费获赠100元皮书数据库充值卡。刮开充值卡涂层获取充值密码，登录并进入"会员中心"—"在线充值"—"充值卡充值"，充值成功即可购买和查看数据库内容。
- 会员福利最终解释权归社会科学文献出版社所有。

社会科学文献出版社 皮书系列
SOCIAL SCIENCES ACADEMIC PRESS (CHINA)

卡号：389696647852
密码：

数据库服务热线：400-008-6695
数据库服务QQ：2475522410
数据库服务邮箱：database@ssap.cn
图书销售热线：010-59367070/7028
图书服务QQ：1265056568
图书服务邮箱：duzhe@ssap.cn

S 基本子库
SUB DATABASE

中国社会发展数据库（下设 12 个子库）

整合国内外中国社会发展研究成果，汇聚独家统计数据、深度分析报告，涉及社会、人口、政治、教育、法律等 12 个领域，为了解中国社会发展动态、跟踪社会核心热点、分析社会发展趋势提供一站式资源搜索和数据服务。

中国经济发展数据库（下设 12 个子库）

围绕国内外中国经济发展主题研究报告、学术资讯、基础数据等资料构建，内容涵盖宏观经济、农业经济、工业经济、产业经济等 12 个重点经济领域，为实时掌控经济运行态势、把握经济发展规律、洞察经济形势、进行经济决策提供参考和依据。

中国行业发展数据库（下设 17 个子库）

以中国国民经济行业分类为依据，覆盖金融业、旅游、医疗卫生、交通运输、能源矿产等 100 多个行业，跟踪分析国民经济相关行业市场运行状况和政策导向，汇集行业发展前沿资讯，为投资、从业及各种经济决策提供理论基础和实践指导。

中国区域发展数据库（下设 6 个子库）

对中国特定区域内的经济、社会、文化等领域现状与发展情况进行深度分析和预测，研究层级至县及县以下行政区，涉及地区、区域经济体、城市、农村等不同维度，为地方经济社会宏观态势研究、发展经验研究、案例分析提供数据服务。

中国文化传媒数据库（下设 18 个子库）

汇聚文化传媒领域专家观点、热点资讯，梳理国内外中国文化发展相关学术研究成果、一手统计数据，涵盖文化产业、新闻传播、电影娱乐、文学艺术、群众文化等 18 个重点研究领域。为文化传媒研究提供相关数据、研究报告和综合分析服务。

世界经济与国际关系数据库（下设 6 个子库）

立足"皮书系列"世界经济、国际关系相关学术资源，整合世界经济、国际政治、世界文化与科技、全球性问题、国际组织与国际法、区域研究 6 大领域研究成果，为世界经济与国际关系研究提供全方位数据分析，为决策和形势研判提供参考。

法律声明

　　"皮书系列"（含蓝皮书、绿皮书、黄皮书）之品牌由社会科学文献出版社最早使用并持续至今，现已被中国图书市场所熟知。"皮书系列"的相关商标已在中华人民共和国国家工商行政管理总局商标局注册，如LOGO（ ）、皮书、Pishu、经济蓝皮书、社会蓝皮书等。"皮书系列"图书的注册商标专用权及封面设计、版式设计的著作权均为社会科学文献出版社所有。未经社会科学文献出版社书面授权许可，任何使用与"皮书系列"图书注册商标、封面设计、版式设计相同或者近似的文字、图形或其组合的行为均系侵权行为。

　　经作者授权，本书的专有出版权及信息网络传播权等为社会科学文献出版社享有。未经社会科学文献出版社书面授权许可，任何就本书内容的复制、发行或以数字形式进行网络传播的行为均系侵权行为。

　　社会科学文献出版社将通过法律途径追究上述侵权行为的法律责任，维护自身合法权益。

　　欢迎社会各界人士对侵犯社会科学文献出版社上述权利的侵权行为进行举报。电话：010-59367121，电子邮箱：fawubu@ssap.cn。

社会科学文献出版社